FUNDAMENTOS DO DIREITO CIVIL
VOLUME 7

DIREITO DAS SUCESSÕES

O GEN | Grupo Editorial Nacional – maior plataforma editorial brasileira no segmento científico, técnico e profissional – publica conteúdos nas áreas de concursos, ciências jurídicas, humanas, exatas, da saúde e sociais aplicadas, além de prover serviços direcionados à educação continuada.

As editoras que integram o GEN, das mais respeitadas no mercado editorial, construíram catálogos inigualáveis, com obras decisivas para a formação acadêmica e o aperfeiçoamento de várias gerações de profissionais e estudantes, tendo se tornado sinônimo de qualidade e seriedade.

A missão do GEN e dos núcleos de conteúdo que o compõem é prover a melhor informação científica e distribuí-la de maneira flexível e conveniente, a preços justos, gerando benefícios e servindo a autores, docentes, livreiros, funcionários, colaboradores e acionistas.

Nosso comportamento ético incondicional e nossa responsabilidade social e ambiental são reforçados pela natureza educacional de nossa atividade e dão sustentabilidade ao crescimento contínuo e à rentabilidade do grupo.

GUSTAVO **TEPEDINO**
ANA LUIZA MAIA **NEVARES**
ROSE MELO VENCELAU **MEIRÉLES**

FUNDAMENTOS DO DIREITO CIVIL

VOLUME

DIREITO DAS SUCESSÕES

6ª edição revista, atualizada e ampliada

- Os autores deste livro e a editora empenharam seus melhores esforços para assegurar que as informações e os procedimentos apresentados no texto estejam em acordo com os padrões aceitos à época da publicação, e todos os dados foram atualizados pelos autores até a data de fechamento do livro. Entretanto, tendo em conta a evolução das ciências, as atualizações legislativas, as mudanças regulamentares governamentais e o constante fluxo de novas informações sobre os temas que constam do livro, recomendamos enfaticamente que os leitores consultem sempre outras fontes fidedignas, de modo a se certificarem de que as informações contidas no texto estão corretas e de que não houve alterações nas recomendações ou na legislação regulamentadora.

- Fechamento desta edição: *05.02.2025*

- Os autores e a editora se empenharam para citar adequadamente e dar o devido crédito a todos os detentores de direitos autorais de qualquer material utilizado neste livro, dispondo-se a possíveis acertos posteriores caso, inadvertida e involuntariamente, a identificação de algum deles tenha sido omitida.

- **Atendimento ao cliente:** (11) 5080-0751 | faleconosco@grupogen.com.br

- Direitos exclusivos para a língua portuguesa
  Copyright © 2025 by
  Editora Forense Ltda.
  Uma editora integrante do GEN | Grupo Editorial Nacional
  Travessa do Ouvidor, 11 – Térreo e 6º andar
  Rio de Janeiro – RJ – 20040-040
  www.grupogen.com.br

- Reservados todos os direitos. É proibida a duplicação ou reprodução deste volume, no todo ou em parte, em quaisquer formas ou por quaisquer meios (eletrônico, mecânico, gravação, fotocópia, distribuição pela Internet ou outros), sem permissão, por escrito, da Editora Forense Ltda.

- Capa: Aurélio Corrêa

- **CIP-BRASIL. CATALOGAÇÃO NA PUBLICAÇÃO**
  SINDICATO NACIONAL DOS EDITORES DE LIVROS, RJ

T292f
7. ed.

    Tepedino, Gustavo
        Fundamentos do direito civil : direito das sucessões / Gustavo Tepedino, Ana Luiza Maia Nevares, Rose Melo Vencelau Meireles. - 6. ed., rev., atual. e reform. - Rio de Janeiro : Forense, 2025.
        328 p. ; 24 cm.   (Fundamentos do direito civil ; 7)

    Inclui bibliografia
    ISBN 978-85-3099-677-2

    1. Direito civil - Brasil. 2. Herança e sucessão - Brasil. I. Nevares, Ana Luiza Maia. II. Meireles, Rose Melo Vencelau. III. Título. IV. Série.

25-96294   CDU: 347.65(81)

Meri Gleice Rodrigues de Souza - Bibliotecária - CRB-7/6439

SOBRE OS AUTORES

Gustavo Tepedino

Professor Titular de Direito Civil e ex-diretor da Faculdade de Direito da Universidade do Estado do Rio de Janeiro (UERJ). Livre-docente pela mesma Universidade. Doutor em Direito Civil pela Universidade de Camerino (Itália). Membro Titular da Academia Internacional de Direito Comparado. Membro da Academia Brasileira de Letras Jurídicas (ABLJ). Presidente do Instituto Brasileiro de Direito Civil (IBDCivil). Sócio fundador do escritório Gustavo Tepedino Advogados.

Ana Luiza Maia Nevares

Doutora e Mestre em Direito Civil pela UERJ. Professora de Direito Civil da PUC--Rio. Vice-Presidente da Comissão de Estudos Constitucionais da Família do IBDFAM. Membro da Diretoria do IBDFAM-RJ, do IBDCivil, do IAB e do IBDCONT. Advogada.

Rose Melo Vencelau Meiréles

Professora Associada da Faculdade de Direito da Universidade do Estado do Rio de Janeiro (UERJ). Doutora e Mestre pela mesma Universidade. Presidente da Comissão de Direito de Órfãos e Sucessões da OAB/RJ. Membro do Instituto Brasileiro de Direito Civil (IBDCivil), do Instituto Brasileiro de Direito de Família (IBDFAM) e do Instituto Brasileiro de Práticas Colaborativas (IBPC). Procuradora da UERJ e Advogada.

AGRADECIMENTOS

Os autores agradecem à Profa. Danielle Tavares Peçanha, Mestre em Direito Civil na Faculdade de Direito da UERJ, por sua valiosa contribuição na pesquisa e revisão deste volume.

APRESENTAÇÃO GERAL DA OBRA

Diante de uma biblioteca jurídica repleta de manuais, cursos, compilações, esquemas didáticos impressos e eletrônicos, o leitor se perguntará qual a justificativa para mais uma obra sistematizadora como estes *Fundamentos do Direito Civil*.

Fruto de longos anos de pesquisa e de experiência didática de seus autores, os *Fundamentos* se contrapõem a dois vetores que ameaçam, constantemente, o mercado editorial. O primeiro deles é a repetição acrítica da dogmática tradicional, haurida dos postulados históricos do direito romano, com cosméticas adaptações, em suas sucessivas edições, à evolução legislativa. O segundo é a aderência casuística a soluções jurisprudenciais de ocasião, que aparentemente asseguram feição prática e abrangente aos manuais, sem aprofundar, contudo, a justificativa doutrinária dos problemas jurídicos e a forma de solucioná-los.

A coleção ora trazida a público, em sentido oposto, encontra-se inteiramente construída a partir do sistema instaurado pela Constituição da República de 1988, que redefiniu os modelos jurídicos com os princípios e valores que se incorporam às normas do Código Civil e à legislação infraconstitucional, estabelecendo, assim, novas bases dogmáticas que, unificadas pelo Texto Constitucional, alcançam coerência sistemática apta à compreensão dos problemas jurídicos e de seus alicerces doutrinários.

Para os estudantes e estudiosos do direito civil, pretende-se oferecer instrumento de conhecimento e de consulta a um só tempo didático e comprometido com o aprofundamento das teses jurisprudenciais mais atuais, voltado para a interpretação e aplicação do direito em sua contínua transformação.

No sentido de facilitar a leitura, as ideias-chave de cada capítulo encontram-se destacadas na margem das páginas. Ao iniciar cada capítulo, o leitor terá acesso a um *QR Code* que o conduzirá ao vídeo de apresentação do capítulo. Adicionalmente, também foram incluídos, ao final de cada capítulo, problemas práticos relacionados aos temas estudados, acompanhados por um *QR Code* para acesso a vídeos com comentários dos autores sobre alguns dos temas mais emblemáticos, bem como o acesso a material jurisprudencial e bibliográfico de apoio ao debate e aprofundamento teórico.

O leitor perceberá, certamente, que a metodologia do direito civil constitucional se constitui na mais genuína afirmação do direito civil, revitalizado em suas possibilidades aplicativas mediante a incorporação dos valores e normas da Constituição Federal à totalidade dos institutos e categorias, na formulação da legalidade constitucional.

VOLUMES DA COLEÇÃO
Coleção
Fundamentos do Direito Civil

Vol. 1 – Teoria Geral do Direito Civil
Autores: Gustavo Tepedino e Milena Donato Oliva

Vol. 2 – Obrigações
Autores: Gustavo Tepedino e Anderson Schreiber

Vol. 3 – Contratos
Autores: Gustavo Tepedino, Carlos Nelson Konder e Paula Greco Bandeira

Vol. 4 – Responsabilidade Civil
Autores: Gustavo Tepedino, Aline de Miranda Valverde Terra e Gisela Sampaio da Cruz Guedes

Vol. 5 – Direitos Reais
Autores: Gustavo Tepedino, Carlos Edison do Rêgo Monteiro Filho e Pablo Renteria

Vol. 6 – Direito de Família
Autores: Gustavo Tepedino e Ana Carolina Brochado Teixeira

Vol. 7 – Direito das Sucessões
Autores: Gustavo Tepedino, Ana Luiza Maia Nevares e Rose Melo Vencelau Meiréles

APRESENTAÇÃO DO VOLUME 7 –
DIREITO DAS SUCESSÕES

O falecimento de uma pessoa enseja diversas consequências jurídicas. Dentre elas, a transmissão do patrimônio deixado para os sucessores. De fato, fundando-se a sociedade em sistema que consagra a propriedade privada funcionalizada, o direito de herança configura corolário do direito de propriedade, só havendo a transmissão dos bens de uma pessoa falecida para o Estado nos casos de ausência de sucessores privados. Estes são definidos pelo legislador a partir de duas perspectivas: a sucessão legítima, ou seja, aquela que decorre da lei, e a sucessão testamentária, que tem como base as disposições deixadas como ato de última vontade, através do testamento.

Verifica-se, assim, que a sucessão hereditária se funda em dois pilares: a propriedade privada e a família. Para o estabelecimento da ordem de vocação hereditária, o legislador se baseia na família, uma vez que é nesta comunidade que a pessoa desenvolve seus laços mais estreitos de solidariedade, justificando que os familiares do autor da herança sejam eleitos para recolher seus bens após a sua morte.

Apesar das substanciais alterações que ocorreram na propriedade e na família, decorrentes, em especial, dos princípios e valores propugnados pela Constituição da República, que se irradiaram para os referidos institutos, conformando a propriedade à sua função social e a família à sociedade que tem como centro de tutela as pessoas que a integram, configurando esta última instrumento de promoção da personalidade de seus membros, o Direito Sucessório pareceu ficar imune a tais modificações, mantendo perfil neutro à natureza dos bens transmitidos e à pessoa do sucessor. Com efeito, o pressuposto da transmissão hereditária parece estar fundado apenas no fato de aquele sucessor pertencer à família do autor da herança, sem digressões quanto às relações dos sucessores com o falecido, dos sucessores entre si, bem como dos vínculos existentes entre os sucessores e os bens integrantes da herança.

Descortina-se, assim, amplo campo de reflexão no Direito das Sucessões, em atenção às modificações substanciais de seus fundamentos. Essa perspectiva crítica da sucessão hereditária diferencia esses Fundamentos, que oferecem ao leitor uma análise funcional da herança e de seus institutos, em abordagem pragmática e direta, que se conjuga com o rigor científico no tratamento da matéria. Apresenta-se, assim, um manual doutrinário objetivo e sistemático, que não descuida da prática do Direito Sucessório nos tribunais e dos temas atuais e mais candentes desse ramo do direito.

Nesta 6ª edição, mantém-se a preocupação em tratar dos temas do Direito das Sucessões de forma ao mesmo tempo teórica e prática, à luz da metodologia já consagrada do direito civil-constitucional. Nesta edição, o livro aprofunda as temáticas centrais da obra, levando ao leitor as principais novidades legislativas e jurisprudenciais assurgidas após a edição anterior.

Destaca-se o cuidado com a amplitude das estruturas familiares e novas tecnologias que repercutem no Direito Sucessório, a demonstrar a importância da metodologia do direito civil-constitucional para a atualidade do Direito das Sucessões. Em tal perspectiva, a obra preserva suas características e amplia seus horizontes, de modo a prosseguir como referência para estudantes e profissionais do direito na compreensão e aprofundamento do direito das sucessões.

SUMÁRIO

Capítulo I – Princípios do Direito Sucessório 1

1. A sucessão hereditária e suas espécies: sucessor a título universal e a título singular 1
2. A sucessão hereditária e seus fundamentos: propriedade e família 3
3. O princípio da unidade da sucessão: necessária revisão 7
4. A patrimonialidade e os efeitos *post mortem* das situações jurídicas existenciais 12
5. Os herdeiros necessários e a intangibilidade da legítima 17
6. A legítima na perspectiva do Direito Civil Constitucional 22

📝 Problemas práticos 24

Capítulo II – A Devolução da Herança 25

1. Pressupostos da sucessão: a morte e a vocação hereditária 25
2. Abertura da sucessão e o *droit de saisine* 34
3. Local de abertura da sucessão 35
4. Administração da herança e cessão de direitos hereditários 36
5. A aceitação da herança e o benefício de inventário 39
6. Renúncia da herança 40
7. Exclusão do sucessor por indignidade ou deserdação 42
8. Herança jacente e herança vacante 51
9. A petição de herança 55
10. Lei da sucessão e sucessão internacional 58

📝 Problemas práticos 60

Capítulo III – A Sucessão Legítima 61

1. A sucessão legítima e seu caráter supletivo 61
2. A ordem de vocação hereditária 62
3. Modos de suceder e modos de partilhar a herança 64

📝 Problemas práticos 67

Capítulo IV – Os Parentes na Sucessão Legítima 69

1. A igualdade dos filhos na sucessão hereditária 69

2. A sucessão dos descendentes 71

3. O direito sucessório dos nascidos por reprodução humana assistida após a morte do autor da herança 73

4. A sucessão dos ascendentes... 77

5. A sucessão dos colaterais 78

6. Os novos modelos familiares na sucessão hereditária... 81

   Problemas práticos 83

Capítulo V – A Sucessão do Cônjuge e do Companheiro 85

1. A evolução da proteção sucessória do cônjuge e do companheiro no ordenamento jurídico brasileiro 85

2. A sucessão do cônjuge no Código Civil.. 91

   2.1. Requisito de legitimidade do cônjuge para suceder 92

   2.2. O cônjuge em concorrência com os descendentes 95

   2.3. O cônjuge em concorrência com os ascendentes 101

   2.4. O cônjuge como herdeiro único 101

   2.5. O cônjuge e o direito real de habitação 101

3. A sucessão do companheiro pelo art. 1.790 do Código Civil declarado inconstitucional 104

   3.1. Massa de bens sobre a qual incidem os direitos sucessórios do companheiro... 105

   3.2. A concorrência do companheiro com os descendentes.................................. 107

   3.3. A concorrência do companheiro com outros parentes sucessíveis 109

   3.4. O companheiro como herdeiro único.. 109

   3.5. O companheiro era herdeiro necessário diante do disposto no art. 1.790 do Código Civil? 109

   3.6. O companheiro e o direito real de habitação 110

4. Os direitos sucessórios do cônjuge e do companheiro no regime legal anterior ao Código Civil 111

5. Estatutos hereditários diversos e a necessária harmonização............................ 115

   Problemas práticos 122

Capítulo VI – Aspectos Gerais da Sucessão Testamentária 125

1. O testamento: conceito, caracteres e conteúdo... 125

2. Capacidade testamentária ativa 128

3. Capacidade testamentária passiva 129

4. A forma do testamento e sua função. Testamentos ordinários e testamentos especiais. A vedação aos testamentos conjuntivos 130

5. A eficácia da lei no tempo no âmbito da sucessão testamentária....................... 135

6. Interpretação do testamento 135

7. A Função promocional do testamento: exercício da autonomia privada testamentária à luz dos valores constitucionais 139

📝 Problemas práticos 142

Capítulo VII – Formas Testamentárias 143

1. Testamento público 143
2. Testamento cerrado 146
3. Testamento particular 148
4. Testamento marítimo e aeronáutico 151
5. Testamento militar 152
6. Codicilo 153
7. As testemunhas do testamento 155
8. Testamento digital 156
9. Testamento vital ou biológico 161

📝 Problemas práticos 162

Capítulo VIII – Disposições Testamentárias 163

1. Modalidades de nomeação de herdeiros e legatários 163
2. Da certeza e da determinabilidade das disposições testamentárias 167
3. Cláusulas restritivas da propriedade 169
4. Disposições testamentárias de cunho existencial 176

📝 Problemas práticos 180

Capítulo IX – Dos Legados 183

1. Objeto dos legados 183
2. Espécies de legados 184
3. Pagamento dos legados 190
4. Caducidade dos legados 194

📝 Problemas práticos 194

Capítulo X – Das Substituições 197

1. Substituição vulgar 197
2. Fideicomisso 199

📝 Problemas práticos 206

Capítulo XI – Do Cumprimento do Testamento 207

1. Determinações legais supletivas quanto à distribuição da herança 207
2. Direito de acrescer 209
3. O testamenteiro 213

📝 Problemas práticos 220

Capítulo XII – Ineficácia do Testamento.. 221

1. Invalidade do testamento.. 221
2. Caducidade do testamento 224
3. Revogação do testamento 227
4. Rompimento do ato de última vontade 230
5. Redução das disposições testamentárias 232

📝 Problemas práticos 235

Capítulo XIII – Liquidação da Herança 237

1. Espécies de inventário 237
2. Administrador provisório e inventariante.. 245
3. Aspectos processuais do inventário.. 248
4. O procedimento de inventário quando há herdeiros incapazes.............. 253
5. Pagamento das dívidas do espólio.. 258
6. Cálculo da legítima e colação 263
7. Sonegados 274
8. A partilha e os critérios para sua estipulação.. 276
9. Sobrepartilha... 281
10. A garantia dos quinhões hereditários 282
11. Emenda, invalidade e rescisão da partilha 284

📝 Problemas práticos 286

Capítulo XIV – Planejamento Sucessório 287

1. Planejamento sucessório: conceito e principais limites 287
2. Instrumentos para o planejamento sucessório 289
   2.1. A eleição do regime de bens 289
   2.2. Testamento... 290
   2.3. Partilha em vida 291
   2.4. Doações.. 293
   2.5. Estipulação em favor de terceiros 293
   2.6. O planejamento sucessório no Direito Empresarial......................... 296
   2.7. Previsões para herdeiros menores e pessoas com deficiência.......... 298

📝 Problemas práticos 299

Referências Bibliográficas 301

Capítulo I
PRINCÍPIOS DO DIREITO SUCESSÓRIO

Sumário: 1. A sucessão hereditária e suas espécies: sucessor a título universal e a título singular – 2. A sucessão hereditária e seus fundamentos: propriedade e família – 3. O princípio da unidade da sucessão: necessária revisão – 4. A patrimonialidade e os efeitos *post mortem* das situações jurídicas existenciais – 5. Os herdeiros necessários e a intangibilidade da legítima – 6. A legítima na perspectiva do Direito Civil Constitucional – Problemas práticos.

1. A SUCESSÃO HEREDITÁRIA E SUAS ESPÉCIES: SUCESSOR A TÍTULO UNIVERSAL E A TÍTULO SINGULAR

A existência da pessoa natural termina com a morte (CC, art. 6º). Contudo, nem todas as titularidades se extinguem com ela. Algumas transmitem-se aos sucessores do titular anterior, o *de cujus* (*de cujus successione agitur*). Eis o fenômeno sucessório. Costumam-se identificar as espécies de sucessão conforme sua fonte ou seus efeitos.

Quanto à fonte, a sucessão pode ser legítima ou testamentária, conforme decorra respectivamente da lei ou de disposição de última vontade, nos termos do artigo 1.786 do Código Civil[1]. Observe-se que são instrumentos de disposição de última vontade o testamento e o codicilo. Mesmo neste último caso diz-se testamentária a sucessão, embora falte o testamento. O legislador continua nomeando de legítima a sucessão decorrente da lei, no entanto, não há correlação entre a sucessão legal e a família legítima, pois desde a Constituição da República de 1988 não importa a estrutura da entidade familiar para ser merecedora de especial proteção do Estado, como preceitua o artigo 226. A sucessão legítima ocorrerá sempre que existirem

Sucessão legítima e testamentária

---

[1] Código Civil, "Art. 1.786. A sucessão dá-se por lei ou por disposição de última vontade."

herdeiros necessários (CC, art. 1.845)[2], uma vez que a lei lhes destina uma reserva hereditária, da qual não podem ser privados por ato voluntário do autor da herança. Contudo, poderá haver concomitantemente sucessão legítima e testamentária, uma vez que a reserva hereditária corresponde apenas à metade da herança, segundo o artigo 1.789 do Código Civil.[3] O autor da herança, por sua vez, tem apenas a faculdade de dispor acerca da metade disponível. Assim, também ocorre sucessão legítima quando: i) não existe testamento; ii) o testamento não dispõe de toda a cota disponível; iii) o testamento é ineficaz ou inválido. Trata-se do princípio da supletividade da legítima, segundo o qual a sucessão legítima supre a ausência da vontade testamentária (CC, art. 1.788)[4].

Sucessão universal ou singular Quanto aos efeitos, a sucessão pode ser a título universal ou a título singular. Na sucessão a título universal, o herdeiro recolhe a totalidade dos bens da herança ou uma fração aritmética da universalidade, isto é, uma cota ideal do patrimônio sem discriminação de quais sejam os bens transmitidos. Só se admite na modalidade *mortis causa*, tendo em vista o disposto no artigo 548 do Código Civil, segundo o qual "É nula a doação de todos os bens sem reserva de parte, ou renda suficiente para a subsistência do doador". Na sucessão a título singular, o legatário recebe bens determinados ("deixo meu apartamento"); certa generalidade de coisas ("deixo meu conjunto de porcelana chinesa") ou uma quota concreta de bens ("deixo ½ da casa de campo"). Tais disposições são sempre discriminadas em testamento ou codicilo.

Herdeiro Herdeiro é aquele que sucede na totalidade da herança ou parte dela, sem determinação dos bens ou valores que a integram, a exemplo dos filhos que herdam frações ideais da herança na sucessão legítima. Importante ressaltar a figura do herdeiro *ex re certa*, ou seja, aquele cujos bens que integrarão sua fração ideal são definidos em testamento. Dispõe o artigo 2.014 do Código Civil que o testador pode indicar os bens e valores que devem compor os quinhões hereditários, deliberando ele próprio a partilha. Cuida-se da partilha-testamento. A definição dos bens que compõem o quinhão hereditário não transforma o herdeiro em legatário, porque o testador apenas adianta a partilha dos bens, permanecendo o herdeiro com direito à sua fração. A principal consequência de ser herdeiro consiste no título universal da transmissão, o que significa que seu objeto (a herança) consiste em universalidade de direito, composta de todos os bens, direitos e deveres transmissíveis. Essa consequência não deixa de existir por ter o testador feito a partilha-testamento, ficando mantida a responsabilidade da herança pelo pagamento das dívidas do falecido (CC, art. 1.997).

---

[2] Código Civil, "Art. 1.845. São herdeiros necessários os descendentes, os ascendentes e o cônjuge."

[3] Código Civil, "Art. 1.789. Havendo herdeiros necessários, o testador só poderá dispor da metade da herança."

[4] Código Civil, "Art. 1.788. Morrendo a pessoa sem testamento, transmite a herança aos herdeiros legítimos; o mesmo ocorrerá quanto aos bens que não forem compreendidos no testamento; e subsiste a sucessão legítima se o testamento caducar, ou for julgado nulo."

CAPÍTULO I | PRINCÍPIOS DO DIREITO SUCESSÓRIO   3

Legatário, por outro lado, é aquele que sucede em bens ou valores determinados **Legatário**
ou parte deles, como o legatário que recebe um imóvel determinado. A principal
consequência de ser legatário consiste no título singular do seu direito. Com isto, não
responde o legado pelas dívidas do falecido, salvo se a herança for toda dividida em
legados, não houver bens suficientes na herança para honrar o passivo do autor da
herança ou se o testador assim instituir como encargo ao legatário. Quem determina
se alguém é herdeiro ou legatário é o testador na sucessão testamentária e o legislador
na sucessão legítima. Frequentemente afirma-se que a sucessão legal se defere a herdeiro, enquanto a sucessão testamentária a herdeiro ou ao legatário. No entanto, na
sucessão legítima também pode haver legatário como ocorre por exemplo em relação
ao direito real de habitação previsto no art. 1.831 do Código Civil[5], que consiste em
legado *ex lege* inserido na sucessão *ab intestato* (sem testamento).

2.   A SUCESSÃO HEREDITÁRIA E SEUS FUNDAMENTOS: PROPRIEDADE E FAMÍLIA

A Constituição da República garante o direito de herança, em seu artigo 5º, **Direito de**
inciso XXX, do Título II, concernente aos direitos e garantias fundamentais. Assegu- **herança**
ra-se, assim, a sucessão *mortis causa* privada, não havendo a apropriação pelo Estado **garantido na**
dos bens de uma pessoa após a sua morte[6]. Tais bens deverão ser transmitidos aos **Constituição da**
sucessores do finado, conforme as prescrições da lei civil, só passando para o ente **República**
público na ausência dos sucessores legais ou testamentários, hipótese em que se considera a herança vacante.

Pode-se dizer que a sucessão hereditária é largamente admitida nos ordenamentos jurídicos antigos e modernos, quer pelo reconhecimento da propriedade privada,
que não cessa com a morte do proprietário, quer pela necessária continuação para
além da morte das relações jurídicas econômicas deixadas pela pessoa falecida, sendo
necessário preservar a garantia do adimplemento das obrigações[7].

O direito de herança constitui-se em corolário do direito à propriedade privada **Propriedade**
(CR, art. 5º, *caput*, XXII e XXIII). De fato, a sucessão *causa mortis* encontra fundamento em dois institutos do Direito Civil, a saber, a propriedade e a família. Isso

---

5   Código Civil, "Art. 1.831. Ao cônjuge sobrevivente, qualquer que seja o regime de bens, será assegu-
    rado, sem prejuízo da participação que lhe caiba na herança, o direito real de habitação relativamente
    ao imóvel destinado à residência da família, desde que seja o único daquela natureza a inventariar."
6   Celso Ribeiro Bastos, *Comentários à Constituição do Brasil*, vol. II, São Paulo: Saraiva, 1989, p. 148.
7   Leciona Marco Comporti que, na regulamentação do fenômeno sucessório, uma previsão legislativa
    no mundo que não admita a sucessão *causa mortis* é excepcional. Um exemplo foi o decreto de
    27 de abril de 1918, através do qual o legislador revolucionário russo aboliu o direito de herança,
    seja legítima, seja testamentária, atribuindo os bens do finado à República Socialista Federativa
    Soviética Russa. Mas, mesmo na URSS, a partir de 1922, readmitiu-se a sucessão nas heranças não
    superiores a 10.000 rublos ouros e, em 1926, afastou-se qualquer limitação à sucessão *mortis cau-
    sa*, instituindo-se, por outro lado, um imposto sobre o patrimônio hereditário (Marco Comporti,
    *Successione, comunità familiare, patrimonio, Princípi generali europei ed istituzioni civili basche,
    Rassegna di diritto civile*, 1991, n.º 4, p. 734).

porque as situações jurídicas de conteúdo patrimonial, em regra,[8] são passíveis de transmissão hereditária, sendo a família a fornecer os critérios para a escolha dos sucessores legais.

Quanto à propriedade, constata-se que o fenômeno sucessório incide em categoria múltipla, podendo a herança conter bens totalmente distintos entre si, sendo certo que a categoria *propriedade* tem servido a enquadrar entidades diversas daquelas que classicamente definiram o instituto, abrangendo não apenas os direitos dominiais, mas também o que se passou a denominar de *propriedade incorpórea*, como se pode perceber nas qualificações relativas à *propriedade literária, científica e artística*, quanto ao direito do autor sobre a sua obra; à *propriedade industrial*, quanto ao direito de explorar patente de invenção ou marca de fábrica; e, ainda, à *propriedade de um fundo de comércio*, relativa ao direito de explorar os elementos corpóreos e incorpóreos ligados ao estabelecimento mercantil[9].

De fato, a tutela proprietária tem sido estendida a situações assimiláveis a ela pelo valor socioeconômico e também a situações que superaram a propriedade, por sua importância econômica e repercussão social[10]. Daí a possibilidade de tais situações serem absorvidas pela sucessão hereditária, que tem lugar diante de patrimônios cada vez mais heterogêneos e complexos, sendo certo que, atualmente, a economia gira predominantemente em torno da riqueza mobiliária, traduzida em títulos de crédito, ações de grandes empresas, na propriedade industrial, artística, científica e literária, nos fundos de comércio, nas fontes de energia, entre outras[11], sem contar nos bens digitais, que se referem a conteúdos encontrados na Internet, conectados a um usuário falecido. Vale lembrar, como determina a Constituição da República, que a pro-

---

[8] Nem todas as situações jurídicas de conteúdo patrimonial são passíveis de transmissão. O usufruto, por exemplo, não é transmissível.

[9] Caio Mário da Silva Pereira, *Instituições de Direito Civil*, vol. I, Rio de Janeiro: Forense, 2016, 29ª ed., rev. e atualizada por Maria Celina Bodin de Moraes (1ª ed., 1961), p. 343.

[10] Sobre o ponto, v. a página clássica e precursora de Salvatore Pugliatti, La proprietà e le proprietà, *La proprietà nel nuovo diritto*, Milano: Dott. A. Giuffrè Editore S.P.A, 1954. Stefano Rodotà, *Il Terrible diritto*, Bologna: Il Mulino, 1990, p. 61. Segundo o autor, nos sistemas jurídicos burgueses, a tutela proprietária é sempre sinônima de tutela forte.

[11] Em interessante julgado, a 3ª Turma do STJ entendeu admissível, em ação de inventário, a partilha de direitos possessórios sobre bens imóveis que não se encontrem devidamente escriturados, quando pertencentes a pessoa falecida. Isso porque, de acordo com o entendimento da Corte, o acervo partilhável em função do falecimento do autor da herança não é composto apenas de propriedades formalmente constituídas, de modo que existem igualmente bens e direitos com expressão econômica que, por vícios de diferentes naturezas, não estão legalmente regularizados ou formalmente constituídos sob a titularidade do falecido, os quais devem igualmente compor o acervo partilhável. No caso analisado, a Corte reformou acórdão do tribunal de origem que havia negado o pedido de uma viúva e de suas filhas para incluir, no inventário, os direitos possessórios sobre 92 hectares de terras. Segundo assinalou a relatora do caso, a Min. Nancy Andrighi, a questão diz respeito à possibilidade de serem partilhados apenas os direitos possessórios de titularidade do autor da herança, e não seus direitos de propriedade. Afirmou que se a ausência de regularização do imóvel não decorre de má-fé, mas de causas distintas – como a hipossuficiência econômica ou jurídica das partes para dar continuidade aos trâmites legais –, os titulares dos direitos possessórios devem receber a tutela jurisdicional (STJ, 3ª T., REsp 1.984.847/MG, Rel. Min. Nancy Andrighi, julg. 21.6.2022, publ. DJe 24.6.2022).

priedade se vincula ao cumprimento da função social, isto é, ao proprietário impõe-se atender a interesses socialmente relevantes, por exemplo, a tutela do meio ambiente, o respeito às relações trabalhistas, bem como às relações com terceiros não proprietários. Desse modo, a determinação do conteúdo da propriedade dependerá de centros de interesses extrapatrimoniais. Assim, não há mera redução quantitativa dos poderes do proprietário, mas o redimensionamento qualitativo da propriedade, na medida em que sua disciplina deve compatibilizar a situação proprietária com situações não proprietárias. *Função social da propriedade*

Daí decorre a conclusão de que a propriedade se configura como direito subjetivo dúctil, cujo conteúdo pode definir-se apenas na relação concreta, no momento em que se compatibilizam as várias situações jurídicas constitucionalmente protegidas. Da análise de tal compatibilidade decorre a sua tutela, que deve conciliar os interesses patrimoniais do proprietário com o alcance do objetivo constitucional de solidariedade e de promoção da dignidade da pessoa humana.

Nessa direção, o direito regula o destino dos bens e suas vicissitudes, como instrumentos para a realização do projeto constitucional. Dito de outro modo, a apropriação de bens deve ser tutelada buscando-se a titularidade funcional, ou seja, a titularidade dirigida à manutenção da dignidade da pessoa[12]. Nessa esteira, a transmissão *causa mortis* da situação proprietária assume especial relevo, na medida em que a modificação de seu titular poderá interferir diretamente no cumprimento da função social da propriedade, o que não pode ser desconsiderado pelo Direito Sucessório.

De outra parte, mostra-se intensa a interação entre o Direito de Família e o Direito Sucessório, uma vez que o legislador determina o rol de sucessores de uma pessoa baseado em seus vínculos mais estreitos de solidariedade, que se encontram em sua comunidade familiar, estabelecendo a devolução da herança para aqueles mais próximos à pessoa falecida. Assim, a concepção de família que informa determinado ordenamento jurídico influencia diretamente a regulamentação do fenômeno sucessório, em especial o estabelecimento da ordem de vocação hereditária e os respectivos direitos conferidos aos sucessores legais. *Família*

Diante da sucessão legítima, isto é, aquela definida em lei, algumas teorias procuram explicar os seus fundamentos. Para alguns, as normas da sucessão legítima estariam fundamentadas na vontade presumida do testador, sendo regulada a ordem de vocação hereditária tal como faria o disponente. Dessa maneira, todo o fenômeno sucessório restaria reconduzido à vontade do autor da herança, quer a vontade real, na hipótese da sucessão testamentária, quer a vontade presumida, na sucessão legítima.[13] Tal concepção encontra-se hoje abandonada, já que se apoia em premissas altamente individualistas, que compreendem a vontade individual como a

---

12   Eroulths Cortiano Júnior, Para além das coisas (Breve ensaio sobre o direito, a pessoa e o patrimônio mínimo). In: Carmem Lucia Silveira Ramos *et al.* (org.), *Diálogos sobre Direito Civil: Construindo a Racionalidade Contemporânea*, Rio de Janeiro: Renovar, 2002, pp. 162-163.
13   Antonino Mirone, *I Diritti Successori del Coniuge*, Napoli: Jovene Editore, 1984, p. 132.

causa dos efeitos jurídicos das relações privadas, cabendo à lei tão somente o dever de reconhecê-la e tutelá-la[14].

À teoria da vontade presumida do testador se opunha a teoria da "comunhão jurídica patrimonial da família", proveniente de antigos povos germânicos, que atribuíam a propriedade da terra à família, cabendo ao *Hausvater* (pai de família) tão somente a administração.[15] Também essa tese se encontra hoje em descrédito[16].

Fundamento da sucessão legítima

Atualmente, grande parte da doutrina fundamenta a sucessão legítima no conceito de interesse superior da família, entendida como instituição de importância social[17]. Nessa concepção, discute-se que espécie de família é tratada como portadora de interesse superior: se aquela nuclear, formada pelo casal e pelos filhos, ou se aquela formada pela parentela do *de cujus*.

O sistema sucessório estabelecido pelo Código Civil de 1916 baseava-se no parentesco consanguíneo, privilegiando a família patriarcal, constituída exclusivamente pelo matrimônio sob a autoridade marital. Nessa ótica, buscava-se a conservação do patrimônio dentro do grupo familiar consanguíneo, justificando-se o desfavor legislativo quanto aos direitos sucessórios do cônjuge supérstite, que só participava da sucessão na ausência de descendentes e ascendentes, de modo a evitar "o perigo da transferência da riqueza da família de um cônjuge para a família do outro, em virtude do segundo matrimônio do cônjuge supérstite"[18].

Além disso, a disciplina sucessória do Código Civil de 1916 excluía os filhos ilegítimos, justamente em virtude da impossibilidade de reconhecimento, como ainda previa estatuto hereditário diferenciado para o filho adotivo, que nada recebia se o adotante já tivesse filhos ao adotar (CC1916, art. 377), recebendo somente a metade do que tocava aos filhos legítimos se estes eram supervenientes à adoção (CC1916, art. 1.605, § 2º). Percebia-se, portanto, no regime anterior, a desvalorização do elemento afetivo nas relações familiares, encontrando-se o vínculo conjugal em posição de inferioridade em relação ao vínculo de consanguinidade na regulamentação dos direitos hereditários.

Esse quadro foi alterado profundamente com a Constituição de 1988, que situou a pessoa como centro de tutela também nas relações familiares, pautadas enfim no pluralismo e igualdade. O Código Civil, na esteira dessas modificações, eliminou qualquer distinção entre os filhos quanto à tutela sucessória, à luz da igualdade preconizada na Constituição. No mesmo passo, incluiu-se o cônjuge na categoria de

---

[14] Luigi Mengoni, *Trattado di Diritto Civile e Commerciale, Successioni per causa di morte*, XLIII, t. 1, Milano: Giuffrè, 1999, 6ª ed., p. 13.

[15] Luigi Mengoni, *Trattado di Diritto Civile e Commerciale, Successioni per causa di morte*, XLIII, t. 1, cit., p. 13.

[16] Antonino Mirone, *I Diritti Successori del Coniuge*, cit., p. 39.

[17] Luigi Mengoni, *Trattado di Diritto Civile e Commerciale, Successioni per causa di morte*, XLIII, t. 1, cit., p. 14. Antonino Mirone, *I Diritti Successori del Coniuge*, cit., p. 39.

[18] Annibale Marini, Trasformazioni sociale e successione del coniuge. In: *Inaugurazione anno accademico 1984-1985*, Macerata, 1985, p. 42.

herdeiro necessário, concorrendo com os descendentes e ascendentes, ampliando-se radicalmente os direitos sucessórios do consorte supérstite, limitados em passado recente ao usufruto vidual (cuja atribuição era majoritariamente considerada disponível) e ao direito real de habitação, conferidos pela Lei 4.121/62[19].

Família como espaço de promoção da pessoa

De qualquer modo, a sucessão legítima não pode estar fundamentada no interesse superior da família, como instituição por si mesma merecedora de tutela. É preciso lembrar que a Constituição da República passou a proteger a família como espaço de promoção do desenvolvimento da pessoa de seus componentes, assegurando assistência à entidade familiar na pessoa de cada um de seus membros (CR, art. 226, § 8º). Afirma-se, assim, a concepção da família como instrumento de promoção da dignidade da pessoa humana, sendo certo que dita concepção instrumental deve ser absorvida pelo Direito Sucessório.

3. O PRINCÍPIO DA UNIDADE DA SUCESSÃO: NECESSÁRIA REVISÃO

A transmissão da herança é informada pelo princípio da unidade da sucessão, consubstanciado nos artigos 91 e 1.791 do Código Civil.[20] Isso porque a herança é universalidade de direito, ou seja, bem coletivo, constituído por bens singulares heterogêneos corpóreos ou incorpóreos, reunidos por determinação legal, para que sejam submetidos a disciplina única.

Universalidade de direito

A universalidade de direito caracteriza-se pela fungibilidade de seus elementos, sem que contravenha a sua unidade e identidade:[21] ao conceber-se a herança como unidade, a integralidade do patrimônio transmissível do defunto é submetida à mesma disciplina[22], sem que sejam consideradas a natureza e a origem dos bens, bem como as qualidades pessoais dos sucessores[23]. A reunião dos bens que compõem a herança evita a dispersão do patrimônio do *de cujus* e, assim, tutela os credores da pessoa falecida, uma vez que a unidade permite manter a mesma garantia patrimonial

Separação do patrimônio do de cujus e de seus sucessores

---

[19] Sobre a proteção do cônjuge supérstite no Código de 1916, v. Gustavo Tepedino, *O usufruto legal do cônjuge viúvo*, Rio de Janeiro, Rio de Janeiro: Forense, 1991, 2ª ed.

[20] Código Civil, "Art. 1.791. A herança defere-se como um todo unitário, ainda que vários sejam os herdeiros.
Parágrafo único. Até a partilha, o direito dos co-herdeiros, quanto à propriedade e posse da herança, será indivisível, e regular-se-á pelas normas relativas ao condomínio."
Código Civil, "Art. 91. Constitui universalidade de direito o complexo de relações jurídicas, de uma pessoa, dotadas de valor econômico."

[21] Orlando Gomes, *Introdução ao Direito Civil*, Rio de Janeiro: Forense, 2016, 21ª edição rev. e atualizada por Edvaldo Brito e Reginalda Paranhos de Brito (1ª ed., 1957), p. 160. Sobre o conceito funcional de universalidade patrimonial e seus desdobramentos, v. Milena Oliva, *Patrimônio separado*: herança, massa falida, securitização de créditos imobiliários, incorporação imobiliária, fundos de investimento imobiliário, *trust*, Rio de Janeiro: Renovar, 2009, com ampla bibliografia.

[22] Pietro Perlingieri, *Manuale di Diritto Civile*, Napoli: Edizione Scientifiche Italiane, 2000, 2ª ed., p. 839.

[23] Luisa Mezzanotte, *La successione anomala del coniuge*, Napoli: Edizione Scientifiche Italiane, 1989, pp. 34-35.

existente antes da morte e separa o patrimônio do *de cujus* daquele dos sucessores, facilitando a delimitação das forças da herança[24].

Importância do princípio da unidade da sucessão

O princípio da unidade da sucessão teve profunda relevância em determinado momento histórico, especificamente no período revolucionário francês, quando o objetivo da burguesia era aniquilar os privilégios feudais, com vistas à construção de sociedade não mais segmentada em classes, em que todos os homens fossem considerados livres e iguais perante a lei. De fato, até a Revolução Francesa, o Direito Sucessório europeu *ab intestato* foi quase exclusivamente regido pelo direito consuetudinário e, por essa razão, havia grande diversidade de regras, em virtude dos inúmeros e diversos costumes territoriais,[25] sendo certo que vigoravam sistemas que concediam vantagens para alguns herdeiros, como o direito de primogenitura, o direito do mais novo, bem como o privilégio da masculinidade[26]. Tais vantagens associavam-se à preservação dos grandes feudos e, assim, ao poderio da nobreza.

Por conseguinte, o pensamento revolucionário se voltou para o Direito Sucessório. Uma das políticas legislativas estabelecida pela Burguesia foi a redução da sucessão hereditária ao aspecto patrimonial, excluindo da transmissão aos herdeiros quaisquer *status*, ou seja, quaisquer formas de poder ou de privilégios pertinentes ao defunto na organização social, como pertencente a determinada família[27]. Além disso, ao exaltar a igualdade, tal legislação suprimiu os privilégios sucessórios, para, dessa maneira, fragmentar os patrimônios e, assim, alcançar o objetivo de enfraquecer a Nobreza. O fracionamento da propriedade seria obtido justamente pelas regras da sucessão *mortis causa*, a partir da paridade de direitos entre os herdeiros na partilha dos bens, não mais diferenciados em transmissões separadas a partir de regras especiais[28].

Período de hegemonia da sucessão legítima

Nesse período, imperou a hegemonia da sucessão legítima, com a redução da liberdade de dispor por testamento. Da Revolução Francesa ao Código Civil Francês de 1804, diversas mudanças ocorreram no Direito Sucessório. Decretos de 1790 e 1791 aboliram privilégios da primogenitura e do herdeiro homem.[29] Em 1792, outro decreto proibiu as substituições fideicomissárias futuras, anulando também todas as anteriormente criadas[30]. Sob a Convenção, foi realizada reforma radical pela Lei de 17 do Nivoso do ano II (6 de janeiro de 1794), suprimindo o sistema da pluralidade de sucessões, não reconhecendo "qualquer diferença na natureza dos bens ou na sua origem para regular a sua transmissão" e estabelecendo a igualdade completa entre os herdeiros do

---

24 João Gomes da Silva, *Herança e sucessão por morte*: a sujeição do patrimônio do *de cuius* a um regime unitário no Livro V do Código Civil, Lisboa: Universidade Católica Editora, 2002, p. 93.

25 John Gilissen, *Introdução Histórica ao Direito*, Lisboa: Fundação Calouste Gulbenkian, 2001, 3ª ed., p. 680.

26 John Gilissen, *Introdução Histórica ao Direito*, cit., pp. 681-686.

27 Antonio Liserre, Evoluzione estorica del diritto ereditario, *Jus*, 1979, p. 207.

28 Antonio Liserre, *Evoluzione estorica del diritto ereditario*, cit., pp. 207-209; Giuseppe Panza, *La funzione sociale dell'acquisto mortis causa*, Bari: Adriatica Editrice, 1997, p. 12.

29 John Gilissen, *Introdução Histórica ao Direito*, cit., p. 688.

30 João Gomes da Silva, *Herança e sucessão por morte*: a sujeição do patrimônio do *de cuius* a um regime unitário no Livro V do Código Civil, cit, p. 70.

Capítulo I | Princípios do direito sucessório — 9

mesmo grau, sem distinção de sexo ou idade, que devia ser aplicada a qualquer sucessão aberta depois de 14 de julho de 1789, mesmo se já tivesse sido liquidada.[31]

O Código Civil Francês de 1804 manteve a unidade da sucessão e a igualdade entre os herdeiros do mesmo grau. Porém, sobre esse desenho normativo interveio a obra revisora de Napoleão, que, sem negar as aspirações revolucionárias, orientou a política legislativa do *Code* no sentido de favorecer a classe burguesa, justificando-se, por essa razão, nesse diploma legal, a revitalização da liberdade testamentária[32]. Dessa maneira, consagrando limitada liberdade testamentária, conservou-se no *Code* o princípio da unidade da sucessão, consoante o disposto em seu antigo artigo 732 (*in verbis*, Artigo 732: A lei não considera a natureza ou a origem dos bens para regular a sucessão)[33], revogado pela Lei nº 2001-1135 de 3 de dezembro de 2001, garantindo-se a igualdade entre os herdeiros do mesmo grau, conforme a disposição do também antigo artigo 745 do *Code*[34].

O princípio da unidade da sucessão irradiou-se para as demais codificações ocidentais, influenciadas fortemente pela codificação francesa de 1804, como a brasileira de 1916, tendo sido mantida tal concepção no Código Civil.[35] O aludido princípio revestiu-se de extrema importância para a garantia da igualdade formal entre os sucessores, contribuindo para a extinção dos privilégios sociais que marcaram o Antigo Regime. E, ainda hoje, não se nega a sua utilidade em relação aos credores do autor da herança e aos sucessores em sistemas que admitem a aceitação da herança a benefício de inventário, como o brasileiro (CC, art. 1.792)[36].

No entanto, a partir da nova perspectiva que informa o Direito Civil e, em consequência, o Direito Sucessório, valorizando não mais o indivíduo abstrato, mas a pessoa em sua dimensão concreta e em relação com as demais, a partir do reconhecimento de suas diversidades e peculiaridades, é preciso que a indiferença quanto aos bens transmitidos e, em especial, quanto aos sucessores, seja repensada. Dito de outro modo, há de se compreender o fenômeno sucessório na linha da *despatrimonialização* do direito civil, que preconiza a prevalência das situações jurídicas existenciais em relação àquelas patrimoniais. Estas últimas constituem-se no instrumen-

Releitura do princípio da unidade da sucessão. Prevalência das situações jurídicas existenciais em relação àquelas patrimoniais

---

[31] John Gilissen, *Introdução Histórica ao Direito*, cit., p. 688.

[32] Giuseppe Panza, *La funzione sociale dell´acquisto mortis causa*, cit., p. 13.

[33] "Article 732: *La loi ne considere ni la natura ni l'origine des biens pour en régler la succession.*"

[34] Não obstante a revogação do referido artigo 732 do *Code Civil*, considera-se ainda presente no Direito Francês o princípio da unidade da sucessão, embora seja reconhecido que este se encontra cada vez mais "desfalcado". Philippe Malaurie, *Les successions, Les Libéralités*, Paris: Defrénois, 2006, 2ª ed., p. 25. No aludido diploma legal, no entanto, foi estabelecida uma exceção à unidade da sucessão, em relação à sucessão dos ascendentes e dos colaterais, pois, nestes casos, previu o *Code Civil* que a sucessão se divide em duas partes iguais, uma para os parentes da linha paterna e a outra para os parentes da linha materna, concepção mantida após as modificações introduzidas no *Code* pelas Leis nº 2001-1135 de 3 de dezembro de 2001 e nº 2006-728 de 23 de junho de 2006.

[35] Tanto o Código Civil de 1916, como o Código Civil, mantiveram a regra da sucessão por linhas – metade para a linha materna e metade para a linha paterna – na classe dos ascendentes.

[36] Código Civil, "Art. 1.792. O herdeiro não responde por encargos superiores às forças da herança; incumbe-lhe, porém, a prova do excesso, salvo se houver inventário que a escuse, demonstrando o valor dos bens herdados."

to para a concretização das primeiras, impondo-se em consequência a leitura do direito sucessório na perspectiva das pessoas dos sucessores e destinatários das disposições testamentárias, bem como do autor da herança e testador. Essa análise apenas será possível a partir da revisão funcional do princípio da unidade da sucessão, atentando-se à natureza dos bens transmitidos e àqueles que são chamados à sucessão, bem como aos vínculos entre estes últimos e os primeiros.

Título sucessório fundamentado no vínculo familiar e na relação do chamado à sucessão com o bem transmitido

Para tanto, o título sucessório não deve se fundamentar apenas no vínculo familiar, mas também na situação de fato na qual se encontra o chamado à sucessão em relação ao bem transmitido,[37] ou seja, no conjunto de interesses que recai sobre o bem objeto da sucessão no momento da transmissão da herança. Essa perspectiva está em consonância com a concepção funcional da família, entendida como formação social que tem em vista a pessoa de seus componentes (CR, art. 226, § 8º), que deve ser irradiada para o Direito Sucessório. Esse, portanto, ao tutelar a família como instrumento de realização da personalidade, deverá ter na base da sucessão legal a *pessoa do sucessor*, pertencente àquela entidade familiar, da qual fazia parte o *de cujus*. A família, como complexo de vínculos interpessoais, qualifica a relação do chamado à sucessão, tornando-a relevante[38].

O fenômeno sucessório – e assim o direito do sucessor legítimo – surge em virtude da morte do *de cujus*, embora inserido no conjunto de vínculos familiares que o antecede e o contextualiza[39]. É preciso, portanto, que a sucessão legítima tenha por fundamento as qualidades específicas do herdeiro e suas relações com o autor da herança no seio da convivência familiar[40].

Exemplos no direito estrangeiro

Ao propósito, mostram-se eloquentes as experiências legislativas estrangeiras, como o artigo 230 *bis* do *Codice Civile*,[41] o qual prevê direito de preferência na divisão

---

[37] Antonino Mirone, *I Diritti Successori del Coniuge*, cit., p. 358.

[38] Antonino Mirone, *I Diritti Successori del Coniuge*, cit., p. 366.

[39] Vincenzo Ernesto Cantelmo, *Fondamento e natura dei diritti del legittimario*, Camerino: Jovene Editore, 1972, pp. 25-26. O autor refere-se especificamente ao direito dos herdeiros legitimários.

[40] Com efeito, a análise da relação jurídica, para que se possa proceder à sua adequada qualificação, deve considerar não somente o aspecto estrutural, mas também a função a que se propõe, o que demanda a observância das situações jurídicas anteriores e até mesmo posteriores a ela. Pietro Perlingieri sustenta, nessa direção, que "l'analisi di una fattispecie non può essere compiuta soltanto in termini strutturali né in termini soltanto effettuali: cioè, il profilo strutturale e quello funzionale non sono sufficienti, autonomamente, ai fini della qualificazione di un atto. Questa, invece, risulterà dalla sintesi degli effetti essenziali di quell'atto, prodotti immediatamente o in forma differita: anche l'effetto non ancora prodotto, perché differito, deve rientrare nel giudizio di qualificazione". Adverte, em seguida, quanto à "necessità del collegamento tra fattispecie ed effetto". Explica que "tale collegamento non è soltanto unilaterale, ma anche bilaterale, cioè reciproco, nel senso che l'esistenza di un precedente rapporto, che, a sua volta, è l'effetto di un'altra fattispecie che ha già esaurito la sua operatività, e che ormai ha acquistato il valore di fatto per l'ordinamento giuridico, non può non aver rilevanza sulla struttura dell'ato che è destinato ad incidere sul rapporto stesso. Il collegamento tra fatto e rapporto è inverso, ma complementare al precedente" (Pietro Perlingieri, Il fenomeno dell'estinzione nelle obbligazioni. In: *Lezioni raccolte da Pietro Perlingieri*, 2, Napoli: Edizione Scientifiche Italiane, 1972, pp. 28-29).

[41] *Codice Civile*, art. 230 bis. Impresa familiare (1). – *Salvo che sia configurabile un diverso rapporto, il familiare che presta in modo continuativo la sua attività di lavoro nella famiglia o nell`impresa*

CAPÍTULO I | PRINCÍPIOS DO DIREITO SUCESSÓRIO 11

hereditária da empresa familiar para o membro da família que nela trabalha de modo contínuo. No Direito Francês também há normas semelhantes, havendo a previsão da *atribuição preferencial* quanto a determinados bens baseada nos vínculos destes com certos sucessores.[42]

No Direito Brasileiro, configura sucessão hereditária com base na natureza do bem transmitido e na pessoa do sucessor a previsão do direito real de habilitação para o filho, órfão de pai e mãe, portador de deficiência que o impossibilite para o trabalho, a partir da inclusão do § 3º ao artigo 1.611 do Código Civil de 1916, pela Lei 10.050/2000, que não foi reproduzido no Código Civil. Assim também as disposições que regulamentam o direito real de habitação para o cônjuge e para o companheiro (CC1916, art. 1.611, § 2º, Lei 9.278/96, art. 7º, parágrafo único e CC, art. 1.831).

Nas hipóteses referidas, em razão de sua destinação específica, o bem que serve de residência da família resta submetido a regime especial em atenção a determinados sucessores. A lei leva em conta não apenas a natureza do bem transmitido, como ainda a qualidade do sujeito a quem será conferido o direito sucessório, ou seja, aquele a quem o referido imóvel servia de residência e que tinha vínculo especial de solidariedade com o autor da herança. Com efeito, para que a sucessão hereditária seja efetivo espaço de promoção da solidariedade constitucional, mostra-se benfazejo que o legislador estabeleça a delação não segundo abstrato critério de solidarieda-

> A promoção da solidariedade constitucional na sucessão hereditária

---

familiare ha diritto al mantenimento secondo la condizione patrimoniale della famiglia e partecipa agli utili dell'impresa familiare ed ai beni acquistati con essi nonché agli incrementi dell'azienda, anche in ordine all'avviamento, in proporzione alla quantità e qualità del lavoro prestato [Cost. 36]. Le decisioni concernenti l'impiego degli utili e degli incrementi nonché quelle inerenti alla gestione straordinaria, agli indirizzi produttivi e alla cessazione dell'impresa sono adottate, a maggioranza, dai familiari partecipanti alla impresa stessa. I familiari partecipanti alla impresa che non hanno la piena capacità di agire sono rappresentati nel voto da chi esercita la potestà su di essi (...) In caso di divisione ereditaria o di transferimento dell'azienda i partecipi di cui al primo comma hanno diritto di prelazione sulla azienda. Si applica, nei limiti in cui è compatibile, la disposizione dell'articolo 732. Tradução livre: Empresa familiar (1). – Salvo se for configurável uma diversa relação, o familiar que presta de modo continuativo a sua atividade de trabalho na família ou na empresa familiar tem direito à manutenção segundo a condição patrimonial da família e participa nos lucros da empresa familiar e nos bens adquiridos com eles bem como nos crescimentos da empresa e também quanto ao aviamento, em proporção à quantidade e a qualidade do trabalho prestado [Cost. 36]. As decisões relativas ao emprego dos lucros e aumentos bem como as inerentes à gestão extraordinária, aos endereços produtivos e à cessação da empresa são adotados por maioria dos familiares participantes na empresa. Os familiares participantes na empresa que não têm a plena capacidade de agir são representados no voto por quem exerce o poder sobre eles. (...) em caso de divisão hereditária ou transferência da empresa os participantes indicados no primeiro parágrafo têm direito de preferência sobre a empresa. Aplica-se, nos limites nos quais seja compatível, a disposição do artigo 732.

42 De acordo com o art. 831 do *Code Civil*, a atribuição preferencial será prerrogativa do cônjuge sobrevivente ou de qualquer herdeiro coproprietário na sucessão: i) de empresa agrícola, comercial, industrial, artesanal ou liberal de cuja exploração aquele participe ou tenha participado efetivamente; ii) do local que lhe serve efetivamente de habitação, se nele o beneficiário tem a sua residência à época da abertura da sucessão e dos móveis que o guarnecem; iii) do local que lhe serve efetivamente ao exercício profissional e dos móveis que o guarnecem e iv) do conjunto dos bens móveis necessários à exploração de um bem rural cultivado pelo autor da herança a título de arrendatário ou de rendeiro (este último aquele que se encarrega da cultura de um terreno com a condição de dar ao proprietário metade dos frutos), quando tal conjunto permanece no proveito do demandante ou quando um novo contrato é consentido em substituição ao antigo.

de, mas segundo a preferência relativa à concreta satisfação das reais necessidades de determinadas categorias de parentes[43]. Retira-se desse modo o Direito Sucessório de sua posição neutra, exaltando os valores da pessoa humana, para assegurar a destinação dos bens em função da dignidade, segurança e solidariedade[44].

4. A PATRIMONIALIDADE E OS EFEITOS *POST MORTEM* DAS SITUAÇÕES JURÍDICAS EXISTENCIAIS

As situações jurídicas de conteúdo patrimonial constituem o objeto da sucessão *mortis causa*. Daí a afirmação de que a sucessão hereditária se funda no princípio da patrimonialidade. No entanto, diversas situações jurídicas de cunho não patrimonial continuam a produzir efeitos após a morte de seu titular, que poderá estabelecer, por meio de testamento, consequências específicas delas decorrentes, promovendo pelo ato de última vontade interesses existenciais, relacionados a aspectos de sua personalidade. Basta lembrar o artigo 14 do Código Civil, que admite a disposição gratuita, revogável a qualquer tempo, do próprio corpo, no todo em parte, bem como o reconhecimento de filho (CC, art. 1.609, III) e a nomeação de tutor (CC, 1.634, VI). Vale pontuar novos interesses que vêm sendo tutelados a partir do testamento, como ocorre com disposições testamentárias que proíbem que imagens e vozes do testador sejam utilizadas após o seu falecimento.[45]

(nota lateral: Efeitos post mortem das situações jurídicas extrapatrimoniais)

Embora a classificação das situações jurídicas em patrimoniais e extrapatrimoniais, baseada em critério valorativo do legislador (não já no juízo subjetivo do seu titular),[46] não seja absoluta, admitindo-se frequentemente situações híbridas que mitigam a distinção conceitual, há de fato situações jurídicas não patrimoniais que reúnem exclusivamente bens insuscetíveis de avaliação econômica, inidôneos à conversão em pecúnia. Constituem-se em situações atinentes à pessoa humana e à sua personalidade, intrinsecamente vinculadas ao titular, ao qual se imputa com exclusividade a prerrogativa de exercê-las[47].

(nota lateral: Sujeitos legitimados a tutelar a personalidade post mortem)

Apesar da vinculação personalíssima de tais situações jurídicas extrapatrimoniais ao falecido, o legislador, em virtude de seus efeitos *post mortem*, confere a certos

---

[43] Antonio Liserre, *Evoluzione storica del diritto ereditario*, cit., p. 228.

[44] Vincenzo Scalisi, Persona umana e successioni, itinerari di un confronto ancora aperto. In: *La civilistica Italiana dagli anni´50 ad oggi tra crisi dogmatica e riforme legislative*, Padova: Cedam, 1991, pp. 160-161.

[45] A título ilustrativo, recentemente, foi noticiado na mídia que a cantora Madonna teria atualizado seu testamento proibindo hologramas e dividindo sua fortuna. Disponível em: https://oglobo.globo.com/cultura/noticia/2023/07/10/madonna-estabelece-regras-para-uso-de-sua-imagem-e-divisao--de-fortuna-de-r-4-bilhoes.ghtml. Acesso em: 4 dez. 2023.

[46] Pietro Perlingieri, *Manuale di Diritto Civile*, cit., p. 145.

[47] De fato, como pondera Pietro Perlingieri, a indissolubilidade da situação subjetiva em relação ao seu titular é concebida também para situações incluídas entre aquelas patrimoniais, como ocorre, por exemplo, com uma prestação que deve ser executada especificamente por um artista, sendo certo que nesse caso a transferência da aludida prestação para outro artista poderá não satisfazer o interesse do credor (Pietro Perlingieri, *Manuale di Diritto Civile*, cit., p. 145).

CAPÍTULO I | PRINCÍPIOS DO DIREITO SUCESSÓRIO   13

sujeitos a prerrogativa de protegê-las, especificando, com variável amplitude, os legitimados para o exercício dessa proteção.

Com efeito, a proximidade entre o falecido e certos parentes fundamenta a atribuição pelo legislador de legitimidade para a referida tutela, agindo os legitimados em nome próprio. É o que ocorre na técnica de proteção aos direitos da personalidade, consoante o disposto nos artigos 12, parágrafo único, e 20, parágrafo único, do Código Civil[48]. O artigo 12 estabelece que terão legitimidade para exigir que cesse a ameaça ou a lesão a direito da personalidade e para reclamar perdas e danos os parentes do falecido (a saber, cônjuge ou companheiro sobreviventes,[49] ou qualquer parente em linha reta, ou colateral até o quarto grau), quando a ameaça ou a lesão à personalidade ocorrer após a morte de seu titular.[50] Já o parágrafo único do artigo 20 faz referência expressa ao direito à imagem, devendo ser lido tal dispositivo em consonância com o referido artigo 12 do Código Civil.[51]

---

[48]   Em análise acerca do direito estabelecido no parágrafo único do art. 20 do Código Civil e diante de inscrição de *de cujus* nos cadastros de proteção ao crédito, já esclareceu o Tribunal de Justiça do Estado do Paraná tratar-se de situação na qual os herdeiros pleitearam, em nome próprio, o resguardo da honra e imagem do falecido. Assim, restou esclarecido que "a regra do parágrafo único do art. 20, que confere legitimidade ao cônjuge, aos ascendentes e descendentes para postularem a proteção da imagem do morto, ou indenização pela ofensa à sua boa fama e respeitabilidade, alcança aquelas agressões que ocorrerem após o falecimento, caso em que os parentes virão a juízo por direito próprio. Não se confunde, portanto, com a situação em que a postulação é feita em razão daquele sentimento próprio do ofendido já morto" (TJPR, 16ª C.C., Ap. Cív. 1228315-9, Rel. Des. Luiz Fernando Tomasi Keppen, julg. 24.9.2014, publ. DJ 20.10.2014).

[49]   Na IV Jornada de Direito Civil, promovida pelo Centro de Estudos Judiciários do Conselho da Justiça Federal, foi aprovado o enunciado nº 275, que estabeleceu orientação no sentido de estender tal prerrogativa ao companheiro sobrevivente: Enunciado n.º 275 da IV Jornada de Direito Civil do CJF (2006) "O rol dos legitimados de que tratam os arts. 12, parágrafo único, e 20, parágrafo único, do Código Civil também compreende o companheiro".

[50]   Os dispositivos citados não se aplicam à hipótese em que o dano foi sofrido em vida pela pessoa, uma vez que esse caso é regulado pelo art. 943 do Código Civil (CC1916, art. 1.526). Com efeito, afirma-se que a liquidação de ação de indenização por dano moral tem natureza patrimonial e, como tal, transmite-se aos sucessores. Nessa direção, uma vez ocorrida lesão, surge imediatamente o direito de ressarcimento por dano material e moral, cujo crédito há de ser meramente liquidado após a morte do sujeito que sofreu o dano. Nessa direção, o STJ afirma que "os danos morais sim, têm natureza personalíssima, extinguindo-se com a morte. Mas o direito à indenização, ainda mais quando impetrado pelo titular da ação enquanto vivo, transfere-se aos herdeiros e/ou sucessores, que possuem legitimidade para prosseguir com o feito" (STJ, 4ª T., REsp 647.562/MG, Rel. Min. Aldir Passarinho Junior, julg. 7.12.2006, publ. DJ 12.2.2007). Nessa direção, a Corte Especial do Superior Tribunal de Justiça aprovou o Enunciado n. 642 de sua Súmula, que reconhece a possibilidade de herdeiros serem indenizados por danos morais sofridos pelo familiar falecido, em que se lê que: "O direito à indenização por danos morais transmite-se com o falecimento do titular, possuindo os herdeiros da vítima legitimidade ativa para ajuizar ou prosseguir a ação indenizatória". Interessante notar também que o Enunciado n. 454, da V Jornada de Direito Civil do CJF, já admitia que o direito de exigir reparação a que se refere o art. 943, do Código Civil, "(...) abrange inclusive os danos morais, ainda que a ação não tenha sido iniciada pela vítima".

[51]   Com efeito, já se afirmou em outra sede que "no âmbito da comunidade familiar surge direito próprio, a exigir do legislador norma específica, a um só tempo de legitimação e de contenção. Como a dizer: estas e somente estas pessoas podem requerer ressarcimento pelos danos que sofreram diante da violação à personalidade do defunto ou ausente; não já tantas outras que, a despeito do liame afetivo estabelecido com o falecido – a exemplo de ex-alunos, ex-clientes, ex-leitores, ex--admiradores de artistas ou atores, e assim por diante –, não são reconhecidas pelo ordenamento

Opção legislativa relacionada a situações jurídicas existenciais encontra-se expressamente prevista no § 1º do artigo 24 da Lei 9.610/98. Segundo tal dispositivo, por morte do autor transmitem-se a seus sucessores alguns dos denominados direitos morais do autor, enumerados nos incisos I a IV do aludido artigo 24. Transmitem-se, assim, o direito de reivindicar, a qualquer tempo, a autoria da obra; o de ter o nome do autor, pseudônimo ou sinal convencional devidamente indicado ou anunciado na utilização de sua obra; o de conservar a obra inédita; e o de assegurar a integridade da obra, opondo-se a quaisquer modificações ou à prática de atos que, de qualquer forma, possam prejudicá-la ou atingir o autor na sua reputação ou honra.

O mesmo se passa com o disposto no artigo 1.606 do Código Civil, que estabelece a possibilidade de os herdeiros ajuizarem a ação de prova de filiação do *de cujus* (ou seja, ação de investigação de paternidade ou maternidade) se este fosse incapaz.

Muitas discussões permeiam os efeitos *post mortem* das situações jurídicas existenciais, diante de seu caráter personalíssimo. Em virtude do difuso entendimento segundo o qual não seria admissível a sucessão hereditária em relações jurídicas extrapatrimoniais (*rectius*, personalíssimas), algumas teorias tentam explicar a sua eficácia após a morte de seu titular[52]. Nessa direção, merecem registro as teorias dos direitos sem sujeito; as que fazem decorrer tal tutela de um dever jurídico geral; aquelas que admitem a personalidade jurídica parcial *post mortem*; aquelas que defendem que a referida proteção seria fruto dos interesses e direitos de pessoas vivas que seriam afetados por atos ofensivos da memória do falecido; e aquelas que consideram as pessoas vivas como fiduciárias dos direitos de personalidade do falecido.[53]

Com efeito, o direito pode ser adquirido em virtude da morte de uma pessoa sem que tenha havido verdadeira sucessão. É o que ocorre, por exemplo, na sucessão testamentária no caso de aplicação do disposto no artigo 1.915 do Código Civil[54], quando o objeto do legado não se encontra no acervo hereditário, devendo ser adquirido pelo herdeiro. Nesse caso, não se dá, verdadeiramente, sucessão *causa mortis* a título particular, pois o legatário não é investido em relação jurídica que já pertencia ao falecido. Há, nessa hipótese, aquisição *mortis causa*, sendo o legatário credor do espólio, que receberá o seu benefício por ato *inter vivos*. Tal linha de raciocínio deve ser direcionada para os casos das situações jurídicas extrapatrimoniais que pertenciam ao finado e atingem contemporaneamente os herdeiros. Os sucessores ou as pessoas designadas pelo legislador têm o direito (próprio) de agir diante de ditas situações *causa mortis*, ou seja, em virtude do falecimento de seu titular originário. No entan-

---

como partes legítimas para a propositura de ações" (Gustavo Tepedino, Tutela da personalidade após a morte, *Revista Trimestral de Direito Civil – RTDC*, Editorial, vol. 46, Rio de Janeiro: Padma, abr.-jun./2011).

[52] Alessio Zaccaria, *Diritti extrapatrimoniali e successione: dall'unità al pluralismo nelle transmissioni per causa di morte*, Padova: CEDAM, 1998, p. 15.

[53] Rabindranath Valentino Aleixo Capelo de Souza, *O Direito Geral de Personalidade*, Coimbra: Coimbra Editora, 1995, pp. 364-365.

[54] Código Civil, "Art. 1.915. Se o legado for de coisa que se determine pelo gênero, será o mesmo cumprido, ainda que tal coisa não exista entre os bens deixados pelo testador."

to, não se pode dizer que o direito que antes pertencia ao falecido é adquirido pelos sucessores, exatamente pela natureza das situações em análise.

Dá-se, assim, a atribuição *iure proprio* a pessoas próximas do defunto de direitos de personalidade associados à sua memória. O legislador limita-se a estabelecer norma de contenção, para impedir que um sem-número de pessoas sensibilizadas pelo falecido pudesse arguir pretensões em nome próprio. Imagine-se, por exemplo, uma pessoa pública cujos fãs se sentissem atingidos pela morte do seu ídolo. Daí a preocupação do legislador, no sentido de estabelecer o rol de pessoas com legitimidade para tais pretensões. Os herdeiros e pessoas que lhe eram próximas exercerão, segundo critério estabelecido pelo legislador, de modo autônomo, pretensões em nome próprio que surgem com o falecimento[55].

Isso ocorre em virtude da consideração da personalidade como valor, isto é, "tendo em conta o conjunto de atributos inerentes e indispensáveis ao ser humano (que se irradiam da personalidade)", que constituem bens jurídicos em si mesmos, desprendidos do seu titular, dignos de tutela privilegiada, os quais, mercê da convivência estabelecida em torno do falecido, permeiam o relacionamento de vários parentes e familiares. Desse modo, determinadas situações jurídicas extrapatrimoniais continuam a receber tutela após o falecimento de seu titular, na medida em que também são relevantes socialmente[56].

Personalidade como valor

Ao eleger os titulares do direito próprio de personalidade decorrente da proximidade com a pessoa falecida, a lei circunscreve, conforme acima mencionado, a legitimidade a alguns parentes e familiares. É o que se depreende da análise dos dispositivos legais encontrados na legislação brasileira que disciplinam a matéria,

---

[55] Quanto aos direitos morais do autor, encontra-se em doutrina o expresso reconhecimento da sucessão por direito próprio. De acordo com Carlos Alberto Bittar, "Na sucessão legítima, opera-se também a transmissão dos direitos morais (art.24, § 1º), os quais se adquirem, pois, por direito próprio, como tem a jurisprudência reconhecido. Conflitos podem, então, instalar-se entre esses direitos e os de personalidade dos herdeiros, sempre que divergências, ideológicas ou artísticas, separem-nos do sucedido, em que deverão ser respeitados seus direitos de ordem pessoal". Carlos Alberto Bittar, *Direito de autor*, Rio de Janeiro: Forense, 2015, p. 129. No mesmo sentido, quanto à aquisição por direito próprio dos direitos morais do autor, vale citar: "A titularidade derivada, na verdade, se diferencia da originária, uma vez que – na maior parte apenas referente aos aspectos patrimoniais dos direitos de autor – depende da transmissão desses direitos, principalmente através de cessão ou sucessão. No primeiro caso somente vai abranger aspectos patrimoniais e, no segundo, pode corresponder, também, a alguns dos atributos morais de autor que, por lei, são transferidos aos herdeiros do criador intelectual da obra protegida". José Carlos Costa Netto, *Direito autoral no Brasil*, São Paulo: FTD, 1998, pp. 63-64.

[56] Em doutrina: "Também a violação a situações puramente existenciais do falecido como a honra e a intimidade não deixam de ter tutela jurídica. Desse modo, a situação jurídica subjetiva pode ser relevante até sendo inexistente o sujeito seu titular. Mesmo depois da morte, o ordenamento jurídico continua a considerar alguns dos seus interesses pessoais tuteláveis" (Rose Melo Vencelau Meireles, *Autonomia Privada e Dignidade Humana*, Rio de Janeiro: Renovar, 2009, p. 171). "Alguns requisitos relativos à existência, à personalidade do defunto – por exemplo, sua honra, sua dignidade, a interpretação exata da sua história – são de qualquer modo protegidos por um certo período de tempo (art. 597, § 3º, Cód. Civ.), isto é, enquanto forem relevantes socialmente. Alguns sujeitos, individuados pelo ordenamento, são legitimados a tutelar o interesse do defunto" (Pietro Perilingieri, *Perfis do Direito Civil*, Rio de Janeiro: Renovar, 1997, p. 111).

como ocorre com os já citados parágrafos únicos dos artigos 12 e 20 do Código Civil, bem como com os artigos 4º e 5º da Lei 9.434/97, e de forma indireta com o § 1º do artigo 24 da Lei 9.610/98 e com o parágrafo único do artigo 1.606 do Código Civil. Estes últimos dispositivos, ao fazerem referência aos sucessores ou herdeiros, estão indiretamente direcionando tal prerrogativa para os familiares enumerados na ordem de vocação hereditária, uma vez que a sucessão só não será legítima diante de disposições testamentárias específicas.

A razão da atribuição de tal direito aos familiares do finado deve-se à solidariedade familiar, sendo certo que algumas situações transcendem o interesse existencial do indivíduo, envolvendo outros integrantes de suas relações afetivas. A tais familiares e parentes são atribuídos, assim, direito subjetivo por força da solidariedade familiar, presumindo-se a proximidade de sua história de vida com a do defunto.

Solidariedade familiar

Aqueles que são investidos no direito em questão não estão sujeitos a penas ou multas na hipótese de não o exercer uma vez que a cominação de sanções poderia resultar em uma compressão de sua personalidade, pois estes têm suas próprias convicções quanto à personalidade do defunto, que representam expressão de suas próprias culturas e modos de pensar, ou seja, de suas próprias personalidades. Por conseguinte, obrigá-los a agir mesmo quando eles não estão convencidos da oportunidade de tal comportamento, significaria sacrificar a personalidade destes últimos, que é digna de tutela tal como a do finado[57]. Dessa maneira, para tornar possível ou mais provável o alcance do objetivo de tutelar os direitos de personalidade potencialmente atingidos, é oportuno investir no referido direito uma pluralidade de sujeitos, escolhidos dentre aqueles que presumivelmente terão interesse para reagir à agressão à memória da pessoa falecida, identificados, portanto, na família[58].

Pluralidade de sujeitos

A aludida pluralidade permite que haja entre os legitimados um poder de controle quanto à tutela da personalidade da pessoa falecida, sendo certo que o parâmetro para tal controle, assim como para a própria atuação para a defesa da personalidade do finado e para eventuais conflitos que surjam entre os legitimados, é sempre o interesse da pessoa falecida. Dessa forma, se um dos legitimados atua em sentido contrário à memória do falecido, os demais podem reagir e buscar a devida tutela jurisdicional em defesa da personalidade do finado.

Poder de controle

Indaga-se se é possível haver disposição de aspectos atinentes ao corpo ou à memória do finado, após a sua morte, pelos seus sucessores. Em algumas

---

[57] Alessio Zaccaria, *Diritti extrapatrimoniali e successione*: dall`unità al pluralismo nelle transmissioni per causa di morte, cit., p. 211.

[58] Alessio Zaccaria, *Diritti extrapatrimoniali e successione*: dall'unità al pluralismo nelle transmissioni per causa di morte, cit., p. 211. Do mesmo modo posiciona-se Rabindranath Capelo de Souza, assinalando que o Direito Português estabelece uma solidariedade ativa em matéria de legitimidade para defesa dos direitos de personalidade do defunto, "de modo a haver, em qualquer caso, o maior número possível de pessoas em condições de legitimidade para assegurar tutela do bem jurídico da personalidade do falecido" (Rabindranath Valentino Aleixo Capelo de Souza, *O Direito Geral de Personalidade*, cit., p. 194).

hipóteses, a lei prevê tal disponibilidade, como ocorre com a doação de órgãos, tecidos e partes do corpo humano da pessoa falecida, que poderá ser autorizada por seus familiares, na esteira dos artigos 4º e 5º da Lei 9.434/97, na ausência de manifestação expressa emanada do próprio finado, consoante o disposto no artigo 14 do Código Civil[59]. A permissão da disponibilidade indicada justifica-se por uma razão maior, a saber, a solidariedade social, uma vez que o transplante significa salvar uma vida. Outras vezes, poder-se-á identificar hipóteses nas quais a disponibilidade justifica-se por razões históricas e sociais, em especial quando o *de cujus* era pessoa notória e participou de episódios relevantes ocorridos na sociedade da qual pertenceu. De fato, a disponibilidade dos atributos da personalidade do *de cujus* deverá ser objeto de previsão legislativa específica[60], só podendo ser autorizada diante de justificativas que encontrem respaldo na normativa constitucional, baseadas na solidariedade social.

5. OS HERDEIROS NECESSÁRIOS E A INTANGIBILIDADE DA LEGÍTIMA

A sucessão *causa mortis* dá-se por lei ou por disposição de última vontade (CC, art. 1.786). No primeiro caso, denomina-se sucessão legítima, sendo a lei a determinar os sucessores da pessoa falecida. No segundo caso, denomina-se sucessão testamentária, uma vez que esta é regulada conforme as disposições contidas no testamento do autor da herança.

É possível a coexistência da sucessão legítima e daquela testamentária. De fato, a sucessão legítima terá lugar sempre que faltar a sucessão testamentária, ou seja, quando não houver testamento, quando este for julgado nulo ou caducar e quando não englobar todo o patrimônio do autor da herança. A sucessão testamentária é expressão do princípio da autonomia privada que, na seara sucessória, compreende-se como liberdade de testar. No entanto, as disposições testamentárias não poderão afastar a sucessão legítima quando houver herdeiros necessários, o que limita a liberdade de testar. Dessa maneira, pode-se dizer que a sucessão legítima se divide em sucessão legítima *necessária* e sucessão legítima *não necessária* ou *facultativa*. A sucessão legítima necessária é aquela que não pode ser excluída pela vontade do *de cujus*, dando origem aos herdeiros necessários e à quota necessária, também denominada *legítima*. Em contraposição, há a quota disponível, ou seja, aquela parte do patrimônio que o *de cujus* pode dispor livremente.

> Sucessão legítima necessária não pode ser afastada pela vontade do autor da herança

---

[59] Enunciado n.º 277 da I Jornada de Direito Civil do CJF (2002) "O art. 14 do Código Civil, ao afirmar a validade da disposição gratuita do próprio corpo, com objetivo científico ou altruístico, para depois da morte, determinou que a manifestação expressa do doador de órgãos em vida prevalece sobre a vontade dos familiares, portanto, a aplicação do art. 4º da Lei nº 9.434/97 ficou restrita à hipótese de silêncio do potencial doador".

[60] Sobre a legitimidade civil-constitucional para a disposição dos direitos da personalidade, de modo qualitativamente diverso da disposição das situações patrimoniais, independentemente de autorização legislativa específica, vide Rose Melo Vencelau Meireles, *Autonomia*, cit., pp. 182-203.

Limitação quantitativa da legítima

Dispõe o artigo 1.789 do Código Civil que, havendo herdeiros necessários, o testador só poderá dispor da metade da herança. Dessa maneira, a legítima no Direito Brasileiro foi fixada em metade dos bens do autor da herança, sendo a outra metade a quota disponível.

Na vigência do Código Civil de 1916, eram herdeiros necessários os descendentes e os ascendentes (CC1916, art. 1.721), cabendo ao cônjuge sobrevivente o usufruto vidual, quando o regime de bens do casamento era diverso da comunhão universal, nos termos do artigo 1.611, § 1º, daquele diploma legal, e o direito real de habitação em relação ao único imóvel residencial existente no acervo hereditário se, ao contrário, o regime de bens do casamento era o da comunhão universal, consistindo ditos direitos reais a reserva hereditária do cônjuge.[61]

Herdeiros necessários

No Código Civil, os herdeiros necessários são os descendentes, os ascendentes e o cônjuge, consoante o disposto no artigo 1.845, tendo sido ampliada a reserva hereditária deste último, uma vez que a ele é atribuída quota da herança em propriedade plena. A ampliação da reserva do cônjuge deveu-se às numerosas modificações da família ao longo dos anos que se seguiram ao Código Civil de 1916, valendo ressaltar a retração na composição da família, substituindo-se a grande família patriarcal pela família nuclear, reconhecendo-se, assim, tardiamente, a dependência econômica entre os cônjuges, em especial aquela da mulher, privilegiando-se, a partir daí, na proteção sucessória vínculo diverso daquele consanguíneo.

Discute-se se o companheiro é herdeiro necessário no regime do Código Civil. Isso porque o artigo 1.845 do referido diploma legal não o contempla. No entanto, se por um lado o artigo 1.845 não se refere expressamente ao companheiro como herdeiro necessário, o artigo 1.850 só permite que o testador afaste os colaterais da sucessão, não mencionando a possibilidade de exclusão do companheiro sobrevivente.

Declaração de inconstitucionalidade do art. 1.790

Em 10.05.2017, o Supremo Tribunal Federal, por maioria, declarou o artigo 1.790 do Código Civil[62] inconstitucional, fixando a seguinte tese de repercussão geral, *in verbis*, "É inconstitucional a distinção de regimes sucessórios entre cônjuges e companheiros prevista no art. 1.790 do CC/2002, devendo ser aplicado, tanto nas hipóteses de casamento quanto nas de união estável, o regime do art. 1.829 do CC/2002"[63]. Em sede de embargos de declaração que tinha por objetivo esclarecer a amplitude da aludida

---

[61]   Sobre o tema, v. Gustavo Tepedino, *O usufruto legal do cônjuge viúvo*, Rio de Janeiro, Rio de Janeiro: Forense, 2ª ed., 1991.

[62]   Código Civil, "Art. 1.790. A companheira ou o companheiro participará da sucessão do outro, quanto aos bens adquiridos onerosamente na vigência da união estável, nas condições seguintes:
I – se concorrer com filhos comuns, terá direito a uma quota equivalente à que por lei for atribuída ao filho;
II – se concorrer com descendentes só do autor da herança, tocar-lhe-á a metade do que couber a cada um daqueles;
III – se concorrer com outros parentes sucessíveis, terá direito a um terço da herança;
IV – não havendo parentes sucessíveis, terá direito à totalidade da herança."

[63]   STF, Tribunal Pleno, RE 878.694, Rel. Min. Luís Roberto Barroso, julg. 10.5.2017, publ. DJ 6.2.2018; e STF, Tribunal Pleno, RE 646.721, Rel. Min. Marco Aurélio, julg. 10.5.2017, publ. DJ 11.9.2017.

tese de repercussão geral, o STF entendeu que não houve discussão a respeito da integração do companheiro ao rol dos herdeiros necessários. Diante disso, a doutrina tem divergido sobre a questão[64]. O Superior Tribunal de Justiça, no entanto, já se manifestou pela afirmativa em mais de uma oportunidade. Em 2018, em acórdão proferido pela 3ª Turma, de Relatoria do Ministro Ricardo Villas Boas Cueva, determinou que na ausência de descendentes e ascendentes, "*o companheiro sobrevivente herdará com exclusividade, salvo disposição testamentária que contemple a parte disponível da herança*"[65] e em 2021, também a 3ª Turma, por ocasião do julgamento do REsp 1.844.229/MT, de relatoria do Ministro Moura Ribeiro, concluiu que a companheira é herdeira necessária e deve concorrer com os descendentes do falecido em relação aos bens particulares do monte, aplicando no caso o julgamento da 2ª Seção do referido Tribunal no sentido de que no regime da comunhão parcial de bens o cônjuge só concorre com os descendentes em relação aos bens particulares do *de cujus*, bem como o julgamento do RE nº 878.694/MG do STF, que reconheceu a in-

---

[64] Em defesa do argumento de que a norma do art. 1.845 é restritiva de direitos e, portanto, não poderia ser estendida aos companheiros, está Mario Delgado in *Direito Fundamental de Herança, sob a ótica do titular do patrimônio*, Indaiatuba: Editora Foco, 2023, p. 72. Também contra ser o companheiro herdeiro necessário estão Luciana Pedroso Xavier e Marília Pedroso Xavier, em artigo intitulado O Planejamento Sucessório colocado em xeque: afinal, o companheiro é herdeiro necessário?, *In*: Daniele Chaves Teixeira (coord.), *Arquitetura do Planejamento Sucessório*, Belo Horizonte: Fórum, 2019, p. 250. Em sentido contrário, Carlos Roberto Barbosa Moreira, em atualização do volume de Sucessões das Instituições de Direito de Civil de Caio Mário da Silva Pereira, defende que o companheiro é herdeiro necessário à luz da igualdade conferida aos regimes sucessórios do cônjuge e do companheiro pelo STF, aduzindo, em síntese, que "toda a fundamentação do acórdão aponta claramente no sentido de que o companheiro, tal como o cônjuge, deva ser considerado herdeiro necessário. Irrelevante que o Supremo Tribunal Federal não o tenha afirmado com todas as letras". Caio Mário da Silva Pereira, *Instituições de Direito Civil, vol. VI*, Rio de Janeiro: Forense, 2022, 28ª ed., pp. 156-157. Na mesma linha, em defesa do companheiro como herdeiro necessário após o aludido julgamento do STF está Giselda Maria Fernandes Novaes Hironaka, "Cônjuge e Companheiro são Herdeiros Necessários?" *In*: *Direito das Sucessões: Problemas e Tendências*, Ana Carolina Brochado Teixeira e Ana Luiza Maia Nevares (coords.), Indaiatuba: Foco, p. 86 e Flávio Tartuce. *Direito Civil, Direito das Sucessões*, vol. 6, Rio de Janeiro: Forense, 2021, 14ª ed., p. 178.

[65] "Recurso Especial. Civil. Processual civil. Direito de família e das Sucessões. União estável. Art. 1.790 do CC/2002. Inconstitucionalidade. Art. 1.829 do CC/2002. Aplicabilidade. Vocação hereditária. Partilha. Companheiro. Exclusividade. Colaterais. Afastamento. Arts. 1.838 e 1.839 do CC/2002. Incidência. 1. Recurso especial interposto contra acórdão publicado na vigência do Código de Processo Civil de 1973 (Enunciados Administrativos nºs 2 e 3/STJ). 2. No sistema constitucional vigente, é inconstitucional a distinção de regimes sucessórios entre cônjuges e companheiros, devendo ser aplicado em ambos os casos o regime do artigo 1.829 do CC/2002, conforme tese estabelecida pelo Supremo Tribunal Federal em julgamento sob o rito da repercussão geral (Recursos Extraordinários nºs 646.721 e 878.694). 3. Na falta de descendentes e ascendentes, será deferida a sucessão por inteiro ao cônjuge ou companheiro sobrevivente, ressalvada disposição de última vontade. 4. Os parentes colaterais, tais como irmãos, tios e sobrinhos, são herdeiros de quarta e última classe na ordem de vocação hereditária, herdando apenas na ausência de descendentes, ascendentes e cônjuge ou companheiro, em virtude da ordem legal de vocação hereditária. 5. Recurso especial não provido" (STJ, 3ª T., REsp 1357117/MG, Recurso Especial 2012/0257043-5, Rel. Min. Ricardo Villas Bôas Cueva, julg. 13.3.2018, publ. DJe 26.3.2018).

constitucionalidade do regime sucessório entre cônjuges e companheiros[66], o mesmo se passando nos Tribunais Estaduais[67].

Intangibilidade da legítima

Os herdeiros necessários só poderão ser privados de sua reserva nas hipóteses específicas de indignidade e deserdação, taxativamente determinadas na lei. Daí a

---

[66] "Civil. Recurso Especial. Recurso interposto sob a égide do NCPC. Sucessões. Ação de habilitação e reconhecimento da qualidade de herdeira necessária. Violação do disposto no inciso I do art. 1.829 do CC/02. Cônjuge sobrevivente concorre com herdeiros necessários quanto aos bens particulares do falecido. Precedente da Segunda Seção. Recurso especial provido.1. Aplica-se o NCPC a este recurso ante os termos do Enunciado Administrativo nº 3, aprovado pelo Plenário do STJ na sessão de 9/3/2016: Aos recursos interpostos com fundamento no CPC/2015 (relativos a decisões publicadas a partir de 18 de março de 2016), serão exigidos os requisitos de admissibilidade recursal na forma do novo CPC. 2. A Segunda Seção do STJ já proclamou que, *nos termos do art. 1.829, I, do Código Civil de 2002, o cônjuge sobrevivente, casado no regime de comunhão parcial de bens, concorrerá com os descendentes do cônjuge falecido somente quando este tiver deixado bens particulares* (REsp nº 1.368.123/SP, Rel. Ministro Sidnei Beneti, Rel. p/ Acórdão Ministro Raul Araújo, DJe de 8/6/2015). 3. O Supremo Tribunal Federal, no julgamento do Recurso Extraordinário nº 878.694/MG, reconheceu a inconstitucionalidade da distinção promovida pelo art. 1.790 do CC/02, quanto ao regime sucessório entre cônjuges e companheiros. Entendimento aplicável ao caso. 4. Tendo o falecido deixado apenas bens particulares que sobrevieram na constância da união estável mantida no regime da comunhão parcial, é cabível a concorrência da companheira sobrevivente com os descendentes daquele. 5. A teor do art. 1.830 do CC/02, deve ser reconhecido o direito sucessório ao cônjuge ou companheiro sobrevivente se, ao tempo da morte do outro, não estavam separados nem judicialmente e nem fato, havendo concurso quanto aos bens particulares 6. Recurso especial provido." (STJ, 3ª T., REsp 1.844.229/MT, Rel. Min. Moura Ribeiro, julg. 17.8.2021).

[67] Nesse sentido: "Apelação cível. Ação de reconhecimento e dissolução de união estável *post mortem*. Termo inicial. Alteração. Possibilidade. Necessidade, contudo, de observância ao conjunto probatório. Revogação de doação. Direito personalíssimo. Ilegitimidade ativa do companheiro. Anulação de escritura pública de doação. Disposição, a terceiro, do único bem. Falecida que vivia em união estável. Companheiro que é herdeiro necessário. Imprescindibilidade de se resguardar a legítima. Recurso parcialmente provido. 1. O termo inicial da união estável deve ser estabelecido como aquele corroborado pelo conjunto probatório. 2. O direito de se revogar doação é personalíssimo e não se transmite aos herdeiros, de tal modo que estes não podem exercê-lo após o óbito do doador, salvo se existente ação em andamento. Inteligência do art. 560 do Código Civil. 3. Tendo a doadora herdeiros necessários, deve-se decretar a nulidade da doação quanto à parte que exceder à de que ela, no momento da liberalidade, poderia dispor em testamento. Exegese do artigo 549 do Código Civil" (TJSP, 6ª Câm. Dir. Priv., APL 1038534-29.2019.8.26.0196, Rel. Des. José Costa Netto, julg. 31.1.2022). E ainda: "Agravo de instrumento. Inventário. União estável. Ordem de vocação hereditária. Nomeação de inventariante. Testamento. 1) A decisão agravada nomeou inventariante e determinou o cumprimento de disposições testamentárias. 2) Segundo o disposto no artigo 1.845 do Código Civil, são herdeiros necessários os descendentes, os ascendentes e o cônjuge. 3) No caso, ante a ausência de ascendentes e descendentes, Cláudio, na qualidade de companheiro, equipara-se a cônjuge para fins sucessórios, razão pela qual deve ser considerado herdeiro necessário de Maria Dinorah, sendo os seus bens transmitidos para ele, os quais atualmente integram o seu espólio, ressalvados os previstos em testamento, que devem observar a legítima. 4) Quanto à inventariança, com a morte de Cláudio, naturalmente os bens passaram a pertencer ao seu Espólio, sendo certo que Ricardo Bittencourt de Magalhães foi nomeado inventariante do Espólio de Cláudio, o principal sucessor dos bens deixados por Maria Dinorah, razão pela qual a decisão agravada observou o disposto no artigo 617 do CPC ao nomeá-lo inventariante do Espólio de Maria Dinorah. 5) A legitimidade para a identificação de outros bens da autora da herança deve ser reconhecida apenas ao Espólio de Cláudio Flávio de Guimarães, considerando a qualidade de único herdeiro necessário de Maria Dinorah. 6) Assim, não há reparo a ser feito na decisão agravada.7) Recurso ao qual se nega provimento" (TJRJ, 4ª Câm. Dir. Priv., AI 0049087-17.2023.8.19.0000, Rel. Des. Heleno Ribeiro Pereira Nunes, julg. 14.11.2023).

previsão do artigo 1.849 do Código Civil[68], determinando que o herdeiro necessário, a quem o testador deixar a sua parte disponível, ou algum legado, não perderá o direito à legítima, e aquelas dos artigos 1.967 e 1.968 do mesmo diploma legal, que visam reduzir as disposições testamentárias atentatórias à quota necessária. A legítima é, portanto, intangível, não podendo ser diminuída na essência, ou no valor, por cláusula testamentária[69]. Veda-se ao testador converter os bens da legítima em outros de espécie diversa (CC, art. 1.848, § 1º), ou onerar dita quota da herança com as cláusulas restritivas da propriedade, salvo se houver justa causa expressamente declarada no testamento (CC, art. 1.848, *caput*). De fato, o princípio da intangibilidade da legítima representa premissa básica do Direito Sucessório, informando o conjunto de suas normas. Apesar dessa especialidade, para garantir a plena realização do referido princípio, seu conteúdo é irradiado para outros ramos do Direito Civil, como é possível inferir da análise dos artigos 496, 533, II, 544 e 549 do Código Civil, pertinentes ao Direito das Obrigações.

Embora a literalidade do art. 1.857, § 1º, do Código Civil exclua do testamento a legítima, o dispositivo deve ser interpretado sistematicamente, visando tão somente preservar a parcela patrimonial reservada aos herdeiros necessários, sendo certo que a liberdade qualitativa do testador está preservada no artigo 2.014 do Código Civil, podendo ele indicar os bens que deseja que componham a legítima dos herdeiros necessários[70].

Diversos países, como França, Itália e Portugal, contemplam o instituto da reserva hereditária em seus ordenamentos jurídicos, variando, contudo, o rol dos herdeiros necessários e a fração do patrimônio do *de cujus* que a eles é reservada. A legítima concilia na sucessão hereditária o princípio da liberdade do proprietário dos bens e o direito dos parentes próximos à sucessão[71], ou seja, a plena liberdade de testar e a proteção da família. A justa medida de tal conciliação dependerá das tradições de cada país e de cada momento histórico, havendo sempre questionamentos entre a plena liberdade de testar e a proteção da família. *(Conciliação entre a liberdade de testar e a proteção à família)*

Com efeito, a legítima dos herdeiros necessários não é instituto isento de críticas. Ultrapassadas as contestações de inspiração individualista, baseadas na autonomia da vontade e na concepção individualista do direito de propriedade, bem como aquelas de cunho socialista, alega-se que o instituto é ineficaz e inoportuno *(Críticas à legítima)*

---

[68]   Código Civil, "Art. 1.849. O herdeiro necessário, a quem o testador deixar a sua parte disponível, ou algum legado, não perderá o direito à legítima."

[69]   Carlos Maximiliano, *Direito das Sucessões*, vol. 2, Rio de Janeiro: Freitas Bastos, 1937, p. 361.

[70]   Em caso julgado pelo STJ, o testamento beneficiava os filhos do *de cujus* – herdeiros necessários – e sobrinhos – herdeiros testamentários –, estabelecendo-se que os filhos receberiam 75% do patrimônio e os sobrinhos, 25%. Os filhos pretendiam que a distribuição indicada pelo testador se limitasse à parte disponível, excluindo-se os 50% do patrimônio reservados aos herdeiros necessários. Entretanto, conforme decidiu a Terceira Turma do STJ, o testamento no caso se referia à totalidade da herança e nada impede que a parte indisponível seja referida na escritura de testamento pelo autor da herança, desde que isso não implique redução da parcela que a lei destina aos herdeiros necessários (STJ, 3ª T., REsp 2.039.541/SP, Rel. Min. Nancy Andrighi, julg. 20.6.2023).

[71]   Pontes de Miranda, *Tratado de Direito Privado*, t. LV, Rio de Janeiro: Borsoi, 1957, p. 215.

na família atual, preconizando-se a sua abolição, ou ao menos a sua restrição, por manifesta inutilidade,[72] tendo em vista a atual realidade biológica, socioeconômica e jurídica da sociedade hodierna, marcada pela longevidade crescente de seus membros e por novas técnicas de proteção, como a Seguridade Social e os contratos de seguro.[73]

Além disso, muito se discute quanto à ampliação da proteção sucessória destinada ao consorte sobrevivente, em virtude da igualdade entre homens e mulheres e da dissolubilidade do casamento, sendo frequente a recomposição de famílias, com pessoas que se unem em casamento ou união estável quando já estão maduras e independentes, com patrimônio, bem como filhos de relacionamentos anteriores. Diante disso, preconiza-se futura reforma legislativa do princípio da unidade da sucessão, com a atenção voltada aos herdeiros e aos bens transmitidos, distanciando a transmissão hereditária da neutralidade quanto à quota reservada aos herdeiros necessários, de molde a destinar especial proteção aos incapazes e àqueles que dependem economicamente do autor da herança[74].

6. A LEGÍTIMA NA PERSPECTIVA DO DIREITO CIVIL CONSTITUCIONAL

Análise da legítima à luz da Constituição da República

Como já assinalado, o princípio da intangibilidade da legítima encontra seu fundamento na conciliação entre a proteção à família e a plena liberdade de testar. Dessa maneira, pode-se dizer que a quota necessária especifica no Direito das Sucessões os princípios constitucionais de proteção à família, de garantia da propriedade privada e de livre-iniciativa, consagrados, respectivamente, nos arts. 226, 5º, inciso XXII e 1º, inciso IV, da Carta Magna. De fato, ao determinar a possibilidade de o testador dispor livremente de metade de seus bens, permite a legislação civil o exercício de seu direito de propriedade, garantido no inciso XXII do artigo 5º da Constituição da República, em nome da autonomia privada. Por outro lado, ao garantir a metade dos bens do *de cujus* à família, efetiva-se em seu favor a especial proteção do Estado prevista no artigo 226 da Constituição da República. Com a legítima, a família não fica desamparada em virtude da morte do testador. Fosse ao testador permitido dispor de todo o seu patrimônio, o falecimento poderia ocasionar, de uma hora para a outra, a ruína e a miséria da comunidade familiar.

---

[72] Ioanna Kondyli, *La protection de la famille par la réserve héréditaire en droits français e grec comparés*, Librairie Générale de Droit et Jurisprudence, 1997, p. 39.

[73] Ioanna Kondyli, *La protection de la famille par la réserve héréditaire en droits français e grec comparés*, cit., p. 39.

[74] Sobre a necessidade de reforma da legítima, com fundamento na tutela concreta da pessoa, vide Pietro Perlingieri, Lafunzione sociale del diritto successorio, In *Rassegna di diritto civile*, vol. 1, 2009, *passim*; e, fomentando a proteção das vulnerabilidades, consulte-se ainda Anderson Schreiber e Francisco Viegas, Por uma releitura funcional da legítima no direito brasileiro, *Revista de Direito Civil Contemporâneo*, n. 6, v. 19, abr-jun 2019, pp. 211-250. Ver, ainda, Ana Luiza Maia Nevares. A crise da legítima no direito brasileiro. In: Ana Carolina Brochado Teixeira; Renata de Lima Rodrigues (org.), *Contratos, família e sucessões: diálogos interdisciplinares*, Indaiatuba: Foco, 2019, pp. 263-279.

Conforme ressaltado em doutrina, "mesmo interesses materiais e suscetíveis de avaliação patrimonial, como instrumentos de concretização de uma vida digna, do pleno desenvolvimento da pessoa e da possibilidade de libertar-se das necessidades, assumem o papel de valores".[75] Assim, a reserva hereditária destina-se a realizar o princípio ainda mais amplo, que é o da dignidade da pessoa humana, fundamento da República, enunciado no artigo 1º, inciso III, da Carta Magna. Por fim, mas não menos importante, a legítima concretiza no Direito Sucessório a solidariedade constitucional, prevista no artigo 3º, inciso I, da Carta Magna, na medida em que preconiza a distribuição compulsória dos bens entre os membros mais próximos da comunidade familiar em virtude da morte de um deles.

Ao concretizar no Direito Sucessório os valores constitucionais da dignidade da pessoa humana, da proteção à família, da solidariedade, da livre-iniciativa e da propriedade privada, o princípio da intangibilidade da legítima encontra-se em consonância com o ordenamento constitucional vigente. Poder-se-ia, então, indagar se seria constitucional uma lei que abolisse a reserva hereditária. Note-se que não se trata de questionar a possibilidade de o legislador ordinário reduzir a parte indisponível, ou simplesmente mantê-la na mesma proporção, contemplando, no entanto, outros herdeiros forçados, e, dessa forma, limitar o direito à reserva daqueles que eram os primitivos legitimários. Tais alterações de alíquotas são perfeitamente admissíveis. A Lei 4.121/62 contemplou o cônjuge como herdeiro necessário em usufruto e não diminuiu a quota disponível. O mesmo se passa com o Código Civil, que, fixando a legítima nos mesmos limites do Código Civil de 1916 (metade do patrimônio do autor da herança), incluiu o cônjuge como herdeiro necessário em propriedade plena ao lado dos descendentes e ascendentes. Indaga-se sobre a possibilidade de o legislador simplesmente aniquilar a reserva hereditária, extinguindo a categoria dos herdeiros necessários. Daí o inevitável questionamento: liberdade plena de testar ou mitigações ao direito de dispor tendo em vista a proteção à família? Nesse campo, as tradições têm importância fundamental: o sistema é bom ou mal, atinge ou não seus objetivos, consoante a situação de cada país.[76]

Legítima em consonância com o ordenamento constitucional

No Brasil, a reserva de parte dos bens do *de cujus* para a família tem ampla aceitação social, sendo certo que o princípio da intangibilidade da legítima sempre esteve adaptado ao ordenamento jurídico brasileiro. Na perspectiva constitucionalizada do Direito Civil, a legítima continua a desempenhar importante função diante da proteção dispensada à família, voltada para a pessoa de seus componentes, como instrumento para a promoção da dignidade da pessoa humana. Nesse sentido, a legítima adquire especial relevo, pois desempenha, para os membros da família, a função de instrumento para a concretização de uma vida digna, já que estabelece mecanismos econômicos capazes de libertá-los de suas necessidades.

Função social da legítima

Sendo o fenômeno sucessório garantia fundamental do ordenamento jurídico brasileiro, tal como disposto no artigo 5º, inciso XXX, da Constituição da República,

---

[75]   Pietro Perlingieri, *Perfis do direito civil,* Rio de Janeiro: Renovar, 2002, p. 32.

[76]   José de O. Ascensão, *Direito Civil, Sucessões,* Coimbra: Editora Coimbra, 1989, p. 28.

é preciso buscar sua regulamentação conforme os valores essenciais do ordenamento jurídico brasileiro, entre eles a propriedade privada (CR, art. 5º, *caput* e XXII) e a proteção da família (CR, art. 226). Pode-se dizer, por conseguinte, que, enquanto prevalecer no Brasil a concepção de sociedade capitalista, fundada na família, o princípio da intangibilidade da legítima será preservado. Dessa maneira, lei que determine a extinção da quota necessária seria contrária a forte consenso social, mas não inconstitucional, já que, apesar de o referido instituto concretizar no ordenamento jurídico brasileiro princípios constitucionais, não há na Constituição da República qualquer garantia ao direito dos herdeiros necessários.

Em outras palavras, seria inconstitucional lei que abolisse a sucessão *causa mortis* em si, em virtude da garantia do direito de herança (CR, art. 5º, XXX), mas não a reserva dos herdeiros necessários. Fato é que a opção do legislador, tanto no Código Civil de 1916 como no atual Código Civil foi contemplar o instituto da reserva, variando, contudo, a natureza do direito reservado aos herdeiros forçados.

PROBLEMAS PRÁTICOS

1. A legítima dos herdeiros necessários pode ser abolida em virtude de alteração legislativa, passando a imperar a plena liberdade testamentária no Direito Brasileiro?

2. O pai de Joana era um cantor muito famoso e falecido há dois anos. Além disso, era um sambista de primeira. No mês passado, Joana foi surpreendida com telefonema de seu irmão Jorge, que foi o inventariante do inventário de seu pai, dizendo que havia autorizado uma empresa que vende instrumentos musicais a fazer um anúncio com as vozes do pai e que ambos ganhariam bons recursos por conta de tal autorização. Ocorre que Joana ficou indignada, porque não gostaria de ter a voz de seu pai replicada após seu falecimento, sem contar que tais aspectos de sua personalidade estariam sendo utilizados para divulgar todos os tipos de instrumentos musicais, quando sempre tocou e amou especificamente o pandeiro. Segundo ela, essa propaganda não respeitaria a história de vida de seu pai. Indaga-se: Joana pode tomar alguma medida contra a iniciativa de seu irmão?

 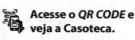
Acesse o *QR CODE* e veja a Casoteca.
> https://uqr.to/1pc9d

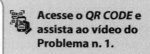
Acesse o *QR CODE* e assista ao vídeo do Problema n. 1.
> https://uqr.to/nxxa

Capítulo II
A DEVOLUÇÃO DA HERANÇA

Sumário: 1. Pressupostos da sucessão: a morte e a vocação hereditária – 2. Abertura da sucessão e o *droit de saisine* – 3. Local de abertura da sucessão – 4. Administração da herança e cessão de direitos hereditários – 5. A aceitação da herança e o benefício de inventário – 6. Renúncia da herança – 7. Exclusão do sucessor por indignidade ou deserdação – 8. Herança jacente e herança vacante – 9. A petição de herança – 10. Lei da sucessão e sucessão internacional – Problemas práticos.

1. PRESSUPOSTOS DA SUCESSÃO: A MORTE E A VOCAÇÃO HEREDITÁRIA

Sob o ponto de vista dinâmico das situações jurídicas subjetivas, sucessão significa transferência da sua titularidade. Aquele que transfere a situação subjetiva e assim perde a titularidade diz-se alienante (dante causa); aquele que se torna titular em decorrência da sucessão diz-se adquirente ou sucessor (avente causa). No direito das sucessões, a causa da transferência consiste na morte do titular das situações jurídicas subjetivas, chamado *de cujus* (*de cujus successione agitur*). Assim, a morte é o primeiro pressuposto da sucessão, a ensejar o nascimento do direito hereditário. Muito embora admita-se a existência das situações subjetivas sem o respectivo titular, "o exercício (normalmente) pressupõe a titularidade"[1]. Desse modo, mostra-se necessária a sucessão *mortis causa* para a continuidade do exercício das situações ativas e passivas do morto.

<small>Dinâmica da sucessão</small>

<small>Sucessão *mortis causa*</small>

---

[1] Pietro Perlingieri, *Perfis de direito civil*, Rio de Janeiro: Renovar, 2002, pp. 112-113.

O direito brasileiro reconhece a morte natural e a morte presumida (CC, art. 6º)

Morte como fatos aptos a extinguir a personalidade ou titularidade. A prova da morte natural se faz com o cadáver, mas na sua falta é possível a justificação judicial para o assento de óbito (LRP, art. 88)[2], quando há certeza da morte. Imagine-se a hipótese de catástrofes aéreas em que não há sobreviventes, mas o reconhecimento de corpos não é possível. A prova de que a pessoa estava no acidente se mostra suficiente para a lavratura do assento de óbito, com transmissão imediata de bens a herdeiros legítimos ou testamentários.

Morte presumida A chamada morte presumida é admitida em duas hipóteses específicas. De um lado, no caso de ausência[3], assim reputado o desaparecimento de certo indivíduo, por período razoável de tempo, sem que dele se tenha qualquer notícia. Nesses casos, a proteção dos bens do desaparecido dá lugar à proteção dos interesses de sucessores. O processo de ausência tem três estágios, conforme a menor possibilidade de reaparecimento do ausente: i) a curadoria dos bens do ausente, na qual há apenas a administração dos bens do ausente na esperança de seu retorno (CC, arts. 22 a 25); a sucessão provisória, na qual se defere a posse dos bens aos sucessores, mas impondo uma série de restrições com intuito ainda de proteger o interesse do ausente no caso de seu eventual reaparecimento (CC, arts. 26 a 36); e a iii) sucessão definitiva, em que a propriedade dos bens passa para os sucessores, adstritos apenas a restitui-la ao ausente caso este apareça no prazo de dez anos (CC, arts. 37 a 39). Após 10 anos do trânsito em julgado da sentença que concedeu a sucessão provisória, ou quando o ausente contar com 80 anos de idade, se de 5 anos datam suas últimas notícias, ou quando se tiver a certeza da morte do ausente, poderão os interessados requerer a sucessão definitiva (CC, arts. 37 e 38). Presume-se a morte da pessoa no momento em que a lei autoriza a abertura de sua sucessão definitiva (CC, art. 6º, *in fine*). De outro lado, admite-se a declaração de morte presumida, sem a necessidade de decretação de ausência, nos casos em que o óbito for extremamente provável, porque a pessoa corria risco de morte ou se encontrava em situação potencialmente perigosa, aludindo o Código Civil nomeadamente aos casos de morte presumida em guerra (CC, art. 7º).[4] A declaração de morte presumida deve ser excepcional, exigindo-se a

---

[2]   Lei de Registros Públicos, "Art. 88. Poderão os Juízes togados admitir justificação para o assento de óbito de pessoas desaparecidas em naufrágio, inundação, incêndio, terremoto ou qualquer outra catástrofe, quando estiver provada a sua presença no local do desastre e não for possível encontrar-se o cadáver para exame.
Parágrafo único. Será também admitida a justificação no caso de desaparecimento em campanha, provados a impossibilidade de ter sido feito o registro nos termos do artigo 85 e os fatos que convençam da ocorrência do óbito".

[3]   Código Civil, "Art. 22. Desaparecendo uma pessoa do seu domicílio sem dela haver notícia, se não houver deixado representante ou procurador a quem caiba administrar-lhe os bens, o juiz, a requerimento de qualquer interessado ou do Ministério Público, declarará a ausência, e nomear-lhe-á curador".

[4]   Código Civil, "Art. 7º Pode ser declarada a morte presumida, sem decretação de ausência: I – se for extremamente provável a morte de quem estava em perigo de vida; II – se alguém, desaparecido em campanha ou feito prisioneiro, não for encontrado até dois anos após o término da guerra (...)". Sílvio Venosa considera que "guerra é termo que deve ser entendido com elasticidade, pois deve

realização de exaustivas buscas e necessárias averiguações do paradeiro do desaparecido previamente à presunção de seu falecimento.

O registro do óbito e da sentença declaratória da morte presumida (CC, art. 9º, I e IV) há de conter informações essenciais para a devolução da herança (LRP, art. 80), a exemplo da data e horário da morte, se tinha testamento conhecido e se deixou filhos. Nos casos de ausência, a transmissão de bens ocorre em fases: passado um ano da publicação do primeiro edital, sem que se saiba do ausente, e não tendo comparecido seu procurador ou representante, os interessados poderão requerer a abertura da sucessão provisória, que lhes permitirá a gestão dos bens do ausente, na qualidade de herdeiro presuntivo[5]. Os sucessores deixam de ser provisórios apenas com a presunção da morte do ausente e abertura da sucessão definitiva, quando adquirem o domínio e a livre disposição dos bens recebidos. Registro de óbito

A precisão do momento do óbito é importantíssima para se definir quando nasce o direito hereditário e os efeitos dele decorrentes. Como regra geral, o sucessor há de sobreviver ao *de cujus*. Se dois ou mais indivíduos falecerem na mesma ocasião, não se podendo averiguar se algum deles precedeu aos outros, presumir-se-ão comorientes ou simultaneamente mortos (CC, art. 8º). Por esse motivo, entre comorientes não há sucessão de qualquer ordem. Comoriência

Uma vez que a morte poderia deixar as situações jurídicas do *de cujus* sem titular, há de se ocupar a posição ativa ou passiva para a continuidade das relações jurídicas transmissíveis. Desse modo, exsurge a vocação hereditária como pressuposto da sucessão, a fim de realizar a transmissão. A vocação hereditária define a quem a herança poderá ser oferecida, operando assim a delação ou devolução da herança[6]. Vale repisar, a existência de herdeiros ou legatários sem legitimidade obsta a delação, razão pela qual não basta existirem, mas devem ser sucessíveis, isto é, aptos, legítimos, vocacionados a suceder. Vocação hereditária

Capacidade, legitimidade ou vocação para suceder consiste, assim, na aptidão do herdeiro ou legatário para receber os bens deixados pelo falecido. Difere da capacidade para os atos da vida civil. Dessa forma, pode acontecer de uma pessoa ser incapaz civilmente, mas capaz de suceder e vice-versa. Legitimidade sucessória

---

compreender também revolução interna e movimentos semelhantes como, por exemplo, exercícios bélicos" (Sílvio de Salvo Venosa, *Direito Civil*, vol. I, São Paulo: Atlas, 2005, p. 183).

[5] "O sucessor provisório é um herdeiro presuntivo, que gere um patrimônio supostamente seu. O *verus dominus* é, porém, o ausente" (Caio Mário da Silva Pereira, *Instituições de Direito Civil*, vol. I, Rio de Janeiro: Forense, 2016, p. 194).

[6] Em doutrina, há quem diferencie delação e devolução, como Itabaiana de Oliveira: "Devolução exprime transmissão mais imediata ao contrário de delação, que espera manifestação da vontade de aceitar. Por isso, devolve-se a herança aos herdeiros necessários; aos testamentários defere-se" (Arthur Vasco Itabaiana de Oliveira, *Tratado de direito das sucessões*, Rio de Janeiro: Freitas Bastos, 1987, nota 107, p. 45). A teor do artigo 1.784 do Código Civil, entretanto, que não difere herdeiros legítimos e testamentários, a distinção não se mostra útil, cabendo razão a Orlando Gomes, para quem devolução sucessória ou delação consiste no mesmo momento da abertura da sucessão, sob o aspecto da sucessibilidade, oferecendo-se a herança a quem pode adquiri-la (Orlando Gomes, *Sucessões*, Rio de Janeiro: Forense, 2015, p. 13).

Regras para verificação da legitimidade sucessória

A apuração da legitimação sucessória ocorre no momento da abertura da sucessão, isto é, na data do óbito. A lei aplicável à vocação hereditária é a do domicílio do herdeiro ou legatário, nos termos do artigo 10, § 2º, da LINDB[7]. Sendo assim, a lei vigente no instante da abertura da sucessão no domicílio do sucessor definirá sua legitimidade para suceder[8].

Princípio da coexistência

A legitimidade sucessória se rege pelo princípio da coexistência, segundo o qual a herança se devolve a quem exista no momento do óbito, de modo que tenham coexistido sucessor e autor da herança. A regra geral aplicável, tanto na sucessão legítima, quanto na testamentária, é a de que têm legitimidade o nascido e o concebido no momento da abertura da sucessão (CC, art. 1.798)[9]. A ilegitimidade para suceder daquele que não é nascido ou concebido na data do óbito atinge qualquer pessoa, indiscriminadamente, razão pela qual é dita absoluta.

Quanto ao nascido, nenhum questionamento há, especialmente porque se encontra expresso na codificação que a personalidade civil se adquire com o nascimento com vida (CC, art. 2º). Como se resguardam os direitos do nascituro, este também tem legitimidade sucessória, bastando que nasça com vida para que sejam produzidos os respectivos efeitos. O quinhão que caberá ao nascituro será reservado em poder do inventariante até o seu nascimento (CPC, art. 650). Já o natimorto deve ser considerado como se nunca tivesse existido. Situações há nas quais o nascimento ocorre depois da morte do autor da herança, mas não é afastada a legitimidade para suceder, a exemplo da morte da mãe no trabalho de parto ou mesmo quando o filho é retirado da mãe pré-morta em razão de acidente ou colapso. Nesses casos, o nascimento com vida permitirá o recebimento da herança da mãe, por ter sido resguardado o direito do nascituro que viria a nascer com vida.

Legitimidade do embrião

A legitimidade do filho havido de reprodução humana assistida *post mortem* é controvertida. Podem ocorrer as seguintes hipóteses de reprodução *post mortem*: i) o material genético homólogo do falecido é utilizado após a morte; ii) o embrião *in vitro* de material genético homólogo é utilizado após a morte. De um lado, defende-se a legitimidade sucessória na medida em que se presumem concebidos na cons-

---

[7]   Lei de Introdução ao Direito Brasileiro, "Art. 10. A sucessão por morte ou por ausência obedece à lei do país em que domiciliado o defunto ou o desaparecido, qualquer que seja a natureza e a situação dos bens.
(...)
§ 2º A lei do domicílio do herdeiro ou legatário regula a capacidade para suceder".

[8]   O STJ analisou a capacidade sucessória de filho adotivo na perspectiva intertemporal: "ocorrida a morte da autora da herança em 1989, quando já em vigor o art. 227, § 6º, da Constituição Federal, vedando qualquer tipo de discriminação entre os filhos havidos ou não do casamento, ou os adotivos, a recorrida, ainda que adotada em 1980, tem direito de concorrer aos bens deixados pela falecida, em igualdade de condições com os outros filhos, prevalecendo, nesse caso, os arts. 1572 e 1577, ambos do Código Civil de 1916" (STJ, 4ª T., REsp n. 260.079/SP, Rel. Min. Fernando Gonçalves, julg. 17.5.2005, publ. *DJ* 20.6.2005, p. 288). No mesmo sentido, STJ, 4ª T., AgInt no AREsp n. 1.764.664/PR, Rel. Min. Antonio Carlos Ferreira, julg. 29.8.2022, publ. *DJe* 31.8.2022.

[9]   Código Civil, "Art. 1.798. Legitimam-se a suceder as pessoas nascidas ou já concebidas no momento da abertura da sucessão."

tância do casamento (CC, art. 1.597, III e IV) e, portanto, antes da abertura da sucessão[10]. De outro, interpreta-se o termo "concebido" como "nascituro", excluindo das pessoas havidas de reprodução assistida *post mortem* a legitimidade de suceder[11]. O embrião excedentário constituiria, assim, o concepturo, vale dizer, aquele ainda não concebido, inseminado ou implantado no ventre materno, diferenciando-se, portanto, do nascituro, já concebido e em desenvolvimento no ventre da mãe[12]. Há, ainda, um entendimento intermediário que diferencia a legitimação sucessória na reprodução assistida, conforme a concepção *in vitro* já tenha ou não ocorrido na data da abertura da sucessão[13], excluindo-se nessa linha os filhos havidos *post mortem* de sêmen congelado[14].

O artigo 1.799 do Código Civil amplia o rol dos legitimados a suceder, mas, agora, apenas por meio de sucessão testamentária: i) os filhos, ainda não concebidos, de pessoas indicadas pelo testador, desde que vivas estas ao abrir-se a sucessão; ii) as pessoas jurídicas; iii) as pessoas jurídicas, cuja organização for determinada pelo testador sob a forma de fundação.

Vocação na sucessão testamentária

Permite o legislador a disposição em favor de pessoa futura, ainda que inexistente no momento da abertura da sucessão, excepcionando o princípio da coexistência[15]. A indeterminação não é absoluta, pois o testador precisa indicar a ascendência, ou seja, os pais são pessoas determinadas. Pode o testador indicar como herdeiro ou legatário o futuro filho de uma pessoa determinada ou de pessoas determinadas. Trata-se da

Prole eventual

---

[10] Heloisa Helena Barboza, Aspectos Controvertidos do Direito das Sucessões. In: Gustavo Tepedino (org.), *Direito Civil Contemporâneo*: novos problemas à luz da legalidade constitucional, São Paulo: Atlas, 2008, p. 325.

[11] Giselda Hironaka, *Comentários ao Código Civil*: do direito das sucessões, vol. 20, São Paulo: Saraiva, 2003, pp. 88-89). Nessa direção, já se afirmou em outra sede que "o art. 1.798, Código Civil, confere capacidade sucessória às "pessoas nascidas ou já concebidas no momento da abertura da sucessão", devendo-se compreender a concepção como limite temporal à atribuição dos direitos sucessórios, por imperativo da segurança jurídica. A norma há de ser compatibilizada com os demais preceitos que integram o sistema jurídico brasileiro, na esteira de consolidada construção doutrinária e jurisprudencial, revelando-se assim coerente, do ponto de vista sistemático, admitir que a norma considera como concepção, para fins sucessórios, a introdução do embrião no útero materno. Assim sendo, ainda que, do ponto de vista médico, os conceitos de vida, de morte e de concepção possam ser controvertidos, sob o aspecto jurídico, a noção ampliativa, que procurasse considerar o embrião não implantado como já concebido – ou quiçá pessoa humana –, não se encontra agasalhada no direito brasileiro" (Gustavo Tepedino, Parecer. Rio de Janeiro, dez. 2017, 41 p. – original não publicado).

[12] Nas palavras de Luiz Paulo Vieira de Carvalho: "Inicialmente, convém salientar que o concepturo (*nondum conceptus*), vale dizer, o ainda não concebido, não inseminado ou implantado no ventre materno, isto é, a pessoa futura por ocasião da abertura da sucessão, não deve ser confundido com o nascituro, este já concebido e em desenvolvimento no ventre materno, porém ainda não nascido" (Luiz Paulo Vieira de Carvalho, *Direito das Sucessões*, São Paulo: Atlas, 2015, p. 170).

[13] Eduardo de Oliveira Leite, *Comentários ao Novo Código Civil*, vol. XXI: do direito das sucessões, Rio de Janeiro: Forense, 2004, pp. 109-110.

[14] O tema relativo ao direito sucessório dos nascidos por reprodução humana assistida após a morte do autor da herança é enfrentado com maior profundidade no Capítulo IV deste volume.

[15] CC, "Art. 1.799. Na sucessão testamentária podem ainda ser chamados a suceder: I – os filhos, ainda não concebidos, de pessoas indicadas pelo testador, desde que vivas estas ao abrir-se a sucessão; (...)".

prole eventual. O legislador restringiu a legitimidade da prole eventual à primeira geração, isto é, apenas aos filhos futuros, não aos descendentes de grau mais afastado. De um lado, o que torna possível materialmente a prole futura é a existência das pessoas indicadas pelo testador como pais do beneficiário no momento da abertura da sucessão, por isso a ressalva da parte final do inciso I do artigo 1.799 do Código Civil. Se o testador indica como herdeiros os futuros filhos de Ana e Bruno, caso Bruno esteja morto na data do óbito do testador não será viável o nascimento dos herdeiros e, assim, ineficaz a disposição. O mesmo não ocorre se Ana e Bruno tiverem filhos depois da feitura do testamento e antes do falecimento do autor da herança, mesmo se no momento do óbito ambos já forem mortos. Por outro lado, ainda que as pessoas indicadas pelo testador não mais existam no momento da abertura da sucessão, as técnicas de reprodução humana assistida permitem a filiação pós-morte, de modo que, também nesse caso não tem lugar a ineficácia da deixa. Desse modo, a falta das pessoas indicadas pelo testador ocasiona a ineficácia da disposição testamentária apenas se já não existirem filhos e for impossível que sobrevenham.

Caso o testador pretenda beneficiar o próprio filho a ser havido *post mortem*, mediante implantação do embrião *in vitro* ou uso do sêmen criopreservado, releva ter em consideração a controvérsia existente a respeito da legitimidade sucessória a fim de melhor precisar sua vontade testamentária. Mostra-se de grande importância que reste expressa a disposição testamentária no sentido de trazê-lo como beneficiário em igualdade de condições com os demais irmãos eventualmente existentes, na hipótese de ser esta a sua intenção. Isso porque, prevalente o entendimento de que teria legitimidade sucessória na vocação legítima, com o testamento poderia cumular a sucessão legítima e testamentária. Assim, nesses casos o uso de testamento se apresenta valioso, a precisar os contornos do direito sucessório do filho proveniente de reprodução *post mortem* e, inclusive, limitando no tempo a autorização para a utilização do material genético criopreservado.

Outra questão interpretativa que o artigo 1.799, I, do Código Civil impõe consiste no sentido do termo concebido, uma vez que são os filhos ainda não concebidos os legitimados a suceder. Se abrange ou não os filhos havidos de reprodução humana assistida heteróloga e da adoção dependerá da interpretação da vontade do testador. Certo é que se o testador não diferenciar, não poderá o intérprete fazê-lo, em razão da isonomia de filiação[16]. Nesse sentir, foi aprovado o enunciado 268 na III Jornada de Direito Civil promovida pelo Conselho da Justiça Federal: "Nos termos do inc. I do art. 1.799, pode o testador beneficiar filhos de determinada origem, não devendo ser interpretada extensivamente a cláusula testamentária respectiva". Por outro lado, há quem defenda que a interpretação da vontade testamentária há de conduzir à igualdade dos filhos, não podendo o testador discriminar a origem da filiação que deseja beneficiar.

---

[16] Nesse sentido, vide Gustavo Tepedino; Heloisa Helena Barboza; Maria Celina Bodin de Moraes. *Código Civil Interpretado conforme a Constituição da República*, vol. IV, Rio de Janeiro: Renovar, 2014, p. 566.

CAPÍTULO II | A DEVOLUÇÃO DA HERANÇA   31

Quando a beneficiária é pessoa futura, a transmissão hereditária é condicional, *Disposição condicional* subordinando-se a aquisição da herança a evento futuro e incerto: o nascimento com vida do filho das pessoas indicadas pelo testador. O artigo 1.800 do Código Civil[17] preceitua que na pendência da condição, os bens da herança serão confiados a cura- dor nomeado pelo juiz que, em regra, será a pessoa cujo filho o *de cujus* esperava ter por herdeiro. Nascendo com vida, lhe é deferida a sucessão. O prazo para o adimple- mento da condição, isto é, para a concepção do herdeiro, é de dois anos, contados da abertura da sucessão. Se dentro desse prazo não for concebido[18], passará a herança aos herdeiros legítimos, se outro destino não determinar o testador.

O testador pode destinar seu patrimônio para a pessoa jurídica de direito pú- *Vocação da pessoa jurídica* blico ou de direito privado. Neste último caso, a existência legal se inicia com a ins- crição do ato constitutivo no respectivo registro, precedida, quando necessário, de autorização ou aprovação do Poder Executivo (CC, art. 45).

Admite-se que a instituição hereditária seja deferida à pessoa jurídica ainda não constituída legalmente, desde que proceda a inscrição do ato constitutivo no registro competente, quando se opera a transmissão[19]. Entendimento minoritário[20] indica como destinatária dos bens a coletividade que componha a pessoa jurídica que não tenha adquirido personalidade civil, salvo se o testador tiver condicionado a regularização para a transmissão hereditária. A rigor, por se tratar de matéria testamentária, há de prevalecer a interpretação que melhor atende à vontade do testador. Desse modo, enquanto não constituída formalmente a pessoa jurídica, carece a deixa de eficácia.

É válida a constituição de fundação por meio de testamento (CC, art. 62), per- *Criação de fundação* manecendo o patrimônio afetado ao fim indicado pelo testador. O testamento é o ato instituidor da fundação que dependerá, ainda, da elaboração do estatuto e sua ins- crição no registro próprio para adquirir personalidade civil. Animais ou coisas não

---

[17]   Código Civil, "Art. 1.800. No caso do inciso I do artigo antecedente, os bens da herança serão confiados, após a liquidação ou partilha, a curador nomeado pelo juiz.
§ 1º Salvo disposição testamentária em contrário, a curatela caberá à pessoa cujo filho o testador esperava ter por herdeiro, e, sucessivamente, às pessoas indicadas no art. 1.775.
§ 2º Os poderes, deveres e responsabilidades do curador, assim nomeado, regem-se pelas disposições concernentes à curatela dos incapazes, no que couber.
§ 3º Nascendo com vida o herdeiro esperado, ser-lhe-á deferida a sucessão, com os frutos e rendi- mentos relativos à deixa, a partir da morte do testador.
§ 4º Se, decorridos dois anos após a abertura da sucessão, não for concebido o herdeiro esperado, os bens reservados, salvo disposição em contrário do testador, caberão aos herdeiros legítimos".

[18]   O prazo legal se impõe por razões de segurança jurídica, a fim de não deixar em aberto a sucessão hereditária à espera da prole futura. Desse modo, a concepção que deve ocorrer dentro do prazo legal é a intrauterina, de modo que nos casos de filiação por meio das técnicas de reprodução humana, a implantação do embrião ou do sêmen há de ocorrer durante esse período, com resultado positivo, sob pena de ineficácia da deixa.

[19]   Caio Mário da Silva Pereira, *Instituições de Direito Civil*, vol. VI, Rio de Janeiro: Forense, 2016, 23ª ed., rev. e atualizada por Carlos Roberto Barbosa Moreira, pp. 29-30; Washington de Barros Mon- teiro, *Curso de Direito Civil*: direito das sucessões, vol. 6, São Paulo: Saraiva, 2003, p. 43; e José da Silva Pacheco, *Inventários e Partilhas na Sucessão Legítima e Testamentária*, Rio de Janeiro: Forense, 2009, 19ª ed., p. 310.

[20]   Eduardo de Oliveira Leite, *Comentários ao novo Código Civil*, vol. XXI, cit., p. 111.

Animais ou coisas têm legitimidade para suceder. No entanto, caso o testador pretenda beneficiar animais ou mesmo algum bem específico (v.g., certo recanto ou bosque), poderá fazê-lo, instituindo herdeiro ou legatário com tal encargo.

Incapacidade sucessória O artigo 1.801 do Código Civil[21] prevê casos em que pessoas não podem ser nomeadas herdeiras ou legatárias. Refere-se à sucessão testamentária, estabelecendo verdadeiros limites à vontade do testador, com o intuito de resguardar a própria liberdade de testar. Assim, são incapazes de adquirir por testamento: i) a pessoa que o escreveu a rogo do testador, seu cônjuge, seu companheiro, ascendentes e irmãos; ii) as testemunhas do testamento; iii) a concubina ou concubino do testador casado; iv) o tabelião, civil ou militar, ou o comandante ou escrivão, perante quem se fizer, assim como o que fizer ou aprovar o testamento.

Aqueles que participam da feitura do testamento Os incisos I, II e IV do artigo 1.801 do Código Civil são autoexplicativos. Todas as hipóteses impedem sejam beneficiados no testamento pessoas que tenham participado da facção testamentária, porque podem influenciar a vontade do testador. Não há óbice para que as mesmas pessoas sejam beneficiadas em outro testamento elaborado pelo mesmo testador.

Concubino do testador casado Não tem legitimidade sucessória o concubino do testador casado, ou seja, aquele que mantém relação não eventual com quem esteja impedido de casar (CC, art. 1.727). Recorde-se que a união estável pode ser constituída com pessoa casada, desde que esteja separada de fato (CC, art. 1.723, § 1º). Assim, não se confunde concubinato com união estável, sendo certo que o companheiro é herdeiro legítimo, nada impedindo que seja também testamentário. O artigo 1.801, III, do Código Civil ressalva a legitimidade sucessória do concubino se atendidas duas condições: i) o testador estiver separado de fato do seu cônjuge há mais de cinco anos; ii) o testador não tiver culpa na separação de fato. Assim, se na data do óbito o testador estiver separado de fato do seu cônjuge há mais de cinco anos, contados retroativamente da abertura da sucessão, preenchida está uma das condições de legitimidade. O tempo arbitrado pelo legislador de cinco anos é exagerado, pois a separação de fato há mais de dois anos já é suficiente para afastar o cônjuge da sucessão (CC, art. 1.830)[22]. O legislador não foi feliz ao atribuir como critério a culpa do testador pela separação de fato. Além de imputar a culpa ao morto que, por óbvio, não poderá se defender, não esclarece a quem caberá o ônus da prova. Nesse sentido, objeta-se criticamente: "a re-

---

[21] Código Civil, "Art. 1.801. Não podem ser nomeados herdeiros nem legatários:
I – a pessoa que, a rogo, escreveu o testamento, nem o seu cônjuge ou companheiro, ou os seus ascendentes e irmãos;
II – as testemunhas do testamento;
III – o concubino do testador casado, salvo se este, sem culpa sua, estiver separado de fato do cônjuge há mais de cinco anos;
IV – o tabelião, civil ou militar, ou o comandante ou escrivão, perante quem se fizer, assim como o que fizer ou aprovar o testamento."

[22] Código Civil, "Art. 1.830. Somente é reconhecido direito sucessório ao cônjuge sobrevivente se, ao tempo da morte do outro, não estavam separados judicialmente, nem separados de fato há mais de dois anos, salvo prova, neste caso, de que essa convivência se tornara impossível sem culpa do sobrevivente."

ferência à culpa é uma ressalva incabível, ou um excesso de puritanismo. Separado de fato o casal por um quinquênio, não cabe apurar de quem seja a culpa, como se se tratasse de dissolução da sociedade conjugal. O que a disposição veda é que o marido ou a mulher teste em favor de seu (ou de sua) amante. Mas se o casal é separado de fato há mais de cinco anos, não é hora de apurar a culpa"[23].

O artigo 1.802 do Código Civil[24] determina a nulidade das disposições testamentárias que beneficiem pessoas sem legitimidade sucessória. Ainda que não sejam instituídas diretamente as pessoas incapazes de suceder, podem ser nomeadas herdeiras ou legatárias pessoas que indiretamente beneficiam quem não tem legitimidade sucessória. O parágrafo único do artigo 1.802 estabelece uma presunção, considerando interposta pessoa os ascendentes, os descendentes, os irmãos, o cônjuge e o companheiro do não legitimado a suceder. Não se trata de interposta pessoa o filho do concubino com testador casado, dado que não há vedação sucessória ao filho extramatrimonial, protegido pela igualdade da filiação (CC, art. 1.803[25]; STF, verbete de Súmula nº 447). *Interposta pessoa*

Observados os pressupostos da sucessão, o fenômeno sucessório concretiza-se nos seguintes momentos, que ocorrem simultaneamente em razão da morte de alguém: i) abertura da sucessão; ii) devolução ou delação sucessória; iii) aquisição da herança[26]. A abertura da sucessão assinala o surgimento do direito hereditário, como efeito imediato da morte. A delação ou devolução sucessória consiste no oferecimento da herança aos sucessores para deliberarem se a aceitam ou a renunciam. A delação pode ocorrer de forma direta, indireta ou sucessiva[27]. Diz-se direta quando é chamado a suceder o herdeiro direto, a exemplo dos filhos chamados na sucessão do pai. A delação indireta ocorre quando a vocação se cumpre em favor de outra pessoa que não a designada, a exemplo do filho representando o pai pré-morto que seria o herdeiro direto se vivo fosse. Na delação sucessiva, há renúncia do primeiro herdeiro sucessível, de modo que só ocorre já passado o momento da abertura da sucessão, por exemplo, quando os filhos são chamados, renunciam e abre-se a delação em face dos ascendentes que estão na vez na ordem da vocação hereditária. O principal efeito da delação é investir o herdeiro em situação jurídica transitória que lhe permita aceitar ou repudiar a herança, a qual fica à disposição dos sucessíveis. A única fonte da delação é a norma legal que atribui esse efeito à morte do indivíduo. O testamento não é causa geradora da devolução sucessória, pois sua função consiste apenas em indicar o destinatário da sucessão. Abertura e delação sempre acontecem no mesmo instante, a aquisição da herança poderá ocorrer posteriormente. *Delação direta, indireta, sucessiva* *Principal efeito da delação*

---

[23]   Caio Mário da Silva Pereira, *Instituições*, vol. VI, cit., p. 197.

[24]   Código Civil, "Art. 1.802. São nulas as disposições testamentárias em favor de pessoas não legitimadas a suceder, ainda quando simuladas sob a forma de contrato oneroso, ou feitas mediante interposta pessoa.
Parágrafo único. Presumem-se pessoas interpostas os ascendentes, os descendentes, os irmãos e o cônjuge ou companheiro do não legitimado a suceder."

[25]   Código Civil, "Art. 1.803. É lícita a deixa ao filho do concubino, quando também o for do testador."

[26]   Assim se refere Orlando Gomes, *Sucessões*, cit., p. 14.

[27]   Orlando Gomes, *Sucessões*, cit., p. 17.

2. ABERTURA DA SUCESSÃO E O *DROIT DE SAISINE*

Expectativa de direito sucessório

Para a abertura da sucessão se remete toda a disciplina do direito das sucessões. Até então, os sucessores são titulares tão somente de expectativa de direito. A transmissão automática da herança com a morte é conhecida como *droit de saisine* (*le mort saisit le vif*)[28]. No direito sucessório, momentos logicamente sequenciais são considerados simultâneos: com o óbito, nasce o direito hereditário e a herança é devolvida e transmitida aos herdeiros, sendo a aceitação ato apenas confirmatório (CC, art. 1.804)[29]. Desse modo, em razão do *droit de saisine*, a transmissão hereditária ocorre automaticamente com a abertura da sucessão[30]. Não há necessidade de ato algum do adquirente e ocorre mesmo sem que o sucessor saiba da abertura da sucessão.

Saisine

Extensão da saisine

A aplicação da *saisine* é restrita aos herdeiros, quer sejam legais ou testamentários. O legatário, sucessor a título singular, adquire com a morte do testador o direito de pedir a coisa legada (CC, art. 1.923)[31]. Embora a propriedade da coisa legada, em legado puro e simples, seja transmitida desde a abertura da sucessão, não poderá o legatário, por autoridade própria, entrar na sua posse. Diversamente, os herdeiros adquirem de imediato a propriedade e a posse – mesmo que indireta – do acervo hereditário, direito este indivisível até a partilha (CC, art. 1.791). Como consequência, o uso exclusivo de um dos bens da herança por um dos herdeiros possibilita a cobrança de aluguel por aqueles excluídos da posse direta[32].

Do princípio da *saisine* decorrem várias consequências[33]: i) não é necessário ato do herdeiro, nem mesmo o seu conhecimento, para que ocorra a transmissão hereditária;

---

[28] Noticia Caio Mario da Silva Pereira que, com a morte dos servos, os bens do senhor retornavam a ele, o qual exigia aos herdeiros do servo um pagamento para autorizar sua imissão na posse. A partir disso, o direito costumeiro veio consagrar a transmissão imediata dos haveres do servo aos seus herdeiros (Caio Mário da Silva Pereira, *Instituições*, vol. VI, cit., pp. 15-16).

[29] Código Civil, "Art. 1.804. Aceita a herança, torna-se definitiva a sua transmissão ao herdeiro, desde a abertura da sucessão.
Parágrafo único. A transmissão tem-se por não verificada quando o herdeiro renuncia à herança."

[30] Tal regra pode ser afastada excepcionalmente, por exemplo, na substituição fideicomissária, na qual se admite a determinação do tempo para aquisição do direito hereditário, em momento posterior à abertura da sucessão para o segundo beneficiário (fideicomissário), segundo disposto no artigo 1.898 do Código Civil.

[31] Código Civil, "Art. 1.923. Desde a abertura da sucessão, pertence ao legatário a coisa certa, existente no acervo, salvo se o legado estiver sob condição suspensiva.
§ 1º Não se defere de imediato a posse da coisa, nem nela pode o legatário entrar por autoridade própria.
§ 2º O legado de coisa certa existente na herança transfere também ao legatário os frutos que produzir, desde a morte do testador, exceto se dependente de condição suspensiva, ou de termo inicial."

[32] Cf., julgado do STJ: "A jurisprudência do STJ considera 'possível a fixação de aluguéis pela utilização de bem deixado pelo autor da herança exclusivamente por um dos herdeiros' (AgInt no AREsp 889.672/RS, Rel. Min. MARIA ISABEL GALLOTTI, QUARTA TURMA, julgado em 21/2/2017, DJe 10/3/2017)" (STJ, 4ª T., AgInt no AREsp n. 1.849.903/RS, Rel. Min. Maria Isabel Gallotti, julg. 21/2/2022, publ. *DJe* 25.2.2022).

[33] Muito embora da tradição do Direito Brasileiro, encontra-se em doutrina quem defenda a necessidade de um estudo crítico do direito de *saisine* no sistema sucessório brasileiro, diante das exigências de ordem processual (e notarial) e tributárias que informam toda a normativa de transmissão de bens. Cf. Daniel Bucar, Existe *droit de saisine* no sistema sucessório brasileiro. In: Heloisa Helena Barboza;

ii) o herdeiro tem legitimação *ad causam* para intentar ou continuar as ações contra quem traga moléstia à posse, ou pretenda impedir que os herdeiros nela invistam; iii) se o herdeiro falece antes de manifestar a sua aceitação ou ter praticado qualquer ato em relação a ela, ou mesmo que desconhecesse a morte do antecessor, transmite a herança aos seus sucessores; iv) embora os bens ainda não estejam individualizados e discriminados no quinhão do herdeiro, constitui a herança valor patrimonial e pode ser transmitido *inter vivos*.

3. LOCAL DE ABERTURA DA SUCESSÃO

Abre-se a sucessão no lugar do último domicílio do falecido (CC, art. 1.785)[34]. Na sucessão de incapaz, observar-se-á seu domicílio necessário, isto é, o domicílio do seu representante ou assistente. Não há, em matéria de sucessão, domicílio de eleição. O lugar da abertura da sucessão definirá a produção de alguns efeitos. O último domicílio do *de cujus* determina a competência do processo de inventário, assim como o foro das ações dos coerdeiros, legatários e credores, relativas às heranças e legados é o do lugar da abertura da sucessão. Além disso, atrairá todos os atos compreendidos no direito sucessório, como renúncia e abertura do testamento cerrado.

Último domicílio do de cujus

Embora a regra seja a mesma, não se deve confundir o local de abertura da sucessão com o foro para processamento do inventário. O local da abertura da sucessão é insuscetível de modificação. O foro, diferentemente, admite regra geral e algumas variáveis. Note-se que é relativa a competência do juiz do local onde será processado o inventário, cuidando-se de competência de natureza territorial. Desse modo, a incompetência não pode ser pronunciada de ofício[35].

Foro do inventário

Assim, o Código de Processo Civil enumera regras para estabelecimento do foro quando não for suficiente a regra geral que o define pelo domicílio do falecido. Adota a legislação processual critério objetivo, a definir o foro em razão da localização dos bens. Se o *de cujus* não possuir domicílio certo, o foro é definido pelo local da situação dos bens imóveis (CPC, art. 48, parágrafo único, I); se houver bens imóveis situados em locais diferentes, o foro será qualquer destes (CPC, art. 48, parágrafo único, II); e se não houver bens imóveis, o foro será o local de qualquer dos bens do espólio (CPC, art. 48, parágrafo único, III)[36]. O Código de Processo Civil também não contemplou a pluralidade de domicílio do *de cujus*. Na jurisprudência tem prevalecido o critério da prevenção, em razão da natureza da competência de foro[37].

Gustavo Tepedino; Carlos Edison do Rêgo Monteiro Filho, *Direito Civil. O futuro do Direito*, Rio de Janeiro: Processo, 2022).

[34] Código Civil, "Art. 1.785. A sucessão abre-se no lugar do último domicílio do falecido."

[35] Paulo Cezar Pinheiro Carneiro, *Comentários ao Código de Processo Civil*, vol. IX, t. I, Rio de Janeiro: Forense, 2003, p. 23.

[36] Muito embora a regra seja o inventário positivo, isto é, com o objetivo de adjudicar ou partilhar bens, a novel legislação não prevê a regra do foro para o inventário negativo do *de cujus* que não possui domicílio certo. Nesse caso, uma vez que se trata de competência relativa, nada obsta que o inventário negativo seja realizado no local de domicílio do autor.

[37] "Processual civil. Conflito de competência. Prevenção. Determina-se competência, por prevenção, do juiz que primeiro conheceu do inventario, quando, ante a existência de duplo domicílio do autor

De cujus estrangeiro

Além disso, se o _de cujus_ era estrangeiro, mas possuía bens no Brasil, competente é a autoridade judiciária brasileira para proceder o inventário e a partilha de bens, situados no Brasil (CPC, art. 23, II). O local da abertura da sucessão, porém, continua sendo o do último domicílio do _de cujus_, mesmo se no estrangeiro.

4. ADMINISTRAÇÃO DA HERANÇA E CESSÃO DE DIREITOS HEREDITÁRIOS

Indivisibilidade da herança

A herança se devolve aos herdeiros como um todo unitário, permanecendo indivisível até a partilha (CC, art. 1.791). Não importa a natureza dos bens que compõem a herança, se divisíveis ou indivisíveis, a herança se traduz em bem coletivo indivisível. Trata-se, portanto, de universalidade de direito, como complexo de relações jurídicas dotadas de valor econômico (CC, art. 91). Enquanto não realizada a partilha, o direito dos coerdeiros quanto à posse e propriedade da herança é indivisível. Consequentemente, qualquer deles pode reclamar a universalidade da herança ao terceiro. Pendente a indivisibilidade, o exercício da posse e propriedade da herança pelos coerdeiros será disciplinado pelas regras relativas ao condomínio (CC, art. 1.791, parágrafo único).

Administrador provisório

Até que o processo de inventário seja instaurado e o inventariante preste compromisso, o administrador provisório representa o espólio, fazendo e recebendo pagamentos, conservando bens, reclamando medidas judiciais etc.[38] A figura do administrador provisório "resolveu o problema processual relativo à representação judicial do espólio (ativa e passiva), enquanto não nomeado inventariante"[39]. O artigo 614 da lei processual indica as atribuições do administrador provisório: representa ativa e passivamente o espólio, é obrigado a trazer ao acervo os frutos que desde a abertura da sucessão percebeu, tem direito ao reembolso das despesas necessárias e úteis que fez e responde pelo dano a que, por dolo ou culpa, der causa.

Atribuições

A quem compete

O artigo 1.797 do Código Civil[40] determina a quem caberá a administração da herança até que ocorra o compromisso do inventariante. Competirá primeiramente

---

da herança, com bens em vários municípios de diferentes estados, com óbito verificado em comarca diversa das dos domicílios e de situação dos bens, se conflitam os juízes dos dois domicílios do falecido" (STJ, 2ª S., CC 6.539/RO, Rel. Min. Dias Trindade, julg. 9.3.1994, publ. DJ 11.4.1994 p. 7584). No mesmo sentido: STJ, 2ª S., CC nº 19039/RJ, Rel. Min. Carlos Alberto Menezes Direito, julg. 25.6.1997, publ. DJ 6.10.1997.

[38] Nos termos da jurisprudência do STJ, "o espólio é representado, ativa e passivamente, pelo inventariante. No entanto, até que o inventariante preste o devido compromisso, tal representação far-se-á pelo administrador provisório (...)" (STJ, 4ª T., AgInt no AREsp n. 711.066/RS, Rel. Min. Antonio Carlos Ferreira, julg. 13.6.2022, publ. DJe 21.6.2022). Na mesma direção: STJ, 3ª T., REsp n. 1.386.220/PB, Rel. Min. Nancy Andrighi, publ. DJe 12.9.2013; e STJ, 3ª T., REsp. 81173/GO, Rel. Min. Costa Leite, julg. 21.5.1996, publ. DJ 2.9.1996.

[39] Paulo Cezar Pinheiro Carneiro, _Comentários ao Código de Processo Civil_, vol. IX, cit., p. 38.

[40] Código Civil, "Art. 1.797. Até o compromisso do inventariante, a administração da herança caberá, sucessivamente:

I – ao cônjuge ou companheiro, se com o outro convivia ao tempo da abertura da sucessão;
II – ao herdeiro que estiver na posse e administração dos bens, e, se houver mais de um nessas condições, ao mais velho;
III – ao testamenteiro;

ao cônjuge ou ao companheiro. Sendo a união estável uma relação de fato, se na data no óbito não há convivência, não há mais a própria união estável. Quanto ao casamento, entretanto, sendo relação formal, a separação de fato não extingue o casamento, mas ao cônjuge sobrevivente separado de fato não se atribui a administração provisória. Não havendo cônjuge ou companheiro, a administração provisória caberá ao herdeiro que esteja na posse e administração dos bens. Na hipótese de existirem vários herdeiros nessa situação, competirá ao mais velho. Presume-se que este tenha melhores condições que os demais para assumir a administração da herança. Na falta de cônjuge, companheiro e herdeiro, assumirá a administração provisória o testamenteiro, que também a desempenhará se houver herdeiro, mas nenhum na posse e administração da herança. Por fim, na falta ou escusa das demais pessoas indicadas por esse dispositivo, o juiz indicará pessoa de sua confiança para o exercício da administração provisória. O mesmo ocorrerá se o administrador provisório for afastado por motivo grave, levado ao conhecimento do juiz. O administrador provisório não ostenta essa qualidade por força de nomeação judicial, mas por questão de fato[41]. Consequentemente, a pessoa indicada na lei como administradora provisória não se encontra obrigada ao exercício da função, e, uma vez iniciada, pode requerer ao juiz a dispensa.

Cessão da herança

O direito à sucessão aberta ou ao quinhão hereditário constitui ativo patrimonial passível de disposição por meio da cessão de herança. A cessão requer forma pública (CC, art. 1.793), independentemente do valor do acervo[42]. Cede-se a universalidade, ou parte ideal dela. Por esse motivo, a cessão da herança se classifica como contrato aleatório, eis que o cessionário se sujeita ao risco da insolvência do espólio[43]. Trata-se de ato próprio de herdeiro, a ensejar aceitação tácita da herança e dupla transmissão: i) *mortis causa*, do autor da herança para o cedente; ii) *inter vivos*, do cedente para o cessionário. No caso de cessão gratuita a todos os demais coerdeiros, o negócio não gera qualquer alteração na transmissão decorrente da retirada do cedente, equivalendo, portanto, à renúncia (CC, art. 1.805, § 2º) sem importar, portanto, em transmissão *inter vivos*.

Cessão de direitos sobre bens singulares da herança

Uma vez que a indivisibilidade da herança perdura até a partilha, a cessão restringe-se a transmitir o direito ideal do herdeiro, não já bens singulares da herança. Contudo, a discussão a respeito da cessão de bens singulares integrantes do acervo hereditário se situa no plano da eficácia (CC, art. 1.793, § 2º). Significa dizer que, embora

---

IV – a pessoa de confiança do juiz, na falta ou escusa das indicadas nos incisos antecedentes, ou quando tiverem de ser afastadas por motivo grave levado ao conhecimento do juiz."

[41] Paulo Cezar Pinheiro Carneiro, *Comentários ao Código de Processo Civil*, vol. IX, cit., p. 37.

[42] O TJMS considerou que, inexistindo divergência entre os herdeiros, a cessão poderia ser feita por termo nos autos (TJMS, 3ª C.C., AC 8224172-28.2015.8.12.0001, Rel. Des. Claudionor Miguel Abss Duarte, julg. 4.9.2020).

[43] "Em regra, o herdeiro cedente não responde pela evicção, por ser a compra e venda da herança um contrato aleatório, salvo se o herdeiro enumerar as coisas de que se compõe a herança e estas não existirem, ou se for privado da qualidade de herdeiro". (Arthur Vasco Itabaiana de Oliveira, *Tratado*, cit., p. 63).

válido o contrato, não se assegura ao cessionário que o bem específico objeto da cessão venha a integrar a sua parte na partilha ou mesmo na adjudicação[44]. A ineficácia da cessão pode resultar tanto da discordância dos coerdeiros, quanto da necessidade do pagamento de dívidas com o bem singularizado na cessão. Afasta-se a ineficácia da disposição de bem singular da herança com a prévia autorização judicial (CC, art. 1.793, § 3º). Contudo, nesse caso, não se trata de verdadeira cessão e sim de venda ou doação de bens hereditários[45]. Apesar da atecnia do legislador, é a qualificação do contrato que define seus efeitos, não sua localização na estrutura codificada. Sendo assim, a individualização do bem no ato de disposição o descaracteriza como cessão.

A cessão da herança se restringe ao quinhão de que dispunha o cedente no momento da celebração do contrato. Dessa forma, na hipótese de o quinhão aumentar por motivo superveniente, o acréscimo pertencerá ao cedente que, afinal, não perde a qualidade de herdeiro. O § 1º do artigo 1.793 do Código Civil presume que os direitos

Direito de acrescimento conferidos ao herdeiro em consequência de substituição ou direito de acrescer não são abrangidos pela cessão feita anteriormente. Trata-se de presunção relativa, pois o contrato de cessão pode disciplinar diversamente o destino do acréscimo.

Embora controvertida, a tese do direito de preferência entre coerdeiros na cessão onerosa da herança restou consolidada nos artigos 1.794[46] e 1.795[47] do Código Civil[48]. A preferência só é concedida se o coerdeiro quiser a fração cedida tanto por tanto, isto é, pagando ao herdeiro-cedente o mesmo valor que pagaria o terceiro. Se não for oferecido ao coerdeiro o direito de preferência, este tem um prazo de 180 (cento e oitenta) dias para requerer em juízo a preferência, mediante depósito do preço. O exercício do direito de preferência poderá ocorrer como simples incidente nos autos do inventário[49]. O termo inicial para contagem do prazo decadencial é a transmissão (CC, art. 1.795), isto é, a data do próprio contrato de cessão[50]. Como a cessão gratuita ingressa no esquema legal da doação, não há que se falar em direito de preferência nessa hipótese.

---

[44] Cf. julgado nesse sentido: "Recurso Especial. Civil e Processual Civil. Embargos de Terceiro. Cessão de direitos hereditários. Bem determinado. Nulidade. Ausência. Negócio jurídico válido. Eficácia condicionada que não impede a transmissão da posse" (STJ, 3ª. T., REsp nº 1.809.548/SP, Rel. Min. Ricardo Villas Bôas Cueva, julg. 19.5.2020, publ. DJe 27.5.2020).

[45] Orlando Gomes, *Sucessões*, cit., p. 272.

[46] Código Civil, "Art. 1.794. O co-herdeiro não poderá ceder a sua quota hereditária a pessoa estranha à sucessão, se outro co-herdeiro a quiser, tanto por tanto."

[47] Código Civil, "Art. 1.795. O co-herdeiro, a quem não se der conhecimento da cessão, poderá, depositado o preço, haver para si a quota cedida a estranho, se o requerer até cento e oitenta dias após a transmissão.
Parágrafo único. Sendo vários os co-herdeiros a exercer a preferência, entre eles se distribuirá o quinhão cedido, na proporção das respectivas quotas hereditárias."

[48] Apesar de controvertida, já era admitida a tese do direito de preferência no direito anterior, posição acolhida pela 4ª Turma do STJ (REsp 4180/SP, REsp 9934/SP, REsp 50226/BA).

[49] TJRJ, 1ª C.C., Ap. Cív. 1996.001.01406, Rel. Des. C. A. Menezes Direito, julg. 30.4.1996.

[50] Em outra direção, cf. Sílvio de Salvo Venosa, *Direito Civil*, vol. 7, São Paulo: Atlas, 2004, p. 43 e Giselda Hironaka, *Comentários*, vol. 20, cit., p. 80, para quem o termo inicial deve ser o da habilitação do cessionário aos autos do inventário, momento em que o contrato se torna indiscutivelmente público.

5. A ACEITAÇÃO DA HERANÇA E O BENEFÍCIO DE INVENTÁRIO

A aceitação da herança torna definitiva a transmissão que ocorre automática e imediatamente com a abertura da sucessão *ex vi legis*. Não se confunde a transferência *ipso facto* da morte com a compulsória continuidade das relações jurídicas do *de cujus*. Para tanto, não se dispensa a aceitação da herança por parte dos herdeiros. Sua natureza é de ato meramente confirmatório, com efeitos sempre retroativos à abertura da sucessão.[51]

Ato confirmatório da transmissão ipso facto da morte

A aceitação pode ser expressa, tácita ou presumida. A aceitação expressa faz-se por escrito, por instrumento público ou particular, ou ainda por termo nos autos do inventário. A aceitação tácita ocorre pela prática de atos próprios de herdeiro, de comportamentos inequívocos em relação particularmente aos bens hereditários, a exemplo da constituição de direitos reais, demolição de prédios por mera conveniência, abertura de inventário[52], etc. Não importam aceitação os atos oficiosos, os atos conservatórios, os atos de administração ou guarda interina e a cessão gratuita, pura e simples, da herança, aos demais coerdeiros (CC, art. 1.805). Será presumida a aceitação quando for marcado prazo para aceitação e o herdeiro silenciar (CC, art. 1.807).

Espécies de aceitação

Se o herdeiro morrer antes de aceitar ou renunciar, o direito de aceitar passa aos seus sucessores, uma vez que a aquisição da herança independe da aceitação (CC, art. 1.809)[53]. Acaso se trate de vocação adstrita a uma condição suspensiva ainda não cumprida no instante da morte, o direito sucessório não fora adquirido, portanto, não pode ser transmitido aos próprios sucessores[54]. Na hipótese de transmissão do direito de aceitar, tem-se delação dupla com relativa dependência entre elas (CC, art. 1.809, parágrafo único). A aceitação da segunda sucessão constitui condição para o exercício da faculdade de aceitar ou renunciar a primeira. No entanto, a renúncia da segunda sucessão obsta a aceitação da primeira. Por exemplo, na hipótese de Paulo morrer antes de deliberar acerca da sucessão de Pedro, transmite-se o direito de aceitar a Joana que participa da sucessão de ambos. Contudo, somente poderá deliberar a respeito da primeira sucessão (a de Pedro) se aceitar a segunda (a de Paulo). Dito diversamente, Joana poderá aceitar ou renunciar a sucessão de Pedro se aceitar a sucessão de Paulo. Caso contrário, ao renunciar a herança de Paulo, não poderá aceitar a de Pedro.

Direito de transmissão

---

[51]   Segundo Orlando Gomes, a aceitação é o negócio jurídico pelo qual o herdeiro, legítimo ou testamentário, adquire concretamente o direito à herança, transmitida *ipso iure* com a abertura da sucessão" (Orlando Gomes, *Sucessões*, cit., p. 22).

[52]   STJ, 3ª T., RESP 1.622.661, Rel. Min. Ricardo Villas Boas Cuevas, julg. 8.9.2016, publ. *DJe* 14.11.2016.

[53]   Código Civil, "Art. 1.809. Falecendo o herdeiro antes de declarar se aceita a herança, o poder de aceitar passa-lhe aos herdeiros, a menos que se trate de vocação adstrita a uma condição suspensiva, ainda não verificada.
Parágrafo único. Os chamados à sucessão do herdeiro falecido antes da aceitação, desde que concordem em receber a segunda herança, poderão aceitar ou renunciar a primeira."

[54]   Estabelecida, por exemplo, como condição suspensiva para aquisição do direito hereditário que Ana seja aprovada na prova da Ordem dos Advogados do Brasil (OAB), caso Ana venha a óbito antes da aprovação, nada terá adquirido e, assim, não transmitirá aos seus próprios herdeiros.

Aceitação a benefício de inventário

No direito brasileiro, presume-se que a herança é aceita a benefício de inventário (CC, 1.792). Significa dizer que o herdeiro não se obriga além das forças da herança (*ultra vires hereditatis*), pois há separação do patrimônio do morto e do herdeiro. Contudo, cabe ao herdeiro provar que os bens da herança não bastam para o pagamento das dívidas do morto. Esse ônus desaparece se houver inventário. Tal ocorre porque no inventário o confronto entre os bens inventariados e o total das dívidas se mostra suficiente para se apurar que o valor daqueles é superior ao das dívidas. A presunção é afastada quando não houver inventário e o herdeiro não conseguir provar que o valor das dívidas ultrapassa as forças da herança. Nesse caso, o patrimônio pessoal do herdeiro poderá ser alcançado para o pagamento das dívidas do *de cujus*.

Na hipótese de passivo superior ao ativo, ainda assim mostra-se necessário o inventário, com a finalidade de fixar a separação patrimonial e assim evitar a responsabilidade pessoal do herdeiro.

Embora sem previsão legal específica, admite-se o inventário negativo, isto é, sem bens a transmitir. Sua utilidade se apresenta em várias situações. O inventário negativo se mostra necessário, por exemplo, para afastar as causas suspensivas do casamento, a permitir o casamento que não seja pelo regime de bens da separação obrigatória. Imagina-se ainda que, mesmo na inexistência de bens, existam deveres a cumprir, como providências bancárias ou outorga de escrituras, de maneira que no inventário negativo o inventariante nomeado poderá dar cumprimento.

6. RENÚNCIA DA HERANÇA

A transmissão do acervo *ipso facto* pela morte não implica a sua obrigatoriedade. A renúncia, por instrumento público ou termo nos autos, impede que a transmissão se torne definitiva (CC, art. 1.806)[55]. Admite-se uma única hipótese de renúncia tácita, no sublegado, quando o testador ordena que o herdeiro ou legatário entregue coisa de sua propriedade a outrem; não o cumprindo, a lei prevê que se entenderá que renunciou a herança ou legado (CC, art. 1.913).

Pacta corvina

Não cabe renúncia antecipada ao direito sucessório, eis que vedado o pacto sucessório, também denominado de *pacta corvina* (CC, art. 426)[56]. Somente após a

---

[55] Código Civil, "Art. 1.806. A renúncia da herança deve constar expressamente de instrumento público ou termo judicial."

[56] Em doutrina, muito se tem discutido sobre uma releitura do disposto no art. 426 do Código Civil. De fato, os pactos sucessórios constituem importante instrumento para o planejamento sucessório (vide capítulo 14 deste volume 7 dos Fundamentos do Direito Civil) e argumenta-se que o pacto renunciativo não atrai a esperança de morte daquele cuja sucessão se trata, em especial quando este ocorre entre cônjuges no pacto antenupcial. Sobre o tema, ver por todos Carlos Edison Monteiro Filho e Rafael Cândido da Silva: "Ao revés, os herdeiros permanecem os mesmos, com exceção do cônjuge, que muito mais preferirá a vida do que a morte de seu consorte. A análise de diversas situações em que o evento morte é admitido e na maior parte delas expressamente previsto na legislação como circunstância que determina a eficácia do negócio jurídico demonstra a incoerência do *votum alicujus mortis* como fundamento principal da proibição dos contratos

abertura da sucessão, quando se adquire o direito hereditário, pode ser objeto de renúncia. Natural que assim o seja, na medida em que antes do óbito o herdeiro é titular de mera expectativa de direito[57]. A renúncia tem efeitos diversos, conforme se trate de sucessão legítima ou testamentária. Na sucessão legítima, a parte do renunciante acresce a dos demais da mesma ordem de vocação hereditária (CC, art. 1.810). A regra se justifica na medida em que a renúncia não gera direito de representação e sim acrescimento (CC, art. 1.811)[58]. O artigo 1.810[59] manteve a redação do dispositivo correspondente no Código Civil de 1916, que possuía uma única classe de herdeiros a cada ordem de vocação hereditária. No Código Civil vigente, contudo, duas classes de herdeiros podem coexistir em uma mesma ordem de vocação hereditária: cônjuge ou companheiro concorrem com descendentes na primeira ordem e com ascendentes na segunda ordem (CC, art. 1.829).

Efeitos da renúncia

Com efeito, ao prever que a parte do renunciante acresce à dos outros herdeiros da mesma classe, poder-se-ia imaginar que a renúncia de um filho permitiria o acrescimento apenas aos descendentes, não ao cônjuge, por exemplo. Contudo, a renúncia do herdeiro legítimo a quem seja devolvida a herança acresce o quinhão de todos aqueles que continuam a concorrer naquela ordem de vocação[60]. Assim, se a herança é devolvida a Joana (cônjuge), Pedro (filho) e Paula (filha), com a renúncia de Paula, a herança será acrescida por Joana e Pedro, como se Paula nunca tivesse sido herdeira (CC, art. 1.804, p. u.). Se Pedro também renuncia, serão chamados a concorrer com Joana os netos, por direito próprio e por cabeça[61]. Na falta de herdeiros

---

sobre herança futura. A esperança da morte do outro é, em suma, admitida em variadas hipóteses na ordem jurídica brasileira, como nos casos de contratos *post mortem*, de substituição fideicomissária, da doação com cláusula de reversão, do usufruto por si só ou clausulado com direito de acrescer, o que, de certa forma, permite o questionamento do sistema proibitivo, ao menos no que tange ao seu fundamento", Carlos Edison Monteiro Filho e Rafael Cândido da Silva, A proibição dos pactos sucessórios: releitura funcional de uma antiga regra. *Revista de Direito Privado*, São Paulo, vol. 72, n.17, dez. 2016, p. 169-194. Ver, ainda, Rafael Cândido da Silva, *Pactos sucessórios*. Ensaio sobre a perspectiva funcional da autonomia privada na sucessão *causa mortis*, Salvador: Editora JusPodivm, 2019.

[57] O Conselho Superior da Magistratura do Tribunal de Justiça de São Paulo, na Apelação Cível n. 1000348-35.2024.8.26.0236, entendeu que não cabe ao registrador a análise de validade ou invalidade da renúncia antecipada, devendo registrar o pacto antenupcial que contém essa cláusula cuja validade será avaliada na esfera jurisdicional se a sociedade e o vínculo conjugal terminarem pela morte de um dos cônjuges e se houver concorrência na sucessão (TJSP, Ap. Cív. 1000348-35.2024.8.26.0236, Rel. Des. Francisco Loureiro, julg. 1.10.2024).

[58] Código Civil, "Art. 1.811. Ninguém pode suceder, representando herdeiro renunciante. Se, porém, ele for o único legítimo da sua classe, ou se todos os outros da mesma classe renunciarem a herança, poderão os filhos vir à sucessão, por direito próprio, e por cabeça."

[59] Código Civil, "Art. 1.810. Na sucessão legítima, a parte do renunciante acresce à dos outros herdeiros da mesma classe e, sendo ele o único desta, devolve-se aos da subsequente."

[60] Vide Enunciado 575 aprovado na VI Jornada de Direito Civil promovida pelo Conselho da Justiça Federal: "Concorrendo herdeiros de classes diversas, a renúncia de qualquer deles devolve sua parte aos que integram a mesma ordem dos chamados a suceder".

[61] Código Civil, "Art. 1.811. Ninguém pode suceder, representando herdeiro renunciante. Se, porém, ele for o único legítimo da sua classe, ou se todos os outros da mesma classe renunciarem a herança, poderão os filhos vir à sucessão, por direito próprio, e por cabeça."

da classe dos descendentes, serão chamados a concorrer com Joana os ascendentes, por serem a classe subsequente. Na sucessão testamentária, a parte do renunciante caberá ao substituto; se não houver, o quinhão será devolvido aos herdeiros legítimos, salvo direito de acrescer (CC, art. 1.941 e ss.).

Renúncia prejudicial aos credores Quando o herdeiro, com a renúncia, prejudicar os seus credores, poderão estes, com autorização do juiz, aceitá-la em nome do renunciante. A habilitação dos credores se fará no prazo de trinta dias seguintes ao conhecimento do fato. Esse prazo não existia na redação do Código de 1916, aplicando-se então o prazo de quatro anos (CC16, art. 178, § 9º, V, "b"). Pagas as dívidas do renunciante, prevalece a renúncia quanto ao remanescente, que será devolvido aos demais herdeiros (CC, art. 1.813)[62]. Passado o prazo para que aceitem no lugar do renunciante, caberá aos credores apenas reclamar a invalidade da renúncia, se comprovada a fraude contra credores, no prazo de quatro anos do ato, conforme artigo 171, II, do Código Civil. Na hipótese de dúvida quanto à extensão do ato abdicativo, o artigo 114 do Código Civil prevê *Interpretação da renúncia* que "os negócios jurídicos benéficos e a renúncia interpretam-se estritamente". A renúncia encontra-se, assim, equiparada aos negócios jurídicos gratuitos e sua interpretação deve ser estrita pois é ato de liberalidade.

7. EXCLUSÃO DO SUCESSOR POR INDIGNIDADE OU DESERDAÇÃO

Natureza jurídica Existem hipóteses nas quais, inicialmente, o herdeiro ou legatário tem legitimidade sucessória, tornando-se, contudo, posteriormente, impedido de suceder por ter praticado algum dos atos previstos na lei ofensivos ao autor da herança. São os casos da indignidade e deserdação. Indignidade é a privação do direito hereditário, cominada por lei, a quem, herdeiro ou legatário, cometeu certos atos ofensivos à pessoa ou aos interesses do *de cujus*. Deserdação consiste na disposição testamentária que visa a excluir o herdeiro necessário da sucessão, também por ter praticado determinados atos contra a pessoa ou aos interesses do testador. Desse modo, tanto a indignidade, quanto a deserdação possuem natureza de pena privada. A ilegitimidade advém de circunstância de fato. Embora indignidade e deserdação tenham natureza diversa da ilegitimidade, operam como se fosse a própria incapacidade, uma vez que privam o indigno ou deserdado de adquirir a herança[63].

Não se confundem indignidade ou deserdação com ilegitimidade sucessória. Ao ilegítimo a suceder não opera a devolução sucessória, porque não é sucessor em tempo algum. Quanto ao indigno e ao deserdado, sucedem, mas podem ser excluídos da sucessão. Assim, tanto o indigno quanto o deserdado podem permanecer sucessores.

---

[62] Código Civil, "Art. 1.813. Quando o herdeiro prejudicar os seus credores, renunciando à herança, poderão eles, com autorização do juiz, aceitá-la em nome do renunciante.

§ 1º A habilitação dos credores se fará no prazo de trinta dias seguintes ao conhecimento do fato.

§ 2º Pagas as dívidas do renunciante, prevalece a renúncia quanto ao remanescente, que será devolvido aos demais herdeiros."

[63] Orlando Gomes, *Sucessões*, cit., p. 33.

CAPÍTULO II | A DEVOLUÇÃO DA HERANÇA   43

Ambos praticam atos previstos na lei que lhes dão causa, mas a sua ocorrência não se mostra suficiente para a deflagração da pena. Na indignidade, é preciso que o interessado promova ação própria. Na deserdação, além da manifestação de vontade do testador, o interessado necessita intentar ação própria, da mesma forma que na indignidade.

Ação própria

Por se tratar de pena privada, as causas da indignidade não poderiam ser outras, senão exclusivamente as indicadas na lei[64]. A enumeração é taxativa (CC, art. 1.814)[65], incluindo os herdeiros e legatários: i) que houverem sido autores ou cúmplices em crime de homicídio voluntário ou tentativa deste, contra a pessoa de cuja sucessão se tratar, seu cônjuge, companheiro, ascendente ou descendente; ii) que a acusaram caluniosamente em juízo, ou incorreram em crime contra a sua honra, ou de seu cônjuge ou companheiro; iii) que, por violência ou fraude, a inibiram de livremente dispor dos seus bens em testamento ou codicilo, ou lhe obstaram a execução de atos de última vontade, por exemplo, coação, dolo, induzimento a fazer, alterar ou revogar testamento.

Causas da indignidade e taxatividade

Na primeira hipótese de indignidade (CC, art. 1.814, I), o bem jurídico objeto de proteção é a vida. Considera-se indigno aquele que for autor, coautor ou partícipe de homicídio doloso ou tentativa de homicídio em face da pessoa de cuja sucessão se tratar – excluindo-se assim o homicídio culposo, de forma que é indispensável a comprovação de que o ofensor agiu voluntária e intencionalmente quando realizou o comportamento indigno –, e também em face do seu cônjuge, do seu companheiro, seus ascendentes ou descendentes[66]. Entende-se que não é necessária sentença con-

Homicídio ou tentativa de homicídio doloso

---

[64] Caso difícil que gera sensação de impunidade consiste na prática de homicídio ou tentativa de homicídio por genro ou nora casados pelo regime da comunhão universal de bens. Conforme entendeu o TJRS, "Não se aplica às partilhas patrimoniais decorrentes de dissolução de união estável ou divórcio a exclusão por indignidade, prevista no art. 1.814 do CCB, que se trata de penalidade civil de aplicação restrita ao direito das sucessões e, especificamente, aos direitos hereditários e aos legados, jamais elidindo direito de meação" (TJRS, 7ª C.C., Ap. Cív. 70081635260, Rel. Des. Sandra Brisolara Medeiros, julg. 28.8.2019). Em sentido diverso, entendeu o mesmo Tribunal que "tendo o genro assassinado o sogro, não faz jus ao acervo patrimonial decorrente da abertura da sucessão. mesmo quando do divórcio, e ainda que o regime do casamento seja o da comunhão de bens, não pode o varão receber a meação constituída dos bens percebidos por herança" (TJRS, 7ª C.C., Ap. Cív. 70005798004, Rel. Des. Luis Felipe Brasil Santos, julg. 9.4.2003).

[65] Código Civil, "Art. 1.814. São excluídos da sucessão os herdeiros ou legatários:
I – que houverem sido autores, co-autores ou partícipes de homicídio doloso, ou tentativa deste, contra a pessoa de cuja sucessão se tratar, seu cônjuge, companheiro, ascendente ou descendente;
II – que houverem acusado caluniosamente em juízo o autor da herança ou incorrerem em crime contra a sua honra, ou de seu cônjuge ou companheiro;
III – que, por violência ou meios fraudulentos, inibirem ou obstarem o autor da herança de dispor livremente de seus bens por ato de última vontade."

[66] Mediante interpretação teleológico-finalista, que permite a diferenciação entre o texto de lei, literalmente considerado, como proposição escrita de um dispositivo emanado do Poder Legislativo, e a norma jurídica, como produto da indispensável atividade interpretativa por meio da qual se atribui significado ao texto, o STJ excluiu da sucessão o jovem de 17 anos que assassinou os pais. No caso, o menor respondeu, nos termos do Estatuto da Criança e do Adolescente, não por homicídio doloso, mas por ato infracional, porque praticado por menor. Considerou-se, no julgamento, irrelevante tal distinção para fins civis, o que importou na consequente exclusão do herdeiro por ato análogo a homicídio praticado contra seus genitores. Para a Relatora, Ministra Nancy Andrighi, embora a qualificação penal seja importante para a deflagração de medidas coercitivas e de proteção dos adolescentes, no âmbito civil deve prevalecer o método teleológico-finalístico sobre

denatória[67], mas a sentença na vara criminal que decida sobre a existência do fato ou sobre quem seja o seu autor (CC, art. 935) faz coisa julgada em relação aos efeitos civis.

Há divergência na doutrina em relação ao instigador do suicídio do autor da herança. Para Carlos Maximiliano, por exemplo, não se condena civilmente, com exclusão da herança, o que auxiliou o suicídio do *de cujus*, ou, a pedido deste, lhe apressou a morte, para lhe minorar os sofrimentos. Para o Autor, desaparece, nessa hipótese, a razão da lei; pois, longe de revelar o beneficiado falta de carinho, demonstrou excesso, a ponto de se expor a processo criminal, para servir a afeiçoado seu.[68] Já Caio Mário da Silva Pereira entende que, embora não contemplada especificamente a hipótese, é de se entender que a instigação ao suicídio deve equiparar-se ao homicídio, para efeito da indignidade[69].

A segunda hipótese (CC, art. 1.814, II) protege a honra, ao preceituar o legislador que são excluídos da sucessão os herdeiros ou legatários que houverem acusado caluniosamente em juízo o autor da herança ou incorrerem em crime contra a sua honra, de seu cônjuge ou companheiro. Nesse caso, a causa da indignidade não é extensiva às hipóteses de ofensa à honra dos ascendentes ou descendentes do autor da herança, ao contrário do que ocorre quando se trata de crimes contra a vida, como disposto no citado artigo 1.814, I, do Código Civil. No inciso II do art. 1.814, o legislador refere-se aos crimes de denunciação caluniosa (CP, art. 339), calúnia (CP, art. 138), difamação (CP, art. 139) e injúria (CP, art. 140). Meras desavenças ou discussões familiares não são suficientes para caracterizar a causa de indignidade, razão pela qual se tem exigido a prévia condenação no juízo criminal nos crimes contra a honra, ou seja, naqueles casos de calúnia, difamação ou injúria, em virtude de o comando legal se referir "àqueles que *incorrerem* em crime contra a honra", uma vez que, só podem estar incursos em determinado crime aqueles que foram condenados no tipo penal.[70]

> **Acusação caluniosa**

---

a literalidade do preceito do art. 1.814, inciso I, que exclui da herança aqueles que "houverem sido autores, co-autores ou partícipes de homicídio doloso, ou tentativa deste, contra a pessoa de cuja sucessão se tratar, seu cônjuge, companheiro, ascendente ou descendente". Desse modo, impediu-se que o patrimônio da vítima de homicídio viesse a beneficiar o algoz, estabelecendo-se, em nome da prevenção e da repressão do ilícito, a ampliação das hipóteses de exclusão da sucessão, de modo a abranger aquele que, propositalmente, atenta contra a vida de seus ascendentes, ainda que a conduta não se consume, independentemente do motivo ou da qualificação penal do suporte fático (STJ, 3ª T., REsp 1.943.848/PR, Rel. Min. Nancy Andrighi, julg. 8.3.2022, publ. DJ 16.3.2022).

67 Já decidiu a 3ª Turma do STJ, aliás, que é admissível a ação de produção antecipada de prova para documentar fatos alegadamente relacionados a injúria e acusações caluniosas de um filho contra o pai – e que serviriam, em tese, para justificar eventual exclusão do filho na sucessão. No caso, o pai ajuizou a ação de produção antecipada de prova para documentar a suposta declaração dada pelo filho, em redes sociais, de que ele estaria envolvido na morte de sua ex-esposa e que o motivo seria patrimonial (STJ, 3ª T., REsp 2.103.428, Rel. Min. Nancy Andrighi, julg. 19.3.2024, publ. DJe 21.3.2024).

68 Carlos Maximiliano, *Direito das Sucessões*, vol. I, cit., p. 107.

69 Caio Mário da Silva Pereira, *Instituições de Direito Civil*, vol. VI, cit., p. 30.

70 Vide, nesse sentido: "A interpretação finalística ou teleológica das hipóteses de exclusão da sucessão listadas no art. 1.814 do CC/2002 é admissível, mas não obrigatória, razão pela qual, se o ofendido

A terceira hipótese de indignidade (CC, art. 1.814, III) protege a vontade testamentária, ao prever que serão igualmente excluídos da sucessão aqueles que agiram com violência física ou moral contra o autor da herança, ou que utilizaram de artifícios maliciosos, impedindo-o por tais modos de testar, modificar ou revogar testamento ou codicilo. Uma série de fraudes que maculam de indignidade o seu autor, ou cúmplice, são especificadas por Carlos Maximiliano: "a) a simples resistência passiva à feitura do instrumento, como, p. ex., a do filho, que não chama o notário, sob o pretexto de haver o médico proibido o pai de falar (provada ficando a má fé disfarçada sob a capa da piedade); b) enganar o *de cujus*, com levar, de propósito a testar de modo nulo e o convencer de ter valor, p. ex., o instrumento datilografado, escrito e assinado só por êle, ou assistido por duas testemunhas apenas; enfim insinuar como regular uma forma repelida por lei; c) calar circunstâncias que, se comunicadas fossem, levariam um homem criterioso a testar, ou a mudar de parecer; d) prometer ou contratar casamento e assim levar, dolosamente, o iludido a dispor de bens a favor do embusteiro, ou de pessoa que êste planeje favorecer; e) fazer o *de cujus* subscrever um testamento, que não é o que êle ditou ou quiz; f) convencer de estar nulo o que sucessível fez, mandou fazer, ou dispoz, válidamente; g) conseguir de um insano, ou de quem está em exame a observação para ser interditado, que faça, subscreva, altere, revogue, vicie ou rasgue um ato de última vontade (o que é fácil no testamento particular ou ológrafo). Enfim toda a fraude usada para desviar ou impedir o surto espontâneo, a inclinação natural da vontade do sucessível gera a indignidade. Assim se consideram o engano, a astúcia, as traças, a manobra, a insídia, o abuso de confiança ou da credulidade e ignorância; não o carinho, os afagos, a ternura, a balandícia, naturais em afetuosos e agradecidos; em siquer a súplica leal, persuasão de viseira erguida".[71]

O procedimento deixará de ser passível de punição se o agente tem tempo de emendar os seus efeitos, como no caso de quem induziu a facção testamentária haver ulteriormente inutilizado a cédula; ou ainda na hipótese de demonstrar-se irretorquivelmente que o ato obtido traduzia o verdadeiro querer do morto, não sendo, igualmente, suscetível de punição se o testamento cuja revogação ou alteração foi obtida, era nulo, porque não há cogitar de revogação ou modificação do que não poderia, por si mesmo, produzir efeitos jurídicos[72].

A indignidade produz efeitos pessoais, permitindo que os herdeiros do indigno sucedam como se morto fosse na sucessão legítima (CC, art. 1.816)[73]. Nesse aspecto,

---

não pretendeu buscar a sanção penal em vida (ou, se pretendeu, não a obteve), não faz sentido que se apure o eventual ilícito, após a sua morte e apenas incidentalmente no juízo cível, com o propósito de excluir o suposto ofensor da sucessão" (STJ, 3ª T., REsp 2.023.098/DF, Rel. Min. Nancy Andrighi, julg. 7.3.2023, publ. DJe 10.03.2023). Na mesma direção, vide STJ, 3ª T., REsp 1102360/RJ, Rel. Min. Massami Uyeda, julg. 9.2.2010, publ. DJe 1.7.2010.

[71] Carlos Maximiliano, *Direito das Sucessões*, vol. I, cit., pp. 115-116.

[72] Caio Mário da Silva Pereira, *Instituições de Direito Civil*, vol. VI, cit., pp. 31-32.

[73] Código Civil, "Art. 1.816. São pessoais os efeitos da exclusão; os descendentes do herdeiro excluído sucedem, como se ele morto fosse antes da abertura da sucessão. Parágrafo único. O excluído da

cabe distinguir as consequências da sucessão legítima e da testamentária, pois somente na primeira há direito de representação[74]. Na sucessão testamentária, ao substituto nomeado é devolvida a herança em hipótese de indignidade. Na falta de substituto e direito de acrescer, aplica-se a subsidiariedade da legítima, devolvendo-se a herança aos herdeiros legítimos, de acordo com a ordem da vocação hereditária.

Rompimento total com a herança

A exclusão da herança ocasiona o seu rompimento total (CC, art. 1.816). Significa que o indigno não poderá se beneficiar nem mesmo indiretamente da herança, de modo que não poderá representar um herdeiro pré-morto, não terá direito ao usufruto ou à administração dos bens que a seus sucessores couberem na herança, nem à sucessão eventual desses bens. Observe-se o seguinte exemplo: Ana morre por homicídio doloso praticado por Bento, seu filho. O outro filho, Caio, propõe ação de indignidade contra Bento que é excluído da sucessão. Davi, filho de Bento, herda como representante o quinhão deste. Se Davi morre antes de Bento, este não poderá suceder Davi quanto aos bens que recebera de Ana.

Herdeiro aparente e possuidor de má-fé

Por se tratar de fato pessoal, não pode o indigno ignorar o vício do seu título de aquisição, por isso é considerado herdeiro aparente e possuidor de má-fé (CC, art. 1.817) caso se comporte como se herdeiro fosse. Como consequência, é obrigado a restituir os frutos e rendimentos que dos bens da herança tiver percebido (CC, art. 1.817, parágrafo único). As despesas feitas para a conservação dos bens hereditários devem ser reembolsadas ao indigno na figura do herdeiro aparente (CC, art. 1.817). O indigno conserva todos os direitos que por outro título encerrem pretensão contra o espólio. Logo, pode cobrar os créditos que lhe assistam contra a herança, como se encontrava previsto de modo expresso no artigo 1.601 do Código Civil de 1916.

Ação de indignidade

Como acima aludido, não basta a prática de quaisquer dos atos enumerados em lei como caracterizadores da indignidade. Isso porque a exclusão deve ser declarada judicialmente, mediante prova do fato que levou à exclusão (CC, art. 1.815). Em razão do eventual lapso temporal entre o ato de indignidade e a abertura da sucessão, admite-se a produção antecipada de prova, como ação probatória autônoma. A ação de indignidade é ordinária, garantindo-se ao réu da demanda a ampla defesa e o contraditório, devendo ser intentada por quem tenha interesse na sucessão. Considera-se interessado para propor a ação de indignidade quem dela possa ter algum benefício, a exemplo dos herdeiros legais na sucessão legítima, do substituto na sucessão testamentária, o Município no caso de herança jacente etc. Por conseguinte, o interesse na sucessão é aferido conforme o autor da ação de exclusão por indignidade seja aquele a ser chamado à sucessão, uma vez excluído o sucessor indigno, revelando-se,

Legitimidade do Minitéro Público

assim, em um interesse de cunho patrimonial. Em mudança na legislação civil, datada de 2017, estendeu-se ao Ministério Público a legitimidade para o ajuizamento da ação em questão nas hipóteses previstas no inciso I do artigo 1.814 do Código Civil,

---

sucessão não terá direito ao usufruto ou à administração dos bens que a seus sucessores couberem na herança, nem à sucessão eventual desses bens."

[74] Código Civil, "Art. 1.851. Dá-se o direito de representação, quando a lei chama certos parentes do falecido a suceder em todos os direitos, em que ele sucederia, se vivo fosse".

a saber, autoria, coautoria, participação ou tentativa de homicídio doloso, conforme se depreende do disposto no § 2º do artigo 1.815 do Código Civil. Ao Ministério Público não tocará a herança em caso de êxito da ação. Assim, diante de tal mudança legislativa, vale refletir sobre o interesse de agir nas ações de exclusão por indignidade, não devendo dito interesse ser aferido apenas pelo víeis patrimonial, mas também por aquele moral, ampliando, dessa forma, o rol de legitimados a propor a referida demanda.

Uma vez que a exclusão por indignidade depende de sentença judicial, esta não pode ser reconhecida de ofício pelo juiz. Nessa direção, a lei determina como prazo de decadência para a propositura da ação aquele de 04 (quatro) anos a partir da abertura da sucessão (CC, art. 1.815). A sentença declara a indignidade, não a constitui. Assim, sua eficácia retroage à data da abertura da sucessão. O juiz do inventário será o competente, distribuindo-se a ação por dependência.

O instituto ganhou contornos de ordem pública com a alteração legislativa promovida pela Lei nº 14.661, de 23 de agosto 2023, que estabelece, no artigo 1.815-A do Código Civil, a exclusão automática do herdeiro ou legatário indigno, após o trânsito em julgado da sentença penal condenatória, independentemente da sentença cível específica para esse fim. A alteração é benfazeja, não sendo mais necessária para tal finalidade a prolação de sentença cível em ação própria. Com a nova regra, para a exclusão do herdeiro ou legatário, basta sentença criminal transitada em julgado.

Funciona como fato impeditivo da declaração de indignidade a reabilitação. Reabilitação
Trata-se de ato pelo qual o autor da sucessão perdoa o sucessível que incorreu em indignidade, admitindo-o à herança. Na hipótese de reabilitação, o efeito automático da indignidade com a condenação criminal é afastado, prevalecendo assim a vontade do autor da herança. A reabilitação pode ocorrer de duas maneiras: i) expressa, por testamento ou outro ato autêntico; ii) tácita, se o testador contempla em testamento quem havia incorrido em indignidade. Não havendo reabilitação expressa, o indigno, contemplado em testamento do ofendido, se o testador, ao testar, já conhecia a causa da indignidade, sucederá apenas no limite da disposição testamentária[75].

Questão controvertida é aquela relacionada à anulação do testamento em que está consignado o perdão. Segundo Orlando Gomes, a reabilitação é irretratável; uma vez declarada em testamento, prevalece ainda que o ato de última vontade tenha sido revogado, ou se tornado inexequível.[76] Já outros doutrinadores, como Clovis Bevilaqua, não corroboram o posicionamento acima, entendendo que o testamento revogado não

---

[75] Código Civil, "Art. 1.818. Aquele que incorreu em atos que determinem a exclusão da herança será admitido a suceder, se o ofendido o tiver expressamente reabilitado em testamento, ou em outro ato autêntico.

Parágrafo único. Não havendo reabilitação expressa, o indigno, contemplado em testamento do ofendido, quando o testador, ao testar, já conhecia a causa da indignidade, pode suceder no limite da disposição testamentária."

[76] Orlando Gomes, *Sucessões*, cit., p. 33.

produz a reabilitação do indigno, o mesmo se passando se nulo o referido testamento ou diverso ato autêntico em que estiver contido o perdão.[77]

Causas da deserdação Todas as causas de indignidade servem para deserdar os herdeiros necessários (CC, 1.961)[78]. Desse modo, admite-se a deserdação no caso de autoria, coautoria, participação ou tentativa de homicídio doloso contra o autor da herança, ou contra seu cônjuge, companheiro, ascendente ou descendente. Igualmente acarretará deserdação a acusação caluniosa em juízo contra o autor da herança, a prática de crime contra a sua honra, ou de seu cônjuge ou companheiro, assim como na hipótese em que, mediante violência ou meios fraudulentos, for o *de cujus* inibido ou obstado de dispor livremente de seus bens por ato de última vontade (CC, art. 1.814).

Ofensa física Além dessas causas, autorizam a deserdação dos descendentes por seus ascendentes, aquelas indicadas no artigo 1.962 do Código Civil: i) ofensa física; ii) injúria grave; iii) relações ilícitas com a madrasta ou com o padrasto; iv) desamparo de ascendente em alienação mental ou grave enfermidade. A primeira causa (CC, art. 1.962, I) consiste na ofensa física a ascendente. Não é necessário que se trate de ofensa grave, pois não há qualquer qualificativo na lei. Somente a legítima defesa é capaz de excetuar a regra, aludindo alguns autores ao castigo físico moderado[79]. Não se requer condenação criminal pela ofensa, basta o fato para tipificar a hipótese legal.

Injúria grave A segunda hipótese (CC, art. 1.962, II) é a injúria grave feita diretamente a ascendente. Não é qualquer injúria que tipifica o caso de deserdação, mas tão somente a injúria grave, em razão do qualificativo legal. Sendo assim, a gravidade ou não da injuria também poderá motivar a impugnação da deserdação. Critérios objetivos podem auxiliar o julgador, a exemplo da publicidade do fato. Também não se exige condenação criminal, sendo suficiente o fato para configurar a causa legal. Contudo, tanto no caso de ofensa física quanto de injúria, a absolvição criminal exclui a pena civil. Para Carlos Maximiliano "Incorre em deserdação, não só o autor imediato dos maus tratos físicos ou verbais, mas também o que excita outrem a ofender, ferir, ou espancar"[80].

Relações ilícitas A terceira hipótese (CC, art. 1.962, III) de deserdação do descendente por ascendente consiste nas relações ilícitas do descendente com a madrasta ou padrasto do ascendente, situação esta que "importa em falta de respeito, amor, atenção, para com o hereditando"[81]. Por madrasta ou padrasto deve-se entender tanto aquele casado com o *de cujus*, quanto aquele que com este vive em união estável. Apesar da taxatividade das causas, "a hipótese é de interpretação estrita, porém não filológica ou gramatical; a causa declarada (do texto) no ato *causa mortis* pode achar-se tanto na

---

[77]   Clovis Bevilaqua, *Código Civil Brasileiro commentado*, vol. VI, cit., p. 50.

[78]   Código Civil, "Art. 1.961. Os herdeiros necessários podem ser privados de sua legítima, ou deserdados, em todos os casos em que podem ser excluídos da sucessão."

[79]   Carlos Maximiliano, *Direito das Sucessões*, vol. 2, Rio de Janeiro: Freitas Bastos, 1937, p. 463.

[80]   Carlos Maximiliano, *Direito das Sucessões*, cit., p. 466.

[81]   Carlos Maximiliano, *Direito das Sucessões*, cit., p. 468.

CAPÍTULO II | A DEVOLUÇÃO DA HERANÇA   49

letra, como no espírito, evidente, da norma peremptória".[82] Por conseguinte, a inexistência do ato formal do casamento não retira do ascendente a dor que sente ao saber de relações ilícitas do convivente e seu descendente.

A quarta causa (CC, art. 1.962, IV), isto é, o desamparo ao ascendente em alienação mental ou grave enfermidade, é demonstração de total desapego, o que justifica esta situação como autorizativa da deserdação do descendente.

Desamparo

Há, ainda, causas específicas para a deserdação dos ascendentes por seus descendentes previstas no artigo 1.963 do Código Civil: i) ofensa física; ii) injúria grave; iii) relações ilícitas com a mulher ou companheira do filho ou do neto, ou com o marido ou companheiro da filha ou da neta; iv) desamparo de filho ou neto em alienação mental ou grave enfermidade. Como se verifica, as mesmas hipóteses que possibilitam a deserdação dos descendentes pelos ascendentes, quando praticadas pelos ascendentes, autorizam a deserdação destes pelos descendentes. Entretanto, cabe destacar a redação do inciso III, que se reporta às relações ilícitas com a mulher ou companheira do filho ou a do neto, ou com o marido ou companheiro da filha ou da neta, sem distinguir a família fundada no casamento ou na união estável.

Não há causa específica para a deserdação do cônjuge ou do companheiro que, sendo também herdeiros necessários[83], podem igualmente ser deserdados pelas causas enumeradas no artigo 1.814 do Código Civil[84].

As hipóteses de deserdação, ao contrário da indignidade, devem ocorrer antes da morte do autor da herança, na medida em que se requer a indicação expressa da causa em testamento[85], conforme preceitua o disposto no artigo 1.964 do Código Civil[86].

No caso de desamparo de ascendente ou descendente em alienação mental ou grave enfermidade, muitas vezes, não tem a vítima, nessas circunstâncias, discernimento ou condições físicas para determinar, por testamento, a deserdação. Diante disso, afirma-se que melhor teria sido a opção legislativa em prever a hipótese como uma das causas de exclusão por indignidade, como já foi reconhecido em alguns casos por nossos Tribunais, apesar da taxatividade.[87] Com efeito, muito se tem debatido sobre a possibilidade de haver exclusão do herdeiro por abandono afetivo e moral do autor da herança, quer seja mediante indignidade, quer seja por força de deserdação, neste último caso quando o *de cujus* expressamente manifestar a vontade em excluir seu herdeiro necessário pela referida razão. Segundo alguns autores, o simples abandono já deveria ensejar a exclusão do herdeiro da sucessão, em especial em virtude

---

[82] Carlos Maximiliano, *Direito das Sucessões*, cit., p. 460.

[83] Vide debate acerca da qualificação do companheiro como herdeiro necessário no Capítulo V deste volume.

[84] Gustavo Tepedino; Heloisa Helena Barboza; Maria Celina Bodin de Moraes, *Código Civil Interpretado*, vol. IV, cit., pp. 812-813.

[85] STJ, 4ª T., REsp. 124.313/SP, Rel. Min. Luis Felipe Salomão, julg. 16.4.2009, DJe 8.6.2009.

[86] Código Civil, "Art. 1.964. Somente com expressa declaração de causa pode a deserdação ser ordenada em testamento."

[87] STJ, 4ª T., REsp 334.773/RJ, Rel. Min. Cesar Asfor Rocha, julg. 15.6.2000, publ. DJ 22.10.2001.

da dependência absolutamente presumida dos filhos menores em relação aos seus pais, sendo esta posição corroborada pelo fato de existirem precedentes judiciais que reconhecem o abandono afetivo como causa de responsabilidade civil.[88]

Ocorrida qualquer das situações que autorizam a deserdação, pode ser excluído o herdeiro necessário por meio de testamento que expressamente declare a causa (CC, art. 1.964). Trata-se, portanto, de instituto da sucessão testamentária que dispõe sobre a legítima dos herdeiros necessários, privando-os de parte ou de toda a herança. Contudo, como já mencionado, não é suficiente que o testamento ordene a deserdação. A causa nele expressa tem de ser provada por quem interesse a deserdação, em ação ordinária proposta com esse objetivo[89]. Não tem eficácia a deserdação se for provada causa diversa, mesmo se entre aquelas que a lei autoriza a deserdação. Defende-se também a legitimidade do deserdado para provar a inveracidade do fato apontado pelo testador.[90]

A deserdação é revogável, sendo alcançada pela revogação do testamento que a contenha, expressa ou tacitamente. Poderá, ainda, o testador abrandar a pena e instituir o deserdado como herdeiro testamentário, ficando circunscrito o seu direito às disposições testamentárias. Assim, a revogação do testamento funciona como espécie de reabilitação do herdeiro, total ou parcial, conforme dite o testador[91]. Não há previsão na lei para a reabilitação por escritura pública nos casos de deserdação, o que se justifica na medida em que o testamento somente pode ser alterado pelo mesmo modo e forma como pode ser feito (CC, art. 1.969). Sendo a deserdação ato testamentário, somente outro testamento poderia lhe modificar.

Reabilitação

A lei não cuida dos efeitos próprios da deserdação, que muito se assemelham aos da indignidade. Nessa linha, são pessoais os efeitos da deserdação. Por sua natureza de pena privada, não pode atingir senão quem pratica o ato apenado. Diante disso, os descendentes do deserdado sucedem como se este morto fosse, representando-o em todos os direitos sucessórios[92]. Evidentemente, o mesmo não ocorre se o representante também houver sido deserdado pelo testador ou pelo representado. O deserdado é privado de ser herdeiro diretamente e indiretamente[93]. Desse modo, se Caio deserda sua filha Ana, e fica com toda a herança o outro filho Breno, sem herdeiros necessários, ao morrer deixará todos os bens, salvo os que herdou de Caio, para Ana; aqueles que herdou de Caio serão devolvidos aos herdeiros legítimos da ordem seguinte, ou serão vacantes. O deserdado é herdeiro aparente até que seja

Efeitos da deserdação

---

[88] Renata Raupp Gomes, Deserdação, Indignidade e Revogação de doação por ingratidão. In: *Famílias e Sucessões: polêmicas, tendências e inovações*, Belo Horizonte: IBDFAM, 2018, p. 283.

[89] Nas causas de deserdação insertas no inciso I do artigo 1.814, o Ministério Público também tem legitimidade para a propositura da ação, por analogia ao que ocorre quanto à indignidade.

[90] Orlando Gomes, *Sucessões*, cit., 231.

[91] Zeno Veloso, *Comentários*, vol. 21, cit., p. 326.

[92] Carlos Maximiliano, *Direito das Sucessões*, vol. 2, Rio de Janeiro: Livraria Editora Freitas Bastos, 1937, p. 471.

[93] Cf., nesse sentido, Carlos Maximiliano, *Direito das Sucessões*, vol. 2, cit., p. 472; Zeno Veloso, *Comentários*, vol. 21, cit., p. 322.

provada judicialmente a causa alegada pelo testador[94]. Assim, se antes da sentença da deserdação, o herdeiro alienar bem havido do testador, não fica prejudicado o terceiro adquirente, se este agiu de boa-fé. (CC, art. 1.827, parágrafo único)[95].

Iniciativa

Embora tenham a mesma natureza, indignidade e deserdação possuem algumas diferenças marcantes. Na indignidade, a iniciativa de excluir o herdeiro ou legatário é de quem tenha interesse patrimonial na herança ou legado ou do Ministério Público (CC, art. 1.815, § 2º), sendo obtida por sentença judicial. Na deserdação, a iniciativa é do autor da herança que faz testamento no qual declara a causa da exclusão, embora seja ato complexo a depender de posterior ação judicial. A indignidade alcança todos os herdeiros legítimos (necessários e facultativos), os herdeiros testamentários, bem como os legatários. Já a deserdação atinge apenas os herdeiros necessários (descendentes, ascendentes, cônjuge e companheiro), por razão bastante simples: os herdeiros facultativos e os legatários já instituídos podem ser excluídos da sucessão por mera deliberação testamentária, independentemente da existência de causa. A causa que enseja a indignidade pode ocorrer depois da morte do autor da herança, pois não há necessidade de que este tenha dela conhecimento. Na deserdação, ao contrário, as causas que dão lugar à deserdação são necessariamente anteriores à morte e conhecidas pelo autor da herança, que as declarará no testamento.

Pessoas atingidas

Momento de ocorrência da causa

8. HERANÇA JACENTE E HERANÇA VACANTE

Bens jacentes

Os bens hereditários que não se incorporam ao patrimônio dos sucessores, por inexistir testamento ou serem ignorados os herdeiros legítimos, submetem-se a prosseguimento legal à espera da definição de sua titularidade. A herança que assim jaz se denomina jacente, perdurando o estado de jacência até que sejam admitidos os herdeiros ou, à míngua destes, seja declarada a vacância da herança, com a transferência dos bens ao Poder Público (CC, art. 1.822)[96].

---

[94] Vale resgatar a síntese de Carlos Maximiliano: "Como não se presume a culpa, até ser provada judicialmente a existência efetiva da causa arguida pelo testador para privar da legítima o sucessor forçado, este conserva o seu direito hereditário; por conseguinte, alcança e mantém a posse do seu quinhão respectivo. Vencido, entretanto, no prélio forense, devolve até os frutos e rendimentos havidos antes da sentença; pois não passa de um possuidor de má-fé: detém e goza o que ele sabe haver perdido por sua culpa" (Carlos Maximiliano, *Direito das Sucessões*, vol. 2, cit., p. 471).

[95] "As alienações feitas por herdeiro aparente a terceiros de boa-fé, a título oneroso, são juridicamente eficazes. Art. 1.827, parágrafo único, do CC/02. 3 – Na hipótese dos autos, o negócio jurídico foi aperfeiçoado antes do trânsito em julgado da sentença que decretou a nulidade da partilha e inexistiam, à época em que foi celebrado o contrato de compra e venda, quaisquer indícios de que o imóvel fosse objeto de disputa entre os herdeiros do espólio." (STJ, 3ª. T., AgRg na MC 17349/RJ, Rel. Min. Nancy Andrighi, julg. 28.6.2011, publ. DJe 1.8.2011).

[96] Código Civil, "Art. 1.822. A declaração de vacância da herança não prejudicará os herdeiros que legalmente se habilitarem; mas, decorridos cinco anos da abertura da sucessão, os bens arrecadados passarão ao domínio do Município ou do Distrito Federal, se localizados nas respectivas circunscrições, incorporando-se ao domínio da União quando situados em território federal.
Parágrafo único. Não se habilitando até a declaração de vacância, os colaterais ficarão excluídos da sucessão."

Jacência ab intestado

Apenas aparentemente a herança jacente não possui herdeiro, sendo "erro dizer-se que a herança está sem dono"[97]. Recorde-se que a transmissão da herança se dá automaticamente com a morte, por força da *saisine* (*droit de saisine*, na expressão francesa). Desse modo, opera-se *ipso facto* da abertura da sucessão aos herdeiros, como consequência inevitável da morte. Sendo assim, a incerteza refere-se à identificação dos sucessores, permanecendo jacente nesse período o acervo hereditário. A jacência pode se verificar quando o autor da herança não deixou testamento nem sucessor legítimo, a saber: cônjuge, companheiro, descendente, ascendente, ou colateral até o 4° grau, notoriamente conhecido. Entende-se como notoriamente conhecido o sucessor presente no lugar em que se abre a sucessão, decorrendo essa notoriedade do conhecimento difuso devido à fama ou à referência pública que independe de prova[98]. O aspecto da notoriedade da relação, que não merecia maior atenção da doutrina, ganha relevância na atualidade, no caso do companheiro do *de cujus*, que não tem como os demais sucessores prova pré-constituída do seu vínculo com o falecido que legitime sua habilitação na herança. Desse modo, sendo o companheiro

Jacência com testamento

notoriamente conhecido, cabe sua habilitação como herdeiro, para pôr fim à jacência, fazendo-se oportunamente a prova que couber do vínculo existente. Se o autor da herança deixou testamento, a jacência poderá advir da ineficácia do ato de última vontade, quer este seja inválido ou caduco, como acontece na falta ou renúncia dos herdeiros ou legatários instituídos e ausência de substituto nomeado, e desde que não existam herdeiros legítimos notoriamente conhecidos.

A questão relativa aos sucessores que ainda não têm personalidade jurídica, tida como pouco frequente pela doutrina tradicional, ganha novos contornos e cresce em complexidade quando se consideram as técnicas de reprodução assistida, em especial se existem embriões excedentários gerados com material genético do autor da herança. Cabe lembrar que, como regra geral, estão legitimadas a suceder as pessoas nascidas ou já concebidas no momento da abertura da sucessão. Na sucessão testamentária admite-se o chamamento de filhos, ainda não concebidos, de pessoas indicadas pelo testador, desde que sejam estas existentes na abertura da sucessão. Se não há outro sucessor, a herança será jacente, até que se esgote o prazo para o nascimento com vida em cada um dos casos mencionados. Outro caso de sucessor não apto ainda a receber a herança é aquele da pessoa jurídica ainda não constituída. A herança encontra-se jacente até que haja a possibilidade de transmissão para a entidade nomeada[99].

---

[97] Pontes de Miranda, *Tratado de Direito Privado*: Direito das Sucessões, vol. 55, São Paulo: Editora Revista dos Tribunais, 2012, p. 138, o qual afirma: "Apesar da automaticidade da aquisição, no direito brasileiro e noutros sistemas jurídicos, há quem considere em suspenso o direito de sucessão, ou a sucessão mesma. Ora, quando se abre a sucessão, isto é, no instante imediato à morte do decujo, e se tem de aguardar o nascimento do herdeiro, ou de um dos herdeiros, a incerteza sobre isso é subjetiva: se nasce com vida, herdou; se não nasce vivo, não herdou, porque, juridicamente, não existe, nem existiu (...) a suspensão de que se fala, é no plano subjetivo, porque o homem não sabe tudo do futuro".

[98] Washington de Barros Monteiro, *Curso de Direito Civil*, vol. 6, cit., p. 57.

[99] Carlos Roberto Gonçalves, *Direito Civil Brasileiro*, vol. 7, cit., p. 137.

Note-se que a existência de testamento válido e eficaz, mas que contemple apenas parte dos bens hereditários não importa em jacência, ainda que inexistam herdeiros legítimos notoriamente conhecidos, pois não há incerteza. Por esse mesmo motivo, não haverá jacência na hipótese de renúncia de todos os chamados a suceder, caso em que será desde logo declarada a vacância, cujos contornos serão abaixo delineados (CC, art. 1.823).

A jacência consiste em estado provisório. Enquanto perdurar jacente a herança, o Poder Público não adquire a titularidade dos bens hereditários. Em razão disso, torna-se possível adquirir por usucapião bens jacentes, desde que antes da declaração de vacância estejam preenchidos todos os requisitos para a aquisição da propriedade nesta via[100]. Isso se justifica, no entendimento jurisprudencial que prevaleceu a despeito de acirrada controvérsia doutrinária[101], porque a *saisine* não opera em favor do Poder Público, não considerado tecnicamente herdeiro, segundo o mesmo raciocínio. Dessa forma, os bens somente são adquiridos pelo Poder Público com a sentença de vacância, de natureza constitutiva[102].

Provisoriedade da jacência

Pode-se resumir todo o procedimento até a declaração de vacância nas seguintes fases: i) arrecadação dos bens da herança jacente, inclusive de ofício; ii) nomeação de curador para guarda e conservação dos bens jacentes; iii) diligências, que abrangem a publicação na rede mundial de computadores, no sítio do tribunal a que estiver

Fases do procedimento de vacância

---

[100] Consulte-se sobre o ponto a jurisprudência firme do Superior Tribunal de Justiça: STJ, 3ª T., REsp 36873/SP, Rel. Min. Ari Pargendler, julg. 29.3.2001, publ. DJ 29.3.2001; STJ, 3ª T., REsp 253719/RJ, Rel. Min. Ruy Rosado de Aguiar, julg. 26.9.2000, publ. DJ 26.11.2000; STJ, 4ª T., REsp 3998/SP, Rel. Min. Fontes de Alencar, julg. 8.10.1996, publ. DJ 24.2.1997.

[101] A controvérsia restou enfrentada no RESP 71551/SP, em uniformização de jurisprudência, o qual se reporta ao ponto decisivo da questão com a citação de Theotônio Negrão, para quem "a sentença de vacância é declaratória, os bens transmitem-se ao Estado desde a abertura da sucessão e são, por isso, insuscetíveis de usucapião, a partir desse momento", decidindo-se pela inaplicabilidade da *saisine* ao Poder Público (STJ, 2ª S., REsp 71.551/SP, Rel. Min. Waldemar Zveiter, julg. 11.3.1998, publ. DJ 9.11.1998). Nesse sentido, afirmava-se em doutrina que "A circunstância de convocar-se o Estado na falta de parentes sucessíveis não basta à liquidação da herança. Em relação a esse successor, não se opera *ipso jure*" (Orlando Gomes, *Sucessões*. Rio de Janeiro: Forense, 1997, p. 71).

[102] O Código Civil de 1916 trazia, no seu artigo 1.603, o Município, o Distrito Federal ou a União na ordem da vocação hereditária: "Art. 1.603. A sucessão legítima defere-se na ordem seguinte: I – aos descendentes; II – aos ascendentes; III – ao cônjuge sobrevivente; IV – aos colaterais; V – aos Municípios, ao Distrito Federal ou à União". (Redação dada pela Lei nº 8.049, de 20.6.1990). A previsão dos entes públicos entre os herdeiros suscitava a discussão acerca do reconhecimento ou não do direito de *saisine* na hipótese de vacância. Efeito prático relevante da questão adveio com a mudança do ente público a quem os bens vacantes seriam destinados, pois o marco temporal para a legitimidade foi definido pela decretação da vacância e não pela abertura da sucessão. Assim, mesmo nas sucessões abertas antes vigência da Lei nº 8.049/1990 os bens vagos passaram ao domínio dos municípios onde situados, se a vacância ocorreu após a vigência dessa lei. Nessa direção, vide "HERANÇA JACENTE. SUCESSÃO. LEGITIMIDADE. DECLARAÇÃO DE VACÂNCIA. – Ao ente público não se aplica o princípio da "saisine". Segundo entendimento firmado pela C. Segunda Seção, a declaração de vacância é o momento em que o domínio dos bens jacentes se transfere ao patrimônio público. Ocorrida a declaração de vacância após a vigência da Lei nº 8.049, de 10.06.90, legitimidade cabe ao Município para recolher os bens jacentes. Recurso especial não conhecido" (STJ, 4ª T., REsp 164196/RJ, Rel. Min. Barros Monteiro, julg 3.9.1999, publ. DJ 4.10.1999). Na ordem de vocação hereditária do artigo 1.829 do Código Civil vigente já não aparecem os entes público, em consonância com o entendimento consolidado de que não são herdeiros e, portanto, não se aplica a *saisine* ao Poder Público.

vinculado o juízo, e na plataforma de editais do Conselho Nacional de Justiça, onde permanecerá por três meses; ou, não havendo sítio, no órgão oficial e na imprensa da comarca, por três vezes com intervalos de um mês, para que os sucessores do falecido venham a habilitar-se no prazo de seis meses, contado da primeira publicação. Verificada a existência de sucessor ou de testamenteiro em lugar certo, este será citado, sem prejuízo do edital, comunicando-se o fato à autoridade consular se o falecido for estrangeiro; iv) declaração de vacância um ano depois da primeira publicação do edital sem que haja herdeiro habilitado ou esteja pendente habilitação.

Os bens do falecido são arrecadados para evitar o perecimento do patrimônio deixado pelo *de cujus*, de forma a entregá-lo a possível herdeiro que se torne conhecido ou ao Poder Público. O procedimento da herança jacente não se sujeita ao princípio da demanda (inércia da jurisdição), motivo pelo qual o juízo tem o dever-poder de diligenciar para tentar sanar eventual falta de prova inaugural[103]. Enquanto se mostra indefinida a titularidade hereditária, importa providenciar a administração dos bens hereditários que não se incorporaram de fato no patrimônio dos herdeiros. Até que se habilitem os herdeiros, torna-se necessária a arrecadação dos bens integrantes do acervo hereditário, para que não se deteriorem por falta de admi-
Arrecadação nistração. Dessa forma, os bens arrecadados ficam sob a guarda e administração de um curador, até sua entrega a sucessor devidamente habilitado ou à declaração de sua vacância (CC, art. 1.819)[104]. Os atos que incumbem ao curador vêm elencados nos incisos do artigo 739, § 1º, do Código de Processo Civil, sendo que o § 2º do artigo 739 determina aplicarem-se ao curador as normas atinentes ao depositário e ao administrador (CPC, arts. 159-161). A curadoria persiste enquanto permanecer a herança jacente, ou seja, até que o processo de arrecadação se converta em inventário com a procedência da habilitação de algum herdeiro ou após o decurso do prazo de cinco anos da abertura da sucessão com a incorporação da herança ao patrimônio do Poder Público (CC, art. 1.822). Podem requerer as medidas de conservação e acautelamento e a consequente investidura de alguém nas funções de curador, se estas providências não foram ordenadas *ex officio*: os credores da herança; os legatários; os devedores; os associados do defunto; os que pretendem um direito real sobre a sucessão; o nu-proprietário de bens de que o falecido era usufrutuário; os que têm ação contra o espólio; o Ministério Público; o representante da Fazenda; o testamenteiro[105].

---

[103] Nessa toada, o STJ entendeu que "a verificação da ausência de comprovação da morte da pessoa indicada como falecida e da intimação da municipalidade para suprir tal vício, sem sucesso, o feito não deveria ter sido extinto antes da realização de diligências mínimas para a busca da verdade real, que permitisse a arrecadação da herança jacente ou a nomeação de curador especial (artigo 739 do CPC/2015) para proteger juridicamente essa universalidade jurídica, enquanto não assumida pelo Estado, que tem interesse na sua conservação" (STJ, 3ª T., REsp 1837129/ES, Rel. Min. Ricardo Villas Boas, julg. 30.8.2022, publ. DJ 5.9.2022).

[104] Código Civil, "Art. 1.819. Falecendo alguém sem deixar testamento nem herdeiro legítimo notoriamente conhecido, os bens da herança, depois de arrecadados, ficarão sob a guarda e administração de um curador, até a sua entrega ao sucessor devidamente habilitado ou à declaração de sua vacância."

[105] Carlos Maximiliano, *Direito das Sucessões*, cit., p. 92.

CAPÍTULO II | A DEVOLUÇÃO DA HERANÇA   55

A espera para que se dissipe a dúvida sobre quem são os herdeiros não ocorre indefinidamente. De imediato, ultimada a arrecadação, devem ser publicados editais para que se habilitem os herdeiros interessados no prazo de 01(um) ano contado do primeiro edital[106]. Esgotado esse prazo, sem que haja habilitação de quem quer que seja, a herança se transmuda de jacente em vacante, porque se ninguém se interessa pelos bens hereditários, trata-se de bens vagos. Herança vacante é a herança com comprovada ausência de titularidade. O estado de vacância, declarado por decisão judicial, transfere a herança ao ente público designado em lei, não ainda em caráter definitivo. Assim, na ausência ou ineficácia do testamento, se não houver cônjuge ou companheiro sobrevivente, nem parente algum sucessível, ou tendo eles renunciado a herança, esta se devolve ao domínio do Município ou do Distrito Federal, ou da União, conforme a localização dos bens (CC, art. 1.844)[107]. *Procedimento*

Vacância

Os bens nessa fase inicial de vacância permanecem na administração do curador. A incorporação definitiva da herança no patrimônio do Estado ocorre após cinco anos contados da abertura da sucessão. Nesse ínterim, ainda podem reclamar o seu direito os herdeiros, salvo os colaterais que são excluídos da sucessão desde a declaração de vacância (CC, art. 1.822). Resguarda-se desse modo o direito dos herdeiros necessários. *Incorporação definitiva no patrimônio público*

Dispõe o artigo 743, § 2º, do Código de Processo Civil que, transitada em julgado a sentença que decretou a vacância, o cônjuge, o companheiro, os herdeiros e os credores só poderão reclamar seu direito por ação direta, ou seja, a ação de petição de herança. Desta feita, não haveria conversão em inventário, como prescreve o artigo 741, § 3º, nem poderiam os credores se habilitar, conforme preceitua o artigo 741, § 4º, ambos da lei processual civil.

9.   A PETIÇÃO DE HERANÇA

Por meio da ação de petição de herança, pode o herdeiro demandar o reconhecimento de seu direito sucessório, mesmo depois da partilha. Mostra-se instrumento adequado também aos herdeiros que pretendam reclamar por herança vacante. *Objeto*

---

[106] CPC, "Art. 741. Ultimada a arrecadação, o juiz mandará expedir edital, que será publicado na rede mundial de computadores, no sítio do tribunal a que estiver vinculado o juízo e na plataforma de editais do Conselho Nacional de Justiça, onde permanecerá por 3 (três) meses, ou, não havendo sítio, no órgão oficial e na imprensa da comarca, por 3 (três) vezes com intervalos de 1 (um) mês, para que os sucessores do falecido venham a habilitar-se no prazo de 6 (seis) meses contado da primeira publicação."

[107] No Código Civil de 1916 a herança vacante cabia ao Estado, ao Distrito Federal ou à União, conforme o domicílio do *de cujus*: "Art. 1.594. A declaração da vacância da herança não prejudicará os herdeiros que legalmente se habilitarem; mas, decorridos trinta anos da abertura da sucessão, os bens arrecadados passarão ao domínio do Estado, ou ao do Distrito Federal, se o *de cujus* tiver sido domiciliado nas respectivas circunscrições, ou se incorporarão ao domínio da União, se o domicílio tiver sido em território não constituído em Estado." A Lei nº 8.049/1990 alterou o Código Civil e passou o domínio dos bens da herança vacante ao Município, ou ao Distrito Federal, se localizados nas respectivas circunscrições, incorporando-se ao domínio da União, quando situados em território federal. O mesmo critério foi utilizado no Código Civil vigente.

Além do reconhecimento do direito sucessório, o objeto da ação de petição da herança consiste na reivindicação dos bens que integram o acervo hereditário, no todo ou em parte. Trata-se de ação real universal e, portanto, compreende todos os bens da herança, mesmo se proposta apenas em face de um dos herdeiros (CC, art. 1.825)[108]. Por ser ação universal, a ação de petição de herança visa ao reconhecimento do direito sucessório e ao recebimento de quinhão pelo herdeiro, e não ao recebimento de bens individualmente considerados. A reivindicação pode recair mesmo contra terceiros, sem prejuízo da responsabilidade do possuidor originário pelo valor dos bens alienados (CC, art. 1.827, *caput*). Quanto ao pedido de reconhecimento da qualidade de herdeiro, produz efeito meramente declaratório. Já o pedido de devolução dos bens tem conteúdo condenatório. Essa ação pode ser intentada tanto pelo

Legitimidade herdeiro legítimo, quanto pelo herdeiro testamentário. Não é adequada, portanto, ao legatário. O legatário tem ação possessória para entrega do legado, uma vez que a lei lhe atribui a propriedade juntamente com a abertura da sucessão, cabendo-lhe reclamar o legado de quem tenha sido encarregado de cumpri-lo (CC, art. 1.923, § 1º).

A ação de petição da herança deve ser proposta em face de quem possua a herança, na qualidade de herdeiro ou não, de boa-fé ou má-fé. O cônjuge ou companheiro sobrevivente, que não seja herdeiro, embora meeiro, não tem legitimidade passiva para responder à petição de herança, pois o exercício do direito reconhecido em investigatória de paternidade poderá alcançar tão somente o quinhão destinado aos herdeiros, permanecendo invariável a fração ideal do meeiro.[109] A partir da citação da ação de petição da herança, o possuidor da herança passa a responder como possuidor de má-fé, bem como devedor em mora (CC, art. 1.826)[110]. Dessa forma, o herdeiro aparente de má-fé responde pela perda ou deterioração dos bens integrantes do acervo hereditário (CC, art. 1.218). As alienações feitas por herdeiro aparente a terceiros de boa-fé, a título oneroso, são juridicamente eficazes[111], mas, nesse caso, o alienante que figura como herdeiro aparente responde ao espólio.

Herdeiro aparente Aquele que ostenta a aparência de herdeiro, sem sê-lo, considera-se herdeiro aparente. Tem a qualidade de herdeiro aparente, por exemplo, o herdeiro indigno antes da sentença de exclusão ou o ascendente até que tome o seu lugar o filho após a petição da herança. Do *status* de herdeiro aparente decorrem algumas consequências: i) se Ana (herdeiro aparente) aliena onerosamente bem componente do acervo hereditário a Bento (terceiro), este bem poderá ser reivindicado, salvo se o adquirente estiver de boa-fé (CC, art. 1.827, parágrafo único); ii) se Ana (herdeiro aparente) paga de boa-fé um legado a José (legatário), se isenta da responsabilidade de pagar o

---

[108] Código Civil, "Art. 1.825. A ação de petição de herança, ainda que exercida por um só dos herdeiros, poderá compreender todos os bens hereditários."

[109] STJ, 4ª T., REsp 1500756/GO, Rel. Min. Maria Isabel Gallotti, julg. 23.6.2016, publ. DJe 2.3.2016.

[110] Código Civil, "Art. 1.826. O possuidor da herança está obrigado à restituição dos bens do acervo, fixando-se-lhe a responsabilidade segundo a sua posse, observado o disposto nos arts. 1.214 a 1.222. Parágrafo único. A partir da citação, a responsabilidade do possuidor se há de aferir pelas regras concernentes à posse de má-fé e à mora."

[111] STJ, 3ª T., AgRg na MC 17349/RJ, Rel. Min. Nancy Andrighi, julg. 28.6.2011, publ. DJe 1.8.2011.

equivalente a Caio (verdadeiro herdeiro), cabendo a este proceder contra José (legatário) (CC, art. 1.828)[112].

A ação de petição da herança tem conteúdo patrimonial, por isso se sujeita a limite temporal. Na falta de prazo específico, aplica-se o artigo 205 do Código Civil, submetendo-a ao prazo prescricional de dez anos. Se necessário investigar-se previamente a paternidade de possível herdeiro, prevalece o entendido sumulado pelo STF, no verbete 149, segundo o qual "é imprescritível a ação de investigação de paternidade, mas não o é a de petição de herança". Se cumulada com ação de investigação de paternidade, havia controvérsia a respeito do termo inicial do prazo da petição de herança, se o trânsito em julgado da sentença de reconhecimento da paternidade[113], ou a data da abertura da sucessão, aplicada a corrente objetiva acerca do princípio da *actio nata* (arts. 177 do CC/1916 e 189 do CC/2002)[114]. A oscilação da jurisprudência impôs a necessidade de julgar a matéria na condição de precedente qualificado. Nesse sentido, a Segunda Seção do Superior Tribunal de Justiça definiu, sob o rito dos recursos repetitivos, o termo inicial do prazo prescricional da petição de herança proposta por filho que tenha obtido o reconhecimento da paternidade somente após a morte do pai. A questão foi cadastrada como Tema 1.200[115], no qual o STJ aprovou a seguinte tese jurídica: "O prazo prescricional para propor ação de petição de herança conta-se da abertura da sucessão, cuja fluência não é impedida, suspensa ou interrompida pelo ajuizamento de ação de reconhecimento de filiação, independentemente do seu trânsito em julgado". A petição de herança promovida por herdeiros após decretação de vacância sujeita-se ao prazo específico de 5 (cinco) anos contados da abertura da sucessão, consoante previsão do artigo 1.822 do Código Civil.

Prescrição

---

[112] Código Civil, "Art. 1.828. O herdeiro aparente, que de boa-fé houver pago um legado, não está obrigado a prestar o equivalente ao verdadeiro sucessor, ressalvado a este o direito de proceder contra quem o recebeu."

[113] O prazo prescricional da ação de petição de herança se inicia com a abertura da sucessão, momento em que nasce o direito sucessório. Contudo, se incerta a filiação, entende-se que o termo inicial para a contagem do prazo se dá com o trânsito em julgado do reconhecimento da filiação (vide, nesse sentido, entre outros, STJ, 3ª T., AgInt no AREsp 1260418/MG, Rel. Min. Ricardo Villas Bôas Cueva, julg. 20.4.2020, publ. DJe 27.4.2020; STJ, 3ª T., AgInt no AREsp 1273921/GO, Rel. Min. Moura Ribeiro, julg. 14.8.2018, publ. DJe 30.8.2018; STJ, 3ª T., AgInt no REsp 1695920/MG, Rel. Min. Marco Aurélio Bellizze, julg. 22.5.2018, publ. DJe 1.6.2018; STJ, 3ª T., AgInt no AREsp 1215185/SP, Rel. Min. Marco Aurélio Bellizze, julg. 22.3.2018, publ. DJe 3.4.2018).

[114] STJ, 2ª S., EAREsp 1260418/MG, Rel. Min. Antonio Carlos Ferreira, julg. 26.10.2022, publ. DJe 24.11.2022.

[115] Foram selecionados como representativos da controvérsia o REsp 2.029.809 e mais um que se encontra em segredo de justiça, ambos de relatoria do MINISTRO Marco Aurélio Bellizze: "Proposta de afetação. Recurso Especial. Rito dos Recursos Especiais Repetitivos. Discussão consistente em definir o termo inicial do prazo prescricional da petição de herança, proposta por filho cujo reconhecimento da paternidade tenha ocorrido após a morte do pai. 1. Delimitação da controvérsia: definir o termo inicial do prazo prescricional da petição de herança, proposta por filho cujo reconhecimento da paternidade tenha ocorrido após a morte do pai. 2. Recurso especial afetado ao rito do artigo 1.036 do Código de Processo Civil" (STJ, 2ª S., REsp 2029809/MG, Rel. Min. Marco Aurélio Bellizze, julg. 6.6.2023, publ. DJe 13.6.2023).

10. LEI DA SUCESSÃO E SUCESSÃO INTERNACIONAL

Lei da Sucessão Regula a sucessão e a legitimação para suceder a lei vigente ao tempo da abertura da sucessão (CC, art. 1.787). A corroborar tal regra, o artigo 2.041 das Disposições Finais e Transitórias do Código Civil dispõe que as normas deste Código relativas à vocação hereditária não se aplicam à sucessão aberta antes de sua vigência[116]. Assim, não é o momento da abertura do inventário e sim o da abertura da sucessão com a morte que define as regras concernentes à sucessão.

Não basta a definição do tempo da lei, mas também do local de onde deve emanar a lei a regular a sucessão hereditária. Com efeito, o artigo 10 da Lei de Introdução às Normas do Direito Civil Brasileiro (LINDB) determina que a sucessão por morte ou por ausência obedece à lei do país em que domiciliado o defunto ou o desaparecido, qualquer que seja a natureza e a situação dos bens. Assim, a lei aplicável é a vigente no momento da abertura da sucessão no último domicílio do *de cujus*. Dessa forma, se o *de cujus* era domiciliado no estrangeiro e houver bens situados no Brasil, a lei aplicável à sucessão hereditária será a estrangeira, salvo se houver aplicação ao caso do disposto no artigo 5º, XXXI, da Constituição, também previsto no § 1º do artigo 10 da LINDB, que dispõe que a sucessão de bens de estrangeiros, situados no Brasil, será regulada pela lei brasileira em benefício do cônjuge ou dos filhos brasileiros, ou de quem os represente, sempre que não lhes seja mais favorável a lei pessoal do *de cujus*.

De fato, segundo a regra processual (CPC, art. 23), considera-se de competência absoluta o juízo brasileiro para o inventário de bens móveis ou imóveis situados no Brasil, ainda que o *de cujus* seja domiciliado no estrangeiro[117]. A regra flexibiliza o princípio da unidade do juízo sucessório, permitindo que haja tantos inventários quantos forem os países de localidade dos bens[118]. Desse modo, no caso de o morto ter domicílio em outro país, o inventário dos bens situados no Brasil será disciplinado pela lei estrangeira, por ser a lei do último domicílio do autor da herança. Entretanto, como exposto acima, se o cônjuge sobrevivente, o companheiro ou os filhos

---

[116] Código Civil, "Art. 2.041. As disposições deste Código relativas à ordem da vocação hereditária (arts. 1.829 a 1.844) não se aplicam à sucessão aberta antes de sua vigência, prevalecendo o disposto na lei anterior (Lei nº 3.071, de 1º de janeiro de 1916)".

[117] Código de Processo Civil, "Art. 23. Compete à autoridade judiciária brasileira, com exclusão de qualquer outra: (...) II – em matéria de sucessão hereditária, proceder à confirmação de testamento particular e ao inventário e à partilha de bens situados no Brasil, ainda que o autor da herança seja de nacionalidade estrangeira ou tenha domicílio fora do território nacional."

[118] Em matéria de sucessão internacional, consulte-se Regulamento (UE) n. 650/2012 do Parlamento Europeu e do Conselho, de 4 de julho de 2012, relativo à competência, à lei aplicável, ao reconhecimento e execução das decisões, e à aceitação e execução dos atos autênticos em matéria de sucessões e à criação de um Certificado Sucessório Europeu. Note-se a situação cada vez mais comum de aquisição de bens imóveis ou realização de investimentos no estrangeiro, a ensejar pluralidade do juízo sucessório. Desse modo, a existência de acordos internacionais que estabeleçam critérios em caso de conflito das normas de conexão e garantam a eficácia das decisões e até inventários e partilhas extrajudiciais, ou pactos sucessórios mostra-se fundamental. Sobre o tema, vide Fernando Pedro Meinero, Primeira interpretação do Regulamento Europeu de Sucessões: comentários ao Acórdão TJUE C 218/16 – Segunda Seção, *Revista Brasileira de Direito Civil*, vol. 16, abr.-jun. 2018, *passim*.

do *de cujus* for brasileiro, faculta-lhes a adoção da lei brasileira, caso esta lhes seja mais favorável. Trata-se de direito fundamental, consignado no artigo 5º, XXXI, da Constituição da República, também disposto no citado § 1º do artigo 10 da LINDB. Vale registrar que os dispositivos referidos não contemplam de forma expressa o companheiro. No entanto, em decorrência do princípio da igualdade das entidades familiares para efeito de proteção do Estado, não se admite uma interpretação extensiva da norma. Isso porque o cônjuge, de certo, faz jus à aplicação da lei que lhe seja mais favorável em virtude da comunhão de vida equivalente àquela construída no âmbito da união estável e não em virtude do ato formal do casamento. *[Princípio da aplicação da lei mais favorável]*

Definida a lei da sucessão, há que se perquirir a legitimação para suceder. O § 2º do artigo 10 da LINDB determina que a lei do domicílio do herdeiro ou legatário regula a legitimidade para suceder. Se o herdeiro ou legatário for domiciliado no estrangeiro, é a lei estrangeira que disciplinará a capacidade para suceder, embora seja outra a lei da sucessão. *[Lei da legitimação sucessória]*

Vale registrar que a sucessão hereditária com bens situados no exterior tem sido um desafio recorrente, em virtude do fenômeno cada vez maior de globalização das famílias.

Duas questões vêm sendo debatidas no âmbito dos Tribunais Brasileiros sobre o tema. A primeira é quanto ao imposto de transmissão *causa mortis* sobre bens situados no exterior. Muito embora o Brasil não tenha competência para determinar o destino de um bem situado no exterior, por força da interpretação do já citado art. 23 do CPC, a Constituição da República, em seu art. 155, inciso III, a e b, enuncia que dito tributo pode ser instituído mediante lei complementar. No entanto, desde a promulgação da Constituição da República, jamais foi editada a mencionada lei complementar, razão pela qual alguns Estados da Federação passaram a instituir dito imposto em suas respectivas legislações locais, sendo certo, no entanto, que muitas delas foram julgadas inconstitucionais, como ocorreu no Estado de São Paulo[119]. A matéria alcançou o Supremo Tribunal Federal, que reconheceu sua repercussão geral no âmbito do RE 851.108-SP[120] (Tema 825 da sistemática da Repercussão Geral) e firmou tese no sentido de que "É vedado aos estados e ao Distrito Federal instituir o ITCMD nas hipóteses referidas no art. 155, § 1º, III, da Constituição Federal sem a intervenção da lei complementar exigida pelo referido dispositivo constitucional".[121] Com a Emenda Constitucional nº 132/2023, introduziu-se regramento provisório para o ITCMD, com regras mínimas para transmissões com elementos internacionais, a despeito da ausência da lei complementar.[122]

---

[119] TJSP, Órgão Especial, Arguição de Inconstitucionalidade nº0004604-24.2011.8.26.0000, Rel. Des. Guerrieri Rezende, julg. 30.3.2011, publ. DJ 7.4.2011.

[120] STF, Tribunal Pleno, RG RE 851.108/SP 0020249-90.2011.8.26.0032, Rel. Min. Dias Toffoli, julg. 25.6.2015, publ. *DJe* 20.8.2015.

[121] STF, Tribunal Pleno, RG RE 851108/SP 0020249-90.2011.8.26.0032, Rel. Min. Dias Toffoli, julg. 11.4.2022, publ. *DJe* 29.4.2022.

[122] Confira-se, nos termos da Emenda Constitucional nº 132/2023: "Art. 16. Até que lei complementar regule o disposto no art. 155, § 1º, III, da Constituição Federal, o imposto incidente nas hipóteses de

Outra problemática é aquela relativa ao cômputo dos bens situados no exterior no monte hereditário no Brasil. Apesar da pluralidade dos juízos sucessórios e da incompetência da Justiça Brasileira para conhecer de bens situados no exterior, em alguns julgados, estes são considerados para alcançar a igualdade de herdeiros ou cônjuges em partilhas de bens[123], sendo imputados em pagamentos de herdeiros ou cônjuges para fins de equilíbrio entre os quinhões conforme os bens que estão aqui situados.

📝 PROBLEMAS PRÁTICOS

1. Após assassinar o sogro, o genro, casado em regime de comunhão universal, pretende receber a meação da herança recebida pela filha do *de cujus*, que não teve qualquer participação no crime. Poderia ele ser considerado indigno, e assim vir a ser excluído da meação a que entende fazer jus?

2. Bento é filho biológico de Maria e José, ambos solteiros e sem impedimentos matrimoniais, que tiveram um relacionamento amoroso fortuito na juventude. Bento foi registrado como filho de Antônio, que se casou com Maria, logo após o nascimento da criança. Maria acobertou o fato da paternidade e só veio a revelar a Bento que José era seu pai biológico, após o falecimento deste. Um ano após a morte de José, contando com 22 anos de idade, Bento propõe ação de investigação de paternidade cumulada com petição de herança. Com base nesses fatos, responda: i) qual o prazo da petição de herança? ii) quem tem legitimidade passiva na petição de herança?

 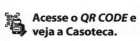
Acesse o *QR CODE* e veja a Casoteca.
> https://uqr.to/1pc9e

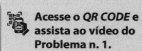
Acesse o *QR CODE* e assista ao vídeo do Problema n. 1.
> https://uqr.to/nxxc

---

que trata o referido dispositivo competirá: I – relativamente a bens imóveis e respectivos direitos, ao Estado da situação do bem, ou ao Distrito Federal; II – se o doador tiver domicílio ou residência no exterior: a) ao Estado onde tiver domicílio o donatário ou ao Distrito Federal; b) se o donatário tiver domicílio ou residir no exterior, ao Estado em que se encontrar o bem ou ao Distrito Federal; III – relativamente aos bens do *de cujus*, ainda que situados no exterior, ao Estado onde era domiciliado, ou, se domiciliado ou residente no exterior, onde tiver domicílio o sucessor ou legatário, ou ao Distrito Federal." e Art. 17. A alteração do art. 155, § 1º, II, da Constituição Federal, promovida pelo art. 1º desta Emenda Constitucional, aplica-se às sucessões abertas a partir da data de publicação desta Emenda Constitucional".

[123] STJ, 4ª T., REsp 275985 SP 2000/0089891-0, Rel. Min. Sálvio De Figueiredo Teixeira, julg. 17.6.2003, publ. DJ 13.10.2003, p. 366.

Capítulo III
A SUCESSÃO LEGÍTIMA

Sumário: 1. A sucessão legítima e seu caráter supletivo – 2. A ordem de vocação hereditária – 3. Modos de suceder e modos de partilhar a herança – Problemas práticos.

1. A SUCESSÃO LEGÍTIMA E SEU CARÁTER SUPLETIVO

Como já ponderado, a sucessão hereditária dá-se por lei ou por disposição de última vontade (CC, art. 1.786). Dito diversamente, o título sucessório decorre da previsão legal quanto à ordem de vocação hereditária ou da vontade do agente externada em ato negocial com eficácia *causa mortis*. No primeiro caso, tem-se a sucessão legítima, que se fundamenta na família do autor da herança. De fato, como já afirmado, o legislador determina o rol de sucessores de uma pessoa baseado em seus vínculos mais estreitos de solidariedade, que se encontram em sua comunidade familiar, estabelecendo a devolução da herança para aqueles mais próximos à pessoa falecida.

Títulos sucessórios

A sucessão legítima tem lugar sempre que há herdeiros necessários[1], sendo designada, então, de sucessão legítima necessária ou legitimária. Nesse caso, a liberdade de testar é limitada à metade da herança (CC, art. 1.789). A outra metade pode vir a ser objeto de disposição testamentária, no todo ou em parte. A sucessão legítima tem, ainda, caráter supletivo, invocada sempre que falta a sucessão testamentária.

Desse modo, quando não há testamento ou quando suas disposições não abrangem todos os bens da herança, são chamados a suceder, quanto ao patrimônio não

Caráter supletivo da sucessão legítima

---

[1] Código Civil, "Art. 1.845. São herdeiros necessários os descendentes, os ascendentes e o cônjuge". O companheiro vem sendo entendido igualmente como herdeiro necessário em doutrina majoritária. Sobre o ponto, vide Capítulo V – A Sucessão do Cônjuge e do Companheiro.

contemplado no ato de última vontade, os herdeiros legítimos ou legais (CC, arts. 1.788, 1.906 e 1.966). Da mesma forma, quando o testamento for julgado inválido, ou quando caducar, não produzindo efeitos, deflagra-se a sucessão legítima quanto à parcela testamentária ineficaz (CC, art. 1.788).

Como já exposto, a sucessão legítima fundamenta-se nos laços de família, razão pela qual a lei estabelece a ordem de vocação hereditária à luz da parentela e dos vínculos conjugais ou de união estável da pessoa falecida. O Estado recolherá o monte hereditário quando não há qualquer dos indicados na ordem de vocação hereditária ou disposições testamentárias válidas e eficazes.

2. A ORDEM DE VOCAÇÃO HEREDITÁRIA

Ordens, classes e graus

A vocação hereditária é disciplinada distinguindo os herdeiros em ordens, classes e graus. As ordens são compostas por classes de sucessores, que podem ou não concorrer na herança uns com os outros, havendo hierarquia entre as ordens. Os herdeiros dividem-se em classes conforme o parentesco, havendo, assim, a classe dos descendentes, dos ascendentes e dos colaterais, bem como conforme o vínculo conjugal ou de união estável, havendo a classe dos cônjuges ou dos companheiros. Na mesma classe de herdeiros, sendo eles parentes, a respectiva sucessão é disciplinada tendo em vista o grau de parentesco com o *de cujus*, ou seja, conforme a distância de geração entre o autor da herança e o chamado à sucessão. O Estado não integra a ordem de vocação hereditária, recebendo a herança vaga em virtude da ausência de sucessores legais ou testamentários.

Na classe dos descendentes, aqueles de grau mais próximo excluem os de grau mais remoto, salvo o direito de representação. Na classe dos ascendentes não há direito de representação, havendo sempre a exclusão do grau mais remoto pelo mais próximo. Na classe dos colaterais, limitada à linha transversal até o quarto grau, também há o direito de representação, sendo certo, no entanto, que nesta classe de sucessíveis a representação está circunscrita aos filhos de irmãos pré-mortos. O cônjuge ou companheiro pode ser chamado a suceder em concorrência com os descendentes e com os ascendentes, dividindo-se, assim, a herança.

Código Civil, art. 1.829

A ordem de vocação hereditária é estabelecida de acordo com o disposto no artigo 1.829 do Código Civil[2]. São chamados a suceder em primeiro lugar os descendentes em concorrência com o cônjuge ou com o companheiro sobrevivente, salvo

---

[2] Código Civil, "Art. 1.829. A sucessão legítima defere-se na ordem seguinte: (Vide Recursos Extraordinários nº 646.721e nº 878.694)

I – aos descendentes, em concorrência com o cônjuge sobrevivente, salvo se casado este com o falecido no regime da comunhão universal, ou no da separação obrigatória de bens (art. 1.640, parágrafo único); ou se, no regime da comunhão parcial, o autor da herança não houver deixado bens particulares;

II – aos ascendentes, em concorrência com o cônjuge;

III – ao cônjuge sobrevivente;

IV – aos colaterais".

se o regime de bens aplicável ao casamento ou à união estável for o da comunhão universal, o da separação obrigatória de bens[3] ou o da comunhão parcial, quando o autor da herança não houver deixado bens particulares.

Se não houver descendentes, são chamados a suceder os ascendentes em concorrência com o cônjuge ou companheiro sobrevivente, independentemente do regime de bens. Já na ausência de ascendentes, o cônjuge ou o companheiro são herdeiros únicos, também independentemente do regime de bens. Se o falecido não tiver deixado cônjuge ou companheiro são chamados a suceder os colaterais até o quarto grau.

Vale registrar que a sucessão do companheiro não estava disciplinada no citado artigo 1.829, que consagra a ordem de vocação hereditária. Com efeito, o Código Civil é fruto de Projeto de Lei redigido da década de 70 do século passado, quando a união estável ainda não tinha adquirido o *status* constitucional de família. Recorda Zeno Veloso que, no Projeto do Código Civil aprovado com emendas em 1984, não havia qualquer dispositivo que regulasse a sucessão entre os companheiros. Quando tramitava no Senado Federal, o senador Nélson Carneiro apresentou emenda ao Projeto com o objetivo de suprir essa lacuna. Tal emenda tem data anterior à Constituição da República e, após a apreciação de seu texto pelo Senado Federal e pela Câmara dos Deputados, a sucessão dos companheiros restou regulada pelo artigo 1.790 do Código Civil[4], em Capítulo referente às Disposições Gerais, do Título I da Sucessão em Geral, sendo certo que, evidentemente, as normas que regulam a sucessão dos companheiros não poderiam estar ao lado daquelas que estabelecem os princípios gerais do Direito Sucessório. Percebia-se, portanto, a má sistematização do legislador quanto à sucessão na união estável, que deveria estar devidamente regulada no Título II, pertinente à Sucessão Legítima, informada pelos vínculos familiares, no capítulo da ordem da vocação hereditária.

Código Civil, art. 1.790

Por tal razão, o dispositivo em referência foi alvo de severas críticas[5]. Na hierarquia que o aludido dispositivo estabelecia, eram chamados a suceder em primeiro lugar os descendentes em concorrência com o companheiro, em segundo lugar os ascendentes em concorrência com o companheiro; em terceiro lugar o companheiro em concorrência com os colaterais até o quarto grau e, por fim, na ausência de colaterais até o quarto grau, o companheiro como herdeiro único. Vale mencionar que o citado artigo 1.790 do Código Civil limitava a sucessão do companheiro aos bens adquiridos onerosamente na vigência da união estável, consoante o disposto em seu *caput*, e não fazia qualquer ressalva quanto às relações patrimoniais entre os companheiros, como ocorre com o cônjuge.

---

[3] Segundo o Enunciado n. 655 da súmula do STJ, "Aplica-se à união estável contraída por septuagenário o regime da separação obrigatória de bens, comunicando-se os adquiridos na constância, quando comprovado o esforço comum".

[4] Zeno Veloso, Do Direito Sucessório dos Companheiros. In: Maria Berenice Dias e Rodrigo da Cunha Pereira (coord.), *Direito de Família e o novo Código Civil*, Belo Horizonte: Del Rey, 2001, pp. 230-231.

[5] Vide capítulo V.

O referido artigo 1.790 do Código Civil foi declarado inconstitucional pelo Supremo Tribunal Federal, pelo reconhecimento de que, ao revogar as Leis nº 8.971/94 e 9.278/96, que equiparavam os regimes jurídicos sucessórios do casamento e da união estável, e discriminar o companheiro, dando-lhe direitos sucessórios bem inferiores aos conferidos ao cônjuge, entrou em contraste com os princípios da igualdade, da dignidade humana, da proporcionalidade como vedação à proteção deficiente, e da vedação do retrocesso. Nessa direção, a Corte Constitucional afirmou em repercussão geral a seguinte tese: "No sistema constitucional vigente, é inconstitucional a distinção de regimes sucessórios entre cônjuges e companheiros, devendo ser aplicado, em ambos os casos, o regime estabelecido no artigo 1.829 do CC/2002".[6]

O artigo 2.041 das Disposições Finais e Transitórias do Código Civil determina que suas disposições relativas à ordem de vocação hereditária não se aplicam às sucessões abertas antes de sua vigência, na esteira do que dispõe o artigo 1.787 do mesmo diploma legal.

Código Civil de 1916

Na vigência da legislação anterior, a ordem de vocação hereditária estava prevista no artigo 1.603 do Código Civil de 1916, que convocava à herança em primeiro lugar os descendentes, em segundo lugar os ascendentes, em terceiro lugar o cônjuge, em quarto lugar os colaterais até o quarto grau, incluindo, ainda, no referido dispositivo legal, o Estado em quinto lugar. Ainda conforme a legislação anterior, os herdeiros necessários eram os descendentes e os ascendentes, cabendo ao cônjuge o usufruto vidual de parte dos bens da herança conforme concorresse com os descendentes ou ascendentes do *de cujus*, se o regime de bens fosse diverso da comunhão universal, e sendo o casamento regido por tal regime, ao cônjuge caberia o direito real de habitação quanto ao único imóvel residencial do monte a inventariar, destinado à residência da família (CC1916, arts. 1.611, §§ 1º e 2º, 1.721 e 1.725). A sucessão na união estável era regulada tal como no casamento, nas Leis 8.971/94 e 9.278/96.

3. MODOS DE SUCEDER E MODOS DE PARTILHAR A HERANÇA

Aqueles convocados à herança sucedem por direito próprio, por direito de representação ou por direito de transmissão.

Sucessão por direito próprio

Herda-se por direito próprio quando o convocado à herança pertence à classe e ao grau chamado em primeiro lugar à sucessão. Assim, se uma pessoa falece deixando três filhos e dois netos descendentes do filho primogênito são chamados a suceder os três filhos, que integram a classe preferencial dos descendentes e o grau mais próximo, afastando o grau mais remoto na mesma classe. No caso, portanto, os dois netos não seriam chamados à sucessão.

---

[6] A decisão foi proferida no julgamento dos Recursos Extraordinários 646721 e 878694, ambos com repercussão geral reconhecida (STF, Tribunal Pleno, RE 646721, Rel. Min. Luís Roberto Barroso, julg. 10.5.2017, publ. DJ 11.9.2017); (STF, Tribunal Pleno, RE 878694, Rel. Min. Luís Roberto Barroso, julg. 10.5.2017, publ. DJ 6.2.2018).

O direito de representação ocorre quando alguém toma na sucessão o lugar do herdeiro que pertencia à classe e ao grau chamado à sucessão impossibilitado de participar da herança. Tal impossibilidade restringe-se às hipóteses de pré-morte ao *de cujus*, indignidade e deserdação do herdeiro legal preferencial. Para efeito de representação, equipara-se à morte a ausência declarada[7]. Opera-se pela representação uma vocação indireta, na medida em que o herdeiro legal preferencial impossibilitado de suceder por pré-morte ao *de cujus*, indignidade ou deserdação, é representado por seus descendentes, que são, assim, os seus representantes. Os representantes, portanto, recolhem o quinhão do representado[8]. O direito de representação está previsto na classe dos descendentes e dos colaterais, sendo nesta última limitada aos filhos de irmãos, jamais se operando na classe dos ascendentes.

Direito de representação

Já a sucessão por transmissão ocorre quando o herdeiro chamado à sucessão morre logo após o *de cujus*, antes de ter se manifestado sobre a sua aceitação ou renúncia à herança. Enquanto a sucessão por direito próprio e por representação são específicas da sucessão legal, a sucessão por transmissão pode se operar tanto na sucessão legítima quanto na sucessão testamentária, devendo se apurar se é possível cumular os inventários do *de cujus* e de seu herdeiro falecido logo após a abertura da primeira sucessão (CPC, art. 672). Os chamados à sucessão do herdeiro falecido antes da aceitação, desde que concordem em receber a segunda herança, poderão aceitar ou renunciar a primeira (CC, art. 1.809, parágrafo único).

Sucessão por transmissão

Na hipótese de existir mais de um herdeiro convocado à mesma herança, deve-se realizar a partilha dos bens, ao passo que, no caso de herdeiro único, opera-se a adjudicação do monte hereditário ao único legitimado a suceder.

A partilha dá-se por cabeça, por estirpe ou por linhas.

A partilha por cabeça decorre da divisão por igual da herança.

Partilha por cabeça

Na hipótese acima aventada, tendo o pai deixado três filhos e dois netos descendentes do filho primogênito, sucedem os filhos por direito próprio e partilham a herança por cabeça, dividindo-se o monte por igual, cabendo a cada filho um terço da herança.

---

[7] Orlando Gomes, *Sucessões*, Rio de Janeiro: Forense, 2015, 16ª ed. rev. e atualizada por Mario Roberto Carvalho de Faria, p. 49.

[8] Aplicando tal lógica, entendeu a 3ª Turma do STJ que, no contrato de seguro de vida sem indicação de beneficiários, a comoriência (presunção de morte simultânea) do segurado e da pessoa que seria sua herdeira não afasta o direito de representação dos filhos dessa herdeira. Assim decidiu a Corte, ao examinar caso em que o titular do seguro de vida – que não tinha cônjuge, pais vivos ou filhos – faleceu em acidente de trânsito junto com a sua irmã, que tinha dois filhos. Como o contrato não indicava beneficiários, a seguradora pagou a indenização integralmente para a única irmã viva do segurado, sua herdeira colateral. Em sentido contrário, contudo, a Corte Superior acolheu Recurso Especial interposto pelos filhos da irmã que faleceu simultaneamente ao segurado. Conforme ressaltou a Relatora, Min. Nancy Andrighi, a indispensável proteção do interesse dos filhos que perderam precocemente seus pais "ganha ainda mais relevo quando os que pleiteiam o direito de representação são crianças e adolescentes, inseridos na condição peculiar de pessoas em desenvolvimento, conforme reconhecido pelo ECA" (STJ, 3ª T., REsp 2.095.584, Rel. Min. Nancy Andrighi, julg. 10.9.2024, publ. *DJe* 12.9.2024).

Partilha por estirpe

Já a partilha por estirpe ocorre quando há o direito de representação, sendo a estirpe o conjunto de representantes que se coloca no lugar do representado. Dentro da estirpe, divide-se por igual o quinhão do representado. O direito de representação afasta a regra segundo a qual os parentes de grau mais próximo afastam os de grau mais remoto. Nessa linha, para que haja representação, devem-se ter herdeiros da mesma classe, em graus diversos, sendo os herdeiros de grau inferior descendentes do herdeiro representado que integraria o grau mais próximo. Se uma pessoa deixa como sucessores seu filho primogênito e seu filho caçula pré-morto, que não obstante deixou três filhos, a herança será dividida por dois, cabendo metade ao filho primogênito e a outra metade à estirpe do caçula, recebendo cada integrante da estirpe um sexto da herança.

Se não houver diversidade em graus, estando todos os herdeiros chamados à sucessão na mesma classe e no mesmo grau, não se dá a partilha por estirpe, mas sim por cabeça, sucedendo todos por direito próprio. Desse modo, se uma pessoa deixa como sucessores quatro netos, sendo um neto filho de seu filho primogênito e três netos filhos de seu filho caçula, todos os netos herdam por direito próprio e partilham a herança por cabeça, cabendo a cada neto um quarto do monte hereditário.

Integrantes da estirpe

A estirpe é formada exclusivamente por descendentes do representado. Tais descendentes, ocupando a posição deixada pelo representado, herdam do *de cujus*, devendo ter legitimação para a referida sucessão. No entanto, se um neto foi declarado indigno de suceder a seu pai, não poderá representá-lo na sucessão do avô, pois os indignos não podem representar um herdeiro premorto, uma vez que não poderiam sucedê-lo. Registre-se que, aquele que houver renunciado à herança de uma pessoa, poderá, não obstante, representá-la na sucessão de outra (CC, art. 1.856).

Dever de colação

Importante registrar que na hipótese de representação, quando os netos, representando os seus pais, sucederem aos avós, serão obrigados a trazer à colação, ainda que não o hajam herdado, os bens que os pais teriam de conferir (CC, art. 2.009), ao contrário do que ocorre se os netos sucedem por direito próprio, já que, nesse caso, será irrelevante se seus pais tenham ou não recebido doações do autor da herança[9].

Subestirpes

Na hipótese de representação na classe dos descendentes, não há limitação do grau dos representantes, podendo se formar subestirpes dentro da estirpe. Assim, se Mévio teve dois filhos, Caio e Tício; Tício teve duas filhas, Eva e Ana, e Eva teve três filhos, Rui, Hugo e Igor, falecendo Eva, Tício e Mévio, nessa ordem, será atribuída metade da herança para Caio, um quarto para Ana e um doze avos para Rui, Hugo e Igor. Já na classe dos colaterais, não se admitem subestirpes, limitando-se a sucessão por representação em favor dos filhos de irmãos.

Partilha por linhas

Já a partilha por linhas é típica da sucessão na classe dos ascendentes, havendo a divisão da herança em duas partes, sendo uma destinada à linha materna e a outra destinada à linha paterna. Desse modo, quando há ascendentes no mesmo grau, mas em linhas diversas, divide-se a herança entre a linha materna e paterna. Em virtude dos novos arranjos familiares, com a consagração da família formada por pessoas do mes-

---

[9] Silvio Rodrigues, *Direito Civil: Direito das Sucessões*, vol. 7, São Paulo: Saraiva, 2002, 25ª ed., p. 139.

mo sexo, bem como pela multiparentalidade, é preciso ampliar a interpretação da partilha por linhas, admitindo-se estas conforme os ascendentes, não se perquirindo nestas hipóteses as linhas materna e paterna, mas sim as linhas ou troncos ascendentes.

Assiste razão a Arthur Vasco Itabaiana de Oliveira quando aponta uma "equipolência de palavras" na redação da lei quando se referia ao disposto no artigo 1.604 do Código Civil de 1916[10], reproduzido no artigo 1.835 do Código Civil, já que nos citados dispositivos o verbo suceder está empregado como partilhar: "Ninguém sucede por cabeça, por estirpe ou por linhas no sentido técnico. Sucede-se por direito próprio, por direito de representação ou por direito de transmissão. A divisão dos bens, isto é, a partilha da herança é que é feita por cabeça, por estirpe ou por linhas. Daí a expressão – sucessão por cabeça, por estirpe ou por linhas, empregada no sentido de partilha e não no sentido do direito pelo qual os herdeiros são chamados à sucessão"[11].

Há partilhas que não se encaixam em qualquer das modalidades acima previstas. Trata-se da sucessão por cotas[12]. Assim é com a partilha entre os irmãos germanos e unilaterais, quando os primeiros recebem o dobro dos segundos (CC, artigos 1.841 e 1.843, § 2º), bem como em algumas hipóteses da concorrência do cônjuge ou companheiro com outros parentes sucessíveis, quando há a especificação do quinhão do cônjuge ou companheiro a uma parte da herança previamente fixada (CC, artigos 1.832, *in fine*, e 1.837).

Partilhas que se afastam das modalidades previstas

📝 PROBLEMAS PRÁTICOS

1. Antônio teve três filhos: Bernardo, Caio e Daniel. Caio teve duas filhas, Eva e Fiona. Antônio faleceu em 5 de março de 2019. Caio renunciou à herança de Antônio. Como deverá ser estabelecida a sucessão hereditária de Antônio? A resposta deve ser apresentada com a apresentação dos modos de suceder e partilhar a herança, bem como com a indicação dos quinhões hereditários em frações.

2. Romualdo tinha apenas um irmão vivo, Marcelo. Ele era seu único herdeiro legal. Romualdo fez um testamento e deixou 40% de sua herança para seu amigo Otávio. Pergunta-se: Como ficará dividida a herança de Romualdo, uma vez falecido?

---

[10] CC/1916, "Art. 1.604. Na linha descendente, os filhos sucedem por cabeça, e os outros descendentes, por cabeça ou por estirpe, conforme se achem, ou não, no mesmo grau."

[11] Arthur Vasco Itabaiana de Oliveira, *Tratado de Direito das Sucessões*, vol. 1, São Paulo: Max Limonad, 1952, p. 164.

[12] Rose Melo Vencelau Meireles. Direito das Sucessões. Direito Civil, vol. 2. In: Milton Delgado (coord.). *Coleção Tópicos de Direito*. Rio de Janeiro: Lumen Juris, 2009, p. 657.

Capítulo IV
OS PARENTES NA SUCESSÃO LEGÍTIMA

Sumário: 1. A igualdade dos filhos na sucessão hereditária – 2. A sucessão dos descendentes – 3. O direito sucessório dos nascidos por reprodução humana assistida após a morte do autor da herança – 4. A sucessão dos ascendentes – 5. A sucessão dos colaterais – 6. Os novos modelos familiares na sucessão hereditária – Problemas práticos.

1. A IGUALDADE DOS FILHOS NA SUCESSÃO HEREDITÁRIA

Por tradição, no direito brasileiro sempre vigorou a norma segundo a qual se aplica à sucessão a lei vigente no momento da sua abertura (CC16, art. 1.577; CC, art. 1.787). Tamanha a sua importância que nas Disposições Finais e Transitórias do Código Civil estatuiu-se que as disposições relativas à ordem de vocação hereditária não se aplicam à sucessão aberta antes de sua vigência[1]. Lei da sucessão

Sob a regência do Código Civil de 1916, apenas a filiação chamada legítima[2] possuía plenos direitos sucessórios. Os filhos adulterinos e incestuosos não podiam ser reconhecidos e, portanto, não possuíam direitos sucessórios (CC16, art. 358). Inicialmente, tinham direitos sucessórios os filhos legítimos, os legitimados, os na- Desigualdade sucessória

---

[1] Código Civil, "Art. Art. 2.041. As disposições deste Código relativas à ordem da vocação hereditária (arts. 1.829 a 1.844) não se aplicam à sucessão aberta antes de sua vigência, prevalecendo o disposto na lei anterior" (Lei nº 3.071, de 1º de janeiro de 1916).

[2] Recorde-se a classificação dos filhos então vigente: i) filiação legítima, constituída pelos filhos nascidos de pais casados ou legitimados por casamento posterior dos pais; ii) filiação ilegítima, constituída pelos filhos de pais que não eram casados, a qual se subdividia em ii.1) filiação ilegítima natural, daqueles filhos cujos pais não tinham impedimento para casar e ii.2) filiação ilegítima espúria, daqueles filhos cujos pais tinham impedimento para casar. Os filhos espúrios ainda se classificavam em adulterinos *a matre* (por adultério da mãe) e *a patre* (por adultério do pai), e incestuosos.

turais reconhecidos e os adotivos (CC16, art. 1.605). O Decreto-Lei nº 4.737/1942 permitiu o reconhecimento do filho adulterino após o desquite, e a Lei nº 883/1949 ampliou a possibilidade de reconhecimento do filho adulterino após qualquer causa de dissolução da sociedade conjugal. A concorrência entre filhos de origem diversa, entretanto, atribuía-lhes direitos sucessórios distintos. Os filhos naturais reconhecidos na constância do casamento tinham direito à metade do quinhão que coubesse aos filhos legítimos ou legitimados que concorressem com eles (CC16, art. 1.605, § 1º); os filhos adulterinos reconhecidos tinham direito, a título de amparo social – não como herança – à metade da herança que viesse a receber o filho legítimo ou legitimado. Ambos os diplomas, o Decreto-Lei nº 4.737/1942 e a Lei nº 883/1949, foram revogados, e a investigação de paternidade dos filhos havidos fora do casamento é regulada pela Lei nº 12.004/2009.

Somente a partir da Lei nº 6.515/1977 os filhos legítimos e ilegítimos foram equiparados para efeitos sucessórios[3], ao alterar a redação do artigo 2º da Lei nº 883/1949[4]. A equiparação não abrangeu a filiação adotiva[5]. Quando o adotante possuía filhos legítimos, legitimados ou reconhecidos, a relação de adoção não abrangia direitos sucessórios (CC16, art. 377)[6]. Ao filho adotivo em concorrência com filho legítimo superveniente à adoção cabia apenas metade da herança cabível a este (CC16, art. 1.605, § 2º). O artigo 377 do Código Civil de 1916, na redação que lhe foi atribuída pela Lei nº 3.133/1957, não foi revogado tacitamente pelo artigo 51 da Lei nº 6.515/77. A vigência do preceito prolongou-se até o advento da Constituição de 1988, que não o recepcionou[7].

A Constituição de 1988 inaugura nova concepção de família[8]. Por conseguinte, modifica-se também a proteção destinada aos filhos, inclusive para efeitos sucessórios.

Igualdade sucessória A igualdade se mostra presente como um dos pilares dessa família constitucionalizada, presente tanto para o casal quanto para os filhos. Para sepultar em definitivo

---

[3] Nesse sentido, vide trecho da ementa do julgado do STJ: "Recurso Especial Ação Rescisória. Art. 475, V, do CPC/1973. Investigação de paternidade e petição de herança. Filho adulterino. Falecimento do genitor antes do advento da Constituição Federal de 1988. Capacidade para suceder. Incidência da legislação vigente à época da abertura da sucessão. Lei nº 883/49 e Lei do Divórcio. Possibilidade de demandar pelo reconhecimento do estado de filiação e pelo direito de herança em igualdade de condições com os demais filhos. Pretensão fundada em afronta a literal dispositivo de lei. Desconsideração, pelo acórdão rescindendo, da legislação esparsa vigente à época. Rescisão do julgado. Necessidade" (STJ, 4ª T., REsp 1279624/PR, Rel. Min. Luis Felipe Salomão, julg. 23.5.2017, publ. DJe 14.6.2017).

[4] Lei nº 883/1949, "Art. 2º – Qualquer que seja a natureza da filiação, o direito à herança será reconhecido em igualdade de condições".

[5] A filiação chamada incestuosa, isto é, havida por quem possui impedimento para casar em razão do parentesco, permaneceu impedida de ser registrada até o advento da Constituição de 1988, também frustrando o direito sucessório de tais descendentes.

[6] CC1916, "Art. 377. Quando o adotante tiver filhos legítimos, legitimados ou reconhecidos, a relação de adoção não envolve a de sucessão hereditária. (Redação dada pela Lei nº 3.133, de 8.5.1957)".

[7] Nesse sentido vide STF, 1ª T., RE 162.350, Rel. Min. Octavio Gallotti, julg. 22.8.1995, publ. DJ 22.9.1995; STF, 1ª T., RE 163.167, Rel. Min. Ilmar Galvão, julg. 5.8.1997, publ. DJ 31.10.1997.

[8] Confira-se a respeito o Vol. V da Coleção Fundamentos do Direito Civil.

qualquer distinção entre filhos decorrente da origem da filiação, o § 6º do artigo 227 estabelece que "Os filhos, havidos ou não da relação do casamento, ou por adoção, terão os mesmos direitos e qualificações, proibidas quaisquer designações discriminatórias relativas à filiação"[9], instituindo o princípio da unidade da filiação. Desse modo, tornou-se inconstitucional (*rectius*, não foi recepcionada pela ordem constitucional) a classificação dos filhos em *legítimos* e *ilegítimos*, bem como a desigualdade de direitos entre eles. O constituinte se preocupou em incluir expressamente a adoção no espectro da igualdade entre filhos, tão forte era o menoscabo usualmente dirigido aos filhos adotivos. O estatuto constitucional da filiação reflete filiação una, igualitária, qualquer que seja sua origem.

Os descendentes ocupam a primeira ordem dos sucessíveis, sem excluir o cônjuge ou o companheiro que eventualmente concorram com os descendentes nos termos da lei civil (CC, art. 1.829). O parentesco se constitui pela consanguinidade ou outra origem (CC, art. 1.593), o que amplia sobremaneira a noção de filiação e assim de descendência. Descender significa originar-se, provir por sucessivas filiações. A sucessão dos descendentes, portanto, diz respeito à sucessão dos parentes em linha reta descendente, sem limite de grau, não importando a origem da filiação.[10]

Para exercer o direito sucessório basta o registro da filiação. Em nada importa se o critério do estabelecimento da filiação foi o jurídico, o biológico ou socioafetivo. Por esse motivo, a ausência do registro de filiação impõe que a petição de herança seja cumulada com ação de prova da paternidade ou maternidade[11]. Qualquer que seja a origem da filiação, o direito sucessório será o mesmo, como consequência da igualdade dos filhos assegurada constitucionalmente (CR, art. 226, § 7º).

2. A SUCESSÃO DOS DESCENDENTES

Na primeira ordem da vocação hereditária localiza-se a classe dos descendentes, sem limite de grau. A sua preferência em relação às demais classes independe do grau de parentesco: "um neto, conquanto parente de grau mais remoto, afasta o chamamento do pai do *de cuius*, parente de grau mais próximo, porém pertencente a outra classe de sucessores legítimos"[12]. Se o morto tinha descendentes, serão estes necessariamente chamados a sucedê-lo na sucessão legítima. Isso porque os descendentes

A ordem da sucessão dos descendentes

Reserva da legítima

---

9   A norma foi reproduzida no artigo 20 da Lei nº 8.069/1990 e no artigo 1.596 do Código Civil.

10   Sobre o ponto, v. Rose Melo Vencelau Meireles, *Direito de Filiação. Critério jurídico, biológico, socioafetivo*, Rio de Janeiro: Processo, 2023.

11   Não obstante a redação do art. 1.606 do Código Civil, tem se consolidado o entendimento de que o *status* de filiação integra a identidade da pessoa, a permitir a investigação avoenga de forma sucessiva. Nesse sentido, a jurisprudência do STJ: STJ, 3ª T., REsp 603885/RS, Rel. Min. Carlos Alberto Menezes Direito, julg. 3.3.2005, publ. DJ 11.4.2005; STJ, 3ª T., REsp 604154/RS, Rel. Min. Humberto Gomes De Barros, julg. 16.6.2005, publ. DJ 1.7.2005; STJ, 2ª S., AR 336/RS, Rel. Min. Aldir Passarinho Junior, julg. 24.8.2005, publ. DJ 24.4.2006; STJ, 2ª S., REsp 807849/RJ, Rel. Min. Nancy Andrighi, julg. 24.3.2010, publ. DJ 6.8.2010; STJ, 4ª T., REsp 876434/RS, Rel. Min. Raul Araújo, julg. 1.12.2011, publ. DJ 1.2.2012).

12   Caio Mário da Silva Pereira, *Instituições de Direito Civil*: Direito das Sucessões, vol. VI, Rio de Janeiro: Forense, 2016, 23ª ed., rev. e atualizado por Carlos Alberto Barbosa de oliveira, p. 103.

são herdeiros necessários (CC, art. 1.845), de modo que a liberdade de testar fica limitada à metade dos bens da herança e lhes é reservada a outra metade. Não importa a origem do parentesco, pois são considerados descendentes todos os parentes vinculados ao *de cujus* na linha reta descendente, independentemente de laço biológico.

Na classe dos descendentes, o grau mais próximo exclui o mais remoto (CC, art. 1.833)[13]. Assim, se sobrevive ao morto filhos e netos, será aos filhos devolvida a herança e não aos netos, sendo estes de grau mais remoto que aqueles. Nesse caso, chamados descendentes em igualdade de grau, a herança é deferida por direito próprio[14]. Se, no entanto, o descendente que seria chamado por direito próprio morre antes da abertura da sucessão, é declarado indigno ou deserdado, o descendente de grau mais remoto é chamado a suceder no seu lugar em concorrência com os descendentes de grau mais próximo, por direito de representação (CC, art. 1.851). Se Antônio é pai de Bento e Caio, com a morte de Antônio, seus filhos são chamados a sucedê-lo por direito próprio. Contudo, se Caio é pré-morto e possui filhos, a herança de Antônio será dividida entre o filho Bento e os netos, filhos de Caio, que repartirão entre si o quinhão reservado a Caio, representando-o na sucessão de Antônio. Do mesmo modo, se morre o descendente antes da aceitação ou renúncia da herança (CC, art. 1809), afasta-se o recebimento por direito próprio, incidindo a transmissão do direito de aceitar aos seus próprios herdeiros. Se, no exemplo acima, Caio morre antes de aceitar a herança de Antônio e possui filhos, o direito de aceitar a herança será transmitido e o quinhão que seria atribuído a Caio será dividido, devolvendo-se a metade do acervo hereditário a Bento e a outra metade aos filhos de Caio, que recebem por direito de transmissão.

> Delação sucessiva por graus. Delação simultânea de graus diferentes

O modo de partilhar, vale sublinhar, é diverso caso a herança seja devolvida a descendentes do mesmo grau ou de graus diferentes. Diz-se que os filhos sucedem por cabeça, porque a herança é partilhada igualmente entre eles, dividindo-a pelo número de cabeças (filhos) existentes. Dispõe o artigo 1.834 do Código Civil[15] que os descendentes da mesma classe têm os mesmos direitos à sucessão dos seus ascendentes. No âmbito da cota reservada aos herdeiros necessários, aliás, não é admitido qualquer tratamento desigual entre os filhos, ainda que de origem diversa, como corolário do princípio da igualdade de filiação (CR, art. 227, § 6º).

> Modo de partilhar por cabeça

Entretanto, quando a herança for dividida por descendentes de graus diferentes, aqueles que herdam por direito próprio a receberão por cabeça, enquanto aqueles que herdam por direito de representação ou transmissão a receberão por estirpe (CC, art. 1.835). No modo de partilhar por estirpe, os herdeiros repartirão entre si o qui-

> Modo de partilhar por estirpe

---

13   Código Civil, "Art. 1.833. Entre os descendentes, os em grau mais próximo excluem os mais remotos, salvo o direito de representação."

14   Sobre o ponto, por todos, Arthur Vasco Itabaiana de Oliveira, *Tratado de Direito das Sucessões*, vol. I, Rio de Janeiro: Livraria Jacintho, 1936, p. 100.

15   Código Civil, "Art. 1.834. Os descendentes da mesma classe têm os mesmos direitos à sucessão de seus ascendentes."

nhão que caberia ao herdeiro de grau mais próximo do autor da herança[16]. Por exemplo, na sucessão de Ana, mãe de Bianca e Célia, se Bianca morre antes de aceitar a herança, deixando dois filhos, Daniel e Elias, netos de Ana, Célia partilhará por cabeça, já os netos Daniel e Elias partilharão por estirpe. Se a herança a ser partilhada fosse de $ 100.000,00, Célia herdaria $ 50.000,00, enquanto Daniel e Elias herdariam $ 25.000,00, cada um.

3. O DIREITO SUCESSÓRIO DOS NASCIDOS POR REPRODUÇÃO HUMANA ASSISTIDA APÓS A MORTE DO AUTOR DA HERANÇA

O artigo 226, § 7º, da Constituição deixa à livre decisão dos pais o planejamento familiar, sendo vedada qualquer forma coercitiva por parte de instituições oficiais e privadas. Com base nesse dispositivo se propugna o direito à descendência[17], o qual, se necessário, será exercido mediante o uso das técnicas de reprodução humana assistida. Para serem compatíveis com a ordem constitucional, essas técnicas devem se desassociar de motivações voluntaristas ou especulativas, prevalecendo sempre, ao contrário, quer como critério interpretativo – na refrega de interesses contrapostos –, quer como premissa de política legislativa, o melhor desenvolvimento da personalidade da criança e sua plena realização como pessoa inserida no núcleo familiar. Norma ética do Conselho Federal de Medicina, contida na Resolução nº 2.320/2022, que revogou a Resolução nº 2.294/2021, define que a utilização das técnicas de reprodução humana assistida tem o papel de auxiliar no processo de procriação, inclusive na gestação compartilhada em união homoafetiva feminina em que não exista infertilidade. A mais recente resolução não reproduziu o item II. 2, segundo o qual "É permitido o uso das técnicas de RA para heterossexuais, homoafetivos e transgêneros". Embora a omissão tenha levantado a discussão sobre os pacientes da reprodução humana assistida, os demais dispositivos não ensejam dúvida de que a medicina reprodutiva ampliou sua função de tratamento da infertilidade para meio de planejamento familiar, sem limites quanto à estrutura familiar.

Livre planejamento familiar

A Resolução nº 2.320/2022 igualmente permite, como todas as normas éticas anteriores sobre o tema, a reprodução assistida *post mortem,* desde que haja autorização prévia específica do(a) falecido(a) para o uso do material biológico criopreservado, de acordo com a legislação vigente. O legislador regulamentou apenas a presunção de paternidade do marido dos concebidos por meio de reprodução humana assistida. O artigo 1.597, III e IV, do Código Civil[18], estabelece a presunção de que foram concebidos na constância do casamento os filhos havidos de reprodução as-

A presunção de paternidade na reprodução post mortem

---

[16] Sobre o tema, v. Arthur Vasco Itabaiana de Oliveira, *Tratado de Direito das Sucessões*, vol. I, cit., p. 103.

[17] Silmara Juny de Abreu Chinelato e Almeida, *Reprodução humana assistida*: aspectos civis e bioéticos, Tese (Concurso de Livre-Docência do Departamento de Direito Civil – USP), 2001, p. 117.

[18] Código Civil, "Art. 1.597. Presumem-se concebidos na constância do casamento os filhos: (...) III – havidos por fecundação artificial homóloga, mesmo que falecido o marido; IV – havidos, a qualquer tempo, quando se tratar de embriões excedentários, decorrentes de concepção artificial homóloga; (...)".

sistida homóloga[19], ainda que falecido o marido. Desse modo, podem ocorrer as seguintes hipóteses de reprodução *post mortem*: i) o material genético homólogo do falecido é utilizado após a morte; ii) o embrião *in vitro* de material genético homólogo é utilizado após a morte. Contudo, não há previsão legal a respeito da forma que será utilizada para a autorização do uso do material genético depois da morte, o que suscita a controvérsia quanto à liberdade de forma para a validade da declaração[20]. Em contrapartida, entende-se que a forma pública se mostra adequada, tendo em conta a equivalência do documento ao reconhecimento de paternidade, sendo prudente obter-se a certeza da declaração para a projeção de sua eficácia após a morte[21]. O Provimento nº 149/2023 do Conselho Nacional de Justiça,[22] que revogou nessa parte o Provimento nº 63/2017, regula administrativamente o registro de nascimento e a emissão da respectiva certidão dos filhos havidos por reprodução assistida, entre outras coisas, prevê, entre os documentos necessários para o registro independentemente de ordem judicial, nos casos de reprodução *post mortem*, o termo de autorização prévia específica do falecido ou falecida para uso do material biológico criopreservado, por instrumento público ou particular com firma reconhecida[23]. O Superior Tribunal de Justiça analisou caso em que os filhos do falecido tinham a pretensão de impedir o uso do embrião criopreservado para reprodução *post mortem* pela viúva, que tinha a sua custódia segundo o contrato celebrado com o hospital. Contudo, o STJ entendeu que "a declaração posta em contrato padrão de prestação de serviços de reprodução humana é instrumento absolutamente inadequado para legitimar a implantação *post mortem* de embriões excedentários, cuja autorização, expressa e específica, haverá de ser efetivada por testamento ou por documento análogo"[24]. Desse modo, para maior garantia da autonomia existencial, expressa nessa situação pela liberdade no planejamento familiar, há de se observar a forma testamentária ou documento autêntico (instrumento público ou particular com firma reconhecida), a fim de que seja feita a reprodução *post mortem* com a certeza de que

---

[19] As hipóteses abrangem a inseminação artificial e a fecundação *in vitro*, com posterior implantação do embrião.

[20] Código Civil, "Art. 107. A validade da declaração de vontade não dependerá de forma especial, senão quando a lei expressamente a exigir."

[21] Nessa direção, defendeu-se em outra sede que "os atos de disposição *causa mortis* se submetem necessariamente a rigoroso regime formal, associado à tipicidade das modalidades testamentárias e à limitação do espectro de abrangência residual dos codicilos no direito brasileiro justamente para evitar que a interpretação da vontade inequívoca do defunto possa ser objeto de especulações ou percepções subjetivas dos interessados no momento em que o testador não se encontra mais presente" (Gustavo Tepedino, Parecer. Rio de Janeiro, dez. 2017, 41 p. – original inédito).

[22] A norma institui o Código Nacional de Normas da Corregedoria Nacional de Justiça do Conselho Nacional de Justiça – Foro Extrajudicial (CNN/ CN/CNJ-Extra), que regulamenta os serviços notariais e de registro.

[23] Nesse ponto, o Provimento nº 63/2017 não foi alterado, mas o Provimento nº 52/2016 previa apenas o documento público como forma adequada dessa declaração de vontade para fins de registro sem autorização judicial do filho havido por meio de reprodução assistida *post mortem*.

[24] STJ, 4ª T., REsp 1.918.421/SP, Rel. Min. Marco Buzzi, Rel. p. acórdão Luis Felipe Salomão, julg. 8.6.2021.

a intenção do morto é a utilização do seu material genético para fins reprodutivos, com todos os efeitos existenciais e patrimoniais decorrentes.

Essa situação repercute diretamente no direito sucessório. Isso porque a legitimidade sucessória se rege pelo princípio da coexistência, o qual seria afastado caso se admita a legitimidade sucessória dos filhos havidos de reprodução assistida *post mortem*. O Código Civil prevê a legitimidade sucessória das pessoas nascidas ou já concebidas no momento da abertura da sucessão (Código Civil art. 1.798). Note-se que o nascimento posterior à morte do *de cujus* não motiva a discussão em caso de nascituro, que tradicionalmente possui capacidade para suceder. Entretanto, a reprodução humana assistida suscita controvérsia acerca da legitimidade sucessória das pessoas concebidas por meio de reprodução assistida *post mortem*.

[nota lateral:] Legitimidade sucessória do embrião

De um lado, defende-se a legitimidade sucessória na medida em que se presumem concebidos na constância do casamento (CC, art. 1.597, III e IV) e, portanto, antes da abertura da sucessão, os filhos havidos por fecundação homóloga ou embriões excedentários homólogos, mesmo que falecido o marido[25]. De outro, tendo em vista a utilização pelo legislador do termo "concebido", equivalente a "nascituro", excluem-se das pessoas havidas de reprodução assistida *post mortem* a legitimidade de suceder[26]. O embrião excedentário constituiria, assim, o concepturo, vale dizer, aquele ainda não concebido, inseminado ou implantado no ventre materno, diferenciando-se, portanto, do nascituro, já concebido e em desenvolvimento no ventre da mãe[27]. Há, ainda, o entendimento intermediário que diferencia a legitimação sucessória na reprodução assistida, conforme a concepção *in vitro* já tenha ou não ocorrido na data da abertura da sucessão[28].

A reprodução heteróloga, de outra parte, depende da autorização do marido para impor a presunção de paternidade (CC, art. 1.597, V). Na falta da autorização, os filhos concebidos após a morte do marido não terão qualquer vínculo de filiação – biológico ou jurídico – com o marido pré-morto. Sem vínculo parental, não há direito sucessório.

Na união estável, muito embora inexista presunção legal de paternidade, exige-se autorização expressa para utilização do material genético do falecido para fins reprodutivos, o que haveria de facilitar o registro independentemente de atuação judicial. Nesse sentido, o Provimento do Conselho Nacional de Justiça nº 149/2023

---

[25] Heloisa Helena Barboza, Aspectos Controvertidos dos Direitos das Sucessões: considerações à luz da Constituição da República In: Gustavo Tepedino, *Direito Civil Contemporâneo*: Novos problemas à luz da legalidade constitucional, São Paulo: Atlas, 2008, p. 325.

[26] Giselda Hironaka *Comentários ao Código Civil*, vol. 20, São Paulo: Saraiva, 2003, pp. 88-89).

[27] Nas palavras de Luiz Paulo Vieira de Carvalho: "Inicialmente, convém salientar que o concepturo (*nondum conceptus*), vale dizer, o ainda não concebido, não inseminado ou implantado no ventre materno, isto é, a pessoa futura por ocasião da abertura da sucessão, não deve ser confundido com o nascituro, este já concebido e em desenvolvimento no ventre materno, porém ainda não nascido" (Luiz Paulo Vieira de Carvalho, *Direito das Sucessões*, São Paulo: Atlas, 2015, p. 170).

[28] Eduardo de Oliveira Leite, *Comentários ao Novo Código Civil*, vol. XXI, Rio de Janeiro: Forense, 2004, 4ª ed., pp. 109-110).

mantém a mesma linha do Provimento do Conselho Nacional de Justiça nº 63/2017, e não diferencia os registros dos filhos havidos por reprodução assistida *post mortem* de pais casados ou que vivam em união estável[29].

Prazo para a petição de herança na reprodução assistida post mortem

O direito sucessório dos nascidos por reprodução humana assistida após a morte do autor da herança preocupa pela possível insegurança jurídica, uma vez que o material genético criopreservado poderia ser usado por prazo indeterminado. Há quem sustente a submissão do direito sucessório do embrião excedentário ao prazo de petição de herança[30]. Nesse caso, o prazo há de iniciar desde a abertura da sucessão, observando-se ainda que não se contam os prazos contra absolutamente incapaz[31]. Haveria assim, pelo menos, 26 anos até a prescrição do pedido de petição da herança (16 anos de vida do sucessor mais 10 anos do prazo de petição da herança, além do prazo necessário para a implantação do embrião e para eventual controvérsia judicial com herdeiros), o que é tempo demasiadamente longo para se concluir a sucessão de alguém[32]. Com efeito, a insegurança gerada pela falta de regulamentação específica reforça a necessidade de utilizar o testamento como forma de planejamento sucessório, inclusive para limitar o espaço temporal em que poderia ocorrer a reprodução pós-morte.

Distinção da legitimidade da prole eventual

Não se confunde a controvérsia relacionada à legitimidade dos filhos nascidos a partir de reprodução *post mortem*, que diz respeito à sucessão legítima, com a legitimidade da prole eventual, designada em testamento (CC, art. 1.799, I; art. 1.800). A disposição testamentária que venha a beneficiar o próprio filho, a ser concebido

---

[29]   Provimento CNJ nº 149/2023, "Art. 512. O assento de nascimento de filho havido por técnicas de reprodução assistida será inscrito no Livro A, independentemente de prévia autorização judicial e observada a legislação em vigor no que for pertinente, mediante o comparecimento de ambos os pais, munidos de documentação exigida por este Capítulo. § 1.º Se os pais forem casados ou conviverem em união estável, poderá somente um deles comparecer ao ato de registro, desde que apresente a documentação exigida neste Capítulo. § 2.º No caso de filhos de casais homoafetivos, o assento de nascimento deverá ser adequado para que constem os nomes dos ascendentes, sem referência a distinção quanto à ascendência paterna ou materna".

[30]   Vide enunciado nº 267 no Conselho da Justiça Federal de autoria de Gustavo Tepedino, Heloisa Helena Barboza, Renato Luís Benucci e Guilherme Calmon Nogueira da Gama, segundo o qual, a regra do art. 1.798 do Código Civil deve ser estendida aos embriões formados mediante o uso de técnicas de reprodução assistida, enquanto pessoa humana a nascer, mas os efeitos patrimoniais se submetem às regras previstas para a petição de herança.

[31]   Código Civil, "Art. 198. Também não corre a prescrição: I – contra os incapazes de que trata o art. 3º;"

[32]   Trata-se de problema não exclusivo da filiação *post mortem*, pois qualquer herdeiro teria o prazo de 10 anos para promover a petição de herança, sendo que o prazo não corre antes dos 16 anos. Na hipótese de filiação não reconhecida, que dependa de investigação de paternidade, a ação investigatória é imprescritível, mas a petição da herança é prescritível (Súmula 149-STF) e o prazo se inicia com a abertura da sucessão, consoante uniformizou o entendimento do Superior Tribunal de Justiça (STJ, 2ª S., EAREsp 1260418/MG, Rel. Min. Antonio Carlos Ferreira, julg. 26/10/2022, publ. DJe 24/11/2022), superando situação ainda mais alarmante, da posição jurisprudencial que iniciava o prazo da petição de herança apenas após decisão definitiva da investigatória (STJ, 3ª T., AgInt no AREsp 1273921/GO, Min. Rel. Moura Ribeiro, julg. 14.8.2018, publ. DJ 30.8.2018; STJ, 3ª T., AgInt no REsp 1695920/MG, Rel. Min. Marco Aurélio Bellizze, julg. 22.5.2018, publ. DJ 1.6.2018; STJ, 3ª T., AgInt no AREsp 1215185/SP, Rel. Min. Marco Aurélio Bellizze, julg. 22.3.2018, publ. DJ 3.4.2018).

por meio de reprodução *post mortem* soma à legítima, salvo se prevista na forma de mera indicação de bens ou valores a compor o quinhão hereditário (CC, art. 2.014). Assim, merece todo o cuidado a elaboração da deixa, de modo a abranger bens e valores que venham a compor o quinhão do beneficiário na legítima ou na parte disponível da herança, conforme a vontade do testador.

4. A SUCESSÃO DOS ASCENDENTES

Na ausência de descendentes sucessíveis, a herança será devolvida aos herdeiros da classe seguinte, os ascendentes, conforme a ordem de vocação hereditária, sem limite de grau (CC, art. 1.829, II). Se o autor da herança tiver deixado cônjuge sobrevivente, legitimado a suceder nos termos do art. 1.830 do Código Civil, o cônjuge sobrevivente concorrerá na herança com os ascendentes (CC, art. 1.836). *(Sucessão dos ascendentes)*

Na classe dos ascendentes, o grau mais próximo exclui o mais remoto, nos termos do § 1º do artigo 1.836 do Código Civil, sem distinção entre as linhas materna e paterna, não havendo o direito de representação (CC, art. 1.852)[33]. Quando há pluralidade de ascendentes, havendo igualdade em grau dos chamados a suceder e diversidade em linhas, os ascendentes da linha paterna herdam a metade do acervo, cabendo a outra metade aos ascendentes da linha materna (CC, art. 1.836, § 2º). *(Ausência do direito de representação)*

Dessa forma, se o falecido deixou pai e mãe, a herança será partilhada entre as linhas materna e paterna, cabendo a metade da herança para cada uma das linhas, o que significa dizer que o pai e a mãe sobreviventes receberão, cada um, metade da herança. Já na hipótese de o pai do *de cujus* lhe ser pré-morto, havendo avós paternos, estando viva a mãe do falecido, a ela caberá a herança por inteiro, em virtude da inexistência do direito de representação na classe dos ascendentes. *(Linha materna e linha paterna)*

Quando existem vários ascendentes do mesmo grau, importante definir a linha a que pertencem: paterna ou materna. Assim, se o falecido tem como herdeiros o avô paterno, e ambos os avós maternos, a herança não será dividida pelo número de herdeiros (por cabeça) e sim pelas linhas paterna e materna. Caberá, no caso, a metade da herança à linha paterna, sendo atribuída, portanto, ao avô paterno; e a outra metade da herança à linha materna, a ser partilhada entre o avô e a avó maternos, que receberão, cada um deles, um quarto da herança. Por conseguinte, embora no caso apresentado os ascendentes estejam todos no mesmo grau, a herança não é partilhada por cabeça, mas sim por linhas.

Do mesmo modo era disciplinada a sucessão dos ascendentes na vigência da legislação anterior. No tocante à sucessão do filho adotivo, entretanto, conforme a disciplina do Código Civil de 1916[34], a adoção não rompia os vínculos familiares com a família biológica. Em consequência, falecendo sem descendência o filho adotivo, *(Sucessão do filho adotivo no Código Civil de 1916)*

---

[33] Código Civil, "Art. 1.852. O direito de representação dá-se na linha reta descendente, mas nunca na ascendente."

[34] Código Civil de 1916, "Art. 378. Os direitos e deveres que resultam do parentesco natural não se extinguem pela adoção, exceto o pátrio poder, que será transferido do pai natural para o adotivo".

se lhe sobrevivessem os pais biológicos e adotivos, àqueles tocaria por inteiro a herança e, na falta dos pais biológicos, mesmo se existissem outros ascendentes biológicos, a herança devolvia-se aos adotantes[35]. Essa distinção foi superada, uma vez que a adoção rompe os vínculos jurídicos com a família biológica[36], com repercussão direta na sucessão hereditária dos ascendentes.

Indaga-se como deve ser realizada a sucessão hereditária dos ascendentes diante da multiparentalidade. De fato, falecendo o descendente e tendo ele, por exemplo, uma mãe biológica, um pai biológico e um pai socioafetivo, verifica-se que a partilha por linhas – materna e paterna – não atenderia ao escopo da lei, que buscou alcançar a devolução da herança conforme os troncos familiares dos quais descende o falecido. Assim, por ocasião da VIII Jornada de Direito Civil, foi aprovado o Enunciado n.º 642, que propõe a divisão da herança nesses casos conforme o número de ascendentes em primeiro grau, assim ementado: "Nas hipóteses de multiparentalidade, havendo o falecimento do descendente com o chamamento de seus ascendentes à sucessão legítima, se houver igualdade em grau e diversidade em linha entre os ascendentes convocados a herdar, a herança deverá ser dividida em tantas linhas quantos sejam os genitores".

Ainda em atenção à multiparentalidade e em reconhecimento da insuficiência da previsão legal quanto à divisão da herança em linhas materna e paterna, o que, também, reflete visão que pressupõe a diversidade de gênero não mais presente nos casais de todas as famílias brasileiras, foi aprovado na IX Jornada de Direito Civil o Enunciado n.º 676, que propõe nova leitura à expressão "diversidade em linha", constante do § 2º do art. 1.836 do Código Civil, *in verbis*: "A expressão diversidade em linha, constante do § 2º do art. 1.836 do Código Civil, não deve mais ser restrita à linha paterna e à linha materna, devendo ser compreendidas como linhas ascendentes".

5.   A SUCESSÃO DOS COLATERAIS

Sucessão dos parentes colaterais até o quarto grau

Os parentes colaterais são aqueles que provêm de um mesmo tronco, sem descenderem uns dos outros. São chamados a suceder os colaterais até o quarto grau (irmãos, sobrinhos, tios, tios-avôs, sobrinhos-netos), na ausência de descendentes, ascendentes e cônjuge ou companheiro (CC, art. 1.839)[37]. Dentro desta classe, o pa-

---

[35]   Código Civil de 1916, "Art. 1.609. Falecendo sem descendência o filho adotivo, se lhe sobreviverem os pais e o adotante, àqueles tocará por inteiro a herança. Parágrafo único. Em falta dos pais, embora haja outros ascendentes, devolve-se a herança ao adotante".

[36]   Lei nº 8.069/1990, "Art. 41. A adoção atribui a condição de filho ao adotado, com os mesmos direitos e deveres, inclusive sucessórios, desligando-o de qualquer vínculo com pais e parentes, salvo os impedimentos matrimoniais.

§ 1º Se um dos cônjuges ou concubinos adota o filho do outro, mantém-se os vínculos de filiação entre o adotado e o cônjuge ou concubino do adotante e os respectivos parentes.

§ 2º É recíproco o direito sucessório entre o adotado, seus descendentes, o adotante, seus ascendentes, descendentes e colaterais até o 4º grau, observada a ordem de vocação hereditária".

[37]   Código Civil, "Art. 1.839. Se não houver cônjuge sobrevivente, nas condições estabelecidas no art. 1.830, serão chamados a suceder os colaterais até o quarto grau."

rente de grau mais próximo exclui da sucessão aquele de grau mais remoto (CC, art. 1.840).

Na ordem dos graus, portanto, primeiro são chamados os irmãos, que são os mais próximos, sendo parentes na linha transversal em segundo grau. Na sucessão entre irmãos, há de se considerar se descendem do mesmo pai e da mesma mãe ou se têm em comum apenas a linha de um dos ascendentes. São chamados bilaterais ou germanos os irmãos que descendem dos mesmos ascendentes e são chamados unilaterais os irmãos que descendem apenas de um ascendente em comum, não compartilhando o(s) outro(s) ascendente(s). Essa diferença repercute nos direitos sucessórios dos irmãos.

Irmãos germanos e irmãos unilaterais

Quando concorrerem à sucessão irmãos bilaterais e unilaterais, estes herdarão a metade do que couber a cada um daqueles (CC, art. 1.841). Para fazer a partilha segundo essa regra, deve-se atribuir cota dobrada a cada um dos irmãos bilaterais em contraposição às cotas destinadas aos irmãos unilaterais. Assim, divide-se a herança em tantas quantas forem as cotas somadas, atribuindo duas cotas para os irmãos germanos e uma cota para cada irmão unilateral. Se na sucessão concorrerem dois irmãos germanos e dois irmãos unilaterais, a herança será dividida por seis, sendo atribuído 1/6 para cada irmão unilateral e 2/6 para cada irmão germano. Caso só concorram à sucessão irmãos unilaterais, herdarão estes por igual (CC, art. 1.842)[38].

Essa diferenciação entre os irmãos germanos e unilaterais já vigorava em nosso sistema sucessório anterior (CC1916, art. 1.614). De acordo com Clovis Bevilaqua, trata-se do sistema mais justo, uma vez que os irmãos germanos são parentes por vínculo duplicado e os unilaterais o são apenas pela linha materna ou paterna[39] ou, melhor dizendo, apenas pela linha de um dos ascendentes. Há quem sustente que a aludida discriminação é inconstitucional, em virtude da impossibilidade de tratamento discriminatório entre os filhos[40]. No entanto, o princípio da igualdade entre os filhos não é perseguido nessa hipótese, uma vez que não se trata da sucessão dos descendentes do *de cujus*, mas sim da sucessão de seus parentes colaterais, não se podendo confundir os princípios que regem uma e outra devolução hereditária.

Inexistência de inconstitucionalidade

---

[38] Código Civil, "Art. 1.842. Não concorrendo à herança irmão bilateral, herdarão, em partes iguais, os unilaterais."

[39] Clovis Bevilaqua, *Código Civil dos Estados Unidos do Brasil Comentado*, vol. VI, Rio de Janeiro: Livraria Francisco Alves, 1944, 5ª ed., p. 75.

[40] Eduardo de Oliveira Leite, *Comentários ao Novo Código Civil*, cit., p. 255. E, ainda: "Essa discriminação entre irmãos bilaterais e irmãos unilaterais, atribuindo para cada um destes metade do que cada um daqueles herdar, configura discriminação que não encontra guarida no parágrafo sexto do art. 227 da Constituição e está em contradição com o art. 1.593 do próprio Código" (Paulo Lôbo, *Direito civil*: sucessões, 7. ed., São Paulo: Saraiva, 2021, p. 181). Ressalva-se, todavia, que "em que pese a relevante e imprescindível discussão sobre a compatibilidade ao princípio constitucional da igualdade, até que haja declaração formal de sua inconstitucionalidade pela Suprema Corte, a norma está em vigência e é aplicada nos estritos termos da proporção descrita no art. 1.841 do Código Civil" (Ana Carla Harmatiuk Matos; Jacqueline Lopes Pereira, A sucessão dos colaterais e o direito das famílias contemporâneo. *Revista Brasileira de Direito Civil – RBDCivil*, Belo Horizonte, vol. 32, n. 4, out./dez. 2023, p. 91-110).

Assim, não há o que se falar em inconstitucionalidade no presente caso,[41] razão pela qual a regra vem sendo aplicada pelos Tribunais brasileiros.[42]

Representação em favor de filhos de irmãos exclusivamente

A regra segundo a qual o grau mais próximo afasta o mais remoto na sucessão dos colaterais não é absoluta, sendo afastada em duas hipóteses. A primeira delas prevê a representação na classe dos colaterais em favor de filhos de irmãos exclusivamente (CC, art. 1840 e 1.853). Desse modo, quando na sucessão entre irmãos há um deles pré-morto, excluído ou deserdado, tendo deixado filhos, estes são chamados a suceder por direito de representação de seu genitor pré-morto. O direito de representação aqui, ressalta-se, limita-se aos filhos de irmão, não se admitindo subestirpes.

A segunda hipótese encontra-se no artigo 1.843 do Código Civil, segundo o qual na falta de irmãos, herdarão os filhos destes e, não os havendo, os tios. Sobrinhos e tios estão no mesmo grau. Entretanto, o legislador optou por preferir os sobrinhos aos tios. Na sucessão em que os sobrinhos forem chamados a suceder, refletirá sobre os seus direitos sucessórios o fato de serem filhos de irmãos bilaterais ou unilaterais. Na concorrência entre filhos de irmãos bilaterais e unilaterais, cada um destes herdará a metade do que herdar cada um daqueles (CC, art. 1.843, §§ 1º, 2º e 3º). Somente na falta de sobrinhos, a herança será devolvida aos tios.

Sobrinhos preferem aos tios

Sucessão dos colaterais em quarto grau

Na ausência de tios, serão chamados a suceder os parentes colaterais de quarto grau, herdando estes por direito próprio e partilhando a herança por cabeça. Importante registrar que não há prioridades ou distinções entre os parentes colaterais em quarto grau, sendo chamados a suceder tantos quantos houver deixado o autor da herança.

Os parentes colaterais são herdeiros facultativos, o que permite o seu afastamento por testamento. Para excluí-los da sucessão, basta que o autor da herança disponha do seu patrimônio sem os contemplar (CC, art. 1.850). O testador terá de dispor de todo o seu patrimônio para excluir os colaterais da sucessão, pois, caso contrário, incidirá o caráter supletivo da legítima, sendo os colaterais nesse caso chamados a suceder quanto aos bens não incluídos no testamento.

---

[41] Em doutrina: "A distinção é importante, em termos sucessórios, pois a lei restringe a quota-parte cabível aos irmãos unilaterais à metade da quota recebida pelos irmãos bilaterais, mas não faz distinção relativamente aos irmãos consanguíneos ou uterinos que herdam, comparativamente aos outros em mesma situação, quota parte idêntica. Essa restrição, percebe-se, não leva em consideração os irmãos em si, mas a relação do *de cujus* com o pai do herdeiro" (Francisco Cahali; Giselda Maria Fernandes Novaes Hironaka, *Direito das sucessões*: teoria geral da responsabilidade, 5. ed., São Paulo: Revista dos Tribunais, 2013, p. 242).

[42] Ilustrativamente, a 3ª Turma do STJ analisou o pedido de três irmãs unilaterais envolvendo a definição da proporção controversa da sucessão em concorrência com um irmão bilateral do *de cujus*, e decidiu que "existindo um irmão bilateral e três irmãs unilaterais, a herança divide-se em cinco partes, sendo 2/5 (dois quintos) para o irmão germano e 1/5 (um quinto) para cada irmã unilateral, totalizando para elas 60% (ou 3/5) do patrimônio deixado pelo irmão unilateral falecido" (STJ, 3ª T., 3ª T., REsp n. 1.203.182/MG, Rel. Min. Paulo de Tarso Sanseverino, julg. 19.9.2013, publ. *DJe* 24.9.2013).

6. OS NOVOS MODELOS FAMILIARES NA SUCESSÃO HEREDITÁRIA

No direito de família, o princípio constitucional da pluralidade das entidades familiares se traduz na proteção a um número aberto de modelos de família[43]. O artigo 226 da Constituição da República, portanto, não esgota a proteção do Estado na família fundada no casamento, na união estável e na entidade monoparental. A união entre pessoas do mesmo sexo, por exemplo, foi reconhecida como entidade familiar pelo Supremo Tribunal Federal[44] e conta com a Resolução do CNJ nº 175/2013 para regular a habilitação para casamento, bem como conversão de união estável em casamento. Assim, a doutrina dos *numerus apertus* do artigo 226 foi adotada pela Corte constitucional.

Essa família sem modelos predefinidos repercute na filiação e no direito sucessório. A família constituída por pessoas do mesmo sexo tem direito à descendência, podendo concretizá-lo por meio das técnicas de reprodução assistida ou adoção[45]. Outros arranjos familiares conduzem à multiparentalidade, isto é, à formação do vínculo jurídico de filiação com mais de uma mãe e/ou um pai.

Novos modelos familiares

Sob o ponto de vista da sucessão dos descendentes, não importa o modelo familiar, o direito sucessório constitui efeito automático do reconhecimento da filiação[46]. A participação eventual em mais de duas sucessões não consiste em óbice legal para impedir a delação. Desse modo, o filho participará da sucessão dos seus ascendentes tantos quantos forem e independentemente da estrutura familiar que esteja inserido. Os modos de suceder e partilhar são os mesmos.

Participação em mais de duas sucessões

Na sucessão dos ascendentes, os novos modelos familiares exigem o repensar das normas que regulam os modos de partilhar. Isso porque a regra na sucessão dos ascendentes é a divisão por linhas paterna e materna. Na família formada por pessoas do mesmo sexo há duas linhas do mesmo gênero. A interpretação do § 2º do artigo 1.836 do Código Civil há de ser estendida para abrigar a sucessão com duas linhas paternas e maternas. Assim, se houver duas mães ou dois pais, a cada um caberá 50% da herança, seguindo a mesma regra:

Modos de partilhar nos novos modelos familiares

---

[43] Sobre o ponto, vide Paulo Luiz Netto Lobo, Entidades familiares constitucionalizadas, *Anais do III Congresso Brasileiro de Direito de Família*, Belo Horizonte, 2002.

[44] Vide STF, Plenário, ADI 4277-DF, Rel. Min. Ayres Britto, julg. 4.5.2011, publ. DJ 14.10.2011.

[45] Confira-se o *leading case* do STF que se posicionou favoravelmente à adoção por pessoas do mesmo sexo: STF, RE 846102/PR, Rel. Min. Carmen Lúcia, julg. 5.3.2015, publ. DJ 18.3.2015.

[46] A respeito da garantia ao direito sucessório na multiparentalidade, como corolário da igualdade dos filhos, vide STJ, 3ª T., REsp nº 1.618.230/RS, Rel. Min. Ricardo Villas Bôas Cueva, julg. 28.3.2017, publ. DJe 10.5.2017. Sobre a multiparentalidade, ainda: "A liberdade existencial adquire especial importância no âmbito da multiparentalidade, desde que o estabelecimento da filiação seja subordinado à autorresponsabilidade e à corresponsabilidade, no caso de escolhas conjuntas" (Gustavo Tepedino, Perspectivas para o futuro do Direito Civil. Editorial. *Revista Brasileira de Direito Civil – RBDCivil*, Belo Horizonte, vol. 32, n. 3, jul./set. 2023, p. 11-14).

Ascendente(s) sobrevivente(s)	Quinhão
Pai ou mãe	100%
Pai e mãe	50% – 50%
Pai e pai	50% – 50%
Mãe e mãe	50% – 50%
Um avô	100%
Dois avôs do mesmo tronco	50% – 50%
Um avô de um tronco e um avô de outro	50% – 50%
Dois avôs de um tronco e um avô de outro	25% – 25% – 50%
Dois avôs de um tronco e dois avôs de outro	25% – 25% – 25% – 25%

Sucessão do descendente por ascendente na multiparentalidade

Maior dificuldade se mostra na sucessão dos ascendentes na multiparentalidade. Nesse caso, tem-se pelo menos três ascendentes. A prevalência pela linha paterna ou materna não se apresenta razoável. Pode-se depreender que na norma contida no § 2º do artigo 1.836 do Código Civil resta consolidado o princípio da igualdade como critério de partilha, ainda que tenha a premissa da existência de duas linhas, paterna e materna. Eis o viés que se propõe. Na sucessão de descendente por ascendentes, constatada a multiparentalidade, caberá a cada ascendente um quinhão igual, com a tentativa de aproximar as hipóteses anteriores:

Ascendente(s) sobrevivente(s)	Quinhão
Pai e pai e mãe	33,33% – 33,33% – 33,33%
Pai e mãe e mãe	33,33% – 33,33% – 33,33%
Um avô	100%
Dois avôs do mesmo tronco	50% – 50%
Um avô de um tronco e um avô de outro	50% – 50%
Dois avôs de um tronco e um avô de outro	25% – 25% – 50%
Dois avôs de um tronco e dois avôs de outro	25% – 25% – 25% – 25%
Um avô de um tronco, um avô de outro e um avô de outro	33,33% – 33,33% – 33,33%
Dois avôs de um tronco, um avô de outro e um avô de outro	16,65% – 16,65% – 33,33% – 33,33%

Ascendente(s) sobrevivente(s)	Quinhão
Dois avôs de um tronco, dois avôs de outro e um avô de outro	16,65% – 16,65% – 16,65% – 16,65% – 33,33%
Dois avôs de um tronco, dois avôs de outro e dois avôs de outro	16,65% – 16,65% – 16,65% – 16,65% – 16,65% – 16,65%

A multiparentalidade, portanto, se mostra incompatível com a partilha definida em parcelas iguais por linha paterna e materna, exigindo a repartição igual por linha ou tronco ascendente. Sobre o ponto, foi aprovado na VIII Jornada de Direito Civil, promovida pelo Conselho da Justiça Federal em abril de 2018, o Enunciado n.º 632 – Art. 1.596: "Nos casos de reconhecimento de multiparentalidade paterna ou materna, o filho terá direito à participação na herança de todos os ascendentes reconhecidos". No mesmo sentido, foi aprovado na VIII Jornada de Direito Civil, promovida pelo Conselho da Justiça Federal em abril de 2018, o Enunciado n.º 642, com o seguinte teor: "Nas hipóteses de multiparentalidade, havendo o falecimento do descendente com o chamamento de seus ascendentes à sucessão legítima, se houver igualdade em grau e diversidade em linha entre os ascendentes convocados a herdar, a herança deverá ser dividida em tantas linhas quantos sejam os genitores". Como já mencionado, a divisão em linha materna e paterna também reflete o pressuposto da diversidade de gênero nas estruturas familiares que não está presente em todas as famílias brasileiras. Nesse sentido, foi aprovado na IX Jornada de Direito Civil o Enunciado nº 676: "A expressão diversidade em linha, constante do § 2º do art. 1.836 do Código Civil, não deve mais ser restrita à linha paterna e à linha materna, devendo ser compreendidas como linhas ascendentes".

Com as famílias recompostas, cabe refletir ainda acerca da sucessão entre colaterais, na hipótese de multiparentalidade. Considera-se que, "ao ser estabelecida a filiação socioafetiva, vedada qualquer distinção em razão da origem do parentesco, os vínculos de parentesco se espalham por toda a árvore genealógica".[47] A irmandade socioafetiva pode, inclusive, alçar *status* autônomo, independentemente da relação de filiação socioafetiva.[48] Nesse caso, na ausência de descendentes, ascendentes, cônjuge ou companheiro, a herança seria devolvida aos colaterais mais próximos em grau, incluindo os socioafetivos, se houver.

PROBLEMAS PRÁTICOS

1. O filho adotado antes da Constituição de 1988 tem igual direito sucessório que o filho consanguíneo?

---

[47] Rose Melo Vencelau Meireles, Desdobramentos do parentesco socioafetivo 20 anos após a vigência do Código Civil. In: Gustavo Tepedino; Rodrigo da Guia Silva; João Quinelato, *20 anos de vigência do Código Civil na legalidade constitucional*, Foco: Indaiatuba-SP, 2023, p. 675.

[48] STJ, 4ª T., REsp 1.674.372/SP, Rel. Min. Marco Buzzi, julg. 4.10.2022, publ. DJe 24.11.2022.

2. Romana é filha biológica de Otávio e Laura. Após a separação de seus pais, Romana aproximou-se de Rui, seu primo de quarto grau, 20 anos mais velho que ela. A relação entre Romana e Rui foi se intensificando a cada dia, vindo a configurar uma filiação socioafetiva, posteriormente reconhecida no assento de nascimento de Romana. Romana, que era solteira e não vivia em união estável, faleceu no mês passado, sem deixar descendentes. Descreva a sucessão hereditária de Romana, apontando seus herdeiros, quinhões em frações, modos de suceder e partilhar a herança.

3. Antônio é filho de Bernardo e Amanda. Após se divorciar de Amanda, Bernardo se casou novamente, com Débora, que já possuía dois filhos gêmeos, Erica e Fabio, do seu casamento anterior. O tempo foi passando, até que faleceu aos 42 anos Antônio, solteiro e sem filhos. Considerando a imensa fortuna de Antônio, Débora pretende o reconhecimento *post mortem* da sua maternidade socioafetiva. Sendo julgado procedente, como ocorreria a sucessão de Antônio, diante da multiparentalidade?

Acesse o *QR Code* e veja a Casoteca.

> https://uqr.to/1pc9g

Capítulo V
A SUCESSÃO DO CÔNJUGE E DO COMPANHEIRO

Sumário: 1. A evolução da proteção sucessória do cônjuge e do companheiro no ordenamento jurídico brasileiro – 2. A sucessão do cônjuge no Código Civil – 2.1. Requisito de legitimidade do cônjuge para suceder – 2.2. O cônjuge em concorrência com os descendentes – 2.3. O cônjuge em concorrência com os ascendentes – 2.4. O cônjuge como herdeiro único – 2.5. O cônjuge e o direito real de habitação – 3. A sucessão do companheiro pelo art. 1.790 do Código Civil declarado inconstitucional – 3.1. Massa de bens sobre a qual incidem os direitos sucessórios do companheiro – 3.2. A concorrência do companheiro com os descendentes – 3.3. A concorrência do companheiro com outros parentes sucessíveis – 3.4. O companheiro como herdeiro único – 3.5. O companheiro era herdeiro necessário diante do disposto no art. 1.790 do Código Civil? – 3.6. O companheiro e o direito real de habitação – 4. Os direitos sucessórios do cônjuge e do companheiro no regime legal anterior ao Código Civil – 5. Estatutos hereditários diversos e a necessária harmonização – Problemas práticos.

1. A EVOLUÇÃO DA PROTEÇÃO SUCESSÓRIA DO CÔNJUGE E DO COMPANHEIRO NO ORDENAMENTO JURÍDICO BRASILEIRO

Entre os efeitos patrimoniais do casamento, incluem-se os direitos sucessórios entre os cônjuges, intimamente ligados ao regime de bens. De fato, em diversas hipóteses, a tutela sucessória conferida ao cônjuge supérstite encontra estreita conexão com o regime de bens adotado pelo casal. No Direito anterior ao Código Civil de 1916, na vigência das Ordenações Filipinas, Livro IV, Título 94, o cônjuge sobrevivente encontrava-se em quarto lugar na ordem da vocação hereditária, sendo chamado à sucessão depois dos colaterais até o décimo grau. Tratava-se de situação injusta, que privilegiava parentes afastados do *de cujus*, em detrimento de seu companheiro de afeto e comunhão de vida.

Evolução da proteção sucessória do cônjuge

Essa situação perdurou até o advento do Decreto nº 1.839, de 31 de dezembro de 1907, denominada Lei Feliciano Pena, em homenagem ao seu autor, que situou o cônjuge em terceiro lugar na ordem de vocação hereditária. O Código Civil de 1916 manteve a inovação introduzida pela Lei Feliciano Pena: na ordem de vocação hereditária, enunciada em seu artigo 1.603, encontrava-se o cônjuge em terceiro lugar, depois dos descendentes e dos ascendentes. No referido diploma legal, o cônjuge era herdeiro legítimo não necessário, podendo ser excluído da sucessão, bastando, para tanto, que o testador dispusesse do seu patrimônio sem o contemplar (CC/16, art. 1.725).

A sucessão hereditária prevista no Código Civil de 1916 baseou-se no parentesco consanguíneo, privilegiando a grande família patriarcal, constituída exclusivamente pelo casamento e marcada pela autoridade marital. Nessa direção, os descendentes e os ascendentes eram privilegiados em detrimento do cônjuge. Note-se que o fato de o Código prever como regime legal do casamento a comunhão universal de bens – situação que perdurou até o advento da Lei nº 6.515/77, que alterou o regime supletivo para a comunhão parcial de bens –, não corrigia as deficiências do regime sucessório do cônjuge supérstite. Este, em diversas hipóteses, poderia se ver totalmente desamparado em virtude da morte de seu consorte, quando, por exemplo, não havia bens a partilhar, ou quando o regime de bens do matrimônio era o da separação absoluta.

Transformações da família e insuficiência da proteção sucessória conferida ao cônjuge pelo CC/16

A tutela sucessória concedida ao cônjuge pelo Código de 1916, se já era considerada insuficiente por alguns estudiosos, tornou-se insustentável na medida em que a família passava por significativa modificação em seus contornos. Com efeito, a família sofreu considerável retração e democratização, tendo sido o casamento transformado em comunidade igualitária, com a paulatina emancipação da mulher e do filho, a dessacralização do vínculo conjugal, associada à sua dissolubilidade e perda de seu papel de legitimador exclusivo da entidade familiar[1].

Por ser a família um dos fundamentos do Direito das Sucessões, fornecendo os critérios para a escolha dos sucessores legítimos, suas transformações atingem diretamente a sucessão hereditária. Assim, objetivando adequar o tecido normativo à evolução da entidade familiar, foram editadas diversas leis especiais à margem do Código Civil de 1916, que cada vez mais se mostrava insuficiente quanto à regula-

Estatuto da mulher casada e o usufruto vidual

mentação das relações familiares. Nesta sede, interessa referir a Lei nº 4.121 de 27 de agosto de 1962, denominada Estatuto da Mulher Casada, que, em consonância com o papel cada vez mais relevante da mulher na sociedade brasileira, especialmente pelo exercício de atividades fora do lar, contribuindo para o sustento da família, retirou a mulher casada do rol dos relativamente incapazes, elevando-a a colaboradora do marido na direção da sociedade conjugal.

Referido diploma legislativo introduziu os parágrafos primeiro e segundo no artigo 1.611 do Código Civil de 1916, instituindo para o cônjuge sobrevivente o usufruto vidual da quarta parte dos bens do cônjuge falecido, se houvesse filhos deste ou

---

[1]   Orlando Gomes, *Direito de Família*, Rio de Janeiro, Forense, 2001, 14ª ed., p. 12.

do casal, e da metade, se não houvesse filhos, embora sobrevivessem ascendentes do *de cujus*, quando o regime de bens do casamento não era o da comunhão universal (CC/16, art. 1.611, § 1º), bem como o direito real de habitação relativamente ao imóvel destinado à residência da família, desde que fosse o único bem daquela natureza a inventariar, quando o regime de bens era o da comunhão universal (CC/16, art. 1.611, § 2º), vigorando tais direitos para o cônjuge supérstite enquanto permanecesse viúvo.

O Decreto-lei nº 3.200, de 19 de abril de 1941, que dispõe sobre a organização e proteção da família, em seu artigo 17, já previa regra similar. De acordo com tal dispositivo, cabia à brasileira, casada com estrangeiro sob regime que excluísse a comunhão universal, por morte do marido, o usufruto vitalício da quarta parte dos bens deste, se houvesse filhos brasileiros do casal ou do marido, e de metade, se não os houvesse.

Os direitos sucessórios do cônjuge sobrevivente encontraram mais um marco em sua evolução na Lei nº 883 de 21 de outubro de 1949, que dispunha sobre o reconhecimento de filhos adulterinos, dentro de determinados limites. Em seu artigo 3º, o referido diploma legal determinava que, na falta de testamento, o cônjuge casado pelo regime de separação de bens teria direito à metade dos bens deixados pelo outro, se concorresse à sucessão exclusivamente com filho reconhecido na forma daquela lei[2]. O dispositivo em referência não foi recepcionado pelo artigo 227, § 6º, da Constituição da República, que igualou para todos os efeitos legais os filhos havidos ou não da relação matrimonial.

A tutela sucessória do cônjuge supérstite encontra passagem definitiva para a estrutura normativa que privilegia a relação conjugal com o advento do Código Civil de 2002, em seus artigos 1.829, 1.838 e 1.845. Com efeito, o Código Civil de 2002 elevou o cônjuge à categoria de herdeiro necessário (CC, art. 1.845), concorrendo com os descendentes, salvo se casado com o falecido no regime da comunhão universal, no da separação obrigatória de bens e no da comunhão parcial, quando o autor da herança não houver deixado bens particulares (CC, art. 1.829, I), e com os ascendentes (CC, art. 1.829, II).

Código Civil

---

[2] Apesar de a Lei 883/49 ter atribuído direitos sucessórios ao cônjuge, não primou pela igualdade de tratamento entre todos os filhos, uma vez que os filhos adulterinos, reconhecidos por força do referido diploma legislativo, não tinham os mesmos direitos sucessórios dos filhos àquela época considerados legítimos ou legitimados. Com efeito, o art. 2º da referida lei dispunha que "o filho reconhecido na forma desta lei, para efeitos econômicos, terá direito, a título de amparo social, à metade da herança que vier a receber o filho legítimo ou legitimado". A Lei 883/49 revogou o Decreto-Lei 4.737/42, que admitia o reconhecimento do filho havido fora do casamento após o desquite. Segundo Caio Mário da Silva Pereira, os filhos reconhecidos em conformidade com o diploma legal de 1942 adquiriam todos os direitos sucessórios do pai. Assim, em perspectiva crítica e sempre em defesa da igualdade entre todos os filhos, o autor assim se pronunciou: "Trata-se de preconceito advindo do passado, e que não se justifica nos tempos presentes. Já se comentava, no começo do século, a desatualização do Código quando opunha barreira ao reconhecimento do filho adulterino. Vencido o prejuízo na década de 40, não haveria mais lugar para se manter uma inferioridade a todas as luzes insustentável. O que se deve defender, notadamente nesta fase evolutiva de nosso Direito, é que se faça abstração dos critérios restritivistas, e se considerem todos os filhos, uma vez reconhecidos, como igualmente amparados" (Caio Mário da Silva Pereira, *Reconhecimento de paternidade e seus efeitos*, Rio de Janeiro: Forense, 1996, p. 25).

O Código Civil garante, ainda, ao consorte sobrevivente, qualquer que seja o regime de bens adotado pelo casal, o direito real de habitação relativamente ao imóvel destinado à residência da família, desde que seja o único daquela natureza a inventariar (CC, art. 1.831). O cônjuge supérstite encontra, também, proteção sucessória nas normas pertinentes ao Direito Internacional Privado. É o que se depreende da análise do § 1º do artigo 10 da Lei de Introdução às Normas do Direito Brasileiro. Segundo tal dispositivo, a regra segundo a qual se aplica à sucessão por morte ou por ausência a lei do país em que era domiciliado o defunto ou o desaparecido (LINDB, art. 10, *caput*) não é absoluta. O preceito determina a aplicação à sucessão de bens de estrangeiros situados no país a lei brasileira quando esta for mais benéfica ao cônjuge ou aos filhos brasileiros. Trata-se de garantia fundamental, disposta no inciso XXXI do artigo 5º da Constituição da República.

Por outro lado, o cônjuge, de acordo com o artigo 617, inciso I, do Código de Processo Civil, desde que esteja convivendo com o falecido ao tempo de sua morte, tem preferência entre os demais herdeiros na nomeação para o cargo de inventariante.

Quanto aos direitos sucessórios do companheiro, estes tardaram a ser reconhecidos no ordenamento jurídico brasileiro. Como é sabido, o Código Civil de 1916 só contemplava uma única forma de constituição da família: o casamento civil. O concubinato, apesar de não ser proibido, encontrava pequena expressão no diploma codificado de 1916. Como único efeito positivo no aludido diploma legal, menciona-se o artigo 363, inciso I, que previa a possibilidade de o reconhecimento da filiação ser demandado quando, ao tempo da concepção, a mãe vivia em concubinato com o pretendido pai. De resto, o Diploma Civil de 1916 atribuía ao concubinato somente efeitos negativos, em virtude da caracterização do adultério de um dos partícipes da relação concubinária: o artigo 1.177 proibia a doação do cônjuge adúltero ao seu cúmplice, o artigo 1.474 determinava não ser possível instituir como beneficiário de seguro de vida pessoa legalmente proibida de receber doação, o artigo 1.719, inciso III, proibia que a concubina de testador casado pudesse ser nomeada herdeira ou legatária, e o artigo 183, inciso VII, proibia o casamento do cônjuge adúltero com o seu corréu, por tal condenado.

> Evolução dos direitos sucessórios dos companheiros

A convivência *more uxorio* sem casamento, difusamente vivenciada na sociedade, não era reconhecida pelo sistema jurídico brasileiro, daí decorrendo grave descompasso, durante muitas décadas do Século XX, entre a realidade social e as previsões contidas na codificação civil em matéria de família. Pouco a pouco, portanto, alguns efeitos foram sendo concedidos ao concubinato, especialmente pela falta de justificativa para o desfavor legislativo em relação às uniões formadas por parceiros sem impedimento legal para o casamento.

Inicialmente, conferiu-se à companheira a possibilidade de receber a indenização do companheiro morto em virtude de acidente de trabalho (Ex: Decreto-lei 7.036/44), formando-se no mesmo sentido a jurisprudência do Supremo Tribunal Federal, como se depreende do verbete 35 de sua Súmula[3]. Também os direitos previdenciários da companheira passaram a ser garantidos (Ex: Lei nº 4.297/63 e Decreto nº 77.077/76), admitindo-se, inclusive, a divisão da pensão previdenciária entre a esposa e a companheira, conforme o verbete 159 da Súmula do extinto Tribunal Federal de Recursos.

A ausência de reconhecimento das uniões concubinárias como família obrigou a jurisprudência a buscar soluções para os conflitos de interesses decorrentes de tais relações no Direito Obrigacional, invocando-se, inicialmente, a indenização por serviços prestados pela concubina ao longo da convivência, com base na vedação do enriquecimento sem causa. Ainda no direito das obrigações prosperou a tese da sociedade de fato, esta última permitindo a partilha do patrimônio adquirido pelos concubinos por esforço comum[4], admitindo-se o contrato tácito de sociedade entre os partícipes da relação concubinária.

Algumas questões, por outro lado, passaram a ser solucionadas com base em regras do Direito de Família, como aquela referente à sub-rogação dos contratos de locação. Com efeito, a legislação anterior à Lei nº 8.245/91 omitiu o companheiro como uma das pessoas legitimadas a continuar o contrato de locação em virtude da morte do locatário, contemplando somente o cônjuge nesta prerrogativa. Essa omissão foi corrigida pela jurisprudência, que passou a estender a regra, por analogia, ao companheiro[5]. Ainda no campo legislativo, a Lei nº 6.015/73 conferiu à companheira o direito de adotar o patronímico de seu companheiro, desde que demonstrado período de convivência de no mínimo cinco anos, ou houvesse filhos comuns, com impedimento legal para o casamento decorrente do estado civil de uma das partes, e o consentimento expresso do companheiro, conforme era previsto nos §§ 2º e § 3º do art. 57 da Lei 6.015/1973, tendo sido o primeiro modificado e o segundo revogado pela Lei 14.382/2022[6].

---

[3] "Em caso de acidente do trabalho ou de transporte, a concubina tem direito de ser indenizada pela morte do amásio, se entre eles não havia impedimento para o matrimônio".

[4] Vide verbete nº 380 da Súmula do STF: "Comprovada a existência de sociedade de fato entre os concubinos, é cabível a sua dissolução judicial, com a partilha do patrimônio adquirido pelo esforço comum".

[5] Sylvio Capanema de Souza, *Da Locação do Imóvel Urbano: Direito e Processo*, Rio de Janeiro: Forense, 1999, p. 111. Neste sentido: "Concubina – equiparação legal à mulher casada. Locação residencial "intuito familiae", situação da concubina protegida pela lei como se se tratasse da mulher casada. Prova de que a mesma reside no imóvel desde o início da locação" (TJRJ, 3ª C.C., Ap. Cív.1991.001.11743, Rel. Des. Torres de Mello, julg. 23.5.1991). Observe que nas hipóteses de dissolução da sociedade concubinária por fatos diversos da morte de um dos consortes, também a jurisprudência passou a estender aos companheiros a disciplina prevista para os casados nos casos de separação de fato, separação judicial ou divórcio do locatário: "Separação de fato – sub-rogação na pessoa da locação. Apartamento locado a homem solteiro amasiado. Abandono da concubina, permanecendo esta no imóvel. Despejo movido pelo locador. Improcedência" (TJRJ, 3ª C.C., Ap. Cív. 1988.001.77800, Rel. Des. Curcio da Fonseca, julg. 15.12.1988).

[6] A partir da Lei 14.382/2022, o § 2º do art. 57 passou a ter a seguinte redação: "§ 2º Os conviventes em união estável devidamente registrada no registro civil de pessoas naturais poderão requerer a inclusão de sobrenome de seu companheiro, a qualquer tempo, bem como alterar seus sobrenomes nas mesmas hipóteses previstas para as pessoas casadas."

Apesar da atribuição desses e de outros efeitos típicos do Direito de Família ao concubinato, quer no campo legislativo, quer naquele jurisprudencial (como os direitos decorrentes da legislação previdenciária e infortunística), a identificação jurídica da relação concubinária como família só se deu categoricamente com a Constituição da República, que, em seu artigo 226, § 3º, reconheceu como entidade familiar a união estável entre o homem e a mulher. O Texto Constitucional estabelece, em definitivo, a passagem do concubinato do Direito das Obrigações para o campo do Direito de Família.

Como consequência do reconhecimento constitucional das relações entre companheiros do domínio do direito de família, deflagra-se a incidência das normas relativas à sucessão hereditária. Contudo, antes da atribuição de efeitos sucessórios próprios à união estável, era preciso que a legislação a reconhecesse como família; e não havia lei expressa que concedesse aos companheiros direitos sucessórios, em que pese a já assimilação da união estável como entidade familiar pela Carta Magna. Tal contradição não se apresentava somente no campo sucessório, mas também na questão dos alimentos entre companheiros, à míngua de dispositivo textual prevendo a obrigação alimentar.

Surgiram, portanto, numerosas controvérsias quanto à autoaplicabilidade do aludido dispositivo constitucional e, na tendência daqueles que admitiam a imediata aplicação do artigo 226, § 3º, da Carta Magna, direitos sucessórios foram atribuídos à união estável, a partir de uma analogia com os direitos sucessórios conferidos aos cônjuges. Posteriormente, foram editadas as Leis nº 8.971/94 e 9.278/96, que passaram a atribuir textualmente direitos sucessórios aos companheiros. A Lei nº 8.971/94, que regulava o direito dos companheiros a alimentos e à sucessão, previa, em seu artigo 2º, incisos I e II, o direito ao usufruto da quarta parte dos bens do falecido, se houvesse filhos deste ou do casal, e da metade se não houvesse filhos, embora sobrevivessem ascendentes. Em seu artigo 2º, inciso III, referido diploma legal conferiu ao companheiro o direito à totalidade da herança na falta de descendentes e ascendentes do *de cujus*. Já a Lei nº 9.278/96, que regulava o § 3º do artigo 226 da Constituição da República, atribuiu ao companheiro supérstite, em seu artigo 7º, parágrafo único, enquanto viver ou não constituir nova união ou casamento, o direito real de habitação relativamente ao imóvel que era destinado à residência da família.

O Código Civil regulava a sucessão dos companheiros em seu artigo 1.790, no Título I, referente à Sucessão em Geral. De acordo com referido dispositivo, a companheira ou o companheiro participavam da sucessão do outro, quanto aos bens adquiridos onerosamente na vigência da união estável (CC, art. 1.790, *caput*), concorrendo com filhos comuns, hipótese em que tinham direito a uma quota equivalente à que por lei fosse atribuída ao filho (CC, art. 1.790, I), concorrendo com descendentes só do autor da herança, quando lhes tocavam a metade do que coubesse a cada um daqueles (CC, art. 1.790, II), e concorrendo com outros parentes sucessíveis, ocasião em que tinham direito a um terço da herança (CC, art. 1.790, III). Não havendo parentes sucessíveis, o Código Civil previa que o companheiro teria direito à totalidade da herança (CC, art. 1.790, IV). No entanto, note-se que, nesta última hipótese, a totalidade da herança se referia unicamente aos bens adquiridos onerosamente na vigência da união estável, em virtude do que determinava o *caput* do artigo 1.790; muito embora a interpretação sistemática com o artigo 1.844 indicasse que o companheiro, nesse caso, herdava todos os bens[7].

Diante do referido artigo 1.790, sustentou-se a desigualdade de tratamento entre o estatuto sucessório do cônjuge e do companheiro, em violação ao princípio constitucional da igualdade. Afirmou-se que a proteção constitucional dispensada à família, direcionada a cada um de seus membros (CR, art. 226, § 8º), impediria que se pudesse tutelar prioritariamente a pessoa pelo simples fato de pertencer a uma ou outra entidade familiar[8]. Sobre a questão, importante registrar que a legislação mais recente, a saber, o Código de Processo Civil (Lei nº 13.105/15), igualou o tratamento dado ao companheiro e ao cônjuge, como ocorre em relação à inventariança, consoante o já citado artigo 617, inciso I, do referido diploma legal.

Em 10.05.2017, o Supremo Tribunal Federal, por maioria, declarou o artigo 1.790 do Código Civil inconstitucional, fixando a seguinte tese de repercussão geral: "É inconstitucional a distinção de regimes sucessórios entre cônjuges e companheiros prevista no artigo 1.790 do CC/2002, devendo ser aplicado, tanto nas hipóteses de casamento quanto nas de união estável, o regime do artigo 1.829 do CC/2002"[9]. Declaração de inconstitucionalidade do art. 1.790

2. A SUCESSÃO DO CÔNJUGE NO CÓDIGO CIVIL

O Código Civil disciplina a tutela sucessória do cônjuge atribuindo-lhe uma quota da herança em propriedade plena, prevendo sua concorrência com os descendentes e ascendentes, e a atribuição de toda a herança na ausência de tais parentes (CC, art. 1.829, I, II e III). Confere-lhe, ainda, o direito real de habitação. No Código Civil, o cônjuge integra a categoria dos herdeiros necessários, juntamente com os ascendentes e os descendentes, conforme dispõe o artigo 1.845. Dessa maneira, o cônjuge não poderá ser afastado da sucessão, salvo em casos de indignidade e deserdação, sendo

---

[7]   Código Civil, "Art. 1.844. Não sobrevivendo cônjuge, ou companheiro, nem parente algum sucessível, ou tendo eles renunciado a herança, esta se devolve ao Município ou ao Distrito Federal, se localizada nas respectivas circunscrições, ou à União, quando situada em território federal".

[8]   Logo após a entrada em vigor do Código Civil, diversos autores sustentaram a inconstitucionalidade do art. 1.790. Entre tais autores, vale citar a obra de uma das autoras deste livro, Ana Luiza Maia Nevares, *A sucessão do cônjuge e do companheiro na perspectiva do Direito Civil Constitucional*, São Paulo: Atlas, 2ª ed., 2014 (edição original publicada pela Biblioteca de Teses da Editora Renovar, com o título *A Tutela Sucessória do Cônjuge e do Companheiro na legalidade constitucional*, no ano de 2004). Na mesma direção, posicionaram-se, entre outros, Luiz Paulo Vieira de Carvalho, Sucessão dos Descendentes, Sucessão dos Cônjuges e Sucessão da União Estável, *Coletânea de textos CEPAD* – 09/2003, Editora Espaço Jurídico, pp. 7-30 e Zeno Veloso, Do Direito Sucessório dos Companheiros. In: Maria Berenice Dias e Rodrigo da Cunha Pereira (coord.), *Direito de Família e o novo Código Civil*, Belo Horizonte: Del Rey, 2001, pp. 225-237.

[9]   STF, Tribunal Pleno, RE 878.694, Rel. Min. Luís Roberto Barroso, julg. 10.5.2017, publ. DJ 6.2.2018; e STF, Tribunal Pleno, RE 646.721, Rel. Min. Marco Aurélio, julg. 10.5.2017, publ. DJ 11.9.2017.

certo que esta última só poderá ser ordenada pelo testador por uma das causas que autorizam a primeira, de acordo com o que dispõe o artigo 1.961 do Código Civil.

2.1. Requisito de legitimidade do cônjuge para suceder

Legitimidade para o cônjuge suceder

O direito sucessório do cônjuge só é reconhecido se, ao tempo da morte do outro, não estavam separados judicialmente, nem separados de fato há mais de dois anos, salvo prova, neste caso, de que essa convivência se tornara impossível sem culpa do sobrevivente (CC, art. 1.830). A dissolução da sociedade conjugal acarreta a ausência de legitimidade do cônjuge para suceder. Assim, a separação judicial e o divórcio excluem o cônjuge da sucessão de seu (ex)-consorte. Questões controvertidas dizem respeito ao fato de o falecimento do cônjuge ocorrer no curso do processo de separação ou divórcio, litigioso ou consensual. Era consenso na jurisprudência que nesses casos extinguia-se o processo sem julgamento do mérito e, então, aos cônjuges não era atribuído o *status* de divorciado, mas sim de viúvo. Nessa hipótese, portanto, segundo a redação do art. 1.830, haveria a sucessão do cônjuge sobrevivente, salvo se restasse provada a separação de fato por mais de dois anos antes do ajuizamento da ação ou, ainda, que não houvesse culpa do sobrevivente em relação ao fim do casamento.

Ocorre que vem surgindo na jurisprudência o que se denominou de divórcio *post mortem*, em prestígio à vontade já manifestada pelos cônjuges, inclusive em atenção ao disposto no art. 200 do Código de Processo Civil, que determina a imediata produção de direitos processuais diante de declarações unilaterais ou bilaterais das partes[10]. Nessa direção, havendo o falecimento do cônjuge no curso do processo, o divórcio poderá ser decretado e, assim, haveria a exclusão do sobrevivente da sucessão[11].

Já o requisito de natureza temporal encontra-se desalinhado com a normativa do casamento e da sua dissolução, na medida em que se inspirava no prazo previsto para o divórcio direto (separação de fato há mais de dois anos), suprimido do ordenamento pela EC 66/2010. Além disso, dito requisito temporal, se interpretado isoladamente, entra em colisão com a regra adotada pelo Código de que a pessoa casada, mas separada de fato, pode constituir união estável com outra pessoa (CC, art.

---

[10] Eis o teor do dispositivo: CPC/2015, "Art. 200. Os atos das partes consistentes em declarações unilaterais ou bilaterais de vontade produzem imediatamente a constituição, modificação ou extinção de direitos processuais."

[11] "Divórcio. Falecimento do varão no curso da demanda. Magistrado *a quo*, porém, que, entendendo que as partes houveram, em tempo oportuno, manifestado inequivocamente sua aquiescência à dissolução da sociedade conjugal, decretou o divórcio *post mortem*, com efeitos retroativos à data de propositura da demanda. Alegação do espólio no sentido de que a partilha de bens em relação à virago deve ser efetuada nos autos do inventário. Descabimento. Dada a retroatividade da decretação do divórcio, verifica-se que, a rigor, na data do falecimento do *de cujus*, a virago já se encontrava divorciada. Direito que titulariza, pois, que tem natureza de meação, e não sucessória. Cabimento do prosseguimento da ação de divórcio, assim, a fim de que, em sede de cumprimento da sentença que o decretou, faça-se a devida partilha de bens. Decisão mantida. Recurso improvido" (TJSP, 6ª Câm. Dir. Priv., AI 2041828-39.2023.8.26.0000, Rel. Des. Vito Guglielmi, julg. 12.4.2023).

1.723, § 1º), sem qualquer exigência de tempo[12]. Mais grave é condicionar a exclusão do cônjuge separado de fato da sucessão à ausência de culpa na separação, uma vez que tal previsão normativa introduziu elemento de difícil comprovação, que há muito é criticado pela doutrina e jurisprudência do Direito de Família[13].

De fato, a busca do culpado e do inocente pelo fim do matrimônio teve sua pertinência na concepção patriarcal da família, quando o casamento era indissolúvel e o marido era o chefe da sociedade conjugal. Nesta ótica, sendo a família uma instituição, merecedora de tutela pelo simples fato de ter sido constituída através do matrimônio, a própria dissolução matrimonial já era, por si só, fato danoso, por cuja ocorrência se procurava imputar responsabilidade. Com a dissolubilidade do casamento, a igualdade entre os cônjuges e a compreensão da família como organismo social destinado a promover o desenvolvimento da personalidade de seus membros, não mais se justifica a perquirição da culpa na dissolução da sociedade conjugal.

Na hipótese de o cônjuge casado – ainda separado de fato – constituir união estável e falecer na constância de tal relacionamento, se há menos de dois anos da separação de fato, ou se não há culpa do cônjuge sobrevivente pelo fim da convivência, haveria, diante da interpretação literal da lei, a legitimidade para suceder tanto do companheiro como do cônjuge supérstite separado de fato, em concorrência. Essa duplicidade de legitimidade para suceder é discutível. Em primeiro lugar, porque o cônjuge separado de fato pode legalmente constituir união estável (CC, art. 1.723, *caput* e § 1º). Além disso, uma vez ocorrendo esta hipótese, será a união estável a entidade familiar que qualificará a relação do sucessor com o autor da herança, tornando-a relevante para a sucessão, sendo evidente a quebra da *affectio maritalis* na esteira do disposto do artigo 1.511 do Código Civil. Poder-se-ia, assim, afastar o cônjuge sobrevivente separado de fato, atribuindo-se os direitos sucessórios do falecido apenas ao companheiro[14]. Para maior segurança jurídica, outrossim, a alteração legislativa que

---

[12] Paulo Lobo, *Sucessões*, São Paulo: Saraiva, 2013, p. 123.

[13] V. sobre o tema, criticamente, Gustavo Tepedino, O Papel da Culpa na Separação e no Divórcio. In: *Temas de Direito Civil*, Rio de Janeiro: Renovar, 2008, 4ª ed., pp. 445-471.

[14] Em sentido contrário, vale citar o enunciado nº 525 da V Jornada de Direito Civil do CJF: Arts. 1.723, § 1º, 1.790, 1.829 e 1.830: "Os arts. 1.723, § 1º, 1.790, 1.829 e 1.830 do Código Civil admitem a concorrência sucessória entre cônjuge e companheiro sobreviventes na sucessão legítima, quanto aos bens adquiridos onerosamente na união estável." Vale, ainda, citar decisão do STJ, em que foi mantido o direito real de habitação concedido à esposa separada de fato há menos de dois anos por força de separação de corpos ordenada em virtude de adultério da primeira. Segundo o Relator do Recurso, Ministro Lázaro Guimarães, "considerando-se o tempo de separação de fato reconhecido pelas instâncias ordinárias, inferior a dois anos, a alegada culpa da recorrida não pode ser considerada como fundamento para excluí-la do direito à sucessão, bem assim do direito real de habitação". "Agravo interno no recurso especial. Inventário. Direito real de habitação da viúva em relação à residência do casal. Decisão monocrática. Art. 557 do CPC/1973. (...) O cônjuge herdeiro necessário é aquele que, quando da morte do autor da herança, mantinha o vínculo de casamento, não estava separado judicialmente ou não estava separado de fato há mais de 2 (dois) anos, salvo, nesta última hipótese, se comprovar que a separação de fato se deu por impossibilidade de convivência, sem culpa do cônjuge sobrevivente", sendo certo, outrossim, que "O fato gerador no direito sucessório é a morte de um dos cônjuges e não, como cediço no direito de família, a vida em comum" (STJ, 3ª T., REsp 1.294.404/RS, Rel. Min. Ricardo Villas Bôas Cueva, publ. DJe

afastasse expressamente o cônjuge separado de fato quando o *de cujus* já constituiu união estável com outrem mostra-se necessária.

Na hipótese de o cônjuge separado de fato falecer sem ter constituído uma união estável posterior à separação de fato, poderá haver a sucessão do cônjuge sobrevivente se a separação de fato for inferior ao período de dois anos[15]. No entanto, no caso de separação de fato por mais de dois anos, sem que o falecido tenha constituído uma união estável, discute-se se ainda seria possível invocar a culpa do autor da herança pela separação de fato, autorizando o sobrevivente a suceder. Enquanto há aqueles que defendem ser possível discutir a culpa[16], apesar da dificuldade de se produzir a referida prova, quer pela inexistência de critérios para caracterizar a culpa pelo fim do casamento, quer pela impossibilidade de defesa por parte do falecido, outros rechaçam essa possibilidade ao argumento de que não se pode mais discutir culpa pelo fim da sociedade conjugal no ordenamento vigente[17].

29.10.2015). 4. Hipótese em que, conforme consignado pelas instâncias ordinárias, a separação do casal decorre de decisão concessiva de separação de corpos, há menos de dois anos anteriores à data do falecimento do marido, determinando o afastamento temporário da esposa da residência familiar. Não se tratando, portanto, de separação judicial, tampouco de separação de fato, exclui-se a possibilidade de exame da culpa pela separação, assegurando-se o direito hereditário, e, por consequência, o direito real de habitação relativamente ao imóvel que servira de residência da família. 5. Agravo interno desprovido". (STJ, 4ª T., AgInt no REsp 1281438/SP, Agravo Interno no Recurso Especial 2011/0197961-3, Rel. Min. Lázaro Guimarães, julg. 05.06.2018, publ. DJe 12.06.2018).

[15] Em defesa de que a separação de fato afasta o cônjuge sobrevivente da sucessão, independentemente do lapso temporal, cfr. Ana Carla Harmatiuk Matos e Isabella Silveira de Castro, Repercussões da separação de fato no Direito Sucessório Brasileiro. In: Ana Carolina Brochado Teixeira e Ana Luiza Maia Nevares (coords.), *Direito das Sucessões*: problemas e tendências, Indaiatuba: Editora Foco, 2022, p. 30, que assim se manifestam: "conceder direito sucessório ao cônjuge apesar do rompimento da *affectio maritalis* seria atribuir-lhe vantagem sem causa, viabilizando seu enriquecimento sem causa, vedado pelo ordenamento jurídico pátrio". Nessa direção, vale citar: "Agravo de instrumento. Habilitação da viúva como única herdeira. Casamento no regime da separação de bens. Circunstância que não a impediria de herdar, precedendo colaterais. Porém, casal que já estava separado de fato. Convívio por pouco mais de dois meses, não reatado até a morte do marido, cerca de quase um ano depois. Ausência da condição de sucessor, mesmo diante da regra do artigo 1.830 do CC. Interpretação sistemática. Decisão mantida. Recurso desprovido (TJSP, 1ª Câm. Dir. Priv., AI 2228909-49.2014.8.26.0000, Rel. Des. Claudio Godoy, julg. 9.6.2023). Neste caso julgado, ocorreu a separação de fato e a virago ajuizou contra o varão uma ação anulatória de casamento, que ainda não havia sido extinta por ocasião da abertura da sucessão.

[16] Em acórdão proferido pela 4ª Turma do STJ, a relatora do caso, Ministra Isabel Gallotti, ponderou que "não há que se falar em ilegalidade ou impertinência da discussão da culpa no vigente direito sucessório", argumentando sobre as hipóteses de abandono de lar por um dos cônjuges ou decretação da separação de fato pelo Poder Judiciário dos consortes em virtude de tentativa de morte ou injúria grave. No caso em questão, havia separação de fato entre os cônjuges há mais de dois anos e, segundo a relatora, a sucessão do cônjuge separado de fato há mais de dois anos é excepcional e, portanto, "compete ao cônjuge sobrevivente separado de fato há mais de dois anos comprovar, nos termos do art. 1.830 do Código Civil, que a convivência se tornara impossível sem sua culpa" (STJ, 4ª T., REsp 1513252/SP, Rel. Min. Isabel Gallotti, julg. 3.11.2015, publ. DJe 12.11.2015).

[17] "Ação de exclusão de herdeiro. Sentença de procedência do pedido. Insurgência do réu. Autora que pretende ser declarada como única herdeira de sua irmã falecida, excluindo-se o espólio réu da condição de herdeiro em razão de separação de fato da *de cujus* há mais de quarenta anos. Aplicação do disposto no art. 1.830 do Código Civil. A Constituição Federal não exige lapso temporal para decretação do divórcio, tampouco adota a culpa como pressuposto para desfazimento do matrimônio. Manutenção da bem lançada sentença. Aplicação do art. 252 do Regimento Interno desta Corte.

2.2. O cônjuge em concorrência com os descendentes

Uma vez reconhecida a legitimidade do cônjuge para suceder, consoante o disposto no artigo 1.830 do Código Civil, passa-se ao exame da disciplina de seus direitos hereditários, segundo o disposto no artigo 1.829 do mesmo diploma legal.

Conforme o inciso I do artigo 1.829, o cônjuge sobrevivente concorre com os descendentes na sucessão de seu consorte. Nessa hipótese, o Código Civil estabelece mais um requisito para compor o direito hereditário do cônjuge: trata-se do exame do regime de bens do casamento. Realmente, a tutela patrimonial do cônjuge no direito brasileiro traduz-se em dois aspectos distintos: o regime de bens do casamento e a sucessão *causa mortis*. Cuida-se de sistema integrado no âmbito do qual, em regra, na evolução legislativa brasileira, a maior proteção conferida no regime de bens associa-se à diminuição da tutela no plano sucessório. Daí a necessidade de interpretarem-se ambas as disciplinas jurídicas de modo sistemático, para se alcançar plenamente a função promocional e protetiva do cônjuge pretendida pelo ordenamento.

> A concorrência do cônjuge com os descendentes. Análise do regime de bens

De fato, conjugar os direitos sucessórios do cônjuge ao regime de bens permite que o pressuposto sucessório do cônjuge não esteja assentado exclusivamente na conjugalidade, já que, diante do regime de bens adotado no casamento, pode-se disciplinar a tutela sucessória do cônjuge a partir de análise concreta da proteção patrimonial que deve ser dispensada ao consorte, levando em conta a divisão de patrimônio que terá lugar por força do regime de bens.

No entanto, ao elevar o cônjuge à categoria de herdeiro necessário, pode-se dizer que a solução se mostra, em certa medida, paradoxal, vez que, em matéria de regime de bens, garantiu o legislador ampla flexibilidade àqueles que pretendem se casar. Com efeito, o legislador confere ampla discricionariedade aos nubentes para fixarem o regime que melhor lhes convier, além de permitir sua alteração a qualquer tempo (art. 1.639, *caput* e § 2º). Ademais, previu plena liberdade para alienação de bens no âmbito do regime da separação absoluta (art. 1.647, I) e, no regime de participação final nos aquestos, garantiu a livre administração dos bens (art. 1.673, parágrafo único), assim como a possibilidade convencional de sua livre disposição (art. 1.656). De fato, a mesma liberdade não resta garantida no âmbito sucessório.

Na hipótese de concorrência com os descendentes, o cônjuge não participará da sucessão de seu consorte se casado com o falecido pelo regime da comunhão universal de bens, da separação obrigatória e da comunhão parcial quando não há

Sentença mantida. Recurso não provido" (TJSP, 6ª Câm. Dir. Priv., APL 1011480-61.2017.8.26.0066, Rel. Des. Christiano Jorge, julg. 2.2.2023). Destaca-se do inteiro teor: "A despeito do entendimento do apelante, correto o entendimento do MM. Juiz ao considerar a inconstitucionalidade do referido dispositivo legal no que concerne à questão da culpa, pois a Constituição Federal afastou a exigência de lapso temporal para decretação do divórcio, bem como aniquilou a discussão sobre a culpa, como corretamente considerou o juízo de primeiro grau: 'No caso de cônjuges separados de fato há mais de dois anos, não subsiste mais o vínculo afetivo decorrente da relação conjugal, remanescendo tão somente o vínculo formal não dissolvido pelas vias ordinárias. A prevalecer a interpretação literal do referido artigo legal, estar-se-ia privilegiando mero vínculo formal em detrimento do efetivo vínculo afetivo."

bens particulares. Por conseguinte, a sucessão do cônjuge em concorrência com os descendentes terá lugar, conforme o disposto no artigo 1.829, I, quando o casamento tiver sido celebrado pelos regimes da separação total convencional de bens, da participação final nos aquestos, da comunhão parcial existindo bens particulares e nas hipóteses pouco frequentes dos regimes mistos, estabelecidos por força da liberdade das convenções antenupciais (CC, art. 1.639, *caput*).

Verifica-se, portanto, que o cônjuge é afastado da sucessão quando em virtude do regime de bens já tem proteção patrimonial por força da meação. Igualmente, o cônjuge não herdará juntamente com os descendentes se o regime de bens do casamento era aquele da separação obrigatória. Se nestes casos o legislador entendeu necessário afastar qualquer comunhão entre os cônjuges, também na sucessão em concorrência com os descendentes seguiu a lei a mesma orientação de separação dos patrimônios.

Diversas controvérsias surgiram diante da disposição contida no artigo 1.829, inciso I, do Código Civil. Inicialmente, discute-se a sucessão do cônjuge casado pelo regime da comunhão parcial de bens quando o falecido deixou bens particulares. Apesar da ressalva em relação aos bens exclusivos do falecido, verificar hipótese prática em que o cônjuge nesta circunstância não seja herdeiro em concorrência com os descendentes é quase impossível, pois a existência de bens particulares é praticamente certa em todos os casamentos regidos pelo aludido regime. De fato, basta pensar no elenco determinado pelo artigo 1.659 do Código Civil, que estabelece os bens que não entram na comunhão, para verificar que sempre existirão bens particulares. Na hipótese em questão, discute-se a massa de bens sobre a qual incide o direito sucessório do cônjuge: somente quanto aos bens particulares do autor da herança ou sobre todo o acervo hereditário (meação do finado + bens particulares).

A discussão é relevante. De um lado, posicionam-se aqueles que defendem que a sucessão do cônjuge deve incidir apenas sobre os bens particulares, uma vez que a *ratio* do inciso I do artigo 1.829 foi afastar o cônjuge meeiro da sucessão. De outro lado, porém, está a posição que defende a técnica do Direito Sucessório, tendo em vista que, sendo a herança uma universalidade de direito, que é transmitida como um todo unitário aos sucessores (CC, art. 1.791), só poderão existir sucessões especiais (ou seja, em bens específicos) se o legislador assim determinar de forma expressa, o que não foi o caso do inciso I, do artigo 1.829, do Código Civil. A questão foi discutida no âmbito da III Jornada de Direito Civil, quando foi aprovado o enunciado 270, proclamando a sucessão do cônjuge apenas sobre os bens particulares[18].

Em outra direção, sustenta-se que a existência do ponto e vírgula separando a redação do inciso I do artigo 1.829 indica que o legislador pretendeu tratar de duas

---

[18] Enunciado nº 270 da III Jornada de Direito Civil do CJF – Art. 1.829: "O art. 1.829, inc. I, só assegura ao cônjuge sobrevivente o direito de concorrência com os descendentes do autor da herança quando casados no regime da separação convencional de bens ou, se casados nos regimes da comunhão parcial ou participação final nos aquestos, o falecido possuísse bens particulares, hipóteses em que a concorrência se restringe a tais bens, devendo os bens comuns (meação) ser partilhados exclusivamente entre os descendentes."

Capítulo V | A sucessão do cônjuge e do companheiro

situações distintas: aquela da comunhão universal e da separação legal de bens e aquela relativa à comunhão parcial, não se podendo aplicar na segunda hipótese a expressão "salvo se" da primeira hipótese[19]. Nessa linha, sustenta-se que nos casos de comunhão parcial sem bens particulares significa que todo o acervo hereditário foi adquirido depois do casamento e, então, ocorrendo a presunção da mútua colaboração para a aquisição do referido patrimônio, resta razoável que o cônjuge concorra com os filhos na herança composta pelos bens comuns, recebendo, ainda, a sua meação.

Tal posição foi adotada pelo Superior Tribunal de Justiça em alguns acórdãos, ao argumento de que, ao optarem pelo regime da comunhão parcial de bens, os nubentes assumiram que apenas os bens adquiridos onerosamente na vigência do casamento poderiam ser comuns, não sendo possível que o cônjuge concorresse quanto aos bens particulares, que deveriam ser destinados apenas aos descendentes, uma vez que, pelo regime de bens em comento, os bens particulares são exclusivos do cônjuge titular, não se comunicando com o outro. A linha de pensamento acima defende a projeção das consequências do regime de bens do casamento na atribuição de direitos sucessórios ao cônjuge, ao argumento de que a vontade dos nubentes subjacente à escolha do regime patrimonial de bens deve se espelhar na sucessão hereditária. Essa posição foi adotada pelo aludido Tribunal Superior nos julgamentos de casos de sucessão do cônjuge casado pelo regime da separação convencional de bens em concorrência com os descendentes. Nestes casos, o cônjuge foi afastado da sucessão por força da eleição de tal regime, apesar da expressa previsão legal em sentido contrário[20].

Tais conclusões, contudo, ferem a sistemática legal da sucessão do consorte sobrevivente. Primeiramente, deve-se registrar a já mencionada evolução dos direitos sucessórios do cônjuge no ordenamento jurídico brasileiro: do quarto lugar na ordem de vocação hereditária, atrás dos parentes colaterais até o décimo grau, o cônjuge passou a herdeiro necessário em propriedade plena no Código Civil, concorrendo com os descendentes e ascendentes, passando por usufrutuário na disciplina da Lei nº 4.121/62, que alterou a redação do artigo 1.611 do Código Civil de 1916. Trata-se de resposta às profundas alterações por quais passou a família, que culminaram com a consagração da família como instrumento de promoção da dignidade e da personalidade de cada um de seus membros (CR, art. 226, § 8º). Assim, não se poderia mais relegar o vínculo conjugal ao segundo plano. Nessa direção, foram estabelecidas as regras sucessórias do Código Civil, que conferiram ao cônjuge quota da herança em propriedade plena, estabelecendo a sua concorrência com os descendentes e com os ascendentes.

---

[19] Maria Berenice Dias, *Ponto-e-Vírgula*. Disponível em: www.mariaberenice.com.br. Acesso em 8.4.2019.

[20] STJ, 4ª T., REsp 1.111.095/RJ (2009/0029556-0), Rel. Min. Carlos Fernando Mathias Juiz Federal Convocado do TRF 1ª Região, Rel. para acórdão Min. Fernando Gonçalves, julg. 1.10.2009, publ. DJ 11.2.2010 e STJ, 3ª T., REsp. 992749/MS, Rel. Min. Nancy Andrighi, julg. 01.12.2009 e publ. DJ 5.2.2010.

Na primeira hipótese, ou seja, na concorrência com os descendentes, identifica-se pela redação do citado artigo 1.829, inciso I, do Código Civil, que o legislador teve por objetivo submeter os direitos sucessórios do cônjuge ao regime de bens do casamento, mas não *projetar* o regime de bens na atribuição dos direitos hereditários do cônjuge. Além disso, a liberdade dos nubentes no pacto antenupcial quanto ao destino de seus bens após a morte é tolhida em virtude da determinação contida no artigo 426 do Código Civil, que impede que a herança seja objeto de contrato[21]. Assim, resta incompatível com o sistema justificar a exclusão do cônjuge casado pelo regime da separação total convencional de bens da sucessão ao argumento de que a escolha de dito regime é pautada pela vontade dos nubentes em impedir a comunhão de patrimônio. Afinal, essa vontade em relação à herança seria vedada nos negócios *inter vivos* (*pacta corvina*).

A matéria foi pacificada pela Segunda Seção do Superior Tribunal de Justiça, que prestigiou a previsão legal, reconhecendo a sucessão do cônjuge, como herdeiro necessário, em concorrência com os descendentes quando casado no regime da separação convencional de bens e, ainda, prevendo que no regime da comunhão parcial de bens o cônjuge deve suceder apenas quanto aos bens particulares do *de cujus*[22].

---

[21]　Em sentido diverso, na doutrina, sustentando ser válida a disposição da concorrência sucessória por meio de pacto antenupcial, afirmando tratar-se de negócio jurídico autônomo em relação a contratos, testamentos e atos de renúncia da herança: "é perfeitamente harmônico do ponto de vista sistemático e constitucional sustentar, simultaneamente, a condição de herdeiro necessário do cônjuge (que existe para proteger o herdeiro da liberdade potestativa do testador – art. 1.845 c/c 1.789) e a livre pactuação antenupcial a respeito da concorrência sucessória do cônjuge (cuja proibição não se justifica em face da ausência de vedação legal nesse sentido e da inexistência de vulnerabilidade dos agentes envolvidos). Há de se diferenciar, portanto, a concorrência sucessória do cônjuge de sua condição de herdeiro necessário, que se impõe, nos termos do art. 1.789, como limite à liberdade do testador, mas não à liberdade dos cônjuges quando da celebração do pacto antenupcial. (...) diante da ausência de qualquer impeditivo legal para tanto e atendendo à ponderação entre os princípios da liberdade e da solidariedade, espera-se também que prevaleça a interpretação de que os cônjuges podem dispor livremente a respeito de sua concorrência sucessória no pacto antenupcial, conquanto que o façam de modo expresso" (Felipe Frank, Autonomia sucessória e pacto antenupcial: a validade da cláusula pré-nupcial de mútua exclusão da concorrência sucessória dos cônjuges. *Revista de Direito Civil Contemporâneo*, vol. 28, n. 8, jul.-set. 2021). Cfr., ainda, Mário Luiz Delgado, Pacto Sucessório. Renúncia a Direito Concorrencial. Possibilidade. Inteligência do Art. 426 do Código Civil. (Parecer). *Revista Nacional de Direito de Família e Sucessões*, n. 43, jul./ago. 2021, p. 172-191.

[22]　"Civil. Direito das Sucessões. Cônjuge. Herdeiro necessário. Art. 1.845 do CC. Regime de separação convencional de bens. Concorrência com descendente. Possibilidade. Art. 1.829, I, do CC. 1. O cônjuge, qualquer que seja o regime de bens adotado pelo casal, é herdeiro necessário (art. 1.845 do Código Civil). 2. No regime de separação convencional de bens, o cônjuge sobrevivente concorre com os descendentes do falecido. A lei afasta a concorrência apenas quanto ao regime da separação legal de bens prevista no art. 1.641 do Código Civil. Interpretação do art. 1.829, I, do Código Civil. 3. Recurso especial desprovido" (STJ, 2ª S., REsp 1382170/SP, Rel. Min. Moura Ribeiro, Rel. para acórdão Min. João Otávio de Noronha, julg. 22.4.2015). No mesmo sentido: STJ, 2ª S., REsp 1368123-SP, Rel. Min. Raul Araújo, julg. 22.4.2015, publ. DJe 8.6.2015. Sobre a comunhão parcial: "Recurso especial. Civil. Direito das sucessões. Cônjuge sobrevivente. Regime de comunhão parcial de bens. Herdeiro necessário. Existência de descendentes do cônjuge falecido. Concorrência. Acervo hereditário. Existência de bens particulares do *de cujus*. Interpretação do art. 1.829, I, do Código Civil. Violação ao art. 535 do CPC. Inexistência. (...) 2. Nos termos do art. 1.829, I, do Código Civil de 2002, o cônjuge sobrevivente, casado no regime de comunicação parcial de bens, concorrerá

CAPÍTULO V | A SUCESSÃO DO CÔNJUGE E DO COMPANHEIRO   99

Percebe-se que o legislador afastou a sucessão do cônjuge quando este já se encontra protegido na esfera patrimonial pela meação decorrente do regime de bens adotado no casamento, excluindo a sucessão nos casos de comunhão universal e de comunhão parcial sem bens particulares, regimes nos quais poderá haver bens comuns entre os cônjuges. Daí ser recorrente a afirmação de que, diante do Código Civil, o cônjuge em concorrência com os descendentes, quando meeiro, não é herdeiro. Desse modo, é a ausência de meação que justifica a sucessão hereditária do cônjuge sobrevivente quando em concorrência com os descendentes. A inexistência de patrimônio comum decorrente do regime de bens levou o legislador a contemplar o cônjuge sobrevivente na sucessão de seu consorte, aquinhoando-o com uma quota da herança.

> Meação como fundamento para a exclusão da sucessão

É verdade que o legislador ordinário afastou a sucessão do cônjuge quando em concorrência com os descendentes nas hipóteses do regime de separação obrigatória de bens. No entanto, tal circunstância não pode servir de argumento para o mesmo tratamento nos casos do regime da separação convencional de bens, tendo em vista a diversidade profunda que existe entre os dois regimes de separação: um é imposto pela lei em virtude de sanção ou de proteção a pessoas que o legislador considera que não devem ter liberdade quanto à escolha do regime de bens, enquanto o outro é eleito pelos nubentes, através da livre celebração do pacto antenupcial. Em que pese haver vozes que criticam o fato de o cônjuge não suceder na hipótese do regime da separação obrigatória de bens, exatamente pela ausência de meação que informa o referido regime[23], percebe-se que nestes casos o legislador optou por ampliar a sanção ou a proteção decorrente do aludido regime de bens, impedindo efeitos sucessórios por força de lei entre os cônjuges. A situação é diametralmente oposta nos casos do regime da separação convencional de bens, em que não há qualquer preocupação do legislador em proteger ou sancionar um ou ambos os cônjuges.

Nessa direção, gradua-se a tutela sucessória do cônjuge consoante o regime de bens adotado no casamento, de forma a estabelecer o fundamento da vocação hereditária do consorte sobrevivente não apenas no vínculo conjugal, mas também nas relações patrimoniais decorrentes do casamento. Desse modo, nos regimes de bens em que a regra é a ausência de patrimônio comum, restará justificada a sucessão hereditária imposta pela lei, para garantir a proteção do sobrevivente por ocasião da morte de seu consorte. Lembre-se que a sucessão hereditária ampara os casamentos que permanecem íntegros até o momento do falecimento de um dos cônjuges, como

---

com os descendentes do cônjuge falecido somente quando este tiver deixado bens particulares. 3. A referida concorrência dar-se-á exclusivamente quanto aos bens particulares constantes do acervo hereditário do *de cujus*. 4. Recurso especial provido". (STJ, REsp 1368123/SP, 2ª S., Rel. Min. Sidnei Beneti, Rel. para acórdão Min. Raul Araújo, julg. 22.4.2015, publ. 8.6.2015).

23   Paulo Nader acentua que a exclusão da sucessão do cônjuge casado pelo regime da separação legal de bens é "manifestamente injusta, pois, como os patrimônios eram independentes, não haverá, *in casu*, sequer a meação" (Paulo Nader, *Curso de Direito Civil*, vol. 6, Rio de Janeiro: Forense, 2008, p. 143).

se pode depreender do disposto no artigo 1.830 do Código Civil, que afasta a sucessão do consorte sobrevivente nas hipóteses de separação de fato há mais de dois anos.

No entanto, melhor faria o Código Civil se houvesse conjugado os direitos sucessórios do cônjuge ao resultado concreto da aplicação do regime de bens eleito pelos nubentes, uma vez que subordinar a sucessão do cônjuge ao regime de bens em abstrato é a principal causa das distorções na aplicação do dispositivo mencionado. Isso porque a ideia subjacente a dito sistema é que a meação já seria suficiente para proteger o consorte sobrevivente. No entanto, é possível haver regime de comunhão sem bens comuns, quando, por exemplo, apenas um dos cônjuges tem patrimônio e todos os seus bens estão gravados com as cláusulas restritivas da propriedade e regimes de separação nos quais os cônjuges são condôminos em vasto patrimônio. Além disso, no regime de comunhão parcial de bens, a existência de meação não afasta a sucessão nos bens particulares. No que tange ao direito de concorrência no regime de participação final nos aquestos, o artigo 1.685 do Código Civil permite a plena participação do cônjuge sobrevivente no patrimônio do falecido, sendo certo que, uma vez apurados os aquestos, ao cônjuge sobrevivente tocará a respectiva meação, cabendo aos herdeiros a outra, de acordo com a ordem de vocação hereditária prevista no citado artigo 1.829 do Código Civil, valendo destacar o entendimento consagrado no já citado Enunciado 270 da III Jornada de Direito Civil, no sentido de que o cônjuge só concorrerá com os descendentes quanto aos bens particulares do falecido[24].

Na concorrência do cônjuge com os descendentes, estabelece o artigo 1.832 do Código Civil o modo como deverá ser feita a partilha entre tais herdeiros. Em concorrência com os descendentes, caberá ao cônjuge quinhão igual ao dos que sucederem por direito próprio. Dessa maneira, havendo descendentes chamados por representação, a quota do cônjuge será igual àquela que toca à estirpe por inteiro. Segundo o dispositivo em referência, a quota do cônjuge não poderá ser inferior à quarta parte da herança se o cônjuge for ascendente dos herdeiros com que concorrer. Discute-se como deve ser feita a partilha, quando o cônjuge sobrevivente é ascendente de alguns dos descendentes, havendo outros que só o são do autor da herança. A lei é silente, defendendo a doutrina majoritária que a quota mínima só deve ter lugar para o cônjuge sobrevivente quando *todos* os descendentes são comuns ao cônjuge sobrevivente e ao

---

[24] A doutrina alerta que "o fato de um dos cônjuges ter recebido ou pago o crédito de participação não deve restringir seus direitos sucessórios, eis que fundados em razões distintas". José Carlos Zebulum, *O Regime de Participação Final nos Aqüestos*, Rio de Janeiro: Renovar, 2010, p. 240. "E se o regime for da participação final dos aqüestos? Pela literalidade das disposições de exclusão contidas no texto, haverá direito sucessório recíproco entre os cônjuges assim casados" (Francisco José Cahali e Giselda Maria Fernandes Novaes Hironaka, *Curso Avançado de Direito Civil – Direito das Sucessões*, vol. 6, São Paulo: Revista dos Tribunais, 2003, p. 215). No mesmo sentido: "Se o Código não excluiu expressamente o regime de participação final nos aqüestos do rol exaustivo do inciso I do art. 1.829, é de afirmar a concorrência do cônjuge com os descendentes. (...) Sobre o valor remanescente, o cônjuge sobrevivente concorrerá com os descendentes. Trata-se de direito hereditário que obedece às regras do direito sucessório (...)" (Silmara Juny Chinelato, *Comentários ao código civil: parte especial: do Direito de Família*, vol. 18, Antônio Junqueira de Azevedo (coord.), São Paulo: Saraiva, 2004, pp. 393-394).

autor da herança, tendo sido aprovado nesse sentido, na V Jornada de Direito Civil, o enunciado 527[25]. Dessa forma, se o falecido deixou até três descendentes comuns, a partilha se faz por cabeça, entre o cônjuge e tais sucessores, dividindo-se a herança em partes iguais. Se houver quatro descendentes, ou mais, a herança será dividida por quatro, ficando 1/4 para o cônjuge e os outros 3/4 para serem divididos entre os descendentes. Note-se que essa garantia de quota mínima não ocorre quando o cônjuge sobrevivente não é ascendente dos descendentes com quem concorre. Em tais casos, a herança será dividida por cabeça, em partes iguais, entre o cônjuge sobrevivente e os descendentes somente do autor da herança.

2.3. O cônjuge em concorrência com os ascendentes

Não havendo descendentes, são chamados à sucessão os ascendentes em concorrência com o cônjuge, consoante o disposto no artigo 1.836 do Código Civil. Nessa hipótese, o cônjuge sobrevivente terá legitimidade para suceder independentemente do regime de bens do casamento.

O cônjuge em concorrência com os ascendentes

De acordo com o artigo 1.837 do Código Civil, concorrendo com ascendente em primeiro grau, caberá ao cônjuge um terço da herança. Caberá a ele a metade se houver um só ascendente, ou se o grau desse for maior. Assim, concorrendo com sogro e sogra, a herança será dividida por três. Concorrendo só com sogro, dividir-se-á a herança por dois e se houver, por exemplo, três avós, a saber, o avô materno e a avó e o avô paternos, caberá ao cônjuge sobrevivente metade da herança e a outra metade será dividida entre os ascendentes de segundo grau, consoante o disposto no 1.836, § 2º do Código Civil.

2.4. O cônjuge como herdeiro único

Na falta de descendentes e ascendentes, caberá ao cônjuge a totalidade da herança, independentemente do regime de bens (CC, art. 1.838). O cônjuge é herdeiro necessário, não podendo ser afastado da sucessão pela vontade do testador, salvo nos casos de indignidade e deserdação. Dessa maneira, metade da herança pertencerá a ele de pleno direito (CC, art. 1.846)[26], podendo o testador dispor livremente da outra metade.

O cônjuge como herdeiro único

2.5. O cônjuge e o direito real de habitação

O Código Civil, em seu artigo 1.831, prevê que o cônjuge supérstite fará jus ao direito real de habitação qualquer que seja o regime de bens do casamento, sem prejuízo da participação que lhe caiba na herança. Desse modo, além da sua quota como

---

[25]   Enunciado nº 527 da V Jornada de Direito Civil do CJF – Art. 1.832. "Na concorrência entre o cônjuge e os herdeiros do *de cujus*, não será reservada a quarta parte da herança para o sobrevivente no caso de filiação híbrida."

[26]   Código Civil, "Art. 1.846. Pertence aos herdeiros necessários, de pleno direito, a metade dos bens da herança, constituindo a legítima."

Direito real de habitação

herdeiro, o consorte sobrevivente ainda exercerá o direito real de habitação, que incidirá sobre o imóvel que era destinado à residência da família, tratando-se de hipótese de legado *ex lege*, sendo tal direito vitalício. Importante registrar que, para a incidência do direito real de habitação, o imóvel deve pertencer ao autor da herança, não se admitindo a copropriedade do imóvel entre o falecido e terceiros[27], devendo estar destinado à residência da família no momento do óbito[28]. Trata-se de instituto com natureza exclusivamente sucessória, não se aplicando na hipótese de divórcio.[29]

A incidência do direito real de habitação, conforme ressalva o legislador, pressupõe que só haja um imóvel residencial no acervo hereditário. Assim, se houver apenas um imóvel residencial no monte e nele não morar os cônjuges, deixa de incidir o direito real de habitação. O mesmo pode ser dito quando há na massa de bens outros imóveis residenciais, embora alugados, emprestados ou fechados[30].

Ao eleger o cônjuge herdeiro em propriedade plena, exige-se para a incidência do direito real de habitação a existência de apenas um imóvel residencial no monte a inventariar. Se houver outros imóveis residenciais, parte destes, ou até tais bens por inteiro, caberão ao supérstite a título de herança. Mesmo nas hipóteses em que, havendo outros descendentes, o cônjuge não é herdeiro, por ser casado pelo regime da comunhão universal, ou o da comunhão parcial sem bens particulares, o exercício do direito real de habitação deve subordinar-se à existência de um único imóvel residencial no acervo hereditário, já que, nesses casos, em virtude da meação, o supérstite terá a metade de cada bem do patrimônio do casal.

Entretanto, o mesmo não pode ser dito quanto às hipóteses em que o cônjuge sobrevivente não é herdeiro nem meeiro, na presença de descendentes, tendo sido

---

[27] "Embargos de divergência. Recurso especial. Direito real de habitação. Copropriedade de terceiro anterior à abertura da sucessão. Título aquisitivo estranho à relação hereditária. 1. O direito real de habitação possui como finalidade precípua garantir o direito à moradia ao cônjuge/companheiro supérstite, preservando o imóvel que era destinado à residência do casal, restringindo temporariamente os direitos de propriedade originados da transmissão da herança em prol da solidariedade familiar.2. A copropriedade anterior à abertura da sucessão impede o reconhecimento do direito real de habitação, visto que de titularidade comum a terceiros estranhos à relação sucessória que ampararia o pretendido direito. 3. Embargos de divergência não providos" (STJ, 2ª Seção, EREsp 1520294/SP, Rel. Min. Maria Isabel Gallotti, julg. 26.8.2020, publ. DJ 2.9.2020).

[28] "Sociedade de fato – Morte de convivente – Imóvel – Direito real de habitação. Não constitui direito real de habitação para convivente sobrevivente em imóvel deixado pelo "de cujus" se, na época do óbito, o mesmo estava alugado para terceiro descaracterizando sua destinação como residência da família. Interpretação do art. 7º da Lei 9.278/96. Recurso improvido" (TJMG, 5ª C.C., Apel. Cív. 193574-1/00, Rel. Des. Campos Oliveira, julg. 1.2.2001).

[29] STJ, 3ª T., REsp 2.082.385, Rel. Min. Nancy Adrighi, julg. 12.12.2023, publ. *DJe* 15.12.2023. Com esse entendimento, a 3ª Turma do STJ negou provimento ao recurso no qual uma mulher pleiteou a aplicação, por analogia, do direito real de habitação em imóvel no qual residia com a filha e que tinha servido de residência à família na época do matrimônio. Confirmando a decisão proferida pelo tribunal de segundo grau, afirmou-se que o fato de a recorrente e sua filha permanecerem morando no imóvel que antes serviu de residência para o casal "não é suficiente para que se cogite aplicar, analogicamente, o instituto do direito real de habitação". De todo modo, excluída a incidência do direito real de habitação, a atenção nesses casos deve se voltar para os deveres de mútua assistência e de pensionamento dos filhos menores, de modo a assegurar o respeito à solidariedade familiar.

[30] Orlando Gomes, *Direito de Família*, cit., p. 168.

casado sob o regime da separação obrigatória ou da comunhão sem bens a partilhar (quando, por exemplo, todos os bens do falecido são gravados com a cláusula de inalienabilidade). Nestes casos, condicionar o direito real de habitação à existência de um único imóvel residencial a ser inventariado pode causar grandes injustiças, pois o consorte supérstite, sem receber nada a título de herança, nem ter meação, poderá, ainda, ver-se totalmente desamparado, perdendo, inclusive, o seu lar em razão da não incidência do referido direito real, em virtude da existência de mais de um imóvel residencial no acervo hereditário.

Registre-se que as normas que estabelecem o direito real de habitação têm por fim garantir direito à moradia constitucionalmente garantido (CR, art. 6º, *caput*). Para a proteção à dignidade da pessoa humana, cânone do ordenamento jurídico brasileiro (CR, art. 1º, III), é preciso que à pessoa sejam assegurados os meios materiais necessários ao desenvolvimento de sua personalidade. Assim, em razão da busca pela concretização do princípio da dignidade da pessoa humana, deve-se temperar a exigência de um único imóvel residencial no monte quando, no caso concreto, o cônjuge restar desprotegido pela ausência do direito real de habitação (sem herança, sem meação, sem moradia)[31].

Melhor disciplina seria aquela em que o benefício incidisse sobre o imóvel destinado à residência da família, desde que seja o único desta natureza a inventariar, quando há bens imóveis comuns entre os consortes ou o sobrevivente é herdeiro; não os havendo, ou não sendo o cônjuge supérstite herdeiro, a lei deveria prever a incidência do direito real de habitação sobre o imóvel que era destinado à residência da família, independentemente do número de imóveis presentes no acervo hereditário.

Por outro lado, é possível encontrar na jurisprudência decisões que afastaram o direito real de habitação quando o cônjuge sobrevivente já é detentor de imóvel que lhe garante a moradia, demonstrando a preocupação de a tutela sucessória imiscuir-se nas especificidades daquele que é agraciado com a herança do falecido, em crítica ao dispositivo referido que acabaria, em certos casos, protegendo excessivamente o

---

[31] "Embargos de declaração. Reexame por determinação do STJ. Limites da reapreciação conforme a exata dicção do Acórdão do Superior. Aos companheiros conviventes em união estável reconhecem-se hoje idênticos direitos que aqueles atribuídos aos cônjuges. Precedentes. Questão pacificada. Direito real de habitação que na forma do art. 1.831 CC se garante ao companheiro convivente supérstite. *Mens legis* do dispositivo legal que visa proteger a parte sobrevivente do casal garantindo-lhe o direito de moradia no imóvel que era destinado à residência da família. Interpretação da expressão restritiva 'único (imóvel) daquela natureza' que deve se dar pela via da hermenêutica teleológica, levando-se em conta as normas constitucionais que protegem o idoso, o direito de moradia e a dignidade da pessoa humana (arts. 230 c.c 6º CC 6º c.c 1º CF/88). Interpretação literal que se afasta. Jurisprudência que garante o direito real de habitação na forma do dispositivo da lei civil, mesmo em hipóteses de existência de outros imóveis. Imóvel da zona sul do Rio de Janeiro, próximo à praia, e onde a embargada residiu 27 anos com o obituado companheiro que não é da mesma natureza da casa situada no campo no município de Porciúncula noroeste do ERJ. Direito real de habitação que não se deve obstaculizar por meio de aplicação por analogia do art. 1.790 CC, este que teve sua aplicação restringida pelo REsp 878694, em repercussão geral. Restrição ao direito da autora que ademais não consta da legislação aplicável à hipótese. Provimento dos declaratórios para suprir os vícios apontados pelo STJ, mantendo-se integralmente o resultado do julgamento *ad quem* que gerou os aclaratórios" (TJRJ, 5ª C.C., Ap. Cív. 0203473-22.2011.8.19.0001, Rel. Des. Cristina Tereza Gaulia, julg. 4.12.2018).

cônjuge em detrimento dos descendentes ou dos ascendentes[32]. Argumenta-se que o legislador não atentou para as condições econômicas do sobrevivo, que pode ter recebido em partilha enorme acervo patrimonial ou ser possuidor de imóvel próprio não inventariado que lhe garanta a moradia, sem contar no fato de ser independente financeiramente. Some-se a isso, em perspectiva crítica, não ter sido imposta a extinção do ônus real na hipótese de o beneficiado adquirir imóvel.[33]

> **Flexibilidade na aplicação do direito real de habitação**

A atribuição do direito real de habitação ao cônjuge sobrevivo deve, assim, atentar para as circunstâncias fáticas do caso concreto. Com efeito, tendo em vista o direito à moradia, subjacente ao direito sucessório em questão, na aplicação do artigo 1.831 do Código Civil, justificar-se-á um tempero nos requisitos da lei quando estes não se coadunarem com a finalidade da norma, como ocorre quando há mais de um imóvel no monte a inventariar e o supérstite não é herdeiro nem meeiro, justificando-se, ainda, o afastamento do benefício quando as condições pessoais do sobrevivo revelam que a proteção oriunda do direito real de habitação é excessiva e desnecessária.

3. A SUCESSÃO DO COMPANHEIRO PELO ART. 1.790 DO CÓDIGO CIVIL DECLARADO INCONSTITUCIONAL

> **Análise do art. 1.790 do Código Civil declarado inconstitucional**

A sucessão do companheiro era regulada no Código Civil pelo artigo 1.790. Apesar de o referido artigo 1.790 ter sido declarado inconstitucional pelo STF, importante discorrer sobre a sua disciplina, tendo em vista que, segundo o que foi decidido pelo referido Tribunal, a decisão que declarou a inconstitucionalidade do dispositivo em

---

[32] "Inventário. Direito real de habitação da viúva, que é proprietária de outro imóvel. 1. O direito real de habitação é instituto de natureza eminentemente protetiva do cônjuge ou do companheiro supérstite, para que não fique desamparado após a morte de seu par, situação que não se verifica no caso, onde restou cabalmente demonstrado que a autora é proprietária de outro imóvel próprio para moradia. 2. Havendo herdeiras necessárias, não pode o direito delas sobre o único imóvel inventariado ser obstado, pelo reconhecimento do direito real de habitação à viúva, que possui outro imóvel e pode nele residir. Recurso provido" (TJRS, 7ª C.C., A.I. 70 060 165 313, Rel. Des. Sérgio Fernando de Vasconcellos Chaves, julg. 30.7.2014) e "União estável. Meação e deferimento de direito real de habitação. Impossibilidade. (...). O direito real de habitação, sendo o Apelante proprietário de imóvel residencial que pode suprir-lhe a necessidade de moradia, não merece acolhimento sua pretensão. Recurso não provido"(TJRJ, 18ª C.C., Ap. Cív. 2001.001.22222, Rel. Des. José de Samuel Marques, julg. 7.3.2002).

[33] Em 2024, a 3ª Turma do STJ, no REsp 2.151.939/RJ, no qual foi relatora a Min. Nancy Andrighi, excluiu dito benefício para o sobrevivente, uma vez que restou comprovado nos autos que (I) a cônjuge sobrevivente recebe pensão vitalícia em montante elevado, possuindo recursos financeiros suficientes para assegurar sua subsistência e moradia dignas; e (II) os herdeiros são os nu-proprietários do imóvel, sendo que não recebem quaisquer outros valores a título de pensão e alugam outros bens para residirem com os seus descendentes (netos do falecido), os quais também poderiam ser abrigados no imóvel inventariando. Nessa direção, o Tribunal concluiu que, em situações excepcionais, é possível relativizar o direito real de habitação quando restar devidamente comprovado que a sua manutenção não apenas acarreta prejuízos insustentáveis aos herdeiros/proprietários do imóvel, mas também não se justifica em relação às qualidades e necessidades pessoais do convivente supérstite (STJ, 3ª T., REsp 2151939/RJ, Rel. Min. Nancy Andrighi, julg. 24.9.2024, publ. *DJe* 27.9.2024). Sobre a questão, vale referir artigo pioneiro sobre o tema de Ana Luiza Maia Nevares. Uma releitura do Direito Real de Habitação previsto no art. 1.831 do Código Civil. In: Rodrigo da Cunha Pereira e Maria Berenice Dias (coord.), *Famílias e Sucessões*: polêmicas, tendências e inovações. Belo Horizonte, IBDFAM: 2018, p. 155-171.

CAPÍTULO V | A SUCESSÃO DO CÔNJUGE E DO COMPANHEIRO

referência aplica-se aos inventários judiciais em que não tenha havido o trânsito em julgado da sentença de partilha por ocasião do referido julgamento e às partilhas extrajudiciais cujas escrituras públicas não tivessem sido celebradas até aquela ocasião.

No Projeto de Código Civil, aprovado com emendas em 1984, não havia qualquer dispositivo que regulasse a sucessão entre os companheiros. Quando tramitava no Senado Federal, o senador Nélson Carneiro apresentou emenda ao Projeto com o objetivo de suprir esta lacuna. Tal emenda tem data anterior à Constituição da República e, após a apreciação de seu texto pelo Senado Federal e pela Câmara dos Deputados, a sucessão dos companheiros restou regulada pelo artigo 1.790 do Código Civil[34], declarado inconstitucional pelo STF[35].

Sucessão hereditária na união estável

Inicialmente, a disposição que regulava a sucessão dos companheiros encontrava-se no Capítulo referente às Disposições Gerais, do Título I da Sucessão em Geral. A rigor, as normas que regulam a sucessão dos companheiros não poderiam estar ao lado daquelas que estabelecem os princípios gerais do Direito Sucessório. Percebe-se, assim, a má sistematização do legislador quanto à sucessão na união estável, que melhor estaria regulada no Título II, pertinente à Sucessão Legítima, informada pelos valores que permeiam os vínculos familiares, no capítulo da ordem da vocação hereditária.

O citado artigo 1.790 limitou a sucessão do companheiro aos bens adquiridos onerosamente na vigência da união estável, prevendo a sua concorrência não só com os descendentes (CC, art. 1.790, I e II) e ascendentes do *de cujus*, mas também com os seus colaterais (CC, art. 1.790, III), prevendo que ao companheiro sobrevivente tocaria a totalidade da herança indicada no *caput* do aludido dispositivo legal apenas quando não houvesse nenhum outro parente sucessível (CC, art. 1.790, IV).

3.1. Massa de bens sobre a qual incidem os direitos sucessórios do companheiro

De acordo com o *caput* do artigo 1.790, a sucessão do companheiro limitava-se aos bens adquiridos durante a união estável *onerosamente*. Dessa maneira, o primeiro passo diante da morte de um dos companheiros era averiguar que bens fariam parte da sucessão do consorte sobrevivente. Havia, portanto, duas massas de bens, que eram submetidas a regras distintas relativas à sucessão hereditária: aquela formada pelos bens adquiridos a título oneroso durante a união estável, sobre a qual incidiria a norma do artigo 1.790 do Código Civil, e aquela formada pelos demais bens, como os adquiridos por doação, herança, fato eventual, entre outros, sobre a qual incidia a norma do artigo 1.829 e seguintes do Código Civil.

Bens adquiridos onerosamente na vigência da união estável

---

[34] Zeno Veloso, Do Direito Sucessório dos Companheiros. In: Maria Berenice Dias e Rodrigo da Cunha Pereira (coord.), *Direito de Família e o novo Código Civil*, cit., pp. 230-231.

[35] STF, Tribunal Pleno, RE 878.694, Rel. Min. Luís Roberto Barroso, julg. 10.5.2017, publ. DJ 6.2.2018 e STF, Tribunal Pleno, RE 646.721, Rel. Min. Marco Aurélio, julg. 10.5.2017, publ. DJ 11.9.2017. Em análise sobre a decisão, cfr. Gustavo Tepedino, A evolução interpretativa da codificação civil na legalidade constitucional. In: Gustavo Tepedino; Rodrigo da Guia Silva; João Quinelato (orgs.). *20 anos de vigência do Código Civil na legalidade constitucional*, São Paulo: Editora Foco, 2023, p. 3-28.

A incidência do direito sucessório do companheiro sobrevivente unicamente aos bens adquiridos onerosamente pelo falecido na vigência da união estável podia ser fonte de graves injustiças. Basta pensar na pessoa que só tenha bens adquiridos antes da união, ou somente tenha adquirido bens a título gratuito, como herança ou doação, e viva durante muitos anos em união estável. No falecimento dessa pessoa, seu companheiro nada receberia. A herança caberia por inteiro aos demais parentes sucessíveis e, não os havendo, seria devolvida por inteiro ao Estado (CC, art. 1.844). O companheiro sobrevivente, por conseguinte, podia ficar totalmente desamparado em virtude da morte de seu consorte, especialmente porque o Código Civil foi omisso quanto à concessão do direito real de habitação na sucessão daqueles que vivem em união estável, sendo certo que, em relação a este último benefício sucessório, doutrina e jurisprudência passaram a estendê-lo ao companheiro sobrevivente logo após a entrada em vigor do Código[36].

Na tentativa de evitar tamanha iniquidade, parte da doutrina sustentou que o termo *herança* presente nos incisos III e IV do artigo 1.790 devia ser interpretado em seu sentido próprio e mais abrangente, englobando todos os bens deixados pelo autor da herança e não apenas aqueles adquiridos a título oneroso na vigência da união estável, reconhecendo, no entanto, que no rigor da boa técnica, o conteúdo do *caput* deveria ser comum a todas as hipóteses em que o dispositivo se desdobrava[37]. Realmente, a proposta de interpretação apresentada esbarra na técnica legislativa, demonstrando o enorme esforço dos doutrinadores em extrair das disposições do Código Civil soluções hermenêuticas que melhorassem a posição do companheiro na sucessão.

Em relação ao inciso IV do artigo 1.790 do Código Civil, a questão ganhava outro contorno diante do que dispõe o artigo 1.844 do mesmo diploma legal, que só admite a vacância da herança na ausência de cônjuge ou companheiro ou qualquer outro parente sucessível. Assim, cotejando-se o inciso IV do artigo 1.790 e o disposto no artigo 1.844, ambos do Código Civil, na hipótese em que o autor da herança não deixava qualquer outro parente sucessível, mas apenas seu companheiro sobrevivente, a herança deixada, ainda que composta apenas por bens que não tivessem sido adquiridos onerosamente na vigência da união estável, devia caber por inteiro ao companheiro sobrevivente.

Importante registrar a lógica subjacente à disciplina da sucessão do companheiro em contraposição àquela da sucessão do cônjuge. Enquanto este último era afastado da sucessão em concorrência com os descendentes quando é meeiro, o

---

[36] A matéria foi objeto de discussão da I Jornada de Direito Civil, quando foi aprovado o Enunciado nº 117 no sentido de se estender ao companheiro sobrevivente o direito real de habitação, seja por não ter sido revogada a previsão da Lei n. 9.278/96, seja em razão da interpretação analógica do art. 1.831, informado pelo art. 6º, *caput*, da Constituição da República, *in verbis*: Enunciado nº 117 – Art. 1.831: "O direito real de habitação deve ser estendido ao companheiro, seja por não ter sido revogada a previsão da Lei n. 9.278/96, seja em razão da interpretação analógica do art. 1.831, informado pelo art. 6º, *caput*, da CR/88."

[37] Caio Mário da Silva Pereira, *Instituições de Direito Civil*, vol. VI, cit., p. 139.

CAPÍTULO V | A SUCESSÃO DO CÔNJUGE E DO COMPANHEIRO

companheiro participava da sucessão em relação aos bens adquiridos onerosamente na vigência da união estável que, em regra, são comuns, por força do disposto no artigo 1.725 do Código Civil, sendo certo, no entanto, que podem não sê-lo e, apesar disso, estariam incluídos na massa de bens sobre a qual incidia os direitos sucessórios do companheiro, por se encaixarem na definição do *caput* do artigo 1.790. Com efeito, aplica-se à união estável, *no que couber*, o regime da comunhão parcial de bens. Entretanto, é possível que contrato escrito afaste as regras de tal regime e, no silêncio da lei, tal sistema patrimonial diverso da comunhão parcial não repercutia no direito sucessório dos companheiros em virtude de ausência de previsão legal neste sentido.

3.2. A concorrência do companheiro com os descendentes

De acordo com o inciso I do artigo 1.790 do Código Civil, se o companheiro concorria com filhos comuns, receberia quota equivalente à que por lei fosse atribuída ao filho. Concorrendo com descendentes só do autor da herança, determinava o inciso II do dispositivo em referência que lhe tocaria metade do que coubesse a cada um daqueles.

Concorrência do companheiro com os descendentes

Observe-se a má redação da lei, que se referia a filhos no inciso I e a descendentes no inciso II. Diante da questão, apresentaram-se divergências quanto à interpretação dos dispositivos em exame. De fato, enquanto para alguns era preciso interpretar extensivamente a expressão *filhos* contida no artigo 1.790, inciso I, para que essa fosse lida como *descendentes*, outros consideravam que na hipótese de concorrência do companheiro sobrevivente com outros descendentes comuns do autor da herança, era preciso aplicar o inciso III do aludido dispositivo legal[38]. A matéria foi debatida na III Jornada de Direito Civil, tendo sido aprovado o enunciado 266, que consagrou a interpretação extensiva do citado inciso I do artigo 1.790 do Código Civil[39].

Dessa forma, se o companheiro sobrevivente concorria com descendentes comuns, a herança seria dividida em partes iguais entre todos, sendo certo que a quota do companheiro devia ser igual àquela estabelecida para os descendentes que sucediam por direito próprio, não havendo previsão da garantia da quota mínima de um quarto da herança, como previsto para o cônjuge diante do disposto no artigo 1.832 do Código Civil.

Em concorrência com descendentes somente do autor da herança, o companheiro sobrevivente recebia a metade do que coubesse a cada um daqueles (CC/02, art. 1.790, II). Também nesta hipótese, o quinhão do companheiro tinha como referência aquele dos que sucediam por direito próprio. Assim, na partilha, atribuía-se o número 1

---

[38] A título de exemplo, vale citar posição de Mário Roberto Carvalho de Faria, que defendeu a aplicação do inciso III do art. 1.790 à hipótese de concorrência do companheiro sobrevivente com outros descendentes comuns ao autor da herança diversos dos filhos. Mário Roberto Carvalho de Faria, *Direito das Sucessões: Teoria e Prática*, Rio de Janeiro: Forense, 2003, 3ª ed., p. 150.

[39] Art. 1.790 – "Aplica-se o inc. I do art. 1.790 também na hipótese de concorrência do companheiro sobrevivente com outros descendentes comuns, e não apenas na concorrência com filhos comuns."

para o companheiro e o número 2 para cada um dos descendentes somente do autor da herança ou para a estirpe formada por aqueles que sucediam por representação, de forma a alcançar equação em que o primeiro recebia a metade do que tocava aos segundos.

Mostrava-se mais complexa a hipótese em que o companheiro sobrevivente concorria com descendentes comuns e descendentes somente do *de cujus*, hipótese em que a lei foi omissa. Apesar da omissão, interpretava-se o dispositivo a partir do advérbio *só* presente no inciso II do artigo 1.790. Desse modo, o companheiro teria direito à quota equivalente à que por lei fosse atribuída a cada filho do falecido ainda que alguns deles fossem descendentes apenas do falecido, havendo a redução da quota do companheiro à metade da quota de cada filho somente se o falecido tivesse deixado apenas filhos exclusivos[40].

Este era o entendimento que devia prevalecer, uma vez que equiparava o tratamento sucessório quanto aos descendentes do autor da herança, privilegiando a união estável. Com efeito, só deveria ser possível atribuir o quinhão dobrado aos descendentes quando estes o eram somente do autor da herança e, não sendo possível distinguir descendentes na sucessão hereditária (CR, art. 227, § 6º), necessariamente seria preciso dividir igualmente a herança entre eles. Além disso, se a opção fosse atribuir ao companheiro metade do que coubesse a cada um dos descendentes, na esteira do que determinava o inciso II do artigo 1.790 do Código, estar-se-ia violando a proteção constitucional conferida à união estável (CR, art. 226, § 3º)[41].

Diante do disposto no inciso I do artigo 1.790, era possível que ao companheiro fosse atribuída situação mais vantajosa do que aquela atribuída ao cônjuge casado pelo regime da comunhão parcial de bens em concorrência com os descendentes. Isso porque, nesta última hipótese, o cônjuge recebe apenas uma quota quanto aos bens particulares, cabendo os bens comuns apenas aos descendentes, sendo certo que, não havendo bens particulares, o cônjuge nada recebe. Já diante do disposto no artigo 1.790, I, do Código Civil, o companheiro partilhava com os descendentes os bens comuns, dos quais, em regra, já possuía a meação.

---

[40] Guilherme Calmon Nogueira da Gama, *Direito Civil: Sucessões*, São Paulo: Atlas, 2007, 2ª ed., p. 29.

[41] "Agravo de instrumento. Sucessão. Inventário. Companheira participação como herdeira. Bens adquiridos onerosamente na constância da união estável. É permitido à companheira receber quinhão hereditário igual ao do filho comum e dos exclusivos quanto aos bens adquiridos na constância da união estável. Inteligência do art. 1.790, I, do CPC. Agravo de instrumento provido, de plano." (TJRS, 7ª C.C., A.I. 70037502127, Rel. Des. Jorge Luís Dall'Agnol, julg. 16.12.2010). Em sentido contrário: "Inventário – Partilha judicial – Participação da companheira na sucessão do *de cujus* em relação aos bens adquiridos onerosamente na constância da união estável – Concorrência da companheira com descendentes comuns e exclusivos do falecido – Hipótese não prevista em lei – Atribuição de cotas iguais a todos – Descabimento – Critério que prejudica o direito hereditário dos descendentes exclusivos, afrontando a norma constitucional de igualdade entre os filhos (art. 227, § 6º da CF) Possibilidade – Solução mais razoável, que preserva a igualdade de quinhões entre os filhos, atribuindo à companheira, além de sua meação, a metade do que couber a cada um deles – Decisão reformada – Recurso provido." (TJSP, 7ª C. D. Priv., A.I. 994.08.138700-0, Rel. Des. Álvaro Passos, julg. 24.3.2010).

3.3. A concorrência do companheiro com outros parentes sucessíveis

Em concorrência com outros parentes sucessíveis, o companheiro tinha direito a um terço da herança, conforme se depreende do disposto no inciso III do artigo 1.790 do Código Civil. A hipótese contempla os ascendentes e os colaterais até o quarto grau. Aqui, residia a crítica mais contundente à disciplina da sucessão do companheiro, uma vez que, na vigência do sistema anterior, o companheiro sobrevivente afastava os colaterais na ordem de vocação hereditária e a partir do Código Civil, o companheiro sobrevivente passou a concorrer com os colaterais, recebendo metade do que cabia a esses últimos.

Concorrência do companheiro com os ascendentes e os colaterais

Tratava-se de solução injusta, uma vez que o companheiro sobrevivente – aquele que compartilhava a vida com o falecido – recebia apenas um terço da herança compreendida pelos bens adquiridos onerosamente na vigência da união estável, cabendo os dois terços restantes aos colaterais, a quem cabia, ainda, os demais bens do autor da herança não enquadrados naqueles adquiridos a título oneroso na constância do relacionamento. A questão não tardou a ser apreciada pela jurisprudência, extraindo-se da hipótese em comento os primeiros acórdãos que decidiram pela inconstitucionalidade do artigo 1.790 do Código Civil[42].

3.4. O companheiro como herdeiro único

Não havendo parentes sucessíveis, o companheiro sobrevivente tinha direito à totalidade da herança. Na literalidade da lei, em aplicação do *caput* do artigo 1.790 do Código Civil, o companheiro sobrevivente só teria direito sucessório quanto aos bens adquiridos onerosamente na vigência da união estável. No entanto, deve-se recordar o disposto no artigo 1.844 do Código Civil, que considera a herança vacante tão somente na ausência de cônjuge, companheiro ou qualquer outro parente sucessível. Assim, o referido dispositivo podia ser invocado para atribuir ao companheiro sobrevivente toda a herança deixada pelo *de cujus*, independentemente de serem bens adquiridos a título oneroso na vigência da união estável.

Companheiro como herdeiro único

3.5. O companheiro era herdeiro necessário diante do disposto no art. 1.790 do Código Civil?

Discutia-se se o testador podia afastar a norma do artigo 1.790 do Código Civil, dispondo de todo o seu patrimônio sem contemplar o companheiro sobrevivente. Em outras palavras, indagava-se se o companheiro era herdeiro necessário diante do aludido dispositivo. Com efeito, o artigo 1.845 do Código Civil contemplou os des-

Herança necessária e o art. 1.790 do CC

---

[42] "Arguição de inconstitucionalidade. Art. 1.790, inciso III, do Código Civil. Sucessão do companheiro. Concorrência com parentes sucessíveis. Violação à isonomia estabelecida pela Constituição Federal entre cônjuges e companheiros (art. 226 §3º). Enunciado da IV Jornada de Direito Civil do Conselho da Justiça Federal. Incabível o retrocesso dos direitos reconhecidos à união estável. Inconstitucionalidade reconhecida. Procedência do incidente." (TJRJ, Órgão Especial, Arguição de Inconstitucionalidade nº 00326554020118190000, Rel. Des. Bernardo Moreira Garcez Neto, julg. 11.6.2012).

cendentes, os ascendentes e o cônjuge como herdeiros necessários. No entanto, o artigo 1.850 do mesmo diploma legal só permite que o testador exclua os colaterais da sucessão, não mencionando o companheiro sobrevivente. Evidentemente, é preciso buscar a melhor interpretação, conforme os valores propugnados pela Constituição da República. A união estável é entidade protegida constitucionalmente (CR, art. 226, § 3º). Esta proteção é concretizada em inúmeras normas. Entre elas, estão aquelas que regulam a sucessão legítima, que devem ter como fundamento a pessoa do sucessor, como integrante da comunidade familiar da qual fazia parte o *de cujus* (CR, art. 226, § 8º).

Assim, na busca da proteção plena à pessoa humana (CR, art. 1º, III), tendo em vista a família como formação social que só será protegida na medida em que seja espaço de promoção da pessoa de seus membros, sustentou-se ser o companheiro herdeiro necessário, com todas as consequências daí advindas, mantida a quota disponível em toda a sua integralidade[43].

Diante da liberdade testamentária qualitativa, prevista no artigo 2.014 do Código Civil, que admite a composição dos quinhões dos herdeiros pelo testador, ainda que com restrições em relação à maior igualdade possível entre os quinhões, à comodidade entre os herdeiros e a interesses legítimos e merecedores de tutela dos sucessores[44], era preciso aplicar o disposto no artigo 1.789 do Código Civil às duas massas de bens que se formavam diante do *caput* do artigo 1.790 do Código Civil, a saber, aquela composta dos bens adquiridos onerosamente na vigência da união estável e àquela composta pelos demais bens. Desse modo, seria possível estabelecer a quota necessária do companheiro, com base na incidência dos incisos do artigo 1.790 sobre a metade da massa dos bens adquiridos onerosamente na vigência da união estável.

Uma vez considerado herdeiro necessário, o companheiro poderia ser deserdado nos termos do artigo 1.961 do Código Civil e teria que trazer à colação as doações recebidas em vida pelo *de cujus*, quando em concorrência com os descendentes, se tais liberalidades tivessem saído da massa de bens composta por aqueles adquiridos onerosamente na vigência da união estável.

3.6. O companheiro e o direito real de habitação

Direito real de habitação para o companheiro

O Código Civil não previu expressamente para o companheiro o direito real de habitação. Diante da omissão da lei, discutia-se se o companheiro sobrevivente podia invocar tal benefício. Para alguns, o parágrafo único do artigo 7º da Lei nº 9.278/96 não foi revogado pelo Código Civil, uma vez que, em suas disposições finais e transitórias, o Código nada previu quanto às Leis nº 8.971/94 e 9.278/96. A posição ora mencionada apoia-se no disposto no artigo 9º da Lei Complementar nº 95, segundo

---

[43]   Cf. Ana Luiza Maia Nevares, *A sucessão do cônjuge e do companheiro na perspectiva do Direito Civil Constitucional*, cit., pp. 123-124.

[44]   Sobre a questão da liberdade testamentária qualitativa, seja consentido remeter o leitor a Ana Luiza Maia Nevares, *A Função Promocional do Testamento*, Rio de Janeiro: Renovar, 2009.

CAPÍTULO V | A SUCESSÃO DO CÔNJUGE E DO COMPANHEIRO

o qual a cláusula de revogação de uma lei deverá enumerar, expressamente, as leis ou disposições legais revogadas. No mesmo sentido, mas com outro fundamento, defendia-se a aplicação da analogia em relação ao casamento, tendo em vista que, na situação em comento, união estável e casamento estão em situações equiparadas, devendo ser protegidos da mesma maneira.

A matéria foi objeto de discussão da I Jornada de Direito Civil, quando foi aprovado o Enunciado nº 117 no sentido de se estender ao companheiro sobrevivente o direito real de habitação, seja por não ter sido revogada a previsão da Lei nº 9.278/96, seja em razão da interpretação analógica do artigo 1.831, informado pelo artigo 6º, *caput*, da Constituição da República[45]. Nessa linha, verificaram-se inúmeros julgados que atribuem ao companheiro sobrevivente o direito real de habitação[46].

4. OS DIREITOS SUCESSÓRIOS DO CÔNJUGE E DO COMPANHEIRO NO REGIME LEGAL ANTERIOR AO CÓDIGO CIVIL

No Código Civil de 1916 – ainda aplicável às sucessões abertas anteriormente à vigência do Código Civil de 2002 (CC, art. 2.041, art. 1.787) –, o cônjuge encontrava-se em terceiro lugar na ordem de vocação hereditária (CC16, art. 1.603, III), podendo suceder como herdeiro único, na falta de descendentes e de ascendentes, e em concorrência com estes últimos parentes, hipótese em que tinha direito a uma quota da herança em usufruto.

> Regime anterior ao CC

Com efeito, determinava o *caput* do artigo 1.611 do Código Civil de 1916 que à falta de descendentes ou ascendentes era deferida a sucessão ao cônjuge sobrevivente, se, ao tempo da morte do outro, não estava dissolvida a sociedade conjugal. De acordo com o disposto no artigo 1.725 do mesmo diploma legal, referida sucessão

---

[45] Enunciado nº 117 da I Jornada de Direito Civil do CJF– Art. 1.831: "O direito real de habitação deve ser estendido ao companheiro, seja por não ter sido revogada a previsão da Lei n. 9.278/96, seja em razão da interpretação analógica do art. 1.831, informado pelo art. 6º, *caput*, da CF/88".

[46] "Direito das Sucessões. Recurso Especial. Sucessão aberta na vigência do Código Civil de 2002. Companheira sobrevivente. Direto Real de Habitação. Art. 1.831 do Código Civil de 2002. 1. O novo Código Civil regulou inteiramente a sucessão do companheiro, ab-rogando as leis da união estável, nos termos do art. 2º, § 1º da Lei de Introdução às Normas do Direito Brasileiro – LINDB. 2. É bem verdade que o art. 1.790 do Código Civil de 2002, norma que inovou o regime sucessório dos conviventes em união estável, não previu o direito real de habitação aos companheiros. Tampouco a redação do art. 1.831 do Código Civil traz previsão expressa de direito real de habitação à companheira. Ocorre que a interpretação literal das normas conduziria à conclusão de que o cônjuge estaria em situação privilegiada em relação ao companheiro, o que deve ser rechaçado pelo ordenamento jurídico. 3. A parte final do § 3º do art. 226 da Constituição Federal consiste, em verdade, tão somente em uma fórmula de facilitação da conversão da união estável em casamento. Aquela não rende ensejo a um estado civil de passagem, como um degrau inferior que, em menos ou mais tempo, cederá vez a este. 4. No caso concreto, o fato de haver outros bens residenciais no espólio, um utilizado pela esposa como domicílio, outro pela companheira, não resulta automática exclusão do direito real de habitação desta, relativo ao imóvel da Av. Borges de Medeiros, Porto Alegre-RS, que lá residia desde 1990 juntamente com o companheiro Jorge Augusto Leveridge Patterson, hoje falecido. 5. O direito real de habitação concede ao consorte supérstite a utilização do imóvel que servia de residência ao casal com o fim de moradia, independentemente de filhos exclusivos do *de cujus*, como é o caso. 6. Recurso especial não provido". (STJ, 4ª T., REsp 1329993, Rel. Min. Luis Felipe Salomão, julg. 17.12.2013).

somente ocorria na falta de testamento que excluísse o cônjuge da herança, uma vez que o Código Civil de 1916 não incluiu o cônjuge na categoria de herdeiro necessário em propriedade plena. Nesta hipótese, recebia o cônjuge toda a herança, ou a parte não contemplada em testamento, em propriedade plena, não importando o regime de bens em que era casado com o falecido.

Ao dispositivo foi acrescido o § 1º pela Lei nº 4.121 de 27 de agosto de 1962, instituindo para o cônjuge viúvo, se o regime de bens do casamento não era o da comunhão universal e enquanto durasse a viuvez, o usufruto da quarta parte dos bens do falecido, quando houvesse filhos deste ou do casal, e da metade, se não houvesse filhos, embora sobrevivessem ascendentes do *de cujus*. O preceito ensejava numerosas controvérsias e não havia consenso na doutrina e na jurisprudência quanto à sua interpretação. Nessa direção, identificaram-se tendências doutrinárias e jurisprudenciais restritivas, que defendiam a incidência do instituto se o consorte se encontrasse efetivamente desamparado por ocasião da abertura da sucessão. Dessa forma, afastava-se o usufruto vidual se o cônjuge sobrevivente já fosse beneficiado em vida pelo autor da herança através de doações, nas hipóteses em que o supérstite fosse contemplado em testamento pelo *de cujus* e, ainda, quando o regime de bens do matrimônio era o da comunhão parcial com bens comuns[47].

Argumentava-se, ainda, que a base de cálculo para o usufruto vidual era composta unicamente pelos bens integrantes da metade disponível do *de cujus*, havendo aqueles que, embora considerassem como base de cálculo do benefício legal todos os bens da herança, admitiam sua incidência tão-somente nos bens que compunham a parte disponível do falecido, afastando-o da legítima dos herdeiros necessários[48]. Tais restrições à aplicação do dispositivo não encontravam guarida na lei, já que segundo a dicção do § 1º do artigo 1.611 do Código Civil de 1916, a atribuição do usufruto vidual estava condicionada tão somente ao regime de bens do matrimônio, que devia ser diverso da comunhão universal. Some-se a isso o fato de que tal instituto foi previsto no Livro pertinente ao Direito das Sucessões, no título referente à sucessão legítima, tratando-se, portanto, de direito sucessório, que era conferido na

---

[47] Para uma análise crítica de todas as posições restritivas, sustentando a posição do cônjuge como herdeiro necessário em usufruto V. Gustavo Tepedino, *Usufruto Legal do Cônjuge Viúvo*, Rio de Janeiro: Forense, 1991, 2ª ed.

[48] Orlando Gomes, *Sucessões*, Rio de Janeiro: Forense, 2002, p. 64: "A quota de usufruto calcula-se sobre todos os bens do acervo hereditário, compreendendo, por conseguinte, a legítima dos herdeiros necessários. Incide, porém, nos bens que componham a metade disponível; por isso que o cônjuge supérstite não tem reserva". Neste sentido, trecho do voto do Exmo. Sr. Des. Sylvio Capanema, no julgamento da Apelação Cível nº 1999.001.15599, julgada em 16/11/1999 pela 10ª Câmara Cível do TJRJ: "Por outro lado, como se percebe pela avaliação, o imóvel é de valor elevado, pelo que não ficou a viúva ao desamparo, não podendo o gravame do usufruto alcançar a legítima do herdeiro". Da mesma forma: "Usufruto – vidual – Autora já beneficiada no testamento com a parte disponível dos bens do *de cujus* – recebimento de mais uma quarta parte, prevista no art. 1.611, § 1º, do Código Civil que oneraria a legítima dos herdeiros – Recurso não provido" (TJSP, 6ª C.C., A.I.156.966-1, Rel. Des. Melo Júnior, julg. 7.11.1991), votação unânime, *in Revista de Jurisprudência do Tribunal de Justiça do Estado de São Paulo*, vol. 135, ano 26, p. 309.

modalidade de usufruto. Dessa maneira, a incidência do usufruto vidual acarretava o desmembramento do domínio de uma parte dos bens da herança (um quarto ou metade), pois enquanto o cônjuge supérstite sucedia o falecido nas faculdades de uso e gozo sobre uma porção do monte, outros herdeiros o faziam na nua-propriedade, havendo sobre um mesmo patrimônio sucessores simultâneos.

Questionava-se, ainda, a natureza da delação do usufruto: se a título universal, atribuindo ao cônjuge supérstite a qualidade de herdeiro, ou se a título singular, encerrando o artigo 1.611, § 1º, do Código Civil de 1916 um legado *ex lege*. As consequências são diversas em um ou outro posicionamento, com reflexo sobre a responsabilidade do cônjuge usufrutuário pelo passivo do monte, na possibilidade deste, como sucessor do finado, ajuizar ações para postular eventuais direitos do autor da herança, bem como na posse dos bens em usufruto. Na análise da questão, importante registrar que o que caracteriza a qualidade de herdeiro ou legatário é a natureza da delação. Sendo esta a título universal, será o sucessor investido na posição de herdeiro; ao contrário, sendo a sucessão a título singular, será o sucessor considerado um legatário, com todas as consequências daí advindas.

Dessa forma, analisando a disposição do § 1º do artigo 1.611 do Código Civil de 1916, não padece dúvida de que o cônjuge supérstite não casado pelo regime da comunhão universal de bens sucedia a título universal, uma vez que o direito de usufruto recaía sobre uma quota parte dos bens do falecido – um quarto ou a metade, conforme concorresse ou não com descendentes – tratando-se, então, da investidura na posição de *herdeiro* do autor da herança.

Constata-se, portanto, que o legislador de 1962 consagrou de forma imperativa um direito hereditário ao cônjuge sobrevivente na modalidade de usufruto, que estava subordinado tão-somente ao regime de bens do casamento, sendo o cônjuge sobrevivente herdeiro necessário em usufruto, que não podia ser afastado da sucessão por vontade do testador, sob pena de redução das disposições testamentárias[49]. Em tal perspectiva, o cônjuge sobrevivente tinha direito ao usufruto de um quarto dos bens do falecido, na hipótese de concorrência com os descendentes, e de metade, se concorresse com ascendentes ou com outros sucessores designados no testamento pelo autor da herança.

---

[49] "Usufruto – Casamento sob regime de separação de bens – Morte do marido – Direito assegurado à esposa – Aplicação do art. 1.611, § 1º, do CC. O fato de ter o *de cujus*, casado sob regime de separação, instituído os colaterais herdeiros da universalidade de seus bens não exclui o direito do cônjuge sobrevivente ao usufruto, nos termos do art. 1.611, § 1º, com a redação dada pela Lei 4.121/62" (TJSP, 6ª C.C., Ap. Cív. 21.795-1, Rel. Des. Gonçalves Santana, julg. 16.9.1982, unânime, *in Revista dos Tribunais*, ano 71, dezembro de 1972, vol. 566, p. 63). "Inventário – Direito ao usufruto dos bens, nos têrmos do art. 1.611, § 1º, do Código Civil, reclamado pelo marido da falecida – Existência de testamento, que não invalida a pretensão do cônjuge sobrevivente. O simples fato da *de cujus*, por ser casada no regime de separação de bens, haver instituído legatários não exclui o direito do marido sobrevivente de haver usufruto dos bens conforme dispõe, expressamente, o artigo 1.611, § 1º, do Código Civil, com a redação dada pela Lei 4.121/62 e que criou o que se denomina de legado *ex lege* que independe da vontade do outro cônjuge". (TJSP, 4ª C.C., Ap. Cív. 184.742, Rel. Des. Barbosa Pereira, julg. 26.2.1970, unânime, *in Revista de Jurisprudência do Tribunal de Justiça do Estado de São Paulo*, vol. XII, janeiro, fevereiro e março de 1970, pp. 97-98).

Do mesmo modo, eventual partilha em vida realizada pelo autor da herança deveria observar o usufruto vidual, admitindo-se, ainda, que o cônjuge antecipasse a legítima em usufruto do outro, através de doação, ou a estipulasse no ato de última vontade. Para tanto, bastaria especificar no instrumento que o ato de liberalidade se vinculava ao benefício previsto no citado artigo 1.611, § 1º, do Código Civil de 1916.

A quota em usufruto era calculada sobre os bens existentes no momento da abertura da sucessão, uma vez abatidas as dívidas do falecido, excluindo-se as doações realizadas aos descendentes como adiantamento de legítima. O cônjuge usufrutuário, embora herdeiro necessário na sua quota-parte em usufruto, não estava obrigado a colacionar os bens que recebeu em vida do autor da herança, já que a colação só ocorre nos casos expressamente designados na lei e tal obrigação não foi prevista para o cônjuge usufrutuário[50].

Calculado sobre os bens existentes ao tempo da abertura da sucessão, o usufruto incidia sobre a parte dos bens integrantes da legítima, já que a quota disponível foi mantida em toda a sua plenitude. Assim, se houvesse descendentes, estes tinham a propriedade plena de metade da reserva (um quarto do patrimônio total do finado) e a nua-propriedade da outra metade da quota necessária, sobre a qual incidia o usufruto legal do cônjuge viúvo. Já na hipótese de haver ascendentes, estes tinham a nua-propriedade dos bens integrantes da reserva hereditária, enquanto o cônjuge sobrevivente tinha o usufruto. Dupla era a transmissão da quota legítima aos reservatários, desmembrando-se o domínio.

Se o casamento fosse celebrado pelo regime da comunhão universal de bens, cabia ao cônjuge sobrevivente o direito real de habitação relativamente ao imóvel destinado à residência da família, desde que fosse o único bem daquela natureza a inventariar, enquanto vivesse e permanecesse viúvo. Tal previsão encontrava-se no § 2º do artigo 1.611 do Código Civil de 1916, introduzido neste diploma legal pela Lei nº 4.121/62. Ao conferir o direito real de habitação ao cônjuge sobrevivente, estabeleceu um legado *ex lege*, que seria exercido mesmo contra o testamento que eventualmente atribuísse todos os bens do autor da herança a terceiros, excluindo o cônjuge da sucessão, na forma do artigo 1.725 do diploma legal citado.

Leis 8.971/94 e 9.278/96

Quanto aos companheiros, seus direitos sucessórios foram previstos textualmente, pela primeira vez, na Lei nº 8.971, de 29 de dezembro de 1994, que se propôs a regular o direito dos companheiros aos alimentos e à sucessão. Em seu artigo 2º, inciso I, foi atribuído ao companheiro sobrevivente, enquanto não constituísse nova união, o direito ao usufruto de um quarto dos bens do *de cujus*, se houvesse filhos deste ou comuns. Na ausência de filhos, mas sobrevivendo ao *de cujus* ascendentes,

---

[50] O fato de o cônjuge ser herdeiro necessário e não estar obrigado à colação não é nenhuma incongruência da lei. É preciso lembrar que nem todos os herdeiros reservatários estão obrigados a colacionar os bens recebidos em vida pelo finado. Os ascendentes, a despeito de serem herdeiros necessários, não estavam obrigados à colação no Código Civil de 1916, o mesmo se passando no atual Código. De mais a mais, não há na sucessão outros herdeiros legitimários que sucedem em usufruto, não sendo, portanto, necessário igualar a quota do cônjuge usufrutuário com a de outros sucessores.

CAPÍTULO V | A SUCESSÃO DO CÔNJUGE E DO COMPANHEIRO

o usufruto legal incidia sobre a metade dos bens do acervo hereditário, enquanto o companheiro sobrevivente não constituísse nova união, consoante o inciso II, do artigo 2º, do diploma legal em referência. Na ausência de descendentes e ascendentes, ao companheiro sobrevivente tocava a totalidade da herança (Lei nº 8.971/94, art. 2º, III). A Lei 8.971/94 previu, em seu artigo 3º, o direito de os companheiros partilharem os bens que fossem fruto de atividade em que tivesse havido a colaboração do outro.

Posteriormente, a Lei nº 9.278 de 10 de maio de 1996, ao regular o § 3º do artigo 226 da Carta Magna, concedeu ao convivente sobrevivente, enquanto vivesse ou não constituísse nova união, em seu artigo 7º, parágrafo único, o direito real de habitação, relativamente ao imóvel destinado à residência da família. Essa lei previu, em seu artigo 5º, a presunção de que os bens adquiridos onerosamente na vigência da união estável eram considerados fruto do trabalho e da colaboração comuns, passando a pertencer a ambos os conviventes em partes iguais e em condomínio. A partir das duas leis mencionadas regulando a mesma matéria, controvérsias surgiram, ensejando diversas interpretações doutrinárias e jurisprudenciais. Com efeito, indagava-se se a Lei nº 9.278/96 revogou total ou parcialmente a Lei nº 8.971/94 ou, ainda, se ambas coexistiam na íntegra[51]. Nesta sede, adota-se o entendimento segundo o qual a Lei nº 9.278/96 apenas derrogou a Lei nº 8.971/94. Esta última, portanto, mantinha-se naquilo que não fosse incompatível com a lei mais recente.

## 5.	ESTATUTOS HEREDITÁRIOS DIVERSOS E A NECESSÁRIA HARMONIZAÇÃO

Diante da perspectiva plural das entidades familiares prevista na Constituição da República, que consagrou como família além do casamento a união estável entre um homem e uma mulher e a família monoparental, não há dúvidas quanto ao fato de que tais entidades familiares constituem *numerus apertus*, podendo existir outras formações sociais com natureza de família. De fato, por ocasião do julgamento da ADI 4.277/2011, foi reconhecida de forma expressa a união estável homoafetiva como entidade familiar, seguindo-se em 2013 a Resolução 175 do Conselho Nacional de Justiça, que proibiu aos cartórios recusarem pedido de habilitação para casamento de

Equiparação do casamento e da união estável na sucessão legal

---

51	Vale citar acórdão do STJ no sentido da coexistência de ambas as leis em sua íntegra: "União estável. Reconhecimento. Prazo. Lei nº 8.971/94. 1. O prazo de cinco anos a que se refere o art. 1º da Lei nº 8.971/94 está confinado aos benefícios da Lei nº 5.478/68 e aos direitos sucessórios, não condicionando o conceito de união estável, que já na Lei nº 9.278/96 está apresentado como "convivência duradoura, pública e contínua de um homem e uma mulher estabelecida com o objetivo de constituição de família. 2. Recurso especial não conhecido." (STJ, 3ª T., REsp. 246909/SP, Rel. Min. Carlos Alberto Menezes Direito, julg. 6.12.2001, publ. DJ 25.3.2002, p. 272). No voto vencedor, leciona Carlos Alberto Menezes Direito: "o prazo de cinco anos a que se refere o art. 1º da Lei 8.971/94 está confinado aos benefícios da Lei nº 5.478/68 e aos direitos sucessórios, não condicionando o conceito de união estável, que já na Lei 9.278/96 está apresentado como *convivência duradoura, pública e contínua de um homem e uma mulher, estabelecida com o objetivo de constituição de família*". No sentido da ab-rogação da Lei 8.971/94 pela Lei 9.278/96, Paulo Roberto de Azevedo Freitas, O Novo Regime Jurídico da União Estável. A ab-rogação da Lei 8.971/94 pela Lei 9.278/96, *Revista dos Tribunais*, ano 86, v. 736, fevereiro de 1997, pp. 40-44.

noivos do mesmo sexo. Os debates prosseguem, sendo recorrentes as discussões sobre as famílias simultâneas, bem como sobre o denominado poliamor.

Ante as variadas formas de família, cabe ao legislador regulamentá-las e, na consagração de seus direitos e deveres, reside a necessidade de preservar a igualdade. Indaga-se, assim, em quais aspectos deve haver igualdade entre as entidades familiares, sendo a sucessão hereditária uma das esferas de tal debate, em virtude do tratamento diferenciado entre cônjuge e companheiro no Código Civil. Uma vez violada a igualdade, viola-se a dignidade da pessoa humana, já que a Constituição da República estabelece em seu artigo 226 que a família é a base da sociedade e tem especial proteção do Estado, sem distinguir as entidades familiares. Tal proteção direciona-se à pessoa de cada membro da família, consoante o § 8º do citado artigo 226.

Registre-se que o direito de herança é garantia fundamental do cidadão, conforme previsto no inciso XXX do artigo 5º da Constituição da República. Além disso, nesse exame, é preciso se distanciar de reflexão mais ampla, acerca da ampliação da liberdade testamentária em detrimento da proteção da família ou vice-versa, em especial quanto à posição do cônjuge e do companheiro. Tal questão demandaria a atuação do legislador.

Na vigência da legislação anterior, os direitos sucessórios dos cônjuges e dos companheiros eram praticamente iguais, sendo certo, portanto, que nesse aspecto o Código Civil operou um retrocesso quanto ao companheiro em relação ao direito fundamental à herança e à proteção à família, o que é vedado em nosso ordenamento jurídico. Some-se a isso o fato de que a legislação mais recente que tangencia a matéria, a saber, o Código de Processo Civil de 2015, equiparou o cônjuge e o companheiro em todos os aspectos processuais referentes às questões de família.

Evidentemente, casamento e união estável são institutos jurídicos diversos e, portanto, terão suas diferenças. No entanto, na medida em que ambos constituem entidades familiares, é preciso identificar os pontos em que devem se diferenciar e aqueles em que devem ser equiparados. A diferença entre o casamento e a união estável encontra-se no modo pelo qual se constituem. Estruturalmente são institutos diversos, já que o casamento é formado a partir de ato formal, solene e público, enquanto a união estável se constitui de modo espontâneo e informal. Funcionalmente, no entanto, ambos são equivalentes, já que se destinam a constituir família, que é a base da sociedade e tem especial proteção do Estado, direcionada à pessoa de cada um de seus membros, promovendo a dignidade de seus componentes.

Estrutura e função

Quer isso dizer que naqueles pontos relacionados à estrutura dos institutos, não será possível equiparar a união estável ao casamento, porque tais estruturas são diversas. Já quanto aos aspectos relacionados à sua função, ao seu resultado de constituição de família, como lugar privilegiado de proteção da pessoa humana, a igualdade é indispensável, sob pena de discriminarem-se pessoas pelo simples fato de terem constituído entidades familiares diversas.

Muitos efeitos decorrem do ato formal matrimônio, pela segurança de tal ato para os partícipes do casamento e para os terceiros que com eles se relacionam. Basta pensar, por exemplo, na emancipação e na outorga conjugal. É por isso que o legislador constituinte determinou em seu § 3º do artigo 226 que o legislador deve facilitar a conversão da união estável em casamento. Com tal previsão não estabeleceu famílias de primeira e segunda classe, pretendendo tão somente conferir maior segurança associada às relações formais. Dito diversamente, entre as entidades familiares não há hierarquia, já que todas desempenham a mesma função, qual seja, promover o desenvolvimento da pessoa de seus membros, devendo haver igualdade diante da proteção estatal. Com efeito, a tutela da dignidade da pessoa humana há de ser igual para todos e não se poderia graduar essa tutela de acordo com o tipo de entidade familiar.

Nessa direção, nos aspectos decorrentes da função da família, ou seja, institutos e efeitos que têm sua razão de ser na solidariedade familiar, deve haver equiparação de direitos entre cônjuges e companheiros. Na família, o dever de solidariedade realiza-se em diversos momentos da convivência familiar. Assim é a obrigação alimentar recíproca entre os membros da família, a legitimação dos componentes da família em proteger a personalidade da pessoa após o seu falecimento, a sub-rogação dos contratos de locação após o falecimento do familiar titular de tal ajuste como locatário, entre outros.

<!-- margin note: Solidariedade familiar -->

Nessa mesma orientação em favor da solidariedade tem-se invocado as regras da sucessão legal. Com efeito, a família é um dos fundamentos da sucessão hereditária, constituindo a formação social da qual emanam os herdeiros legítimos de uma pessoa. Argumenta-se nessa mesma linha que, ao pretender o legislador tutelar na sucessão legal o consorte – cônjuge ou companheiro – o tratamento na sucessão hereditária não teria razão para ser diverso, uma vez que tanto o casamento quanto a união estável desempenham a mesma função de constituição de família, sendo certo que cônjuge e companheiro estão na mesma posição nas respectivas entidades familiares[52]. Ao propósito, a identificação da mesma *ratio legis* nas normas relativas à sucessão hereditária no casamento e na união estável foi reconhecida por ocasião das Jornadas de Direito Civil, promovidas pelo Conselho da Justiça Federal, conforme enunciado 117 da I Jornada de Direito Civil já citado, relativo ao direito real de habitação em favor do companheiro sobrevivente.

Registre-se novamente: entre as entidades familiares não há hierarquia, já que todas desempenham a mesma função – promover o desenvolvimento da pessoa de seus membros. Não há superioridade de uma em relação à outra, mas igualdade diante da proteção estatal (CR/88, art. 226, *caput*), uma vez que a tutela da dignidade da pessoa humana (CR/88, art. 1º, III) é igual para todos e não se poderia tutelar mais ou menos uma pessoa pelo simples fato de integrarem famílias diversas.

---

[52] Essa vem sendo a posição sustentada por Ana Luiza Maia Nevares desde a entrada em vigor do Código Civil. Ana Luiza Maia Nevares, *A sucessão do cônjuge e do companheiro na perspectiva do Direito Civil Constitucional*. São Paulo: Atlas, 2ª edição, 2014 (edição original pela Biblioteca de Teses da Editora Renovar, com o título *A Tutela Sucessória do Cônjuge e do Companheiro na legalidade constitucional*, no ano de 2004).

Como já exposto, em 10.05.2017, o Supremo Tribunal Federal, por maioria, declarou o artigo 1.790 do Código Civil inconstitucional, fixando a seguinte tese de repercussão geral: "É inconstitucional a distinção de regimes sucessórios entre cônjuges e companheiros prevista no art. 1.790 do CC/2002, devendo ser aplicado, tanto nas hipóteses de casamento quanto nas de união estável, o regime do art. 1.829 do CC/2002"[53].

Vale registrar que o julgamento em questão não importa em equiparação absoluta da união estável ao casamento, mas sim ao reconhecimento da posição aqui exposta: as normas relativas à função da família, ou seja, aquelas que encontram o seu fundamento na solidariedade familiar, devem ser aplicadas ao casamento e à união estável de maneira uniforme. Nesse sentido, foi aprovado na VIII Jornada de Direito Civil o Enunciado 641, assim ementado, *in verbis*: "Art 1.790: A decisão do Supremo Tribunal Federal que declarou a inconstitucionalidade do art. 1.790 do Código Civil não importa equiparação absoluta entre o casamento e a união estável. Estendem-se à união estável apenas as regras aplicáveis ao casamento que tenham por fundamento a solidariedade familiar. Por outro lado, é constitucional a distinção entre os regimes, quando baseada na solenidade do ato jurídico que funda o casamento, ausente na união estável"[54].

A orientação firmada pelo STF tem enorme repercussão para as famílias brasileiras. Segundo pesquisa do IBGE divulgada em 2012, mais de 1/3 dos casais brasileiros vivem sem oficialização, demonstrando quantas pessoas já foram e serão atingidas pela aludida decisão. Por conseguinte, na linha do entendimento do Supremo Tribunal Federal apresentado pela maioria dos Ministros, diante de uma sucessão em que há companheiro sobrevivente, será preciso aplicar aos seus direitos sucessórios o disposto no artigo 1.829 do Código Civil por analogia, perquirindo as relações patrimoniais que regem a união estável, quando houver concorrência com os descendentes como

---

[53] STF, Tribunal Pleno, RE 878.694, Rel. Min. Luís Roberto Barroso, julg. 10.5.2017, publ. DJ 6.2.2018 e STF, Tribunal Pleno, RE 646.721, Rel. Min. Marco Aurélio, julg. 10.5.2017, publ. DJ 11.9.2017.

[54] Aplicando a lógica do requisito da continuidade da união estável em discussão relativa ao direito sucessório, aliás, a 3ª Turma do STJ afirmou que a companheira só é herdeira se a união estável existiu até a morte do parceiro. Assim, a Corte negou provimento ao recurso especial ajuizado por uma mulher com o objetivo de ser reconhecida como herdeira do ex-companheiro falecido. Os dois tiveram um relacionamento, mas encerraram a relação. Os desentendimentos levaram ao ajuizamento de ação de dissolução da união estável, com pedido de partilha e pensão, e a uma medida protetiva motivada por violência doméstica. Segundo o acórdão, o desenlace desses fatos foi o suicídio do homem. Sua ex-companheira, então, passou a buscar habilitação nos autos do inventário para entrar na meação dos bens como herdeira. O pedido foi negado pelas instâncias ordinárias. No STJ, afirmou o relator: "Como entidade familiar, a união estável é livre na sua constituição, ou seja, não existem aspectos formais para a sua configuração como acontece no casamento, ato eminentemente solene, sendo bastante o fato de os conviventes optarem por estabelecer a vida em comum, independentemente de qualquer formalidade. (...) Para que o companheiro sobrevivente ostente a qualidade de herdeiro, a união estável deve subsistir até a morte do outro parceiro, não podendo haver entre eles a ruptura da vida em comum, existindo a convivência na posse do estado de casados. No caso, a recorrente postulou a dissolução da união estável, antes do óbito do seu companheiro" (STJ, 3ª T., REsp 1.990.792/RS, Rel. Min. Moura Ribeiro, julg. 20.8.2024, publ. *DJe* 22.8.2024).

ocorre com o cônjuge. Ao companheiro sobrevivente tocará também o direito real de habitação, tal como já vinha sendo-lhe garantido antes da declaração de inconstitucionalidade do artigo 1.790.

O STF modulou os efeitos da referida decisão – RE 646.721/RS E 878.694/MG (Tema 809) –, tornando-a aplicável aos inventários judiciais anteriores à declaração de inconstitucionalidade em que não tenha havido trânsito em julgado da sentença de partilha por ocasião do referido julgamento e às partilhas extrajudiciais em que ainda não haja escritura pública.

O STJ, ao aplicar a Tese do STF sobre a modulação de efeitos da declaração de inconstitucionalidade do art. 1.790 do Código Civil, garantiu à companheira sobrevivente o direito a participar da sucessão de seu companheiro falecido, uma vez que, no caso concreto, não havia ocorrido o trânsito em julgado da sentença de partilha. Na situação em julgamento, incluiu-se a companheira na partilha de um imóvel adquirido pelo falecido antes da união estável, embora ela já houvesse sido excluída da partilha desse mesmo bem por força de decisão judicial anterior ao julgamento em comento do STF[55].

Já em outro caso, ao acatar a modulação de efeitos adotada pelo STF, a 3ª Turma do STJ considerou inalterável o acordo firmado por quatro irmãos com a companheira do falecido para a partilha de bens e direitos, cuja homologação judicial havia sido requerida no processo de inventário. Na hipótese em comento, antes de homologado o acordo, uma vez fixada a tese pelo Supremo da igualdade do regime sucessório previsto pelo artigo 1.790 do Código Civil entre cônjuges e companheiros, a companheira do falecido requereu a exclusão dos irmãos do falecido e o deferimento integral da herança em seu favor, sustentando que jamais teria realizado o acordo diante do

---

[55] STJ, 3ª T., REsp 1.904.374/DF, Rel. Min. Nancy Andrighi, julg. 13.04.2021, DJe 15.4.2021. Segundo a relatora do recurso, Ministra Nancy Andrighi, a lei incompatível com o texto constitucional padece do vício de nulidade e, como regra, a declaração da sua inconstitucionalidade produz efeitos *ex tunc* (retroativos). Por esse motivo, aplica-se às ações de inventário em que ainda não fora proferida sentença de partilha, mesmo que tenha havido, no curso do processo, decisão que excluiu companheiro da sucessão. Segundo a relatora, excepcionalmente, por razões como a proteção à boa-fé, tutela da confiança e previsibilidade, pode ser conferida eficácia prospectiva (efeito *ex nunc*) às decisões que declaram a inconstitucionalidade de lei. No entanto, essa modulação deve ser interpretada restritivamente. Somado ao entendimento, a relatora verificou que a sentença de partilha não havia transitado em julgado, mas somente a prolação de decisões sobre a concorrência hereditária de um bem específico. Destaque-se, ainda, decisão proferida em 2020 pela 8ª Câmara Cível do Tribunal de Justiça do Rio Grande do Sul, que entendeu que a regra que diferencia a união estável e casamento também deve valer na sobrepartilha. No caso, o autor da herança vivia em união estável sob o regime da comunhão parcial de bens com sua companheira. Após a morte do homem, foram lavrados inventário e partilha com observância do regramento contido no artigo 1.790 do Código Civil. Com a descoberta de um novo bem, não houve consenso entre os filhos e a viúva para sua divisão. Fato que foi apresentado ao Poder Judiciário, alcançando as instâncias recursais. Na análise do recurso, o colegiado aplicou o regramento do art. 1790 do Código Civil à sobrepartilha, que fora ajuizada posteriormente a declaração de inconstitucionalidade do mencionado artigo. Para o colegiado, a aplicação do art. 1.829, I, do Código Civil, beneficiaria desproporcionalmente a viúva, que além ser meeira e herdeira dos bens comuns, seria herdeira dos bens particulares na sobrepartilha, se aplicado o entendimento do STF. (TJ/RS, 8ª C.C, AI 70083387449, Rel. Des. José Antônio Daltoé Cezar, julg. 30.1.2020, DJ 31.1.2020).

regime sucessório agora prevalente. Tal pleito, contudo, foi indeferido, justamente em virtude da modulação de efeitos, entendendo o Tribunal que a igualdade do regime sucessório não se aplica a acordo já celebrado, cessando o litígio, ainda que pendente de homologação até o referido julgamento pela Corte, ou seja, o STF limitou temporalmente a aplicação da tese aos processos em que ainda não houvesse trânsito em julgado da sentença de partilha[56].

A modulação de efeitos das decisões do STF suscita dois aspectos centrais: em primeiro lugar, não há no Brasil, a rigor, o princípio da irretroatividade das leis; toda lei nova atinge efeitos produzidos (no mundo jurídico regulado, até então,) pela lei antiga. Não há na vida real a mudança automática de cenário entre a lei antiga (inconstitucional) e a lei nova (como definida e interpretada pelo poder judiciário)[57]. Do ponto de vista jurídico, o que há é a proteção constitucional ao direito adquirido e ao ato jurídico perfeito constituído sob a vigência da lei antiga; além disso, como segundo aspecto igualmente relevante, o "direito novo" proclamado pelo STF supõe a ausência de base constitucional para a norma anterior declarada inconstitucional. A modulação pretende, portanto, estabelecer transição legislativa menos traumática possível entre (os efeitos produzidos na regência de) o direito antigo e o direito novo, de modo a compatibilizar a necessidade de alteração urgente do cenário regulado por uma lei inconstitucional, e a segurança jurídica, que exige estabilidade na alteração das normas legais.

Quanto ao fato de o companheiro integrar o rol dos herdeiros necessários, em sede de embargos de declaração[58], o STF entendeu que não houve discussão a respeito do tema. Diante disso, a doutrina tem divergido sobre a questão[59]. O Superior Tribunal de Justiça, no entanto, já se manifestou pela afirmativa em mais de uma opor-

---

[56] STJ, 3ª T., REsp nº 2050923/MG, Rel. Min. Nancy Andrighi, jul. 23.5.2023, publ. DJe 25.5.2023.

[57] Sobre o conflito de leis no tempo e a problemática da irretroatividade, v. Gustavo Tepedino e Milena Donato Oliva, no vol. 1 desses *Fundamentos do Direito Civil, Teoria Geral do Direito Civil*, 3. ed., 2022, p. 88 e ss.

[58] O STF entendeu que: "(...) não há que se falar em omissão do acórdão embargado por ausência de manifestação com relação ao artigo 1.845 do Código Civil, pois esse dispositivo não foi objeto da repercussão geral reconhecida pelo Plenário do STF", pelo que "(...) não houve discussão a respeito da integração do companheiro ao rol de herdeiros necessários, de forma que inexiste omissão a ser sanada" (STF, Tribunal Pleno, Seg. Emb. Dec. no RE 646.721/RS, Rel. Min. Marco Aurélio, Rel. acórdão Min. Roberto Barroso, julg. 26.10.2018; STF, Tribunal Pleno, Emb. Decl. no RE 878.694/MG, Rel. Min. Roberto Barroso, julg. 26.10.2018).

[59] Em defesa do argumento de que a norma do art. 1.845 é restritiva de direitos e, portanto, não poderia ser estendida aos companheiros, encontra-se Mario Delgado. (Mario Luiz Delgado, O cônjuge e o companheiros deveriam figurar como herdeiros necessários? *Revista IBDFAM – Família e Sucessões*, Belo Horizonte, n. 23, set./out. 2017, p. 33-57). Em sentido contrário, Carlos Roberto Barbosa Moreira, em atualização do volume de Sucessões das Instituições de Direito de Civil de Caio Mário da Silva Pereira, defende que o companheiro é herdeiro necessário à luz da igualdade conferida aos regimes sucessórios do cônjuge e do companheiro pelo Supremo Tribunal Federal, aduzindo, em síntese, que "toda a fundamentação do acórdão aponta claramente no sentido de que o companheiro, tal como o cônjuge, deva ser considerado herdeiro necessário. Irrelevante que não o tenha afirmado com todas as letras" (Caio Mário da Silva Pereira, *Instituições de Direito Civil*, vol. VI, Rio de Janeiro: Forense, 2019, 26. ed., p. 153-154). Na mesma linha, Flávio Tartuce, *Direito Civil, Direito das Sucessões*, vol. 6, Rio de Janeiro: Forense, 2019, p. 169.

CAPÍTULO V | A SUCESSÃO DO CÔNJUGE E DO COMPANHEIRO   121

tunidade. Em 2018, em acórdão proferido pela 3.ª Turma, de Relatoria do Ministro Ricardo Villas Boas Cueva, a Corte determinou que, na ausência de descendentes e ascendentes, "*o companheiro sobrevivente herdará com exclusividade, salvo disposição testamentária que contemple a parte disponível da herança*"[60] e em 2021, também a 3.ª Turma, por ocasião do julgamento do REsp 1844229/MT, de relatoria do Ministro Moura Ribeiro, concluiu que a companheira é herdeira necessária e deve concorrer com os descendentes do falecido em relação aos bens particulares do monte, aplicando no caso o julgamento da 2ª Seção do referido Tribunal, no sentido de que no regime da comunhão parcial de bens o cônjuge só concorre com os descendentes em relação aos bens particulares do *de cujus*, bem como o julgamento do RE n.º 878.694/MG do STF, que reconheceu a inconstitucionalidade do regime sucessório entre cônjuges e companheiros[61].

Nada obstante, respeitáveis vozes ainda sustentam a diversidade do regime sucessório entre cônjuges e companheiros, ao argumento de que a distinção de regime

---

[60] "Recurso Especial. Civil. Processual civil. Direito de família e das Sucessões. União estável. Art. 1.790 do CC/2002. Inconstitucionalidade. Art. 1.829 do CC/2002. Aplicabilidade. Vocação hereditária. Partilha. Companheiro. Exclusividade. Colaterais. Afastamento. Arts. 1.838 e 1.839 do CC/2002. Incidência. 1. Recurso especial interposto contra acórdão publicado na vigência do Código de Processo Civil de 1973 (Enunciados Administrativos nos 2 e 3/STJ). 2. No sistema constitucional vigente, é inconstitucional a distinção de regimes sucessórios entre cônjuges e companheiros, devendo ser aplicado em ambos os casos o regime do artigo 1.829 do CC/2002, conforme tese estabelecida pelo Supremo Tribunal Federal em julgamento sob o rito da repercussão geral (Recursos Extraordinários nos 646.721 e 878.694). 3. Na falta de descendentes e ascendentes, será deferida a sucessão por inteiro ao cônjuge ou companheiro sobrevivente, ressalvada disposição de última vontade. 4. Os parentes colaterais, tais como irmãos, tios e sobrinhos, são herdeiros de quarta e última classe na ordem de vocação hereditária, herdando apenas na ausência de descendentes, ascendentes e cônjuge ou companheiro, em virtude da ordem legal de vocação hereditária. 5. Recurso especial não provido" (STJ, 3ª T., REsp 1357117/MG, Recurso Especial 2012/0257043-5, Rel. Min. Ricardo Villas Bôas Cueva, julg. 13.3.2018, publ. DJe 26.3.2018).

[61] "Civil. Recurso Especial. Recurso interposto sob a égide do NCPC. Sucessões. Ação de habilitação e reconhecimento da qualidade de herdeira necessária. Violação do disposto no inciso I do art. 1.829 do CC/02. Cônjuge sobrevivente concorre com herdeiros necessários quanto aos bens particulares do falecido. Precedente da Segunda Seção. Recurso especial provido. 1. Aplica-se o NCPC a este recurso ante os termos do Enunciado Administrativo nº 3, aprovado pelo Plenário do STJ na sessão de 9/3/2016: Aos recursos interpostos com fundamento no CPC/2015 (relativos a decisões publicadas a partir de 18 de março de 2016), serão exigidos os requisitos de admissibilidade recursal na forma do novo CPC. 2. A Segunda Seção do STJ já proclamou que, *nos termos do art. 1.829, I, do Código Civil de 2002, o cônjuge sobrevivente, casado no regime de comunhão parcial de bens, concorrerá com os descendentes do cônjuge falecido somente quando este tiver deixado bens particulares* (REsp nº 1.368.123/SP, Rel. Ministro Sidnei Beneti, Rel. p/ Acórdão Ministro Raul Araújo, DJe de 8/6/2015). 3. O Supremo Tribunal Federal, no julgamento do Recurso Extraordinário nº 878.694/MG, reconheceu a inconstitucionalidade da distinção promovida pelo art. 1.790 do CC/02, quanto ao regime sucessório entre cônjuges e companheiros. Entendimento aplicável ao caso. 4. Tendo o falecido deixado apenas bens particulares que sobrevieram na constância da união estável mantida no regime da comunhão parcial, é cabível a concorrência da companheira sobrevivente com os descendentes daquele. 5. A teor do art. 1.830 do CC/02, deve ser reconhecido o direito sucessório ao cônjuge ou companheiro sobrevivente se, ao tempo da morte do outro, não estavam separados nem judicialmente e nem fato, havendo concurso quanto aos bens particulares 6. Recurso especial provido" (STJ, 3ª T., REsp 1.844.229/MT, Rel. Min. Moura Ribeiro, julg. em 17.08.2021).

não importaria em violação à solidariedade, por traduzir disciplinas compatíveis com a estrutura de cada uma das entidades familiares. Nessa direção, tem-se argumentado que, com base na afirmação do STF de que não houve, no julgamento dos RE 646.721 e RE 878.694, discussão a respeito da integração do companheiro ao rol de herdeiros necessários, não só o aludido tribunal não quis assegurar esse *status* ao companheiro, como expressamente ressalvou a prevalência da liberdade do testador, na sucessão da união estável[62-63].

✒ PROBLEMAS PRÁTICOS

1. João convivia em união estável com Débora pelo regime da separação total de bens por força de contrato de união estável e tinha três filhos de seu primeiro casamento, Rosa, Caio e Júlia. Em 2005, João faleceu *ab intestato*, deixando como herança apenas bens herdados de seus pais, Teotônio e Camila, de quem era filho único. Em 2005, tramitava no Juízo de Japaratinga, Alagoas, ação de desapropriação em que Teotônio era réu. Em 2006, foi finalizado o inventário de João e sua herança foi dividida apenas entre os seus três filhos, Rosa, Caio e Júlia, uma vez que foi aplicado ao caso o disposto no artigo 1.790 do Código Civil, que afastava Débora da sucessão. Finalmente, em 2021, a ação de desapropriação restou finda, tendo sido paga a indenização devida ao Espólio de Teotônio. Dessa forma, o inventário desse último foi reaberto e o Espólio de João recebeu a indenização advinda da desapropriação. Os filhos de João, Rosa, Caio e Júlia, ajuizaram sobrepartilha para dividir a indenização recebida por seu pai em virtude da herança de seu avô, Teotônio. Diante disso, Débora o procura como advogado e indaga se teria direito a participar da sobrepartilha da indenização recebida.

2. Renata e Jorge eram casados pelo regime da separação total convencional de bens. Renata, antes do casamento, já tinha duas filhas de relacionamento anterior, Dulce e Conceição. Renata e Jorge residiam no único imóvel de Renata, sendo certo que Jorge era empresário bem-sucedido, que tinha três imóveis residenciais e, ainda, recursos financeiros. Renata faleceu há quatro

---

[62] Nessa direção, cfr. Mário Luiz Delgado, Razões pelas quais o companheiro não se tornou herdeiro necessário. *Consultor Jurídico*, São Paulo, publ. 29.7.2018. Disponível em: https://www.conjur. com.br/2018-jul-29/processo-familiar-razoes-pelas-quais-companheiro-nao-tornou-herdeiro- -necessario. O autor defende que a ratio decidendi dos votos proferidos nos acórdãos do RE 878.694 e RE 646.721 não levaria à conclusão de que o companheiro se tornou herdeiro necessário. Para tanto, o autor cita trecho do voto do eminente Ministro Edson Fachin, quando do julgamento do RE 646.721, segundo o qual "na sucessão, a liberdade patrimonial dos conviventes já é assegurada com o não reconhecimento do companheiro como herdeiro necessário, podendo-se afastar os efeitos sucessórios por testamento. Prestigiar a maior liberdade na conjugalidade informal não é atribuir, a priori, menos direitos ou diretos diferentes do casamento, mas, sim, oferecer a possibilidade de, voluntariamente, excluir os efeitos sucessórios".

[63] Em direção semelhante, embora sob argumentos distintos, Felipe Frank sustenta a legitimidade do afastamento, em pacto antenupcial, da sucessão necessária do cônjuge e do companheiro. (ob. e loc cit.; v, nota 15, *supra*).

meses e Jorge não saiu do imóvel de Renata, alegando que tem direito real de habitação vitalício. Dulce e Conceição, indignadas, procuram você como advogado e indagam se há algo a fazer contra a pretensão de Jorge. Vale pontuar que Conceição está desempregada e precisa muito usufruir da herança da mãe.

Acesse o *QR Code* e veja a Casoteca.

> *https://uqr.to/1pc9h*

Capítulo VI
ASPECTOS GERAIS DA SUCESSÃO TESTAMENTÁRIA

Sumário: 1. O testamento: conceito, caracteres e conteúdo – 2. Capacidade testamentária ativa – 3. Capacidade testamentária passiva – 4. A forma do testamento e sua função. Testamentos ordinários e testamentos especiais. A vedação aos testamentos conjuntivos – 5. A eficácia da lei no tempo no âmbito da sucessão testamentária – 6. Interpretação do testamento – 7. A função promocional do testamento: exercício da autonomia privada testamentária à luz dos valores constitucionais – Problemas práticos.

1. O TESTAMENTO: CONCEITO, CARACTERES E CONTEÚDO

A sucessão dá-se por lei ou por disposição de última vontade (CC, art. 1.786), sendo no primeiro caso consoante a ordem de vocação hereditária (CC, art. 1.829) e no segundo conforme a manifestação de vontade do testador expressa a partir das disposições testamentárias. O testamento, portanto, é negócio jurídico que regula a sucessão de uma pessoa para o momento posterior à sua morte.

<small>Testamento: negócio jurídico *causa mortis*</small>

A permissão para as disposições de bens *mortis causa* decorre da garantia constitucional à propriedade privada (CR, art. 5º, incisos XXII e XXIII), consagrando, no Direito Sucessório, a autonomia privada. No regime do Código Civil, as disposições de bens para depois da morte só podem ocorrer pelo testamento ou codicilo. De fato, o Código Civil, ao contrário de outros ordenamentos jurídicos, não permite que seja objeto de contrato herança de pessoa viva, vedando os pactos sucessórios (CC, art. 426). Além disso, as doações *mortis causa*, admitidas no direito anterior em uma única hipótese, qual seja, quando feitas nos contratos antenupciais em benefício do cônjuge e de sua prole (CC16, art. 314), não foram previstas na vigente codificação.

No Direito Brasileiro, a liberdade de testar é limitada quantitativamente pela legítima dos herdeiros necessários. O ordenamento jurídico, assim, conjuga a autonomia privada e a proteção da família a partir da previsão de uma reserva para os parentes mais próximos ao *de cujus*, fixada em metade dos bens da herança. A legítima, portanto, pertence de pleno direito aos herdeiros necessários e uma vez que as disposições testamentárias ultrapassem a metade disponível do testador, os herdeiros necessários terão a prerrogativa de reduzi-las, de maneira a garantir a intangibilidade de sua reserva.

A legítima está consagrada nos artigos 1.789, 1.845, 1.846 e 1.847 do Código Civil, admitindo-se uma única restrição, autorizando-se ao testador gravá-la com as cláusulas de inalienabilidade, impenhorabilidade e incomunicabilidade, desde que mediante justa causa, expressamente declarada no testamento (CC, art. 1.848, *caput*). Questiona-se o disposto no § 1º do artigo 1.857 do Código Civil, ao determinar que a legítima dos herdeiros necessários não poderá ser incluída no testamento. Isso porque, literalmente, o dispositivo não retrata a sistemática da lei, uma vez que é facultado ao testador deliberar os quinhões hereditários, mesmo aqueles dos herdeiros necessários, na forma do disposto no artigo 2.014 do Código Civil. Nessa direção, o dispositivo ratifica a restrição à liberdade de testar e a proteção à reserva dos herdeiros necessários[1].

Conceito de testamento O Código Civil de 1916 definia o testamento como o ato revogável pelo qual alguém, de conformidade com a lei, dispõe, no todo ou em parte, de seu patrimônio, para depois da sua morte (CC16, art. 1.626). Tal conceito era considerado muito restrito, já que se limitava ao aspecto patrimonial do ato de última vontade, quando o testamento pode conter outras disposições de cunho não patrimonial, como o reconhecimento de filhos, a nomeação de tutor, o destino ao corpo do falecido, ou uma disposição que simplesmente revogue o testamento anterior. Na esteira da aludida crítica, o Código Civil não fornece conceito de testamento, estabelecendo apenas a sua função no ordenamento jurídico: ato através do qual são instituídas disposições de última vontade, quer de cunho patrimonial, quer de cunho não patrimonial. Na definição clássica de Clovis Bevilaqua, "testamento é o ato personalíssimo, unilateral, gratuito, solene e revogável, pelo qual alguém, segundo as prescrições da lei, dispõe, total ou parcialmente, de seu patrimônio para depois da sua morte; ou nomeia tutores para seus filhos; ou reconhece filhos naturais; ou faz outras declarações de última vontade"[2].

---

[1] "Apelação Cível. Direito civil e processual civil. Sucessão. Ação anulatória de partilha. Existência de testamento público que não foi considerado por ocasião da partilha de bens. Sentença de procedência que não merece reparo. Equívoco do notário ao expedir certidão de "nada consta" que não tem o condão de prejudicar os legatários. Respeitada a legítima, na forma prevista no art. 1.857, § 1º, do Código Civil, e não tendo sido observadas as disposições de última vontade do testador, mister se faz reconhecer a nulidade da partilha efetuada. Honorários advocatícios que, por força de lei, deve ser suportado pela parte vencida. Verba honorária fixada com moderação, observado o grau de zelo do profissional, o trabalho por ele realizado e o tempo despendido para tanto. Apelação a que se nega provimento". (TJ/RJ, 13ª C.C., Ap. Cív. 0018646-02.2013.8.19.0001, Rel. Des. Fernando Fernandy Fernandes, julg. 22.11.2017, publ. DJ 24.11.2017).

[2] Clovis Bevilaqua, *Código Civil dos Estados Unidos do Brasil comentado*, vol. VI, Rio de Janeiro: Livraria Francisco Alves, 1944, 5ª ed., p. 89.

Capítulo VI | Aspectos gerais da sucessão testamentária

O Código Civil, em seu artigo 1.858[3], estabelece alguns caracteres do ato testamentário. Trata-se de ato personalíssimo, pois só pode emanar da vontade individual e única do testador, que deve ser declarada por ele próprio, não sendo admitido que a última vontade seja manifestada através de representantes, convencionais ou legais[4].

Caracteres do Testamento

Além disso, determina, ainda, o citado artigo 1.858, que o testamento pode ser mudado a qualquer tempo. Com efeito, o ato testamentário contém disposições de última vontade, só produzindo efeitos após a morte do testador, sendo certo que não importa o tempo decorrido entre o testamento e o óbito do disponente. Até tal evento, a vontade pode ser alterada e, por essa razão, o testamento é na sua essência um ato revogável. A despeito de sua revogabilidade intrínseca, algumas declarações, por seus efeitos existenciais, podem ser consideradas irrevogáveis, como ocorre com a declaração, inserida em cláusula testamentária, contendo o reconhecimento de filho. Nesse caso, conforme preceitua o artigo 1.610 do Código Civil, a manifestação de vontade, por atribuir o *status filiae* à pessoa, alcançando diretamente à dignidade humana, tem-se por irrevogável. Vale dizer, mesmo revogado o testamento, a declaração se mostra insuscetível de revogabilidade, preservando-se a sua eficácia jurídica.

O testamento, portanto, é negócio jurídico personalíssimo e revogável, destinado a produzir efeitos extraídos diretamente da vontade do testador, em consonância com o ordenamento jurídico.

Para a constituição do testamento, é preciso uma única manifestação de vontade, sendo por isso mesmo negócio jurídico unilateral. Não há acordo de vontades. O fato de o herdeiro ou legatário aceitar o benefício testamentário em nada prejudica a unilateralidade do ato. Tal aceitação só ocorrerá após a morte do testador, momento em que o testamento já está constituído, produzindo os seus efeitos. Como observado em doutrina, "uma aceitação nula não contamina um testamento válido, da mesma sorte que uma aceitação eficaz não convalesce um testamento nulo"[5].

O testamento revela-se ainda negócio jurídico gratuito, configurando uma liberalidade. Mesmo quando o benefício testamentário encontra-se onerado com encargos, a gratuidade do ato não é afastada[6]. Além disso, é ato solene, já que sua validade depende

---

[3] Código Civil, "Art. 1.858. O testamento é ato personalíssimo, podendo ser mudado a qualquer tempo."

[4] No âmbito do Superior Tribunal de Justiça discutiu-se hipótese na qual a testadora havia deixado todos os seus bens para uma amiga. Com o falecimento da beneficiária do testamento, a testadora outorgou poderes a um advogado, para que ele procedesse à transferência dos aludidos direitos hereditários às duas filhas da herdeira pré-morta. Por maioria e em virtude de ser o testamento um ato personalíssimo, o STJ entendeu que a outorga de poderes referida não poderia surtir efeitos. Em votos vencidos, os Ministros Cesar Asfor Rocha e Ruy Rosado de Aguiar flexibilizaram dita característica do testamento, aduzindo que no caso em exame teria restado claro o desejo da testadora em beneficiar em substituição as filhas da amiga originalmente nomeada herdeira (STJ, 4ª T., REsp 147.959, Rel. Min. Sálvio de Figueiredo, julg. 14.12.2000, publ. DJ 19.3.2001).

[5] Caio Mário da Silva Pereira, *Instituições de Direito Civil*: Direito das Sucessões, vol. VI, Rio de Janeiro: Forense, 2016, 23ª ed., rev. e atualizado por Carlos Roberto Barbosa de Moreira, p. 178.

[6] Em sentido contrário, vale citar a posição de Roberto de Ruggiero, para o qual a disposição testamentária nem sempre será um ato de liberalidade, podendo, às vezes, faltar o elemento liberal, como

da forma prescrita na lei. Trata-se de forma *ad solemnitatem*, acarretando a nulidade do ato em caso de inobservância ou omissão de uma das solenidades estabelecidas na legislação civil para a cédula testamentária.

2. CAPACIDADE TESTAMENTÁRIA ATIVA

Para que o testamento seja válido, o testador deve ser capaz no momento em que lavra o testamento. De fato, a capacidade do agente é requisito de validade do negócio jurídico (CC, art. 104, I). O Código Civil estabelece disposição específica relativa à capacidade testamentária, determinando em seu artigo 1.860 que além dos incapazes, não podem testar os que, no ato de fazê-lo, não tiverem o pleno discernimento. O referido dispositivo ressalva expressamente em seu parágrafo único que podem testar os maiores de dezesseis anos.

Conforme dispõem os artigos 3º e 4º do Código Civil, a incapacidade pode ser absoluta ou relativa, não havendo distinção entre as duas espécies de incapacidade no citado artigo 1.860. Os absolutamente incapazes, que conforme o citado artigo 3º são apenas os menores de dezesseis anos, não podem testar. Quanto à incapacidade relativa, regulada no artigo 4º do Código Civil, é preciso ponderar. A promoção da plena capacidade é objetivo do Direito Brasileiro, e nessa esteira foi editada a Lei nº 13.146/15, que estabelece o Estatuto da Pessoa com Deficiência. Em seu artigo 84, garante a plena capacidade e igualdade das pessoas com deficiência. Apenas quando necessário, a pessoa com deficiência será submetida a curatela, que não alcançará o direito ao próprio corpo, à sexualidade, ao matrimônio, à privacidade, à educação, à saúde, ao trabalho e ao voto, restringindo apenas o exercício de atos de natureza patrimonial e negocial (Lei nº 13.146/15, arts. 84 e 85).

Assim, da análise do artigo 4º do Código Civil, quanto aos maiores de dezesseis anos e menores de dezoito anos (CC, art. 4º, I), exsurge a sua capacidade de testar do parágrafo único do mencionado artigo 1.860, que prevê expressamente a referida permissão. Em contrapartida, aqueles que não puderem exprimir sua vontade não poderão testar (CC, art. 4º, III).

Aos ébrios habituais e aos viciados em tóxico (CC, art. 4º, II), em interpretação literal do artigo 1.860 do Código Civil, seria negada a capacidade testamentária ativa. No entanto, é preciso interpretar de forma promocional o artigo 1.860 do Código Civil, uma vez que a capacidade é sempre a regra, sendo assegurada pela lei. Além disso, ainda que a pessoa seja ébria habitual ou viciada em tóxico, não tendo capacidade para realizar determinados atos da vida civil, poderá ter discernimento para testar.

Da mesma forma, a pessoa com deficiência possui capacidade testamentária ativa, uma vez hígida e preservada sua cognição afetiva, tendo plena compreensão

---

quando um legado é onerado com um encargo que desnatura o benefício (Roberto de Ruggiero, *Instituições de Direito Civil*, trad. da 6ª ed. italiana pelo dr. Ary dos Santos, vol. III, 1973, 3ª ed., §145, p. 524).

para o ato de testar. De fato, a capacidade testamentária ativa deve ser interpretada como fora do horizonte da limitação da curatela estabelecida no *caput* do artigo 85 da Lei nº 13.146/15. Afinal, o ato de testar, por ser ato *causa mortis,* não ocasiona prejuízo ao curatelado, pressupondo a higidez da cognição afetiva e a compreensão de sua natureza. A rigor, o discernimento para testar tem dimensão diversa daquela necessária para alienar, hipotecar ou contratar, por sua diferente repercussão na vida dos agentes. Apesar de aparente contradição com o citado *caput* do artigo 85 da Lei nº 13.146/15, a interpretação ora exposta privilegia o objetivo da lei de inclusão da pessoa com deficiência.

Em relação aos pródigos, estes possuem plena capacidade para fazer testamento. Em que pese a não distinção do artigo 1.860 entre a incapacidade absoluta e relativa, o testamento só vai produzir efeitos após a morte do testador, não lhe acarretando, portanto, prejuízos. Além disso, a família do pródigo se encontra protegida pela reserva hereditária.

A senilidade não é causa de incapacidade testamentária ativa. No entanto, "nos testamentos em que se necessita da intervenção do tabelião, e para prevenir futuras demandas, cujo móvel é a cobiça por parte daqueles que se sentem prejudicados com as disposições testamentárias, e sendo o testador pessoa de idade avançada, costumam os notários mais responsáveis e prudentes solicitar um atestado médico, de preferência psiquiátrico, declarando estar o testador no pleno gozo de suas faculdades mentais, fazendo menção do fato no testamento"[7].

Em 2021, entrou em vigor a Recomendação nº 47, de 12.3.2021, que sugeriu aos serviços notariais e de registro do Brasil que adotem medidas preventivas para coibir a prática de abusos contra pessoas idosas, especialmente vulneráveis, realizando diligências se entenderem necessárias, a fim de evitar violência patrimonial ou financeira nos casos de antecipação de herança, movimentação indevida de contas bancárias, venda de imóveis, tomada ilegal, mau uso ou ocultação de fundos, bens ou ativos e qualquer outra hipótese relacionada à exploração inapropriada ou ilegal de recursos financeiros e patrimoniais sem o devido consentimento da pessoa idosa. Diante de tais recomendações, alguns Estados passaram a determinar que todo e qualquer ato praticado por aquele com 80 anos ou mais seja filmado[8].

3. CAPACIDADE TESTAMENTÁRIA PASSIVA

A capacidade testamentária passiva é aquela relativa à capacidade para receber por testamento, ou seja, para ser nomeado herdeiro ou legatário no âmbito das disposições testamentárias do autor da herança. Para tanto, é preciso que aquele desig-

Capacidade testamentária passiva

---

[7] Zeno Veloso, *Testamentos*, Belém: CEJUP, 1993, 2ª ed., pp. 59-60, o qual aduz, ainda: "Não se trata de uma exigência legal, mas de praxe tabelioa, dentre tantas que os notários inseriram nos costumes jurídicos do país, com o intuito de revestir de maior segurança os atos praticados em seus ofícios".

[8] São exemplos o Estado do Rio de Janeiro, conforme o artigo 239-A do Código de Normas da Corregedoria-Geral de Justiça – Parte Extrajudicial; e o Estado de Pernambuco, com a publicação do Provimento CGJPE nº 13/2021.

nado como sucessor no testamento seja pessoa concebida ou nascida por ocasião da abertura da sucessão, não podendo ser instituídas herdeiras ou legatárias i) a pessoa que, a rogo, escreveu o testamento, nem o seu cônjuge ou companheiro, ou os seus ascendentes e irmãos, ii) as testemunhas do testamento, iii) o concubino do testador casado, ou seja, aquele que mantém com o último uma relação paralela ao casamento ou à união estável e iv) o tabelião, civil ou militar, ou o comandante ou escrivão, perante quem se fizer, assim como o que fizer ou aprovar o testamento, sendo certo que será lícita a deixa ao filho do concubino, quando também o for do testador (CC, arts. 1.801 e 1.803). Registra-se que são nulas as disposições testamentárias em favor de pessoas não legitimadas a suceder, ainda quando simuladas sob a forma de contrato oneroso, ou feitas mediante interposta pessoa, presumindo-se estas últimas os ascendentes, os descendentes, os irmãos e o cônjuge ou companheiro do não legitimado a suceder.

O tema foi melhor desenvolvido no item 01 do Capítulo II, para o qual remetemos o leitor.

4. A FORMA DO TESTAMENTO E SUA FUNÇÃO. TESTAMENTOS ORDINÁRIOS E TESTAMENTOS ESPECIAIS. A VEDAÇÃO AOS TESTAMENTOS CONJUNTIVOS

Funções da forma testamentária. Função existencial do testamento

Como antes registrado, o testamento é negócio jurídico solene, pois sua validade depende da observância da forma estabelecida na lei para a exteriorização do ato (CC, art. 166, IV e V). Segundo tradicionalmente registrado em doutrina, as formalidades testamentárias têm tríplice função. A primeira delas seria a função preventiva, pois pretende evitar que o testador seja vítima de captações, dolo, fraude ou violências. Já a segunda seria uma função probante, uma vez que pela forma assegura-se a demonstração da última vontade do testador. A forma do testamento desempenha, ainda, uma função executiva, eis que fornece aos beneficiários do testamento um instrumento para o exercício dos respectivos direitos[9]. A tais funções patrimoniais, adicione-se função existencial bastante relevante, ao permitir a prevalência da manifestação livre e genuína de vontade após a morte, dando-se voz ao testador para além de qualquer preconceito, discriminação, aprisionamento psicológico, temor ou restrição que lhe tenham sido impostos durante a vida.

Por sua extraordinária importância jurídica e por não mais ser possível esclarecer a vontade do testador, qualquer omissão ou imprecisão nas formalidades previstas na lei para o ato de última vontade acarretará a nulidade do ato. Tal aspecto suscita verdadeiro conflito entre interesses juridicamente relevantes: as formalidades testamentárias são instituídas para garantir a vontade do testador, a qual por vezes resta prejudicada justamente por não se terem observado algumas das solenidades previstas para a validade do testamento.

---

9   Cunha Gonçalves, *Tratado de Direito Civil*, vol. IX, t. II, n. 1.352, 2ª ed., p. 595.

Por essa razão, em diversas situações, o rigor das formas testamentárias é ate- *Favor Testamentis*
nuado, quando se mostra inequívoca a higidez da manifestação de vontade do testador, privilegiando-se o princípio do *favor testamentis*. Nessa direção, o Superior
Tribunal de Justiça já se manifestou no sentido de que "todas essas formalidades não
podem ser consideradas de modo exacerbado, pois a sua exigibilidade deve ser acentuada ou minorada, em razão da preservação dos dois valores a que elas se destinam
– razão mesma de ser do testamento –, na seguinte ordem de importância: o primeiro, para assegurar a vontade do testador, que já não poderá mais, após o seu falecimento, por óbvio, confirmar a sua vontade ou corrigir distorções, nem explicitar o
seu querer que possa ter sido expresso de forma obscura ou confusa; o segundo, para
proteger o direito dos herdeiros do testador, sobretudo dos seus filhos"[10].

Nessa direção, o STJ reconheceu que "a ausência de leitura do testamento perante
três testemunhas reunidas concomitantemente", não seria suficiente para invalidar o
ato, porque, no caso, "as testemunhas confirmaram que o próprio testador foi quem
levou o documento para elas assinarem" e, ainda, porque "todas as testemunhas confirmaram as assinaturas lançadas no referido documento", sendo que "inclusive, uma
delas, demonstrou saber seu conteúdo"[11]. Nessa mesma linha, o STJ considerou válido
testamento público assinado pela testadora e pelas cinco testemunhas exigidas por
lei, apesar de o notário ter permitido que o documento fosse assinado em momentos
diversos, sem que todas as testemunhas estivessem presentes conjuntamente no ato
notarial[12].

Em outro julgamento do Tribunal, também foi reconhecida a validade de testamento particular que, lavrado na vigência do CC/1916, que exigia 5 (cinco) testemunhas para a sua validade, foi assinado somente por 4 (quatro) testemunhas, sendo que
apenas 3 (três) o confirmaram em audiência de instrução e julgamento, não tendo
sido contestada em nenhum momento a higidez das declarações manifestadas pela
testadora, estando o pedido de nulidade baseado apenas no aludido vício de forma[13].
Em outro caso, "a despeito da ausência de assinatura de próprio punho do testador
e do testamento ter sido lavrado a rogo e apenas com a aposição de sua impressão
digital, não havia dúvida acerca da manifestação de última vontade da testadora que,

---

[10] STJ, 4ª T, REsp. 302767/PR, Rel. Min. Cesar Asfor Rocha, julg. 5.6.2001, publ. DJ 24.9.2001. Em
perspectiva crítica quanto à inderrogabilidade das normas que preveem a forma do negócio como
essencial para a sua validade e eficácia, ver Pietro Perlingieri, *Forma dei negozi e formalismo degli
interpreti*, Napoli: ESI, 1999, pp. 18-19. Nessa linha, vale registrar que o Código Civil estabelece,
em seu art. 1.859, disposição que suscita dúvidas quanto à absoluta e infalível inderrogabilidade das
normas que estabelecem formalidades necessárias à validade e eficácia do testamento, prevendo que
o direito de impugnar sua validade extingue-se em cinco anos. De fato, se o testamento inválido
por vício de forma pode convalescer pelo decurso do tempo, ditas formalidades cedem em prol da
segurança das relações jurídicas.

[11] STJ, 3ª T., REsp 828.616/MG, Rel. Min. Castro Filho, julg. 5.9.2006, publ. DJ 23.10.2006. Na mesma
direção: STJ, 4ª T., REsp 1.641.549/RJ, Rel. Min. Antonio Carlos Ferreira, julg. 13.8.2019, publ. *DJe*
20.8.2019.

[12] STJ, 2ª S., AR 6.052/SP, Rel. Min. Marco Aurélio Bellizze, julg. 8.2.2023, publ. DJe 14.2.2023.

[13] STJ, 4ª T., REsp 701.917/SP, Rel. Min. Luis Felipe Salomão, julg. 2.2.2010, publ. DJe 1.3.2010.

embora sofrendo com limitações físicas, não possuía nenhuma restrição cognitiva"[14]. O STJ, ainda, por maioria de votos, não permitiu o abrandamento das exigências legais em hipótese de testamento que não havia sido assinado pelo próprio testador – assinatura a rogo – porque havia "fundada dúvida acerca da higidez da manifestação de vontade ali expressa"[15].

Verifica-se, assim, que o aludido Tribunal tem buscado o equilíbrio entre as formalidades do testamento e o respeito à vontade do testador, abrandando o rigor formal. Para tanto, o STJ vem relevando os vícios que reputa de menor gravidade e que poderiam ser superados, desde que não haja outro motivo que coloque em dúvida a validade do testamento, denominados de puramente formais, ou seja, "que se relacionam essencialmente com aspectos externos do testamento". Em contrapartida, considera insuperáveis os vícios de maior gravidade, chamados de formais-materiais "porque transcendem a forma do ato e contaminam o seu próprio conteúdo", os quais, por isso mesmo, uma vez identificados, acarretam a invalidade do testamento[16]. Nessa linha, foi considerado nulo o testamento particular que não foi lido na presença das testemunhas, sem que tivesse havido o registro na cédula de circunstâncias excepcionais que justificassem tal fato e, ainda, sem que tivesse havido a produção da prova pericial que atestasse a veracidade da assinatura da testadora[17].

Registre-se, ainda, a possibilidade de conversão do negócio jurídico (CC, art. 170), que autoriza a possibilidade de aproveitamento de ato de última vontade nulo em virtude da ausência de uma das formalidades testamentárias quando presentes os requisitos de outra modalidade de testamento. Assim, admite-se que o testamento cerrado, nulo pela falta de alguma das solenidades previstas para este, possa ser considerado como testamento particular, quando contém os requisitos necessários para a formação e validade deste último, havendo, assim, a conversão formal do negócio jurídico[18]. Em tal hipótese, é imperiosa a conversão, pois, dessa forma, resta salva a vontade do testador.

No entanto, essa atenuação do rigor formal do testamento deve ser aplicada com cautela. Afirma-se que a forma dos atos negociais não pode ser um fim em si mesma, arbitrária e caprichosa. Essa deve ser disposta não para um propósito qualquer, mas para uma função que seja constitucionalmente apreciável[19]. A manifestação da última vontade, através do testamento, constitui expressão da personalidade humana. Por esse motivo, em virtude dos efeitos *causa mortis* do ato, as formalidades testamentárias atendem a interesses superiores do ordenamento jurídico, na medida em que

> Função da forma dos atos jurídicos

---

[14] STJ, 2ª S., REsp 1.633.254/MG, Rel. Min. Nancy Andrighi, julg. 11.3.2020, publ. DJe 18.3.2020.

[15] STJ, 3ª T., REsp 1.618.754/MG, Rel. Min. Nancy Andrighi, julg. 26.9.2017, publ. DJe 13.10.2017.

[16] STJ, 3ª T., REsp 1.583.314/MG, Rel. Min. Nancy Andrighi, julg. 21.8.2018, publ. DJe 23.8.2018.

[17] STJ, 3ª T., REsp 2.005.877, 30.8.2022, Rel. Min. Nancy Andrighi, publ. DJe 1.9.2022.

[18] J. M. de Carvalho Santos, *Código Civil Interpretado*, vol. III, Rio de Janeiro: Freitas Bastos, 1953, 5ª ed., p. 124.

[19] Pietro Perlingieri, *Forma dei negozi e formalismo degli interpreti*, cit., p. 61.

Capítulo VI | Aspectos gerais da sucessão testamentária

garantem a espontaneidade da manifestação da última vontade e a sua fiel execução quando da abertura da sucessão, em estreita conexão com a tutela da dignidade da pessoa humana (CR, art. 1º, III). Por conseguinte, ainda que se possa buscar diferenciar as formalidades testamentárias entre as "puramente formais" e as "formais-materiais", como vem sustentando o STJ, dita diferenciação não consta da lei, não havendo hierarquia entre as solenidades previstas para a validade do testamento, razão pela qual serão as circunstâncias do caso concreto que ditarão a possibilidade de abrandamento do rigor formal do ato de última vontade.

As formas testamentárias são aquelas expressamente previstas na lei e cada modelo tem um conjunto de solenidades que o integra. Não é possível combinar as formalidades de cada espécie testamentária, criando um novo tipo de testamento. Uma vez escolhida a forma testamentária, devem ser observadas as solenidades próprias para aquele tipo de testamento, sob pena de nulidade do ato.

Dividem-se as formas testamentárias em ordinárias e especiais. As primeiras são aquelas que podem ser utilizadas por qualquer pessoa capaz. São testamentos ordinários o testamento público, o cerrado e o particular. Pode-se afirmar que no Brasil, comumente celebram-se testamentos públicos. Já os cerrados são mais raros. *(Testamentos ordinários e especiais)*

Os testamentos especiais são aqueles utilizados por pessoas capazes que estejam em determinadas situações excepcionais, estando impossibilitadas de testar por uma das formas ordinárias, compreendendo o testamento marítimo, o aeronáutico e o militar. Não se admitem outros testamentos especiais senão aqueles previstos na lei (CC, art. 1.887)[20]. De fato, em virtude das circunstâncias extraordinárias em que são elaborados, os testamentos especiais são caracterizados pela simplificação de suas formalidades. Por essa razão, só são admitidos nas hipóteses taxativamente determinadas na lei. Não se conhecem testamentos especiais lavrados no Brasil, colocando em dúvida a pertinência de sua previsão na lei.

No capítulo referente aos testamentos particulares, o Código Civil previu em seu art. 1.879[21] que, a critério do juiz, podem ser admitidos testamentos escritos sem a presença de testemunhas, se o testador se encontrava em circunstâncias excepcionais expressamente declaradas na cédula. Em virtude de sua raridade (*rectius*, inexistência), melhor seria se o legislador tivesse concentrado todos os testamentos especiais no aludido dispositivo, simplificando a matéria. Assim, toda e qualquer situação excepcional que impedisse o testador de testar por uma das formas ordinárias estaria albergada no citado artigo 1.879, inclusive aquelas previstas para os casos dos testamentos marítimos, aeronáuticos e militares, desconhecidos da prática jurídica.

---

[20] Código Civil, "Art. 1.887. Não se admitem outros testamentos especiais além dos contemplados neste Código."

[21] Código Civil, "Art. 1.879. Em circunstâncias excepcionais declaradas na cédula, o testamento particular de próprio punho e assinado pelo testador, sem testemunhas, poderá ser confirmado, a critério do juiz."

Não há hierarquia entre as formas testamentárias. Qualquer testamento tem o mesmo valor, podendo o testamento particular revogar o público, ou o marítimo revogar o cerrado[22].

Testamentos conjuntivos

O Direito Brasileiro não admite o testamento conjuntivo ou de mão comum,[23] quer ele seja simultâneo, recíproco ou correspectivo[24]. O testamento conjuntivo é simultâneo quando os testadores dispõem conjuntamente em favor de um terceiro; é recíproco quando, no mesmo ato, os testadores se instituem um ao outro, devendo herdar o supérstite; e correspectivo quando as disposições representam retribuição de outras correspondentes[25]. Tal vedação é justificada pela proibição dos pactos sucessórios e em virtude das características essenciais do testamento, sendo este revogável, personalíssimo e unilateral. Dessa forma, preserva-se a espontaneidade da manifestação de última vontade.

A proibição dos testamentos conjuntivos não impede que duas pessoas combinem o modo de dispor dos seus bens, desde que o façam em instrumentos separados, conservando cada testador a sua plena liberdade de ação. Esse posicionamento não é unânime na doutrina. Para Pontes de Miranda, "testamentos em diferentes atos, ou em diferentes datas, não exclui a possibilidade de existir o laço intencional: assim, se bem que lançados em escritos diferentes (públicos, cerrados ou particulares), ou, até, em diferentes tabeliães, de diferentes lugares, ou nações, os testamentos não deixam de ser recíprocos ou correspectivos, quando as circunstâncias persuadam disso"[26]. Em contrapartida, a tendência da jurisprudência é admitir que a cada testador corresponda um testamento, independentemente de ter havido eventual reciprocidade, simultaneidade ou correspectividade. Assim já se posicionou o Superior Tribunal de Justiça, decidindo que "cônjuges podem instituir-se, reciprocamente, herdeiros em cédulas diferentes, pois o que a lei condena é o encerramento das disposições em um só ato, mas a sua enunciação separada é válida"[27].

---

[22] Clovis Bevilaqua, *Código Civil dos Estados Unidos do Brasil commentado*, vol. VI, cit., p. 228.

[23] Sobre o tema, afirma Orlando Gomes: "Duas ou mais pessoas não podem, por conseguinte, testar no mesmo ato, ainda em favor de terceiro." (Orlando Gomes, *Sucessões*, Rio de Janeiro: Forense, 2015, p. 108).

[24] Apesar da proibição aos testamentos conjuntivos, vale mencionar caso julgado pelo Tribunal de Justiça do Distrito Federal no qual um casal de portugueses que não tinha filhos realizou um testamento conjuntivo beneficiando a filha de criação, também portuguesa. Pela regra da lei, o testamento seria inválido. No entanto, em virtude das circunstâncias do caso, foi admitido o seu cumprimento. De fato, os testadores não tinham nenhum outro parente e, assim, na ausência de cumprimento do testamento os bens seriam destinados ao Estado. Além disso, constatou-se que o Tabelião não exigiu que os testamentos fossem realizados em instrumentos separados. Tais circunstâncias ensejaram a admissão do referido ato de última vontade em caráter excepcional. TJ/DF, 1ª T. Cív., Ap. Cív. 0011120-70.2011.8.07.0006, Rel. Des. Alfeu Machado, julg. 1.10.2014, publ. DJ 5.1.2015.

[25] Orosimbo Nonato, *Estudos sôbre Sucessão Testamentária*, vol. I, Rio de Janeiro: Forense, 1957, p. 112.

[26] Pontes de Miranda, *Tratado de Direito Privado*, Parte Especial, tomo LVIII, Rio de Janeiro: Editor Borsoi, 1969, p. 341. Na mesma direção, Zeno Veloso, *Testamentos*, cit., p. 94, aduzindo que "O que a lei proíbe que seja feito às claras não pode permitir que feito seja com artifícios e subterfúgios".

[27] STJ, 3ª T, REsp nº 1635/PB, Rel. Min. Gueiros Leite, julg. 14.8.1990, publ. DJ 3.9.1990, p. 8842.

5. A EFICÁCIA DA LEI NO TEMPO NO ÂMBITO DA SUCESSÃO TESTAMENTÁRIA

Como já afirmado, o testamento é negócio jurídico *mortis causa*, só produzindo efeitos após a morte do testador. Dessa maneira, há um lapso temporal entre a lavratura do ato e a determinação de seu cumprimento, sendo certo que a legislação que se aplica ao testamento em cada um desses momentos é diversa. A lei vigente na data da lavratura do testamento regula a capacidade do testador e a forma extrínseca do ato. Já a lei vigente na abertura da sucessão regula a capacidade para suceder, conforme o disposto no artigo 1.787, e a eficácia jurídica das disposições testamentárias[28].Observe-se que, em se tratando de disposição testamentária que subordine o direito do beneficiário a condição suspensiva, a lei a ser aplicada quanto à capacidade testamentária passiva e quanto à eficácia das disposições testamentárias será aquela em vigor no momento do implemento da condição, uma vez que a condição suspensiva suspende a aquisição do direito (CC, art. 125), que somente se transmite com a verificação do evento futuro e incerto consubstanciado na cláusula condicional[29].

Lei vigente na lavratura do testamento

Por outro lado, a capacidade para fazer testamento é aferida no momento da realização do ato. Assim, se uma pessoa capaz faz testamento e posteriormente é acometida de uma causa de incapacidade, o ato testamentário permanece hígido. Da mesma forma, a superveniência da capacidade não torna válido o testamento praticado por incapaz (CC, art. 1.861)[30].

Momento de aferição da capacidade testamentária ativa

6. INTERPRETAÇÃO DO TESTAMENTO

Muitas vezes há dúvidas na interpretação das cláusulas testamentárias, em virtude de dubiedade, falta de clareza e obscuridade na manifestação da vontade do testador. Para alcançar o sentido e o alcance das disposições do testamento, o Código Civil estabelece, em seu artigo 1.899, que, quando a cláusula testamentária for suscetível de interpretações diferentes, prevalecerá a que melhor assegure a observância da vontade do testador.

Na tradição da doutrina brasileira, prevalece o entendimento de que o dispositivo em referência consagra a aplicação da teoria da vontade pura aos testamentos. Isso

Teoria da vontade pura

---

[28] Em caso julgado pelo Tribunal de Justiça de Minas Gerais, foi decretada a redução de testamento lavrado em agosto de 2002, que dispunha de todos os bens da testadora, diante de sentença que reconheceu a existência de união estável vivida pela testadora pelo período de trinta anos. Considerando o falecimento da testadora em 13.1.2018, quando já vigorava o Código Civil de 2002, bem como o entendimento fixado pelo STF quando do julgamento do RE 878.694, que compreendeu ser inconstitucional a diferenciação de regime sucessório entre cônjuges e companheiros, devendo ser aplicado em ambos os casos o regime estabelecido pelo artigo 1.829 do Código Civil, o Tribunal reduziu o testamento na parte em que suprimia o direito de herança do companheiro (TJMG, 8ª Câmara Cível Especializada, Ap. Cív. 1.0106.19.000542-6/001, Rel. Des. Teresa Cristina da Cunha Peixoto, julg. 26.5.2022).

[29] Orlando Gomes, *Sucessões*, Rio de Janeiro: Forense, 2015, 16ª ed. rev. e atual. por Mario Roberto Carvalho de Faria, pp. 164-165.

[30] Código Civil, "Art. 1.861. A incapacidade superveniente do testador não invalida o testamento, nem o testamento do incapaz se valida com a superveniência da capacidade."

porque, em virtude da manifestação única e pessoal do testador, que deve expressá-la livre de qualquer influência, a partir de um negócio jurídico unilateral, em que não há declarações receptícias de vontade, que só produzirá efeitos após a morte do seu agente, estaria justificada ater a interpretação do ato à real vontade do autor da herança.

Com efeito, argumenta-se que, em virtude dos caracteres do testamento (negócio unilateral, gratuito, *causa mortis*, personalíssimo, solene e revogável), particularmente em razão de sua natureza *causa mortis* e de sua gratuidade, sua interpretação apresenta peculiaridades em relação à hermenêutica dos negócios *inter vivos*, especialmente dos contratos. Se nos negócios entre vivos o destinatário da manifestação da vontade só é cobrado a saber aquilo que lhe é revelado e é tornado público e claro a partir da declaração volitiva e da conduta do declarante; se, ainda, nesses negócios o ônus de dar à vontade uma expressão adequada é imposto para a tutela do destinatário da declaração e o seu eventual inadimplemento incidirá no plano da interpretação em desfavor do declarante, nos negócios *mortis causa*, ao contrário, análoga exigência de tutela não existiria, pois, na constituição dos atos de última vontade faltam outros interessados e, em consequência, falta conflito de interesses a ser composto entre declarante e destinatários da manifestação volitiva[31].

Ocorre que, apesar de o testamento não contar com declarações receptícias de vontade, não se pode perder de vista que as disposições testamentárias repercutirão na esfera de terceiros e, assim, é preciso ponderar se, realmente, a interpretação de cláusulas dúbias deve sempre ser direcionada para uma busca do que seria a real vontade do testador. Por esta razão, a defesa da aplicação da teoria da vontade pura na interpretação dos testamentos encontra críticos, em especial na doutrina estrangeira, em virtude dos evidentes conflitos que podem surgir entre a vontade do *de cujus* e aquela dos destinatários da declaração.

Críticas à teoria da vontade

Antunes Varella apresenta a seguinte indagação: "Ora, por que razão, ocorre perguntar, repugna menos ao direito a vinculação do declarante (nós negócios entre vivos) em termos divergentes da vontade real, a pretexto de que se torna necessário salvaguardar as expectativas criadas pela declaração junto do declaratário, do que a mera repartição da herança em termos que se não ajustam inteiramente à vontade real do *de cuiús,* mas correspondem às justas expectativas que a declaração testamentária fez igualmente medrar no espírito do real ou aparente chamado?"[32]. Ainda diante da doutrina lusitana, Maria de Nazareth Lobato Guimarães pondera que a interpretação e a integração do testamento devem ser mais objetivas, atentando para o que é depreendido das disposições testamentárias[33].

---

[31]   Ferdinando Treggiari, Interpretazione del testamento e ricerca della volontà, *Rivista Trimestrale di Diritto e Procedura Civile*, vol. 55, n. 4, p. 920.

[32]   Antunes Varella, *Ineficácia do testamento e vontade conjectural do testador*, Coimbra: Coimbra Editora, 1950, p. 28.

[33]   Maria de Nazareth Lobato Guimarães, Testamento e Autonomia, *Revista de Direito e de Estudos Sociais*, 1971, p. 50. Segundo a Autora: "Achamos suficiente *favor* permitir ao testador que trace o destino futuro das suas relações patrimoniais. Que tal disposição seja, depois, interpretada e integrada de forma a dar integral satisfação à sua vontade, mesmo quando não captável em termos de

Capítulo VI | Aspectos gerais da sucessão testamentária

No Direito Italiano, em que não há uma regra semelhante àquela do artigo 1.899 do Código Civil, os autores discutem a possibilidade de se aplicar ao testamento as regras de interpretação previstas para os contratos, debatendo a incidência do artigo 1.366 do *Codice Civile* aos atos de última vontade. O referido dispositivo legal determina que o contrato deve ser interpretado segundo a boa-fé. Fabrizio Panza anuncia que há algumas divergências quanto à solução da questão, tendo em vista ser o negócio testamentário um ato unilateral, em que não há declarações receptícias de vontade. O autor propõe a seguinte leitura para o conflito interpretativo: "a última vontade do *de cujus* deve ser considerada pelo significado que assume objetivamente na realidade social, em conformidade com o critério da razoável confiança criada nos possíveis destinatários daquela, à semelhança do que ocorre em qualquer outro negócio entre vivos"[34].

Verifica-se, assim, proposta de objetivação da interpretação dos testamentos, que se coaduna com o sistema brasileiro a partir da conjugação do citado artigo 1.899 do Código Civil com os artigos 112 e 113 do mesmo diploma legal. Assim, na hermenêutica dos negócios testamentários deve-se alcançar o sentido da *vontade declarada* do testador, a partir do conjunto das cláusulas testamentárias e demais circunstâncias que permearam a elaboração do ato.

> Vontade declarada do testador

Nessa busca, o intérprete deve ter em mente todas as circunstâncias fáticas, finalísticas, históricas e sistemáticas da lavratura do ato, levando em conta o vocabulário pessoal do disponente, seu modo peculiar de falar e empregar as palavras, considerando seu significado no local, no ambiente e na época em que vivia o autor da herança[35]. Fatos notórios e evidentes devem ser considerados na interpretação. Se, por exemplo, o testador dispõe de seu apartamento em favor de sua sobrinha Marta e quando ocorre o óbito o testador tem duas sobrinhas de nome Marta, mas uma delas nasceu depois da lavratura do ato de última vontade, certamente o testador pretendeu beneficiar aquela sobrinha que existia no momento da elaboração da cédula.

Em regra, a interpretação deve estar adstrita aos subsídios oferecidos pelo próprio testamento, sendo admitido, no entanto, que sejam utilizados meios externos para a interpretação como cartas, diários, gravações, contratos e demais documentos. Sobre a questão, vale citar julgado do Superior Tribunal de Justiça, que por maioria de votos (3 a 2)[36], confirmou decisão da Justiça paranaense, que considerou a expressão "filhos legítimos", utilizada pelo testador em 1975, falecido em 1976, como abrangente de todos

---

normalidade por quem vai assumir o efeito do acto que lhe não pertence, achamos absolutamente indefensável. (...) E concluímos que o destinatário do testamento deverá ser tratado como interessado não declaratário específico. Basta que entenda, e deve entender, o que entenderia um *normal* declaratário. A seu tempo veremos que daqui concluímos por uma objectivação da interpretação (e integração)". E continua: "Pessoalmente, entendemos que a irrepetibilidade exigia algumas concessões, mas não uma tão larga consagração do subjetivismo. A tese de ausência de conflitos de interesses nos destinatários não nos convence, como justificação desse subjetivismo". Maria de Nazareth Lobato Guimarães, Testamento e Autonomia, cit., p. 66.

34 Fabrizio Panza, *L´autonomia testamentaria tra liberta e controllo*, Bari: Adriatica Editrice, 2005, p. 108.

35 Zeno Veloso, *Testamentos*, cit., p. 574.

36 STJ, 4ª T., REsp. 203137/PR, Rel. Min. Sálvio de Figueiredo Teixeira, julg. 26.2.2002, publ. DJ 12.8.2002.

os filhos, quer nascidos de relação oriunda de casamento, quer daquela decorrente de concubinato, assim ementada: "Sucessão. Testamento. Fideicomisso. Interpretação de cláusula testamentária. Sentença que deu pela procedência do pedido, para declarar inexistente o direito dos requeridos de participarem, em partes iguais, juntamente com o autor, da partilha dos bens deixados pelo testador "aos filhos legítimos" do fiduciário. Apelação. Preliminar. Coisa Julgada. Inocorrência. Mérito. Disposição de última vontade que beneficiou indistintamente todos os filhos sanguíneos do fiduciário, inclusive os que viessem a nascer, pouco importando serem frutos de casamento ou de concubinato. Pedido improcedente. Sentença reformada. Recurso provido"[37]. De fato, a expressão "legítimos" pode ser utilizada em sua acepção jurídica daquela época, como filhos nascidos de uma relação de casamento, como também no sentido de *verdadeiro* ou *genuíno*, justificando a dúvida na interpretação do ato de última vontade e, assim, a decisão final do Tribunal, que concluiu que todos os filhos do fiduciário estavam contemplados na disposição testamentária.

O Ministro Ruy Rosado de Aguiar, ao acompanhar os votos vencedores, o fez por fundamento diverso. Segundo o Ministro, não seria preciso ter preocupação com a vontade do testador para interpretar e aplicar o seu testamento. Isso porque, no sistema constitucional vigente, não há mais a distinção entre filho legítimo e ilegítimo e a força constitucional também atua sobre a vontade da parte, de forma que a distinção feita pelo testador hoje não prevalece. Não porque se deva interpretar o testamento de um modo ou de outro, mas porque a Constituição não faz a distinção, tornando-a ilícita.

Pode-se dizer que no caso em exame prevaleceu interpretação atenta à repercussão da disposição testamentária na esfera dos destinatários da declaração, porque ao certo, uma vez falecido o fiduciário já na vigência do sistema constitucional de 1988, em que pese se tratar de hipótese de transmissão hereditária pelo fideicomitente falecido em 1976, todos os filhos do primeiro esperavam receber parte do patrimônio independentemente da origem da filiação. Dessa forma, a solução adotada primou pela igualdade entre os filhos, ainda que se tenha perquirido a vontade do testador quando se valeu da expressão "legítimos".

Funcionalização das disposições testamentárias aos valores constitucionais O fato de a interpretação do negócio testamentário atender à vontade declarada do testador não exclui a funcionalização das disposições testamentárias aos valores constitucionais. Se tal fato ocorresse, haveria uma subversão do sistema, pois, a norma relativa à interpretação do testamento do Código Civil estaria sendo aplicada de forma isolada e em situação de primazia diante dos valores e princípios propugnados pela Constituição da República. A autonomia testamentária deve realizar interesses positivos e merecedores de tutela segundo a tábua axiológica constitucional. Se assim não for, a cláusula testamentária não produzirá efeitos.

---

[37] TJ/PR, 2ª C.C., Ap. Cív. 56304200, Rel. Des. Sidney Moura, julg. 8.10.1997, publ. DJ 10.11.1997.

Capítulo VI | Aspectos gerais da sucessão testamentária

7. A FUNÇÃO PROMOCIONAL DO TESTAMENTO: EXERCÍCIO DA AUTONOMIA PRIVADA TESTAMENTÁRIA À LUZ DOS VALORES CONSTITUCIONAIS

Entende-se por autonomia privada "o poder reconhecido ou concedido pelo ordenamento jurídico a um indivíduo ou a um grupo, de determinar vicissitudes jurídicas como consequência de comportamentos – em qualquer medida – livremente assumidos"[38]. O princípio da autonomia privada, assim compreendido, encontra-se em constante transformação, na medida em que são modificadas as concepções valorativas que norteiam as relações privadas. Desse modo, a função do testamento, como instrumento dessa autonomia, também se modifica à luz dos valores constitucionais.

Conceito de autonomia privada

As grandes codificações, concebendo os homens como seres livres e iguais, foram marcadas por leis gerais e abstratas, que enalteciam a propriedade e a manifestação da vontade livre. O sujeito de direito era concebido em abstrato, como aquele que compra, vende e testa; enfim, aquele que reúne condições de desenvolver atividades adequadas ao sentido marcadamente proprietarista de tais codificações[39]. Essa concepção liberal, por conseguinte, logo demonstrou a sua face injusta. Ao não reconhecer as diversidades entre os indivíduos e as peculiaridades das relações que travavam no ambiente social, criava um quadro de desigualdades e opressões, marcado pela dominação dos economicamente mais fortes em detrimento dos economicamente mais fracos. Para corrigir referidas distorções, era preciso garantir aos menos favorecidos em determinadas relações instrumentos que lhes possibilitassem condições (ao menos em tese) equiparadas aos mais favorecidos, criando, assim, uma verdadeira igualdade entre os homens na dinâmica social. Para tanto, ao Estado passou a ser atribuída a função de equilibrar a liberdade dos indivíduos com a necessidade da sociedade: "todo o fundamento do direito se inverte: o direito, mesmo o privado, promana da vontade do Estado"[40]. Não é mais, portanto, a *vontade* do agente que está no centro do ordenamento jurídico.

Publicização do direito privado

Alterou-se, então, a concepção da autonomia privada, que passou a ser reconhecida como um poder *concedido pelo Estado aos indivíduos*, para regular seus interesses e como tal devendo ser exercido segundo os parâmetros estabelecidos pelo mesmo Estado. Instaurou-se, assim, a tendência da "publicização" ou "socialização" do direito privado, que quer indicar "que o domínio da vontade do particular no terreno da economia, como era consagrado pelos códigos oitocentistas, é cada vez mais insidiado pelos poderes públicos"[41]. Nesse cenário, a autonomia privada, no início poder

---

[38]   Pietro Perlingieri, *Perfis de Direito Civil*, cit., p. 17. Muito embora seja possível abordar a autonomia privada por perspectivas diversas, por exemplo, a autonomia negocial e a autonomia coletiva, o conceito será tratado nesta sede de forma ampla.

[39]   Jussara Meirelles, O ser e o ter na codificação civil brasileira: do sujeito virtual à clausura patrimonial. In: Luiz Edson Fachin (coord.), *Repensando os fundamentos do Direito Civil Brasileiro Contemporâneo*, Rio de Janeiro: Renovar, 1998, p. 91.

[40]   Michele Giorgianni, O Direito Privado e suas Atuais Fronteiras. In: *Revista dos Tribunais*, vol. 747, São Paulo: RT, 1998, p. 43.

[41]   Michele Giorgianni, *O Direito Privado e suas Atuais Fronteiras*, cit., p. 45.

absoluto dos indivíduos, foi sendo, paulatinamente, cerceada, para que encontrasse limites nos fins sociais que passaram a ser impostos pelo Estado social. Desse modo, a autonomia privada passou a ser concebida como um poder-função[42].

Mudança do conceito de autonomia testamentária

Na sucessão testamentária não é diferente. Muito embora o testamento tenha fundamento na autonomia privada, não é correto dizer-se que opera por efeito da exclusiva vontade do homem, do testador. "Sua viabilidade decorre de permissão do direito positivo. É a lei que põe à disposição das pessoas capazes um meio técnico de regulação da própria sucessão, assegurando-lhe o direito de dispor dos seus bens para depois da morte, observadas certas exigências. A vontade humana não é a causa da sucessão. Sua intervenção ocorre apenas para regrar a devolução sucessória"[43].

Dessa forma, percebe-se que a liberdade inerente à livre-iniciativa foi reformulada diante dos princípios propugnados pela Constituição da República Federativa do Brasil[44], deixando de ter uma feição negativa, caracterizada pela não intervenção. Sendo assim, "A autonomia privada não é um valor em si e, sobretudo, não representa um princípio subtraído ao controle de sua correspondência e funcionalização ao sistema das normas constitucionais. Também o poder de autonomia, nas suas heterogêneas manifestações, é submetido aos juízos de licitude e de valor, através dos quais se determina a compatibilidade entre ato e atividade de um lado, e o ordenamento globalmente considerado, do outro"[45].

Controle do merecimento de tutela a partir dos valores constitucionais

De fato, não há qualquer espaço relativo à manifestação da autonomia privada que esteja fora do controle de análise do merecimento de tutela do ato ou atividade desenvolvida pelo agente, a partir da confrontação de ditos atos com os valores constitucionais. Num ordenamento no qual o Estado não assiste passivo à execução dos atos privados, funcionalizando-os e exprimindo juízos de valor sobre eles, um ato lícito não é de *per si* avaliado em termos positivos[46]. Além de ser lícito, é preciso que o ato seja merecedor de tutela e esse juízo deve ser feito à luz dos princípios fundamentais do ordenamento jurídico, já que a solidariedade não é somente um direito, mas também um dever[47].

Função promocional do ordenamento jurídico

A avaliação do merecimento de tutela dos atos privados segundo os valores constitucionais está em perfeita consonância com o que se denomina de função promocional do ordenamento jurídico[48], na medida em que este se vale de técnicas de encorajamento,

---

[42]   Sobre o ponto, vide Luís Renato Ferreira da Silva, *Revisão dos Contratos*, Rio de Janeiro: Forense, 1999, p. 31.

[43]   Orlando Gomes, *Sucessões*, Rio de Janeiro, Forense, 2004, 12ª ed., p. 86.

[44]   Como constata Eros Roberto Grau, "*livre iniciativa* é termo de conceito extremamente amplo", aduzindo que dela "se deve dizer, inicialmente, que expressa desdobramento da *liberdade*". Eros Roberto Grau, *A Ordem Econômica na Constituição de 1988: interpretação e crítica*, São Paulo: Malheiros, 2010, 14ª ed., p. 201.

[45]   Pietro Perlingieri, *Perfis de Direito Civil*, cit., p. 277.

[46]   Pietro Perlingieri, *Il Diritto Civile nella legalità costituzionale*, Napoli: Edizioni Scientifiche Italiane, 2006, 3ª ed., p. 235.

[47]   Pietro Perlingieri, *Il Diritto Civile nella legalità costituzionale*, cit., p. 235.

[48]   Norberto Bobbio, *Sulla funzione promozionale del diritto*, *Rivista Trimestrale di Diritto e Procedura Civile*, 1969, p. 1323.

CAPÍTULO VI | ASPECTOS GERAIS DA SUCESSÃO TESTAMENTÁRIA 141

destinadas não apenas a tutelar, mas, também, a provocar o exercício dos atos conforme os ditames constitucionais. Com efeito, na busca pela promoção dos atos socialmente desejados, que realizam valores constitucionais, não poderão permanecer ilesos aqueles que se colocam no lugar oposto, ou seja, que sejam contrários aos princípios fundamentais do ordenamento jurídico, ainda que possam ser considerados lícitos.

Uma vez que o testamento constitui ato de autonomia privada e sujeita-se ao juízo de licitude e de valor, a autonomia testamentária também perpassa por promover os valores constitucionais. Se os instrumentos *inter vivos*, destinados à transferência da propriedade devem realizar os objetivos constitucionalmente ligados à circulação das riquezas, desta função não resta exonerado o testamento, que também assume a mesma função translativa[49]. No exercício dessa autonomia, por vezes também haverá uma tensão entre a liberdade do testador e o dever de solidariedade. Nessas situações, o método da ponderação se mostra mais adequado, de modo a analisar no caso concreto qual interesse deve prevalecer, se o do testador ou aquele dos destinatários das disposições testamentárias ou mesmo terceiros sobre os quais o testamento produza alguma consequência. Um critério a ser observado na ponderação consiste na verificação do surgimento de efeitos para a esfera jurídica (patrimonial ou existencial) de terceiros, de modo que sempre que a disposição testamentária estiver fora da esfera do que é de se considerar como estritamente pessoal, tenda a prevalecer a solidariedade; ao contrário, naquilo que se refere à intimidade da vida privada, os espaços de liberdade deverão estar bem resguardados[50]. *(Função promocional do testamento)*

Na esfera patrimonial, para a análise da revisão da autonomia privada testamentária a partir de sua funcionalização aos valores constitucionais, é preciso ter em conta os elementos presentes no fenômeno sucessório, a saber, a propriedade e a família. Ambos os institutos foram profundamente alterados diante dos valores constitucionais, não havendo mais resquício das suas concepções liberais no ordenamento jurídico brasileiro. A título de exemplo, o testador poderá realizar a distribuição dos bens da herança, observando os interesses dos sucessores em relação a esses, como sua vinculação profissional ou mesmo afetiva ao bem da herança. Em sentido oposto, se o testador não observar certa vinculação do herdeiro ao bem da herança, ainda que inexista prejuízo quantitativo, dará ensejo à discussão quanto ao juízo de valor da deixa testamentária. Em outra situação, no uso de cláusulas restritivas, poderá ocorrer o esvaziamento da função social da propriedade transmitida por via sucessória. Nesses casos, o método da ponderação de interesses deflagrará se a liberdade deverá prevalecer, ou não. *(Elementos do direito sucessório)* *(Ponderação de interesses)*

Já no campo existencial, as disposições testamentárias apresentam especial relevo, na medida em que, atualmente, "o princípio da liberdade individual se consubstancia

---

[49] Fabrizio Panza, *L'autonomia testamentária tra liberta e controllo*, Adriatica, 2005, pp. 15-16.

[50] Sobre os critérios de ponderação entre liberdade e solidariedade, consulte-se Maria Celina Bodin De Moraes, Constituição e Direito Civil: Tendências. In: Maria Celina Bodin De Moraes, *Na medida da pessoa humana*: estudos de direito civil, Rio de Janeiro: Renovar, 2010, p. 40.

numa perspectiva de privacidade, de intimidade, de livre exercício da vida privada"[51], ou seja, de livres escolhas quanto aos aspectos da personalidade, consubstanciando-se em um dos corolários do princípio da dignidade da pessoa humana. Por conseguinte, abre-se um amplo campo de análise do testamento, com o objetivo de nele encontrar um espaço de promoção e desenvolvimento da pessoa e da solidariedade social, como quer o projeto constitucional. Trata-se assim de conferir ao testamento uma função promocional dos valores constitucionais, seja no âmbito das disposições patrimoniais, seja das disposições existenciais[52].

PROBLEMAS PRÁTICOS

1. Rafael e seu filho Humberto, este último com 17 anos, procuram você como advogado. Isso porque Humberto descobriu que é portador de uma doença rara e, diante disso, sendo incerta a sua cura, deseja fazer um testamento, já que possui bens herdados de seus tios-avôs. A mãe de Humberto, Paloma, é contra a elaboração do testamento. Em verdade, Paloma não aceita a condição de saúde de seu filho e, por isso, não está enfrentando a situação de forma realista. Rafael, muito preocupado em atender à vontade do filho, ouviu dizer que Paloma precisa consentir na elaboração do testamento de Humberto. Diante disso, como você os orientaria?

2. Romualdo, que não tinha herdeiros necessários e apenas três sobrinhos vivos, Eva, Caio e Marcelo, lavrou testamento público nomeando Eva sua herdeira universal. Três anos depois, acometido por doença terminal, mas totalmente lúcido, decidiu alterar suas disposições de última vontade e lavrou testamento particular, seguindo todas as formalidades necessárias, destinando todo o patrimônio aos seus três sobrinhos, Eva, Caio e Marcelo, em partes iguais. Romualdo faleceu no mês passado. Eva não se conforma com a mudança do testamento de Romualdo e alega que um testamento público não pode ser revogado por um testamento particular. Diante dos fatos narrados, a alegação de Eva é procedente?

 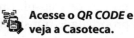
Acesse o *QR CODE* e veja a Casoteca.
> https://uqr.to/1pc9i

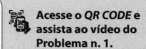
Acesse o *QR CODE* e assista ao vídeo do Problema n. 1.
> https://uqr.to/nxxe

---

[51] Maria Celina Bodin De Moraes, O Princípio da Dignidade Humana. In: Maria Celina Bodin De Moraes (coord.), *Princípios do Direito Civil Contemporâneo*, cit., p. 43.

[52] Sobre o tema, consulte-se Ana Luiza Maia Nevares, *A Função Promocional do Testamento*, Rio de Janeiro: Renovar, 2009, cit.

Capítulo VII
FORMAS TESTAMENTÁRIAS

Sumário: 1. Testamento público – 2. Testamento cerrado – 3. Testamento particular – 4. Testamento marítimo e aeronáutico – 5. Testamento militar – 6. Codicilo – 7. As testemunhas do testamento – 8. Testamento digital – 9. Testamento vital ou biológico – Problemas práticos.

1. TESTAMENTO PÚBLICO

O testamento público é lavrado em livro do Cartórios de Notas, sendo ato privativo do tabelião ou seu substituto legal, que só terá atribuição para o ato se estiver respondendo pelo serviço notarial, na ausência ou impedimento do titular (Lei nº 8.935/1994). As autoridades consulares brasileiras têm competência para lavrar testamentos (LINDB, art. 18). Para a validade do ato, o tabelião pode lavrar o testamento fora do Cartório, observada a sua competência territorial (Lei nº 8.935/94, art. 9º), havendo liberdade na escolha do aludido oficial, independentemente do lugar do domicílio do testador. Em virtude da natureza do ato, admitem-se os testamentos lavrados em domingos ou feriados.

A redação do testamento público será feita de acordo com as declarações livres e espontâneas do testador, que poderá se utilizar de minuta, notas ou apontamentos. O texto poderá ser escrito manualmente pelo tabelião ou mecanicamente, sendo a vontade testamentária lançada em partes impressas de livro de notas, desde que rubricadas todas as páginas pelo testador, se mais de uma, como usualmente acontece. Tendo em vista a essência da função notarial, qual seja, dar fé aos atos que são praticados, é o tabelião quem identifica o testador, assegurando-se de sua identidade, mas não de sua capacidade. Evidentemente, o tabelião não pode atestar que o testador se encontra

Testamento Público

no pleno gozo de suas faculdades mentais e, portanto, toda e qualquer anotação do tabelião nesse sentido admite prova em sentido contrário.

Testemunhas instrumentárias

As declarações do testador são lançadas no livro de notas e, uma vez lavrado o instrumento, este será lido em voz alta pelo tabelião, ou pelo testador, na presença de duas testemunhas, para que reste comprovada a correspondência entre a vontade manifestada e as disposições inseridas no ato. Após a leitura, o testamento é assinado pelo testador e pelas testemunhas (CC, art. 1.864)[1]. Por se tratar de ato celebrado nas repartições brasileiras, só pode ser realizado na língua nacional. Com efeito, o Código Civil exige a presença de duas testemunhas no momento da lavratura do testamento público, sendo estas, portanto, testemunhas instrumentárias[2], que têm a função de observar o desenrolar do ato, a exata reprodução nas notas do tabelião da vontade do testador e a espontaneidade deste último.

Unicidade do ato

Todo o ritual da leitura à assinatura deve ocorrer a um só tempo. Dessa forma, as solenidades se desenvolvem em ato contínuo, na presença do tabelião, do testador e das testemunhas. Se for necessária a interrupção do ato, no momento da interrupção e de sua retomada todos devem estar presentes. A data e o lugar do ato não foram enumerados pelo Código Civil como essenciais ao testamento público, apesar da extrema importância de ambos para aferição da capacidade do testador, da lei vigente por ocasião da lavratura do instrumento e da competência territorial do tabelião. Dita ausência é corrigida pelos requisitos essenciais a qualquer escritura pública, como disciplinado pelo inciso I do § 1º do artigo 215 do Código Civil.

Pessoa que não pode ou não sabe ler

Em virtude da segurança que a fé pública do tabelião confere ao ato, o testamento público é a única modalidade testamentária admitida para a pessoa analfabeta. De fato, para o testamento, nem sempre a plena capacidade de testar bastará, uma vez que em virtude das solenidades de cada espécie de testamento, podem ser exigidas outras atribuições do testador para garantir sua espontaneidade e higidez no momento de manifestar sua última vontade. Nessa esteira, o artigo 1.865 do Código Civil determina que se o testador não souber, ou não puder assinar, o tabelião ou seu substituto legal assim o declarará, assinando, neste caso, pelo testador, e, a seu rogo, uma das testemunhas instrumentárias. O aludido dispositivo não serve apenas ao analfabeto, mas também àqueles que estejam eventualmente impossibilitados de as-

---

[1] Código Civil, "Art. 1.864. São requisitos essenciais do testamento público:

I – ser escrito por tabelião ou por seu substituto legal em seu livro de notas, de acordo com as declarações do testador, podendo este servir-se de minuta, notas ou apontamentos;

II – lavrado o instrumento, ser lido em voz alta pelo tabelião ao testador e a duas testemunhas, a um só tempo; ou pelo testador, se o quiser, na presença destas e do oficial;

III – ser o instrumento, em seguida à leitura, assinado pelo testador, pelas testemunhas e pelo tabelião.

Parágrafo único. O testamento público pode ser escrito manualmente ou mecanicamente, bem como ser feito pela inserção da declaração de vontade em partes impressas de livro de notas, desde que rubricadas todas as páginas pelo testador, se mais de uma."

[2] Testemunhas instrumentárias são aquelas que presenciam um fato jurídico, ou seja, que assistem ao ato, não sendo necessário que tenham conhecimento de seus motivos.

sinar por qualquer causa permanente ou transitória. O fato de o testador não poder assinar deve ser declarado na cédula testamentaria, sem necessidade de ser exposto o motivo para tanto.

Na mesma linha e também em virtude da fé pública do ato, à pessoa cega só é facultado o testamento público, que deve ser lido duas vezes, uma pelo tabelião e outra por uma das testemunhas designadas pelo testador, sendo tudo devidamente circunstanciado na cédula testamentária (CC, art. 1.867). Dito dispositivo também se destina àqueles que estejam eventualmente impossibilitados de enxergar, em virtude de alguma causa transitória.

Pessoa cega

Vale registrar a inadequação do disposto no citado artigo 1.867, na medida em que as pessoas com deficiência visual contam com métodos e tecnologia que os permitiriam testar por meio do testamento particular ou cerrado, sem necessidade de se exigirem duas leituras no caso do testamento público. De fato, é urgente que as formalidades testamentárias sejam revisitadas em atenção às pessoas com deficiência, adequando-as à sua autonomia.

No sistema anterior, a oralidade era requisito do testamento público (CC16, art. 1.635). Assim, à pessoa muda não era facultado o testamento público. O referido dispositivo não foi reproduzido no Código Civil e, assim, não há qualquer dúvida de que aqueles que não podem exprimir sua vontade oralmente, seja por causa transitória ou permanente, podem testar na forma pública. Aliás, o próprio Código autoriza que o testador se valha de notas ou apontamentos, não exigindo que a manifestação da vontade testamentária ocorra de viva voz. Apesar disso, é formalidade do testamento a leitura em voz alta do instrumento pelo tabelião ou pelo testador. Por conseguinte, a Lei Civil prevê ritual específico para o caso de testadores surdos, determinando que, nesses casos, se o testador souber ler, lerá o seu testamento, e se não o souber, designará quem o leia em seu lugar, presentes as testemunhas (CC, art. 1.866)[3]. Nessa hipótese, portanto, não será o testamento lido por uma das testemunhas instrumentárias, mas sim por alguém especificamente designado para tanto pelo testador.

Uma vez aberta a sucessão, qualquer interessado poderá apresentar em juízo o traslado ou a certidão do testamento público, requerendo o seu cumprimento, dando início, assim, ao processo de abertura, registro e cumprimento do testamento, que tem por objetivo a análise judicial extrínseca e formal do ato (CPC, art. 736).

Vale registrar que, apesar de o testamento público ser uma escritura pública, que em regra seria acessível a qualquer interessado, bastando que se faça as pesquisas específicas a partir do CPF da pessoa, o Conselho Nacional de Justiça, em seu Provimento n. 134/2022, determinou, em seu art. 32, que a certidão de testamento somente poderá ser fornecida ao próprio testador ou mediante ordem judicial. Apenas ressalvou que, após o falecimento do testador, a certidão do testamento poderá ser fornecida ao solicitante que apresentar a respectiva certidão de óbito.

---

[3]   Código Civil, "Art. 1.866. O indivíduo inteiramente surdo, sabendo ler, lerá o seu testamento, e, se não o souber, designará quem o leia em seu lugar, presentes as testemunhas."

2. TESTAMENTO CERRADO

Testamento cerrado

A celebração do testamento cerrado ocorre em dois momentos. O primeiro é a elaboração da cédula testamentária pelo próprio testador ou por pessoa a seu rogo, podendo ser realizada de próprio punho pelo testador ou por processo mecânico, sendo certo que, nesta última hipótese, o subscritor deverá numerar e assinar todas as páginas (CC, art. 1.868, parágrafo único). Posteriormente, a referida cédula é levada ao tabelião do Cartório de Notas que a aprova na presença de duas testemunhas. Nessa segunda etapa, o testador deve levar a carta testamentária ao tabelião, declarando que aquele é o seu testamento e que deseja que seja aprovado. Tal entrega é ato personalíssimo do testador, não podendo ser realizado por interposta pessoa. Configura-se, assim, um ato complexo, que só se aperfeiçoa com a lavratura do auto de aprovação pelo tabelião.

Auto de aprovação

O auto de aprovação deve começar logo após a última palavra escrita no testamento, para que não fique espaço em branco, declarando o tabelião que, sob sua fé, o testador lhe entregou o testamento para ser aprovado, na presença das testemunhas. Não havendo espaço logo após a última palavra escrita no testamento, o tabelião aporá nele seu sinal público, lavrando o auto de aprovação em folha separada, em que tal circunstância deverá ser mencionada. Após a lavratura do auto de aprovação, este deverá ser lido em seguida para o testador e para as duas testemunhas, sendo dito documento assinado por todos: o oficial, o testador e as testemunhas. O tabelião, então, passará a cerrar e coser o instrumento aprovado (CC, art. 1.869)[4].

O testamento devidamente lacrado será entregue ao testador e o oficial lançará em seu livro nota do lugar, dia, mês e ano em que o testamento foi aprovado (CC, art. 1.874)[5]. Verifica-se, assim, que o lugar e a data não são requisitos de validade da cédula testamentária redigida pelo testador ou por pessoa a seu rogo, não importando o tempo decorrido entre a redação do instrumento e sua aprovação. De fato, é o auto de aprovação que completa o testamento cerrado e, assim, a capacidade do testador e a lei que regulamentará a forma do ato será aquela em vigor na data da aprovação do testamento cerrado.

Assim como no testamento público, as duas testemunhas necessárias ao ato são instrumentárias e devem presenciar todo o procedimento, que se inicia com a entrega da cédula testamentária ao tabelião e a sua posterior aprovação com a lavratura, leitura e assinatura do auto de aprovação, devendo ser todo o processo realizado em ato contínuo, sem interrupções. Na mesma direção dos testamentos públicos, a

---

[4] Código Civil, "Art. 1.869. O tabelião deve começar o auto de aprovação imediatamente depois da última palavra do testador, declarando, sob sua fé, que o testador lhe entregou para ser aprovado na presença das testemunhas; passando a cerrar e coser o instrumento aprovado.
Parágrafo único. Se não houver espaço na última folha do testamento, para início da aprovação, o tabelião aporá nele o seu sinal público, mencionando a circunstância no auto."

[5] Código Civil, "Art. 1.874. Depois de aprovado e cerrado, será o testamento entregue ao testador, e o tabelião lançará, no seu livro, nota do lugar, dia, mês e ano em que o testamento foi aprovado e entregue."

CAPÍTULO VII | FORMAS TESTAMENTÁRIAS 147

aprovação do testamento cerrado é ato privativo do tabelião do Cartório de Notas ou de seu substituto legal, se este último estiver respondendo pelo serviço cartorário (Lei nº 8.935/94, art. 7º, II).

Embora a cédula testamentária possa ser escrita por outra pessoa, a pedido do testador, inclusive pelo próprio tabelião que o aprovará (CC, art. 1.870)[6], a assinatura do testador é requisito de validade cuja ausência gera a sua nulidade. Com efeito, em atenção à natureza do testamento cerrado e do modo pelo qual é realizado, o Código Civil o proíbe para aqueles que não saibam ou não possam ler (CC, art. 1.872). Realmente, podendo ser a carta testamentária escrita por outra pessoa a pedido do testador, não seria possível facultá-lo àqueles que não pudessem compreender o seu conteúdo pela leitura, em virtude da natureza personalíssima do ato. *Assinatura do testador*

Uma vez que a cédula testamentária é elaborada privadamente, sem a presença de um oficial público, admite-se que o testamento cerrado seja escrito em língua estrangeira (CC, art. 1.871)[7], sendo essencial, no entanto, que haja clara compreensão do idioma pelo testador, sob pena de suspeita quanto à validade do ato. Por ocasião de seu cumprimento, o testamento cerrado escrito em língua estrangeira deverá ser traduzido por tradutor público juramentado. Em virtude da solenidade de o testador declarar de viva voz que a cédula que traz é o seu testamento e que deseja a sua aprovação, no caso de uma pessoa surda-muda, o legislador estabeleceu que apenas ela poderá redigir o testamento e, ao entregá-lo, perante as duas testemunhas, deverá escrever na parte externa do papel ou envoltório que aquele é o seu testamento cuja aprovação lhe pede (CC, art. 1.873). Tal exigência não se aplica apenas ao surdo--mudo, mas àquele que seja apenas mudo ou, ainda, àqueles que estejam momentaneamente impedidos de manifestar de viva voz sua vontade. *Língua estrangeira*

Com a abertura da sucessão, o testamento cerrado será apresentado ao juiz que o abrirá e o fará registrar, ordenando o seu cumprimento, se não encontrar vício externo que o torne eivado de nulidade ou suspeita de falsidade (CC, art. 1.875)[8]. Consoante a lei processual, uma vez recebendo o testamento cerrado isento de vícios extrínsecos, o juiz o abrirá e determinará que o escrivão o leia em presença do apresentante do instrumento. Do termo de abertura, constarão o nome do apresentante e como ele obteve o testamento, a data e o lugar do falecimento do testador, com as respectivas provas, e qualquer circunstância digna de nota (CPC, art. 735).

Segundo a lei processual, não há obrigatoriedade de intimação dos demais herdeiros para o ato judicial de apresentação, abertura e leitura do testamento cerrado, embora tal intimação seja necessária para fins de ciência do processo, uma vez que

---

[6] Código Civil, "Art. 1.870. Se o tabelião tiver escrito o testamento a rogo do testador, poderá, não obstante, aprová-lo."

[7] Código Civil, "Art. 1.871. O testamento pode ser escrito em língua nacional ou estrangeira, pelo próprio testador, ou por outrem, a seu rogo."

[8] Código Civil, "Art. 1.875. Falecido o testador, o testamento será apresentado ao juiz, que o abrirá e o fará registrar, ordenando seja cumprido, se não achar vício externo que o torne eivado de nulidade ou suspeito de falsidade."

o prazo de cinco anos para impugnar a validade do testamento conta-se a partir do trânsito em julgado da sentença que determinar a sua abertura, registro e cumprimento e, assim, sem a devida intimação, os aludidos herdeiros poderão não ter ciência do ato em tempo de impugnar algum vício formal.

Vale assinalar que o sigilo do testamento cerrado é prerrogativa do testador, que pode revelar o seu conteúdo a quem quer que seja, não constituindo tal revelação invalidade do ato.

3. TESTAMENTO PARTICULAR

Testamento particular

O testamento particular é escrito pelo próprio testador, de próprio punho ou mediante processo mecânico. No primeiro caso, para sua validade, o testamento deverá ser lido e assinado pelo testador, na presença de pelo menos três testemunhas, que o devem subscrever. Já na segunda hipótese, além dos mesmos requisitos acima, não poderá haver rasuras ou espaços em branco na cédula testamentária. Denomina--se, ainda, privado, ológrafo ou hológrafo (CC, art. 1.876).

Tendo em vista a lavratura do ato em espaço privado, a preocupação do legislador é garantir a manifestação de vontade livre, hígida e espontânea do testador. Assim, a interferência comprovada de terceiro no ato pode gerar a sua nulidade, muito embora sejam admitidos aditamentos incluídos por pessoa diversa do testador, mas aprovados por ele, quando visem apenas esclarecer um ponto ou completar uma descrição, sem qualquer inovação na vontade testamentária. Citam-se como exemplos a especificação das características e da situação de imóvel previamente designado, a adição de estado e residência do beneficiado indicado[9] ou quando algum terceiro corrige um dado, escrevendo "a casa a que meu pai se refere mudou de número, era 41 e hoje é 5, nota que escrevi à vista dele" ou "meu pai pediu que só apresentasse o testamento oito dias depois da morte dele", somado à informação de presença desse filho no momento da realização do testamento.[10] Igualmente, o ato será válido quando terceiros introduzirem palavras fraudulentamente no texto para inutilizar a cédula testamentária[11] ou diante da existência de frases juridicamente inócuas, versando sobre matéria estranha ao assunto[12]. A data do ato não é erigida a requisito essencial do testamento hológrafo. O mesmo se passava na vigência da legislação anterior e a melhor doutrina já apontava a ausência como uma como lacuna grave, indicando que ao testador cabia supri-la[13]. A sua falta, no entanto, não acarretará nulidade do ato, embora a indicação da data seja necessária para consignar o momento da celebração do ato, de modo a ser possível avaliar a capacidade testamentária ativa e a revogação de testamentos anteriores.

---

[9] Carlos Maximiliano, *Direito das Sucessões*, vol. 1, Rio de Janeiro: Freitas Bastos, 1937, p. 530.

[10] Pontes de Miranda, *Tratado de Direito Privado*, t. LIX, §5.892, São Paulo: Editora Revista dos Tribunais, 2012, p. 214.

[11] Orosimbo Nonato, *Estudos sôbre Sucessão Testamentária*, vol. I, Rio de Janeiro: Forense, 1957, p. 305.

[12] Carlos Maximiliano, *Direito das Sucessões*, vol. 1, cit., p. 530.

[13] Clovis Bevilaqua, *Código Civil dos Estados Unidos do Brasil comentado*, vol. VI, Rio de Janeiro: Livraria Francisco Alves, 1944, 5ª ed., p. 112.

Apesar do princípio da unicidade do ato testamentário, que preconiza a sua celebração em ato único e contínuo, não podendo haver interrupções e retomadas sem a presença de todos os participantes da solenidade, há decisões que admitem que as testemunhas não precisam estar todas presentes simultaneamente na leitura do instrumento, podendo essa leitura ser feita uma a uma testemunha[14]. De fato, como exposto acima, o Superior Tribunal de Justiça tende a analisar de forma não tão rígida os requisitos relacionados ao testamento particular, quando não restarem dúvidas sobre a higidez e a espontaneidade da manifestação de vontade do testador[15].

Uma vez aberta a sucessão, o herdeiro, o legatário, o testamenteiro ou o terceiro detentor da cédula testamentária, impossibilitado de entregá-la a algum dos interessados na sucessão, requererá em juízo a publicação do testamento particular, com a intimação dos demais herdeiros que não tiverem requerido tal publicação em juízo (CPC, art. 737). No curso da demanda de abertura, registro e cumprimento do testamento, este deverá ser confirmado. Desse modo, as testemunhas serão ouvidas sobre a celebração do ato, sendo certo que não precisam recordar as disposições testamentárias em si, mas sim o momento da lavratura do instrumento. Assim, se as testemunhas forem contestes sobre o fato da disposição, ou, ao menos, sobre a sua leitura perante elas, e se reconhecerem as próprias assinaturas, assim como a do testador, o testamento será confirmado[16].

Confirmação do testamento particular

---

[14] "Testamento particular. Requisito do art. 1645, II, do Código Civil. Não havendo dúvida quanto à autenticidade do documento de última vontade e conhecida, induvidosamente, no próprio, a vontade do testador, deve prevalecer o testamento particular, que as testemunhas ouviram ler e assinaram uma a uma, na presença do testador, mesmo sem que tivessem elas reunidas, todas, simultaneamente, para aquele fim. Não se deve alimentar a superstição do formalismo obsoleto, que prejudica mais do que ajuda. Embora as formas testamentárias operem como *jus cogens*, entretanto a lei da forma está sujeita à interpretação e construção apropriadas às circunstâncias. Recurso conhecido, mas desprovido." (STJ, 3ª T, REsp. 1422/RS, Rel. Min. Gueiros Leite, julg. 2.10.1990, publ. DJ 4.3.1991, p. 1983).

[15] "Agravo Regimental em Recurso Especial. Direito Civil. Testamento Particular. Vontade do Testador Mantida. Vícios Formais Afastados. Capacidade Mental Reconhecida. Jurisprudência do STJ. Súmula N. 83/STJ. Revisão de Provas. Súmula N. 7/STJ. 1. Na elaboração de testamento particular, é possível flexibilizar as formalidades prescritas em lei na hipótese em que o documento foi assinado pelo testador e por três testemunhas idôneas. 2. Ao se examinar o ato de disposição de última vontade, deve-se sempre privilegiar a busca pela real intenção do testador a respeito de seus bens, feita de forma livre, consciente e espontânea, atestada sua capacidade mental para o ato. Incidência da Súmula n. 83/STJ. 3. Incide a Súmula n. 7 do STJ na hipótese em que o acolhimento da tese defendida no recurso especial reclama a análise dos elementos probatórios produzidos ao longo da demanda. 4. Agravo regimental desprovido" (STJ, 3ª T, AgRg no REsp 1401087/MT, Rel. Min. João Otávio Noronha, julg. 6.8.2015, publ. DJ 13.8.2015).

[16] Nesse sentido: "Civil. Processual civil. Direito sucessório. Testamento particular. Requisitos alternativos de confirmação. Fato de disposição ou leitura perante testemunhas e assinaturas das testemunhas e do testador no documento. Inquirição judicial das testemunhas testamentárias a respeito de questões distintas. Imprecisão ou ausência de respostas das testemunhas. Irrelevância. Ausência de previsão legal. Distanciamento temporal entre a lavratura do testamento e sua confirmação. Ausência de invalidade. Ausência de leitura do testamento a uma das testemunhas. Formalidade suscetível de flexibilização. Aquiescência inicial dos demais herdeiros que igualmente corrobora a validade. Preservação da disposição de última vontade. 1. Ação distribuída em 02/09/2020. Recurso especial interposto em 19/08/2022 e atribuído à Relatora em 07/06/2023. 2. O propósito recursal é definir se é válido o testamento particular em que as testemunhas, a despeito de reconhecerem as suas assinaturas na cédula, não foram capazes de confirmar, oralmente em juízo, ser aquela a manifestação de

Nota-se, assim, que o cumprimento da vontade testamentária no presente caso não dependerá apenas da higidez da cédula testamentária conforme as prescrições da lei, mas, também, da confirmação do ato pelas testemunhas que o presenciaram. Evidentemente, podem faltar testemunhas por morte ou ausência. Assim, prevê a lei que se pelo menos uma delas reconhecer o ato, o testamento poderá ser confirmado, desde que, a critério do juiz, houver prova suficiente de sua veracidade (CC, art. 1.878)[17].

Língua estrangeira Admite-se que o testamento seja escrito em língua estrangeira, desde que o testador e as testemunhas o compreendam. Realmente, quanto ao testador, de outro modo não poderia ser, uma vez que é este que escreve o seu testamento. Já em relação às testemunhas, se assim não fosse, estas não atuariam como testemunhas instrumentárias, uma vez que não compreenderiam o ato (CC, art. 1.880).

Em circunstâncias excepcionais, admite-se que o testamento seja escrito pelo testador, sem testemunhas. Tais circunstâncias devem ser declaradas na cédula, para que reste explicitada a razão pela qual o testador não pôde reunir as três testemunhas

---

vontade da testadora, a data em que elaborado o testamento, de que modo fora assinado, se foi lido perante elas e outros elementos relacionados ao ato de disposição. 3. À luz do art. 1.878 do CC/2002, a confirmação do testamento particular está condicionada à presença de requisitos alternativos: ou as testemunhas confirmam o fato da disposição ou as testemunhas confirmam que o testamento foi lido perante elas e que as assinaturas apostas no documento são delas e do testador. 4. A imprecisão ou ausência de resposta das testemunhas testamentárias a respeito de questões distintas daquelas previstas em lei, como as circunstâncias em que fora lavrado o testamento, se a assinatura foi realizada física ou eletronicamente, se a assinatura foi realizada em cartório ou na residência do testador e quanto à data ou ano da assinatura do testamento, não é suficiente para invalidar o testamento. 5. A razão pela qual o legislador não elencou os elementos fáticos acima indicados como requisitos suscetíveis de confirmação pelas testemunhas diz respeito ao provável distanciamento temporal entre a lavratura do testamento e a sua confirmação, que poderá ser demasiadamente longo e, nesse caso, inviabilizaria que as testemunhas confirmassem, anos ou décadas depois, elementos internos ou inerentes ao testamento. 6. Na hipótese em exame, não há nenhum elemento concreto que aponte alguma dúvida a respeito da veracidade das assinaturas das testemunhas apostas no testamento como sendo da testadora e das testemunhas, ao passo que a dúvida que recai sobre a leitura do testamento a uma dessas testemunhas, das quatro que foram elencadas no documento, não é suficiente, por si só, para invalidar a disposição de última vontade. 7. Na hipótese, os demais herdeiros que, em tese, possuiriam legitimidade e interesse para se insurgir contra o testamento, manifestaram, em um primeiro momento, a sua aquiescência com a manifestação de última vontade da testadora, demonstraram seu desconforto apenas quanto ao fato de as testemunhas não saberem esclarecer sobre os termos do testamento e sobre a vontade da testadora, o que não se exige à luz do art. 1.878, *caput*, 2ª parte, do CC/2002. 8. Recurso especial conhecido e provido, a fim de julgar procedente o pedido de abertura, registro e cumprimento do testamento particular de Lya Bombonato De Divitiis, invertendo-se a sucumbência" (STJ, 3ª T., REsp 2080530/SP, Rel. Min. Nancy Andrighi, julg. 17.10.2023, publ. DJe 30.10.2023).

[17] Código Civil, "Art. 1.878. Se as testemunhas forem contestes sobre o fato da disposição, ou, ao menos, sobre a sua leitura perante elas, e se reconhecerem as próprias assinaturas, assim como a do testador, o testamento será confirmado.

Parágrafo único. Se faltarem testemunhas, por morte ou ausência, e se pelo menos uma delas o reconhecer, o testamento poderá ser confirmado, se, a critério do juiz, houver prova suficiente de sua veracidade." Sobre o dispositivo, a 3ª Turma do STJ considerou válido testamento particular em que as testemunhas não foram capazes de confirmar em juízo a manifestação de vontade da testadora, a data em que o testamento foi elaborado, o modo como foi assinado, entre outros elementos relativos ao ato. A relatora, Min. Nancy Andrighi, observou que a confirmação do testamento particular está condicionada à presença de requisitos alternativos do art. 1.878. No caso, todavia, as testemunhas foram questionadas apenas sobre circunstâncias diversas daquelas previstas em lei (STJ, 3ª T., REsp 2.080.530, Rel. Min. Nancy Andrighi, julg. 17.10.2023).

necessárias ao ato. O testamento deverá ser escrito de próprio punho pelo declarante, sendo devidamente assinado e sua confirmação dependerá de análise judicial (CC, art. 1.879). O referido dispositivo encaixou-se perfeitamente à situação de pandemia decorrente da COVID-19 que o mundo passou a enfrentar quando ainda não era possível a realização de testamentos públicos eletrônicos, que passaram a ser admitidos por força do Provimento n. 100/2020 do Conselho Nacional de Justiça.

Discute-se se dito testamento caducaria uma vez cessadas as circunstâncias excepcionais que o ensejaram, tal como ocorre com os demais testamentos especiais previstos na lei. Com efeito, admite-se que o testador não se valha das formas ordinárias de testamento em situações especiais e, por isso, uma vez cessadas tais situações, no caso dos testamentos especiais, o legislador prevê um prazo para a caducidade do ato. Nessa direção, aprovou-se na VII Jornada de Direito Civil o Enunciado n.º 611, assim ementado: "O testamento hológrafo simplificado, previsto no art. 1.879 do Código Civil, perderá sua eficácia se, nos 90 dias subsequentes ao fim das circunstâncias excepcionais que autorizaram a sua confecção, o disponente, podendo fazê-lo, não testar por uma das formas testamentárias ordinárias". No entanto, diante da omissão da lei e em prol da manutenção da vontade do testador, a melhor posição é aquela no sentido de ser válido o ato de última vontade independentemente do tempo decorrido entre a elaboração da cédula e a abertura da sucessão.

4. TESTAMENTO MARÍTIMO E AERONÁUTICO

Nem sempre será possível recorrer às formas ordinárias do testamento. Por essa razão, o legislador prevê formas testamentárias especiais destinadas àquelas pessoas que se encontram em situações nas quais não lhes é possível se valer de uma das formalidades ordinárias para a lavratura do ato de última vontade. Entre tais situações encontra-se a viagem a bordo de navio nacional, comercial ou de guerra, bem como a bordo de aeronave, militar ou comercial. No primeiro caso, haverá a lavratura do testamento marítimo, perante o comandante, na presença de duas testemunhas, sendo realizado o registro do ato de última vontade no diário de bordo (CC, art. 1.888). Já no segundo caso, lavrar-se-á o testamento aeronáutico, que deve observar os mesmos requisitos do testamento marítimo, salvo quanto àquele perante quem deve ser realizado o instrumento, uma vez que, neste caso, caberá ao comandante designar aquele perante quem deverá ser lavrado o ato (CC, art. 1.889)[18].

Testamento marítimo e aeronáutico

Quanto ao testamento marítimo, se este for realizado em momento em que o navio estiver atracado em porto onde o testador pudesse desembarcar e testar numa das formas ordinárias, não terá validade (CC, art. 1.892). Nesse caso, será preciso analisar com cautela a hipótese, uma vez que a atracação no porto, tendo em conta a sua duração e a possibilidade de trânsito na localidade, deve permitir a realização de testamento sob a forma ordinária, uma vez que, se assim não for, a situação na qual se encontrará o testador será idêntica àquela de navegação do navio.

Navio atracado no porto

---

[18] Código Civil, "Art. 1.889. Quem estiver em viagem, a bordo de aeronave militar ou comercial, pode testar perante pessoa designada pelo comandante, observado o disposto no artigo antecedente."

A lei não estabelece as solenidades para a lavratura dos testamentos marítimos e aeronáuticos, assinalando, apenas, que tais atos devem observar forma que corresponda ao testamento público ou cerrado. Trata-se, assim, de mera correspondência e não de igualdade às formas ordinárias mencionadas. Assim, no exame de tais atos, a avaliação do juiz deverá estar voltada para a vontade do testador, apurando se esta foi manifestada de forma livre, isenta e espontânea, sem se ater de forma exacerbada ao formalismo. O testamento marítimo ou o aeronáutico ficará sob a guarda do disponente, e se este falecer no curso da viagem, a guarda do ato caberá ao comandante, que o entregará às autoridades administrativas do primeiro porto ou aeroporto nacional, contrarrecibo assinado no diário de bordo (CC, art. 1.890)[19]. Todavia, nada impede que o testamento marítimo ou aeronáutico seja conferido à autoridade consular brasileira no estrangeiro, caso a viagem, especialmente de navio, apresente-se muito extensa, e a volta ao território nacional seja longínqua.

A realização dos testamentos especiais é sempre excepcional. Por tal razão, caducará o testamento marítimo ou aeronáutico se o testador não morrer na viagem, nem nos noventa dias subsequentes ao seu desembarque em terra, onde possa fazer, na forma ordinária, outro testamento (CC, art. 1.891). No entanto, a aludida caducidade deverá ser afastada se o testador estiver acometido de mal grave que o impeça de testar na forma ordinária, o mesmo se passando se, no prazo indicado, o testador iniciar nova viagem, sendo dito prazo interrompido, recomeçando a sua contagem no desembarcar definitivo do disponente em terra.

Caducidade

5.   TESTAMENTO MILITAR

Testamento militar

O testamento militar é aquele elaborado durante a guerra, sendo facultado não só aos integrantes das Forças Armadas (Exército, Marinha e Aeronáutica), mas também às demais pessoas a serviço delas, tal como médicos, enfermeiros, voluntários, correspondentes de guerra, entre outros, em campanha, dentro ou fora do País, bem como em praça sitiada, ou que esteja com comunicações interrompidas. Para a validade do testamento militar, é preciso estar caracterizada a impossibilidade de o testador se valer de uma das formas ordinárias para testar, tendo em vista tratar-se de forma excepcional para a manifestação da última vontade.

O Código Civil enumera as formalidades necessárias à validade do testamento militar, que poderá ser feito em três modalidades: uma semelhante à pública, estabelecida no artigo 1.893; outra correspondente ao testamento cerrado, disposta no artigo 1.894; e uma terceira, nuncupativa, nos termos do artigo 1.896.

Em forma semelhante à pública, a autoridade militar ficará incumbida da produção escrita do ato testamentário, seja o comandante, o oficial de saúde ou o diretor do hospital, a depender das circunstâncias em que se achar o disponente (CC, art.

---

[19]   Código Civil, "Art. 1.890. O testamento marítimo ou aeronáutico ficará sob a guarda do comandante, que o entregará às autoridades administrativas do primeiro porto ou aeroporto nacional, contra recibo averbado no diário de bordo."

CAPÍTULO VII | FORMAS TESTAMENTÁRIAS 153

1.893, §§ 1º, 2º e 3º). Ademais, duas testemunhas deverão participar do ato e, quando o testador não puder, ou não souber assinar, participará também do ato terceira testemunha a qual assinará a cédula testamentária por ele. Por outro lado, se o testador souber escrever, poderá fazer o testamento de seu punho, contando que o date e assine por extenso, e o apresente aberto ou cerrado, na presença de duas testemunhas ao auditor, ou ao oficial de patente, que lançará, em qualquer parte dele, lugar, dia, mês e ano, em que lhe for apresentado, sendo esta nota assinada por ele e pelas testemunhas.

Em virtude de sua excepcionalidade, o testamento militar caduca se o testador estiver durante noventa dias em local onde possa testar mediante uma das formas ordinárias (CC, art. 1.985). A regra da caducidade, no entanto, é afastada nos casos em que o testamento apresenta as solenidades prescritas no parágrafo único do artigo 1.894, uma vez que a cédula testamentária é autenticada pela autoridade militar. *Caducidade*

A única modalidade de testamento nuncupativo na lei brasileira é aquela prevista em relação ao testamento militar. De fato, o Código Civil admite o testamento militar realizado oralmente perante duas testemunhas, quando o disponente esteja em combate, ou ferido, sendo certo que dito ato caducará se o testador não morrer na guerra ou convalescer do ferimento (CC, art. 1.896). *Testamento nuncupativo*

O testamento verbal apresenta intensa oposição na doutrina. Nas palavras de Silvio Rodrigues, que chega a opinar que tal testamento especial deveria ser abolido, "este testamento insere um extraordinário elemento de insegurança, pois, morta uma pessoa na guerra, não há nada que impeça o fato de algumas outras se mancomunarem para duas delas se apresentarem como testemunhas, declarando que o defunto testou nuncupativamente em favor de terceiro"[20]. Na mesma linha crítica, considerando tratar-se de romantismo perigoso, Clovis Bevilaqua sentenciava: "a luta empenhada tudo absorve e confunde, e os dizeres do moribundo se perdem no ruído da batalha, e pode ser, facilmente, deturpado, ou, dolosamente, inventado o testamento"[21].

6. CODICILO

O codicilo é ato de última vontade (*rectius*, com eficácia *causa mortis*), que se configura a partir de escrito particular datado e assinado, sendo restrito a disposições de pequeno valor, a estipulações especiais sobre o enterro do declarante e a nomeação ou substituição de testamenteiros. *Codicilo*

Em interessante recurso julgado pelo STJ, ficaram vencidos os Ministros Nancy Andrighi e Humberto Martins diante de hipótese relativa a testamento particular, escrito de próprio punho pelo testador sem testemunhas. No caso em questão, afastou-se a aplicação do artigo 1.879 do Código Civil, anteriormente referido, uma vez que as circunstâncias excepcionais não foram declaradas na cédula. No entanto, a Ministra Nancy Andrighi, em respeito à vontade do testador, que não tinha herdeiros necessários e afirmara por diversas vezes, como comprovado pelas testemunhas ouvidas

---

[20] Silvio Rodrigues, *Direito das Sucessões*, vol. 7, São Paulo: Saraiva, 2003, 26ª ed., p. 174.
[21] Clovis Bevilaqua, *Código Civil dos Estados Unidos do Brasil commentado*, cit., p. 128.

no processo, que nada queria deixar para sua família, formada apenas por parentes colaterais, que podem ser excluídos da sucessão, nos termos do artigo 1.850 do Código Civil, determinou a requalificação jurídica do documento, intitulado testamento para codicilo, cujas características e requisitos melhor se amoldavam à hipótese, determinando o seu cumprimento.[22]

A capacidade para lavrar o codicilo é a mesma exigida para o testamento, não admitindo a lei que uma pessoa escreva o ato a rogo do autor da herança. Por essa razão, o codicilo só poderá ser realizado por aqueles que saibam e possam escrever no momento de sua lavratura.

A lei não prevê parâmetro para a admissibilidade da disposição de pequeno valor e, assim, o limite do codicilo só poderá ser verificado na situação em concreto, conforme o monte hereditário. Nessa esteira, discute-se se é possível reduzir as disposições codicilares, quando estas ultrapassam os limites legais. Já afirmou Zeno Veloso, em analogia às disposições testamentárias, ser possível a redução das disposições codicilares, preservando-se o possível e útil do codicilo excessivo[23]. Orosimbo Nonato, por outro lado, nega tal hipótese, alegando que a analogia não pode ser aplicada na situação em tela, porquanto não existe limite legal estabelecido para as disposições codicilares, como acontece quanto às disposições testamentárias, limitadas à metade disponível do testador[24]. Nesse mesmo sentido se posiciona Caio Mário da Silva Pereira.[25]

<small>Relação entre codicilo e testamento</small>

O codicilo apresenta existência autônoma em relação ao testamento, podendo, portanto, existir sem ele, ou coexistir com a cédula testamentária. É possível que o codicilo seja revogado por outro codicilo. Também se considera revogado um codicilo se um testamento posterior a ele não o confirmar ou não o modificar (CC, art.

---

[22] STJ, 3ª T., REsp nº 2.000.938/SP, Rel. Min. Nancy Andrighi, Rel. para acórdão Min. Moura Ribeiro, julg. 8.8.2023, publ. DJe 25.8.2023. Assim foi ementado o julgado: "Civil e processual civil. Recurso especial. Abertura, registro e cumprimento de testamento particular escrito de próprio punho. Descumprimento de formalidades legais. Dúvidas quanto a real vontade do testador. Impossibilidade de confirmação judicial. Recurso especial não provido. 1. As formalidades do testamento estabelecidas na lei têm por finalidade garantir a preservação da primazia da vontade do testador, não constituindo um fim em si mesmas. 2. Admite-se, por exemplo, que o testamento particular escrito de próprio punho pelo *de cujus*, mas sem testemunhas, seja confirmado judicialmente quando houver indicação, na própria cédula, de circunstâncias excepcionais capazes de dispensar essa formalidade legal (art. 1.876 do CC/02). 3. No caso, porém, faltaram testemunhas presenciais do ato e não foi declarada nenhuma circunstância excepcional justificadora. 4. Além disso, não é possível visualizar com segurança se o conteúdo do documento apresentado corresponde de fato à vontade do testador, pois ele não assinou todas as folhas do respectivo instrumento e porque o confeccionou em mais de uma assentada. 5. Incabível, dessa forma, conferir validade a essa manifestação de última vontade. 6. Recurso especial não provido".

[23] Zeno Veloso, *Testamentos*, cit., pp. 318-319.

[24] Orosimbo Nonato, *Estudos sôbre Sucessão Testamentária*, vol. I, Rio de Janeiro: Forense, 1957, p. 99.

[25] Afirma-se que "não tem cabimento, porém, a redução das deixas codicilares pelo juiz, em argumento analógico com as disposições inoficiosas" (Caio Mário da Silva Pereira, *Instituições de Direito Civil*, vol. VI, Rio de Janeiro: Forense, 23ª ed., pp. 237-238).

1.884)[26]. Por esta última razão, afirma-se que o codicilo não revoga o testamento[27]. Todavia, deve-se analisar tal assertiva com certa cautela. Em regra, um testamento é revogado pelo mesmo modo e forma como pode ser feito (CC, art. 1.969). Contudo, caso o codicilo posterior ao testamento estipule, dentro de seu universo substancial específico, disposições incompatíveis com a cédula testamentária anterior, estará, tacitamente, revogando-a, parcial ou totalmente[28].

O codicilo pode ser fechado pelo disponente e, nesse caso, será aberto da mesma forma que o testamento cerrado.

7. AS TESTEMUNHAS DO TESTAMENTO

Ao contrário do Código Civil de 1916, o Código Civil de 2002 não previu dispositivo legal específico quanto às testemunhas do testamento. De fato, o diploma civil de 1916 dispunha que não podiam ser testemunhas instrumentárias testamentárias os menores de dezesseis anos, os loucos de todo gênero, os surdos mudos e os cegos, o herdeiro instituído, seus ascendentes e descendentes, irmãos e cônjuge, bem como os legatários (CC16, art. 1.650).

Diante da ausência de dispositivo específico, invoca-se a aplicação do disposto na parte geral do Código quanto às testemunhas, com as devidas adaptações hermenêuticas para o ato testamentário. Isso porque a testemunha no testamento tem a função de zelar pela espontaneidade e higidez do testador e, para tanto, devem ter condições de acompanhar plenamente todo o ato testamentário.

Nessa direção, não poderão ser admitidas como testemunhas do ato de última vontade, na linha do que dispõe o art. 228 do Código Civil, os menores de dezesseis anos, o interessado nas disposições testamentárias, o amigo íntimo ou o inimigo do testador ou dos nomeados no testamento, os herdeiros, legatários, testamenteiros, tutores, curadores de maiores com deficiência ou curadores especiais indicados para administração de bens de menores, bem como os cônjuges, os ascendentes, os descendentes e os colaterais, até o terceiro grau do testador ou dos nomeados no testamento, por consanguinidade, ou afinidade.

No entanto, assiste razão a Caio Mário da Silva Pereira, à luz das considerações do atualizador de sua obra, Carlos Roberto Barbosa Moreira, que a aplicação do citado art. 228 à questão traz resultados insatisfatórios. Isso porque o aludido dispositivo se refere a testemunhas que depõem em juízo e não a testemunhas instrumentárias para testamento. A solução para a questão estaria em parte no disposto no art. 1.801, II, do Código Civil, que proíbe que as testemunhas do testamento sejam nomeadas herdeiras ou legatárias. Dessa forma, não haveria qualquer impedimento para que

---

[26] Código Civil, "Art. 1.884. Os atos previstos nos artigos antecedentes revogam-se por atos iguais, e consideram-se revogados, se, havendo testamento posterior, de qualquer natureza, este os não confirmar ou modificar."

[27] Arthur Vasco Itabaiana de Oliveira, *Tratado de Direito das Sucessões*, vol. 2, São Paulo: Max Limonad, 1952, p. 468.

[28] Zeno Veloso, *Testamentos*, cit., p. 321.

amigos íntimos, inimigos ou parentes do testador atuem como testemunhas do ato de última vontade, desde que não tenham qualquer relação com suas disposições. Realmente, na prática da lavratura de testamentos é muito comum que o disponente queira a presença de amigos ou pessoas de confiança, em virtude da natureza do ato[29]. Quanto à pessoa com deficiência, na forma do disposto no § 2º do art. 228, estas poderão testemunhar na medida em que possuam condições de cumprir a sua função, qual seja, zelar pela espontaneidade e higidez do testador. Nessa direção, uma pessoa cega ou surda, não poderá ser testemunha instrumentária testamentária, porque suas características pessoais lhe impedem de acompanhar o ato em toda a sua plenitude.

Dessa forma, na abordagem da questão e na falta de um dispositivo específico, deve-se priorizar uma interpretação mais flexível[30] do que aquela que se extraí apenas do citado art. 228 do Código Civil, devendo o intérprete se basear no fato de que as testemunhas não podem ter interesse de qualquer espécie nas disposições de última vontade e, ainda, que não podem ser portadoras de características que as impeçam de exercer plenamente sua função[31].

8.   TESTAMENTO DIGITAL

Testamento digital

Como já explicitado, os bens digitais têm crescido a cada dia. Há inúmeras redes sociais e hospedeiros de sites em que as pessoas armazenam fotos, vídeos, textos e outras mídias, sem se dar conta do valor afetivo ou financeiro que esses registros podem ter. Com a morte de uma pessoa, surge o problema do destino de seus bens digitais, que tanto podem representar a memória do ente querido falecido, como também representar recursos econômicos para os herdeiros. A problemática em torno da questão passa pela própria desorganização da armazenagem das informações digitais, bem como pela ausência de lei específica sobre o tema[32]. Não raro, encontram-

---

[29]   Caio Mário da Silva Pereira, *Instituições de Direito Civil*, Vol. VII, Rio de Janeiro: Forense, 28ª ed., 2022, pp. 211-212.

[30]   O Superior Tribunal de Justiça (STJ) tem adotado a posição de flexibilizar, especialmente quando se trata da quantidade de testemunhas e da validação da impressão digital em testamento particular em contexto de ausência de suspeita de fraudes (STJ, 3ª T., AgRg no AREsp 773.835/SP, Rel. Min. João Otávio de Noronha, julg. 23.2.2016, publ. DJe 10.3.2016; STJ, 2ª S., REsp 1.633.254/MG, Rel. Min. Nancy Andrighi, julg. 11.3.2020, publ. DJe 18.3.2020).

[31]   Em outubro de 2022, o STJ analisou caso em que se discutia se seria nulo testamento público na hipótese em que se alegava que uma das testemunhas instrumentárias possuiria relação de amizade íntima com um dos herdeiros testamentários. De acordo com a Corte, "ainda que se admitisse que a testemunha instrumentária efetivamente possuísse relação de amizade com o herdeiro testamentário, a hipótese em exame diz respeito à testamento por escritura pública, uma das modalidades mais seguras para certificação de que aquela era realmente a vontade do testador, e o questionamento recai apenas sobre a suposta amizade de uma das testemunhas com um dos herdeiros, circunstâncias insuficientes para o reconhecimento da invalidade do testamento". No caso, todos os demais fundamentos invocados na petição inicial, a saber, de que a testadora não se encontrava em condições adequadas de saúde e discernimento e de que teria sido ludibriada pelos herdeiros contemplados, foram afastadas nas instâncias ordinárias e, assim, reputou-se válido o testamento analisado. (STJ, 3ª T., REsp nº 2005052/SP, Rel. Min. Nancy Andrighi, julg. 4.10.2022, publ. DJe 6.10.2022.

[32]   Há várias propostas legislativas sobre a matéria tramitando na Câmara dos Deputados. Destaca--se o Projeto de Lei (PL) nº 5.820, de 2019, aprovado pela Câmara de Constituição e Justiça em

-se casos nos quais a família da pessoa falecida trava batalhas judiciais para ter acesso ao site ou ao perfil de seu ente querido na internet, nem sempre com razão, em virtude da necessidade de se tutelar a personalidade da pessoa falecida diante do que se passou a chamar de "herança digital"[33].

Por essa razão, redes sociais e hospedeiros de sites têm desenvolvido ferramentas através das quais a pessoa determina o destino de suas informações digitais em caso de morte. A título de exemplo, vale citar a possibilidade de nomeação de pessoas de confiança que poderão ter acesso às informações digitais, determinando o que fazer com tais dados (por exemplo, transformar um perfil em memorial ou simplesmente desativar a conta da rede social), bem como a criação de um código de acesso que é entregue a pessoas de confiança de seu titular.

Em tal perspectiva, mostra-se emblemática a mudança da política institucional da Apple, que, em junho de 2021, anunciou o Apple Digital Legacy[34], pelo qual o titular da conta nomeia a pessoa intitulada *contato legado*. Essa pessoa receberá uma chave por meio da qual poderá acessar e fazer o *download* de aplicativos comprados pelo titular e demais fotos, notas etc. dentro de determinado prazo, após o qual serão excluídos os dados do usuário. Até então, os usuários do sistema só poderiam ter acesso à conta do falecido por meio de autorização judicial. De fato, em processo julgado pelo Tribunal de Justiça de São Paulo, a herdeira única, filha do falecido, pediu acesso aos dados do pai armazenados na "nuvem" correspondente à conta, sendo certo que o autor da herança morrera em latrocínio, no qual lhe foi subtraído seu telefone celular. O relator do recurso entendeu que "a memória digital é equivalente àquela que se encontra fora do aparelho celular", devendo ser protegida e "cuja titularidade alcança o cônjuge, os ascendentes ou os descendentes", determinando que a filha tivesse acesso

---

03.11.2021. A proposta busca modernizar as formas de apresentação de testamentos, prevendo a possibilidade de testamento digital. O texto aprovado estabelece que o testamento particular, que já pode ser escrito de próprio punho ou mediante processo mecânico, também possa ser feito através de sistema digital, assinado por meio eletrônico. Se realizado através de sistema digital, o testador deve utilizar gravação de som e imagem, devendo haver nitidez e clareza nas imagens e nos sons, bem como a declaração da data de realização do ato. Para a herança digital (vídeos, fotos, senhas de redes sociais, e-mails e outros elementos armazenados exclusivamente na rede mundial de computadores ou em nuvem), o testamento em vídeo não dispensa a presença das testemunhas para sua validação. O testador, após 30 dias da realização do ato por meio digital, deve validá-lo, confirmando seus termos através do mesmo meio digital utilizado para formalização. O testamento digital deve ser assinado digitalmente pelo testador, com reconhecimento facial e criptografia. Com relação aos codicilos, a proposta determina que a disposição de vontade pode ser escrita com subscrição ao final, ou ainda assinada por meio eletrônico, valendo-se de certificação digital no padrão da Infraestrutura de Chaves Públicas Brasileira (ICP-Brasil), dispensando-se a presença de testemunhas e sempre registrando a data de efetivação do ato. Para a herança digital, o codicilo em vídeo dispensa a presença das testemunhas para sua validação. Todos os requisitos têm que ser cumpridos, sob pena de nulidade do ato, devendo o interessado se expressar de modo claro e objetivo, em português, podendo a pessoa com deficiência utilizar também a Língua Brasileira de Sinais (Libras) ou de qualquer maneira de comunicação oficial, compatível com a limitação que apresenta.

[33] Cfr. Gustavo Tepedino, Camila Helena Melchior, *Streaming* e herança digital. In: Ana Carolina Brochado Teixeira e Livia Teixeira Leal (coords.), *Herança Digital*: controvérsias e alternativas, São Paulo: Editora Foco, 2021, p. 75-94.

[34] Disponível em: https://digital-legacy.apple.com/. Acesso em 17.01.2023.

à conta do pai falecido. Aduziu, ainda, que "a memória imaterial é útil apenas à sua única herdeira; do contrário, sem nexo com a vida mantê-la incólume".[35]

A Lei nº 12.965/14, o Marco Civil da Internet, e a Lei nº 13.709/18, Lei Geral de Proteção de Dados Pessoais, nada dispuseram sobre o destino dos dados digitais *post mortem*[36]. Assim, atualmente, há autores que defendem a transmissibilidade[37] da herança digital, não diferenciando os conteúdos patrimoniais e existenciais[38], e os que defendem que são transmissíveis apenas os dados de conteúdo patrimonial, devendo ser os dados de natureza existencial tutelados à luz dos direitos da personalidade[39].

Hipótese já apreciada pelo Poder Judiciário refere-se a bilhetes adquiridos em programa de fidelidade de companhias aéreas, que consistem em pontos correspondentes a milhas acumuladas por trechos voados ou por compras realizadas com cartões de crédito ou com outras empresas parceiras. Em 2017, no âmbito de Ação Civil Pública ajuizada pela Proteste – Associação Brasileira de Defesa do Consumidor em face da Tam Linhas Aéreas S/A, restou decidido que a cláusula que proíbe a transferência *mortis causa* das milhas não seria legítima, uma vez que coloca o consumidor em situação de desvantagem exagerada ou de grande onerosidade, o que é vedado pelo artigo 39, inciso V, do Código de Defesa do Consumidor, configurando,

---

[35] TJSP, 7ª Câm. Dir. Priv., Ap. Cív. 1004334-42.2017.8.26.0268, Rel. Des. Rômolo Russo, julg. 31.3.2021.

[36] Não obstante o Marco Civil da Internet e a LGPD, não mencionarem expressamente o tratamento de dados das pessoas falecidas, Lívia Teixeira Leal ressalta que tal ausência não deve ser impedimento para que haja a proteção *post mortem* desses dados. (Lívia Teixeira Leal, *Internet e morte do usuário*, Rio de Janeiro: GZ Editora, 2019, p. 52).

[37] O Instituto Brasileiro de Direito das Famílias (IBDFAM) emitiu o Enunciado nº 40, que dispõe: "A herança digital pode integrar a sucessão do seu titular, ressalvadas as hipóteses envolvendo direitos personalíssimos, direitos de terceiros e disposições de última vontade em sentido contrário."

[38] Laura Schertel Ferreira Mendes e Karina Nunes Fritz, Case Report: Corte Alemã Reconhece a Transmissibilidade da Herança Digital, in *RDU*, Porto Alegre, Volume 15, n. 85, 2019, p. 188-211, jan.-fev. 2019, onde se lê: "Por fim, merece reflexão o fato de que a regra da transmissibilidade da herança digital, ao contrário do que uma leitura apressada possa sugerir, antes de enfraquecer os direitos de personalidade, reforça a autonomia privada dos usuários das redes sociais ao lhes assegurar o poder de decidir livremente quem pode – ou não – ter acesso ao legado digital armazenado no mundo virtual. Com isso, privilegiam-se a autonomia privada e a responsabilidade do autor do legado digital, em solução harmônica com o sistema sucessório".

[39] Livia Teixeira Leal, Internet e morte do usuário: a necessária superação do paradigma da herança digital, in *Revista Brasileira de Direito Civil – RBDCivil*, Belo Horizonte, v. 16, p. 181-197, abr.-jun. 2018, onde se lê: "Por outro lado, não obstante as situações jurídicas existenciais não se transfiram após a morte, as situações jurídicas patrimoniais, como a exploração econômica dos direitos da personalidade, podem ser transferidas, devendo esta mesma lógica ser aplicada no caso das situações jurídicas dúplices, quando devem ser discriminados os dois interesses – existenciais e patrimoniais. Por isso, a necessidade de se promover tal diferenciação. Deve-se buscar a funcionalidade concreta presente na situação analisada, a fim de conferir tratamento adequado a cada situação jurídica que se constitui no âmbito da rede. Caso a página ou conta esteja vinculada à exploração de determinada atividade econômica, ou seja, vinculada a transações financeiras, é admissível o tratamento baseado na transferência patrimonial, em decorrência do caráter de tal aplicação. Já as contas que se refiram a conteúdos privados, como de e-mails ou de aplicativos de conversas privadas, não devem ser devassadas como regra, na medida em que há um interesse na tutela da privacidade da pessoa falecida, que se opera mesmo em face dos familiares. Apenas em situações excepcionalíssimas, em que outro interesse existencial se coloque em situação de preponderância, é que será possível autorizar o acesso a esses conteúdos privados".

ainda, enriquecimento sem causa da empresa[40]. No entanto, em outubro de 2022, o Superior Tribunal de Justiça reformou a aludida decisão e considerou válida a cláusula do regulamento do programa de fidelidade da TAM que previa o cancelamento dos pontos acumulados pelo cliente após o seu falecimento. O acórdão diferenciou as formas de acúmulo de pontos, distinguindo a modalidade em que o consumidor ganha os pontos, a título gratuito, como bônus por sua fidelidade na aquisição de um produto ou serviço diretamente contratado com a TAM ou seus parceiros comerciais, da modalidade atinente à aquisição pelo consumidor de maneira onerosa, mediante inscrição em programa de aceleração de acúmulo de pontuação e outros benefícios, que, no caso da empresa TAM, é denominado de "Clube Latam Pass". A segunda modalidade de acumulação de pontos não foi objeto do recurso e, quanto à primeira, o STJ considerou que o programa de pontos consiste em contrato unilateral e benéfico, que só traz benefícios para o consumidor, sem contraprestação pecuniária para a aquisição direta dos pontos bônus.

Neste caso, em consequência, a Corte invocou a interpretação restritiva do contrato, nos termos do art. 114 do Código Civil, não havendo o que se falar em abusividade da cláusula em questão.[41] Prevaleceu assim a autonomia privada e a gratuidade da pontuação acumulada, embora se trate, a rigor, de benefício obtido pelo consumidor onerosamente, já que, ainda que de modo indireto, a companhia aérea promove tais programas para a atração de clientela, recompensando os usuários por sua fidelidade e na medida de sua frequência na aquisição onerosa de bilhetes. Além disso, nem sempre o consumidor, nas circunstâncias da contratação, tem plena ciência dos termos e condições do contrato.

Aduza-se ainda, acerca do testamento digital, a distinção que tem sido sustentada entre os perfis ou contas virtuais, que abrangem aspectos eminentemente patrimoniais (como contas bancárias em aplicativos digitais), a justificar a transferência do acesso aos herdeiros; e outros que se relacionam a aspectos existenciais (como contas do Youtube não monetizadas). Nesse último caso, tem-se limitado o acesso irrestrito dos herdeiros a dados pessoais e informações vinculadas a aspectos existenciais do falecido, considerando a proteção à privacidade do *de cujus* e de terceiros[42].

Todavia, a rigor, não há grande diferença entre o conteúdo virtual, que revela aspectos da personalidade do falecido, e o conteúdo de bens tangíveis, usualmente transmissíveis aos herdeiros – como cartas e diários, armários, cofres, gavetas e suas respectivas chaves –, a justificar tutela jurídica diferenciada da privacidade do *de cujus*. Vale dizer: o simples fato de existirem senhas de acesso às contas virtuais não

---

[40] TJ/SP, 29ª Câm. Dir. Priv., Ap. Cív. n° 1025172-30.2014.8.26.0100, Rel. Des. Fabio Tabosa, julg. 02.08.2017, publ. DJ 25.10.2017.

[41] STJ, 3ª T., REsp 1878651-SP, Rel. Min. Moura Ribeiro, julg. 4.10.2022, publ. DJ 7.10.2022.

[42] Na jurisprudência, o Juízo da Vara Única da Comarca de Pompeu decidiu nesse sentido, ao negar o acesso de pais à conta virtual atrelada ao celular de sua filha falecida, em razão do sigilo das comunicações e da proteção à personalidade da pessoa falecida e de terceiros (TJMG, Vara Única da Comarca de Pompeu do Estado de Minas Gerais, Processo n° 0023375-92.2017.8.13.0520, Juiz Manoel Jorge de Matos Junior, julg. 8.6.2018).

parece indicar maior expectativa de privacidade do falecido quanto ao acesso do respectivo conteúdo pelos seus herdeiros, tratando-se de mecanismo de segurança das informações, sobretudo em relação a terceiros que lhe são estranhos. A senha virtual constitui mera chave para acesso ao conteúdo da plataforma, o qual, por si só, não configura violação à privacidade de terceiros. Evidentemente, porém, somente na hipótese concreta será possível avaliar e remediar, caso a caso, os atos efetivamente praticados pelos herdeiros que violem os segredos e a intimidade alheia[43]. Além disso, o direito ao acesso não significa direito ao gerenciamento das contas e muito menos o direito de divulgação de aspectos da personalidade do falecido. Por isso, o acesso a contas contendo aspectos existenciais do falecido afigura-se, a princípio, transmissível aos herdeiros, salvo disposição testamentária em contrário, hipótese em que também deverá ser avaliada eventual ameaça à privacidade de terceiros. É sempre preciso compatibilizar tais questões e as disposições de última vontade do falecido com o conteúdo dos termos de uso dos prestadores de serviço, que regulam a relação em concreto estabelecida entre o provedor e o usuário[44].

De lege ferenda   Em tal perspectiva, aprovou-se na IX Jornada de Direito Civil o Enunciado n. 687, segundo o qual "o patrimônio digital pode integrar o espólio de bens na sucessão legítima do titular falecido, admitindo-se, ainda, sua disposição na forma testamentária ou codicilo". O enunciado não distinguiu o patrimônio digital de natureza patrimonial daquele de natureza existencial, parecendo, assim, preconizar a transmissão sucessória de ambos. Aliás, já existem sites, com conteúdo variado, que enviam mensagens para as pessoas determinadas por aquele que contrata o aludido serviço, a partir de sua morte. Diante de tais controvérsias, mostra-se oportuno que o legislador discipline a manifestação de vontade *post mortem* por meio digital, revisitando as formalidades testamentárias. Afinal, assim como o banco de dados digitais para documentos como as diretivas antecipadas de vida, devem ser desenvolvidos bancos de dados digitais para testamentos, devidamente regulamentados, facilitando a sua guarda e execução.

Nessa direção, o Conselho Nacional de Justiça dispôs sobre a prática de atos notariais eletrônicos, utilizando o sistema do e-Notariado, mediante o Provimento nº 100, de 26 de maio de 2020, que estabeleceu normas gerais sobre a prática de atos notariais eletrônicos em todos os tabelionatos de notas do País. Em suas considerações, dito provimento estabeleceu que os atos notariais previstos no Código Civil e na Lei 8.935/94, art. 41, poderão ser prestados por meio eletrônico. O Provimento nº 100 foi revogado pelo Provimento nº 149, de setembro de 2023, o qual corrobora as normas anteriores e disciplina com minúcias o sistema de Atos Notariais Eletrônicos e-Notariado, que possui, entre outros objetivos, "aprimorar tecnologias e processos

---

[43]   Cfr. Gustavo Tepedino, *Pacta corvina* em versão digital? Editorial. In: *Revista Brasileira de Direito Civil – RBDCivil*, vol. 28, abr.-jun. 2021, pp. 11-12.

[44]   Gustavo Tepedino, Camila Helena Melchior, *Streaming* e herança digital. In: Ana Carolina Brochado Teixeira e Livia Teixeira Leal (coords.), *Herança Digital*: controvérsias e alternativas, São Paulo: Editora Foco, 2021, pp. 75-94.

para viabilizar o serviço notarial em meio eletrônico". Entende-se, assim, que, uma vez tendo o testador e as testemunhas certificado digital, poderá o Tabelionato lavrar testamento público na forma eletrônica, valendo-se do sistema e-Notariado. Neste caso, haverá a captura em vídeo do ato de testar e a coleta das assinaturas do Testador, das testemunhas e do Tabelião por meio do certificado digital.

Diante de toda a inovação tecnológica que se descortina nos dias de hoje, torna-se latente a demanda para que o ato de testar se coadune com as atuais formas digitais de comunicação, assinaturas, autenticações e registro de documentos, sem descuidar das garantias fundamentais para preservar a vontade livre, hígida e espontânea do testador.

9. TESTAMENTO VITAL OU BIOLÓGICO

Muito embora o testamento vital muito difira dos testamentos enumerados nesta sede, uma vez que tem por finalidade produzir efeitos em vida do agente, vale aqui discorrer sobre o referido instituto.

O testamento denominado vital, biológico e, ainda, como diretivas antecipadas de vida ou de vontade tem por finalidade estabelecer disposições sobre cuidados, tratamentos e procedimentos de saúde aos quais o agente deseja se submeter, consistindo numa antecipação de vontade, já que tem por escopo produzir efeitos quando aquele que dispôs não mais puder exprimir de forma válida sua vontade.

No Brasil, não há legislação que regule o tema, havendo apenas normas deontológicas no âmbito da Medicina. Assim, a Resolução 1.995/2012 do Conselho Federal de Medicina define as diretivas antecipadas de vontade "como o conjunto de desejos, prévia e expressamente manifestados pelo paciente, sobre cuidados e tratamentos que quer, ou não, receber na ocorrência de incapacidade de expressar, livre e autonomamente, sua vontade". Segundo a referida Resolução, nas decisões sobre cuidados e tratamentos de pacientes que se encontram incapazes de comunicar-se, ou de expressar de maneira livre e independente suas vontades, o médico levará em consideração suas diretivas antecipadas de vontade, bem como as orientações que sejam apresentadas por um procurador de saúde especialmente designado pelo paciente para esse fim, consignado que as diretivas antecipadas do paciente prevalecerão sobre qualquer outro parecer não médico, inclusive sobre os desejos dos familiares. O mesmo reconhecimento da eficácia das diretivas antecipadas de vontade é encontrado no Código de Ética Médica, no parágrafo único de seu artigo 41, quando dispõe que nos casos de doença incurável e terminal, deve o médico oferecer todos os cuidados paliativos disponíveis, sem empreender ações diagnósticas ou terapêuticas inúteis ou obstinadas, levando sempre em consideração a vontade expressa do paciente ou, na sua impossibilidade, a de seu representante legal, sendo certo que, consoante o *caput* do aludido dispositivo, é vedado ao médico abreviar a vida do paciente, ainda que a pedido deste ou de seu representante legal.

Assim, na esteira das ponderações de Luciana Dadalto, "disposições que sejam contra o ordenamento jurídico, como o pedido de eutanásia, de suicídio assistido e a recusa de cuidados paliativos devem ser tidas por não escritas, cabendo à família, às instituições e aos profissionais de saúde cumprirem apenas os pedidos que forem lícitos"[45].

Trata-se, assim, de um documento de saúde, sendo as disposições de natureza patrimonial, como aquelas relativas à administração dos bens da pessoa enquanto incapaz de fazê-lo, entendidas como recomendações ao juiz na hipótese de decretação de sua curatela.

Na falta de regulamentação legal da matéria, podem realizar testamento vital aqueles que tenham pleno discernimento para tanto, sendo certo que, para pessoas com deficiência, a curatela apenas afetará os atos de natureza patrimonial e negocial (Lei 13.146/15, art. 85). Dessa forma, ainda que a pessoa seja portadora de deficiência, se compreender o ato, não terá nenhum impedimento para fazê-lo.

Sobre a sua forma, mais uma vez, o Brasil carece de legislação específica, recomendando-se que dito documento seja lavrado por escritura pública ou escrito particular com a presença de duas testemunhas, sem prejuízo do que dispõe o art. 2º, § 4º, da Resolução 1.995/2012 do Conselho Federal de Medicina, que prevê que o médico registrará, no prontuário do paciente, as diretivas antecipadas de vontade que lhes forem diretamente comunicadas.

PROBLEMAS PRÁTICOS

1. Sabrina, que não tinha herdeiros necessários, elaborou testamento por meio do qual dividiu seus bens entre suas primas Lia e Rosilda. Em seu testamento, Sabrina dispôs que os móveis e objetos que guarneciam sua casa deveriam caber à Lia. Posteriormente, arrependida de sua disposição, optou em fazer um codicilo, por meio do qual destinou à sua funcionária mais antiga, Rebeca, os mencionados móveis e objetos que guarneciam sua residência. Diante do falecimento de Sabrina, Lia e Rebeca litigam sobre os móveis e objetos que guarneciam a residência da autora da herança. Como juiz, como você julgaria o caso? Apresente sua resposta, justificando-a.

2. Em abril de 2020, no início da pandemia em virtude da Covid-19, Paulo Marcelo, com muito receio de falecer sem ter feito o seu testamento, elaborou instrumento particular dispondo sobre os seus bens, declarando na cédula que se encontrava isolado, como determinaram as autoridades sanitárias. Em junho de 2020, Paulo Marcelo faleceu em casa, por força de um infarto, tendo sido encontrado sem vida em casa, três dias após a data da morte. Indaga-se: o documento elaborado por Paulo Marcelo pode ser cumprido como um testamento?

---

[45] Luciana Dadalto, "Testamento Vital na Prática Jurídica Brasileira", *Famílias e Sucessões: polêmicas, tendências e inovações*. Belo Horizonte: IBDFAM, 2018, p. 147.

Capítulo VIII
DISPOSIÇÕES TESTAMENTÁRIAS

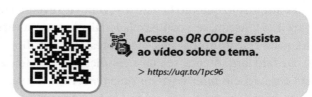

Sumário: 1. Modalidades de nomeação de herdeiros e legatários – 2. Da certeza e da determinabilidade das disposições testamentárias – 3. Cláusulas restritivas da propriedade – 4. Disposições testamentárias de cunho existencial – Problemas práticos.

1. MODALIDADES DE NOMEAÇÃO DE HERDEIROS E LEGATÁRIOS

A nomeação de herdeiros ou legatários usualmente é realizada pura e simplesmente, não sendo a esta aposta condição, termo, encargo, e tampouco vinculada a motivo determinante indicado pelo testador para a manifestação da respectiva vontade testamentária. Tem também essa natureza a disposição que contém condição subentendida, como a de aceitar a herança, e da mesma forma a cláusula em que o herdeiro é nomeado com referência a fatos passados ou presentes[1]. *Nomeação de herdeiro ou legatário de forma pura e simples*

Quando o herdeiro ou o legatário é nomeado de forma pura e simples, a disposição testamentária produz os seus efeitos imediatamente a partir da abertura da sucessão. Assim, a propriedade da herança e do legado é transmitida desde logo aos respectivos beneficiários, que, se falecerem logo depois do testador, transmitirão tais direitos aos seus respectivos sucessores. No entanto, é facultado ao testador apor à nomeação de herdeiros ou legatários os elementos acidentais do negócio jurídico, ou mesmo motivar tais nomeações, hipóteses em que seus respectivos efeitos não se operarão pura e simplesmente ou dependerão da veracidade da motivação explicitada pelo testador.

---
[1] Orlando Gomes, *Sucessões*, Rio de Janeiro: Forense, 2015, 16ª ed. rev. e atual., pp.163-164.

Por sua maior frequência, destacam-se algumas disposições testamentárias que serão expostas a seguir: i) a disposição testamentária condicional; ii) a disposição testamentária motivada; iii) a disposição testamentária modal; iv) a disposição testamentária a termo.

Condição

A disposição testamentária condicional é aquela que vincula o efeito do testamento a uma condição. A condição é a cláusula que subordina a eficácia do ato a evento futuro e incerto. Desse modo, se ao tempo da abertura da sucessão a condição suspensiva já tiver sido realizada, considera-se pura e simples a instituição do herdeiro ou legatário.

A condição pode ser suspensiva ou resolutiva. Na primeira hipótese, o benefício testamentário só é adquirido quando ocorre o advento do evento consubstanciado na condição (CC, art. 125). Assim, se o contemplado falece antes da verificação do evento futuro e incerto, nada transmitirá a seus sucessores, já que o direito ainda não tinha sido adquirido. De fato, argumenta-se que a condição opera efeitos diversos conforme esteja aposta em negócio *inter vivos* ou *causa mortis*, uma vez que as obrigações condicionais se transmitem com esta modalidade, enquanto as disposições *mortis causa* caducam uma vez falecendo o beneficiado na pendência dela. Isso porque a relação obrigacional, embora *sub conditione*, já está formada, ao passo que a disposição testamentária, quando sujeita a uma condição suspensiva, permanece aguardando a sua realização para integrar a coisa no patrimônio do herdeiro ou legatário[2].

Tratando-se de disposição testamentária subordinada à condição suspensiva, aplica-se, quanto à capacidade testamentária passiva, a lei vigente ao tempo em que se verifica o evento consubstanciado na cláusula condicional. Basta que o herdeiro ou legatário seja capaz ao tempo em que se verifica a condição. Não obstante, o beneficiário condicional deve ser nascido ou já concebido ao tempo da abertura da sucessão (CC, art. 1.798). O herdeiro ou legatário condicional pode exercer atos destinados a conservar seu direito (CC, art. 130), como aqueles que objetivam impedir que o direito pereça ou seja prejudicado, como o registro e a transcrição do título, a interrupção da prescrição, a notificação para que aquele que está na posse dos bens aja em providência de conservação ou proteção do patrimônio, dentre outros.

Pendência da condição

Na pendência da condição suspensiva, não tendo, ainda, o beneficiário do testamento adquirido o direito subordinado à condição (CC, art. 125), a posse e a administração dos bens incumbem àquele a quem tocaria a deixa se a condição não se verificasse, ou seja, aos herdeiros legítimos, salvo se diversamente dispôs o testador, quando, por exemplo, designa um administrador[3]. Tendo em vista que no Direito Brasileiro a retroatividade da condição ocorrerá quando assim determinar claramente a lei e, no caso do testamento, quando dessa forma determinar o testador, durante o período de pendência da condição suspensiva, os frutos percebidos caberão aos

---

2   Caio Mário da Silva Pereira, *Instituições de Direito Civil*, vol. VI, Rio de Janeiro: Forense, 2016, 23ª ed. rev. e atual. por Carlos Roberto Barbosa Moreira, p. 243.

3   Carlos Maximiliano, *Direito das Sucessões*, vol. 2, Rio de Janeiro: Freitas Bastos, 1937, p. 50.

CAPÍTULO VIII | DISPOSIÇÕES TESTAMENTÁRIAS   165

herdeiros legítimos, que terão a posse do bem de boa-fé (CC, art. 1.214). Na mesma direção, os herdeiros legítimos poderão pleitear indenização pelas benfeitorias necessárias e úteis que realizarem no bem objeto da deixa testamentária, assim como levantar as voluptuárias, sem deteriorar a coisa (CC, 1.219), por ocasião da entrega do bem ao herdeiro ou legatário designado no testamento quando ocorrer o implemento da condição.

As condições devem ser possíveis e lícitas, sendo certo que, as condições física ou juridicamente impossíveis, quando suspensivas, assim como as ilícitas, ou de fazer coisa ilícita, invalidam os negócios jurídicos que lhes são subordinados (CC, art. 123). Já as condições impossíveis, quando resolutivas, e aquelas de não fazer coisa impossível são reputadas como inexistentes (CC, art. 124). Com o propósito de aproveitar ao máximo as disposições testamentárias, tendo em vista a impossibilidade de repetir o ato, alguns doutrinadores reputam as condições ilícitas e impossíveis como não escritas, entendendo que a vontade do testador, ao nomear o herdeiro ou legatário, independia da *conditio*[4]. De qualquer forma, se o intérprete verificar que tal condição, ainda que ilícita ou impossível, era a razão determinante do ato, a sanção deve ser a invalidade da deixa, conforme dispõe o artigo 123 do CC, sob pena de não ser observada a vontade do testador (CC, art. 1.899). Equiparam-se às condições juridicamente impossíveis aquelas que atentam contra a moral e aos bons costumes, quando violam princípio geral da liberdade civil, política ou religiosa, como aquela que subordina a deixa testamentária ao celibato perpétuo ou à adesão à determinada religião.[5]

A condição pode, ainda, ser resolutiva, quando o herdeiro ou o legatário adquire desde logo o benefício testamentário, que poderá se resolver uma vez implementada a condição. Nessa hipótese, em virtude da posse de boa-fé do beneficiário, caberão a ele todos os frutos colhidos no período de pendência da condição (CC, art. 1.214), sendo-lhe facultado ser indenizado pelas benfeitorias necessárias e úteis, além de poder levantar as voluptuárias sem deteriorar a coisa (CC, art. 1.219), aplicando ao caso as disposições da propriedade resolúvel (CC, art. 1.359).

A disposição testamentária motivada é aquela na qual o motivo íntimo para a realização da deixa é expresso no testamento como sua razão determinante. O testador sempre tem um motivo para as suas disposições de última vontade. Em regra, tal motivação é irrelevante para a validade da deixa testamentária. No entanto, se o motivo da disposição testamentária for declarado pelo testador como a razão determinante do ato, sendo falso, a deixa testamentária será considerada viciada (CC, art. 140). Trata-se de uma das modalidades de erro, pois se o disponente conhecesse as verdadeiras circunstâncias, não teria manifestado sua vontade naquele sentido. O motivo determinante, como nos atos intervivos, passa a integrar o conteúdo da manifestação de vontade, tal qual uma condição à qual se vincula a declaração.

Motivo da deixa testamentária

---

[4]   Caio Mário da Silva Pereira, *Instituições*, vol. VI, cit., p. 243, Orlando Gomes, *Sucessões*, cit., p. 164. No mesmo sentido, Luiz Paulo Vieira de Carvalho, *Direito das Sucessões*, São Paulo: Atlas, 2017, 3ª ed., pp. 666-667.

[5]   Caio Mário da Silva Pereira, *Instituições*, vol. VI, cit., pp. 126 e 244.

Pela mesma razão, se ilícito ou imoral o motivo, se determinante, também vicia a deixa testamentária, tornando-a nula[6], na mesma direção do que ocorre para os negócios bilaterais, consoante o disposto no artigo 166, III, do Código Civil.

Encargo As disposições testamentárias podem ser modais, quando a liberalidade é acompanhada de encargo, modo ou *modus*. O modo, como elemento incidental, configura o encargo imposto pelo testador ao beneficiado pela deixa testamentária. Tal encargo não suspende a aquisição nem o exercício do direito a que está subordinado (CC, art. 136). Considera-se não escrito o encargo ilícito ou impossível, salvo se constituir o motivo determinante da liberalidade, caso em que se invalida o negócio jurídico (CC, art. 137).

Se o contemplado com a deixa testamentária subordinada ao encargo não puder herdar, o sucessor que recolhe a cota destinada àquele, mesmo quando for o Estado, fica *ipso facto* obrigado a cumprir o encargo. Assim acontece em todos os casos de disposição ineficaz da qual se aproveite herdeiro do testador, por exemplo: "Deixo a minha granja ao notário que aprova o meu testamento, obrigado a dar $10.000 ao asilo tal". O tabelião não pode ser legatário, mas o encargo se cumpre[7].

Podem exigir o cumprimento do encargo aqueles que têm interesse na sua execução, assim como os que terão proveito na ineficácia da disposição testamentária, em virtude do seu inadimplemento. O terceiro, em favor do qual foi estipulado o encargo, e o Ministério Público, quando o encargo é do interesse geral, em que pese poderem exigir o cumprimento da obrigação estipulada, jamais poderão requerer a anulação da deixa testamentária, pois referida nulidade não lhes aproveita[8].

Termo A disposição testamentária sujeita a termo é aquela que subordina a eficácia da cláusula testamentária a evento futuro e certo. O legislador limitou a aposição do termo no testamento, só o permitindo na instituição de herdeiros nas disposições fideicomissárias (CC, art. 1.898)[9]. Desse modo, só é possível designar legatários a termo.

Ao contrário da condição, o termo não impede a aquisição do direito, em virtude da certeza de seu acontecimento vindouro. No entanto, impede o exercício do direito (CC, art. 131), até que tal evento certo se implemente. Por essa razão, se, após a morte do testador, o beneficiário falece antes da verificação do evento futuro e certo, transmite o seu direito sujeito a termo aos seus sucessores. Em algumas hipóteses, embora o evento seja certo, a data para a sua ocorrência permanece incerta, em virtude da época incerta para o seu acontecimento (termo incerto). É o que sucede com o evento morte, sendo invocado neste caso o brocardo *dies incertus conditionem in testamento*

---

[6]   Orlando Gomes, *Sucessões*, cit., p. 165.

[7]   Carlos Maximiliano, *Direito das Sucessões*, vol. 2, cit., p. 76.

[8]   Carlos Maximiliano, *Direito das Sucessões*, vol. 2, cit., p. 77.

[9]   Código Civil, "Art. 1.898. A designação do tempo em que deva começar ou cessar o direito do herdeiro, salvo nas disposições fideicomissárias, ter-se-á por não escrita."

CAPÍTULO VIII | DISPOSIÇÕES TESTAMENTÁRIAS   167

facit[10]. Apesar de a morte ser um evento certo, não se sabe quando ocorrerá, razão pela qual a deixa se torna condicional[11]. O mesmo ocorre quando o evento ao qual está subordinada a eficácia da cláusula testamentária é certo, mas o testador prevê a sua ocorrência até certa data. O limite temporal, nesse caso, retira a certeza do acontecimento e, assim, a disposição testamentária é, em verdade, condicional.

Argumenta-se que a instituição de herdeiro a termo não deveria ser admitida, porque estaria em contradição a princípios do direito hereditário, tais como o da perpetuidade do título de herdeiro, o da continuidade das relações entre o autor da herança e o herdeiro e o da irrevogabilidade da aceitação da herança[12]. Entretanto, o valor de tais princípios foi mitigado, passando a regra *semel heres, semper heres* do Direito Romano a possuir limitado valor. Com efeito, a confusão do patrimônio do finado com o do herdeiro não se dá nos sistemas jurídicos em que a aceitação da herança é a benefício de inventário e a irretratabilidade da aceitação da herança não é atingida substancialmente pela aposição de um termo[13]. Além disso, se assim fosse, o Código Civil deveria ter proibido a instituição de herdeiro sob condição resolutiva e não o fez, repetindo a mesma sistemática do Código Civil anterior. De fato, o que determina a perpetuidade da condição de herdeiro é o fato dele se tornar, em definitivo e para todos os efeitos, titular da sucessão do falecido, nas situações jurídicas após a morte, de maneira a consagrar-se a necessária continuidade nas relações jurídicas de que era parte. A temporariedade do direito a que sucede depende da natureza dos bens herdados e que, por isso mesmo, não tem o poder de alterar o título da aquisição do direito.

2. DA CERTEZA E DA DETERMINABILIDADE DAS DISPOSIÇÕES TESTAMENTÁRIAS

O testamento pressupõe manifestação de vontade hígida, livre e espontânea. Além disso, as disposições testamentárias devem ser certas e passíveis de determinação quanto ao seu conteúdo, sob pena de impossibilidade em cumpri-las. Dessa forma, identificam-se no Código Civil previsões que têm por objetivo preservar a liberdade testamentária, que é a essência do ato de última vontade.

Nessa direção, o Código Civil dispõe que é nula a disposição testamentária em que o testador dispõe de uma parte da herança a alguém sob a condição de que este disponha também por testamento em seu próprio benefício ou no de terceira pessoa

---

[10]   Arthur Vasco Itabaiana de Oliveira, *Tratado de Direito das Sucessões*, vol. 2, São Paulo: Max Limonad, 1952, p. 492 e Caio Mário da Silva Pereira, *Instituições*, vol. VI, cit., p. 246 e Orlando Gomes, *Sucessões*, cit., p. 166.

[11]   Registre-se que esta é uma peculiaridade do negócio testamentário, pois o termo incerto *(certus an intertus quando)*, nos negócios *inter vivos* não equivale à condição. Nesse sentido: Caio Mário da Silva Pereira, *Instituições de Direito Civil*, vol. I, Rio de Janeiro: Forense, 2004, p. 557).

[12]   Orlando Gomes, *Sucessões*, cit., p. 166.

[13]   Orlando Gomes, *Sucessões*, cit., p. 166.

(CC, art. 1.900, I). De fato, as disposições captatórias transformam em convenção o que a lei quer que seja manifestação espontânea da vontade[14].

Na linha da determinabilidade do ato de última vontade, se o testador contemplar pessoa incerta, que não pode ser identificada pelas disposições do testamento, impossível será o cumprimento da sua vontade, razão pela qual é nula a disposição testamentária que se refira à pessoa incerta, cuja identidade não se possa averiguar (CC, art. 1.900, II). Importante registrar que não é necessário que o beneficiário do ato de última vontade seja identificado no momento da elaboração da cédula testamentária, podendo ser individualizado a partir de indicações apontadas pelo testador. Ex.: Deixo minha chácara para quem se casar com meu sobrinho Tito. Se por ocasião da abertura da sucessão Tito não se casou, caduca a deixa.

Para privilegiar as ações beneficentes, a lei admite o benefício em favor dos estabelecimentos de caridade, de assistência pública, assim como em favor dos pobres em geral, não obstante a invalidade da disposição testamentária que contemple pessoa indeterminada (CC, art. 1.900, II). Nessas hipóteses, a indeterminação é apenas relativa e, como tal, não vicia a liberalidade, já que, caso não haja indicação expressa no testamento, presume-se a intenção de beneficiar os pobres e os estabelecimentos do lugar do domicílio do testador, ao tempo de sua morte[15], sendo certo que, nesses casos, as instituições particulares preferirão as públicas (CC, art. 1.902, p. único)[16]. Pelas mesmas razões de incentivo à generosidade, o dispositivo em exame excepciona a regra do artigo 1.799, II, do Código Civil, pois permite que os estabelecimentos mencionados, ainda quando não personificados, recolham a herança que lhes é destinada em testamento.

Em virtude da espontaneidade do ato testamentário, se cabe a terceiro determinar o beneficiário do testamento, ou o valor do legado, o ato de última vontade perde o seu caráter personalíssimo, que lhe é essencial. Daí a nulidade da disposição que favoreça a pessoa incerta, cometendo a determinação de sua identidade a terceiro, bem como que deixe a arbítrio do herdeiro, ou de outrem, fixar o valor do legado (CC, art. 1.900, III e IV).

No entanto, valerá a disposição testamentária em favor de pessoa incerta que deva ser determinada por terceiro dentre duas ou mais pessoas mencionadas pelo testador, ou pertencentes a uma família, ou a um corpo coletivo, ou a um estabelecimento por ele designado (CC, art. 1.901, I). Nesse caso, ocorre apenas uma indeterminação relativa da pessoa contemplada no testamento, uma vez que o testador

---

[14] Clovis Bevilaqua, *Código Civil dos Estados Unidos do Brasil commentado*, vol. VI, Rio de Janeiro: Livraria Francisco Alves, 5ª ed., 1944, p. 132.

[15] Carlos Maximiliano, *Direito das Sucessões*, vol. 2, cit., p. 135.

[16] Código Civil, "Art. 1.902. A disposição geral em favor dos pobres, dos estabelecimentos particulares de caridade, ou dos de assistência pública, entender-se-á relativa aos pobres do lugar do domicílio do testador ao tempo de sua morte, ou dos estabelecimentos aí sitos, salvo se manifestamente constar que tinha em mente beneficiar os de outra localidade.

Parágrafo único. Nos casos deste artigo, as instituições particulares preferirão sempre às públicas."

indica os possíveis beneficiários, cabendo ao terceiro escolher dentro de um elenco previamente fixado pelo disponente.

Também valerá a disposição testamentária que deixe ao arbítrio do herdeiro ou de outrem determinar o valor do legado quando este for determinado em remuneração de serviços prestados ao testador, por ocasião da moléstia de que faleceu. Nesta hipótese, apesar de um terceiro fixar o valor do legado, o testador manifesta a intenção inequívoca de remunerar os serviços que lhe foram prestados, por razão específica expressamente designada no testamento, o que torna a interferência do terceiro meramente acidental na deixa testamentária.

3. CLÁUSULAS RESTRITIVAS DA PROPRIEDADE

As cláusulas restritivas da propriedade são gravames apostos às liberalidades pelo testador ou doador. Consistem nas cláusulas de inalienabilidade, impenhorabilidade e incomunicabilidade (CC, arts. 1.848 e 1.911). Os aludidos gravames só poderão ser apostos a atos gratuitos, sendo vedados nos negócios onerosos.

A cláusula de inalienabilidade é uma restrição aposta ao direito de propriedade *Inalienabilidade* do herdeiro, legatário ou donatário, proibindo a alienação da coisa a título gratuito ou oneroso, aniquilando-se assim o poder de disposição do bem, temporariamente ou por toda a vida do beneficiário. O efeito substancial decorrente da cláusula de inalienabilidade, portanto, é a proibição de alienar. O titular do domínio não poderá voluntariamente vender, doar ou permutar o bem clausulado, sendo certo que a proibição também abrange os atos que objetivam a alienação eventual ou futura, como a hipoteca e o penhor. Nessa direção, a impenhorabilidade é efeito da inalienabilidade (CC, art. 1.911, *caput*). A sanção à violação do efeito substancial do gravame é a nulidade do ato de alienação, viciado pela impossibilidade jurídica de seu objeto (CC, art. 166, II).

A lei prevê apenas duas possibilidades específicas de alienação de bem gravado com a cláusula de inalienabilidade, no caso de desapropriação ou de necessidade econômica do donatário ou herdeiro. Além dessas hipóteses, expressamente mencionadas por lei, admite-se a execução do bem gravado para pagamento de obrigações relativas ao próprio bem (obrigações *propter rem*), tais como impostos (CTN, art. 184) e cotas condominiais.

Para a alienação do bem inalienável, é preciso que ocorra a sub-rogação do *Sub-rogação* gravame, substituindo-se a coisa gravada por outra de propriedade do interessado ou de terceiro, para a qual será deslocada a cláusula de inalienabilidade, liberando a primeira. Assim, quando ocorrer a desapropriação, a indenização recebida se converterá em outros bens nos quais ficarão sub-rogados os gravames. No caso de execução por dívidas provenientes de obrigações relativas ao próprio bem, o saldo ficará sub-rogado nas cláusulas apostas pelo testador ou doador.

Se houver a alienação em virtude da real necessidade ou manifesta conveniência do interessado, as cláusulas restritivas recairão nos bens adquiridos com o produto da venda do bem inicialmente gravado. Neste caso, no procedimento de sub-rogação, haverá a avaliação do bem gravado, bem como a avaliação do bem para o qual será deslocada a cláusula de inalienabilidade, de vez que a equivalência ou superioridade de valores é da essência do procedimento. Se o bem para o qual será transferido o ônus for de valor superior ao gravado, somente até o valor deste incidirá o gravame. O Código de Processo Civil disciplina a sub-rogação nos procedimentos especiais de jurisdição voluntária (CPC, art. 725, II), dispondo em seu artigo 723, parágrafo único, que o juiz não se encontra obrigado a observar o critério de legalidade estrita, podendo adotar em cada caso a solução que reputar mais conveniente ou oportuna, consagrando o juízo de equidade.

Impenhorabilidade

A cláusula de impenhorabilidade torna o bem gravado insuscetível de penhora por dívidas, contraídas por seu titular ou por terceiros. Trata-se de desmembramento da cláusula de inalienabilidade e, assim, poderá ser estipulada isoladamente, sendo certo que, neste caso, terá efeito próprio e de menor abrangência do que aquele decorrente da cláusula de inalienabilidade. Os bens impenhoráveis poderão ser alienados livremente, embora não respondam por dívidas para a satisfação de credores.

Incomunicabilidade

Já a cláusula de incomunicabilidade, de espectro ainda mais reduzido, circunscreve-se a impedir a comunicação do bem gravado ao patrimônio comum, no caso de casamento ou união estável. Pressupõe, portanto, a existência de regime de bens compatível com a comunhão, da qual é excluído o bem gravado por conta da sua incomunicabilidade[17].

Na vigência do CC 1916, discutia-se se a cláusula de inalienabilidade importava na incomunicabilidade dos bens gravados. A maior parte da doutrina posicionava-se em sentido afirmativo. Com efeito, a comunicação de bens em virtude do regime do casamento é espécie de alienação, pois, com o casamento pelo regime da comunhão universal, o bem, que antes era exclusivo de um dos cônjuges, passa a integrar o patrimônio da sociedade conjugal. Se esta se extingue pela separação judicial, divórcio ou morte, o bem volta ao patrimônio do cônjuge pela metade, pois a outra metade será integrante da meação do outro cônjuge. Há, assim, transferência do direito de propriedade de um patrimônio para outro. Com a comunicação, ocorre aumento da meação ideal de cada cônjuge durante o casamento. A questão foi consagrada na Súmula do Supremo Tribunal Federal, a partir do verbete 49, *in verbis*, "A cláusula de inalienabilidade inclui a incomunicabilidade dos bens", sendo certo que o Código Civil encerrou a discussão, determinando expressamente que a cláusula de inalienabilidade implica incomunicabilidade (CC, art. 1.911).

Assim como a impenhorabilidade, a incomunicabilidade pode ser estipulada de forma autônoma e, dessa forma, tem abrangência menor do que a inalienabilidade, impedindo, assim, uma única espécie de alienação, ou seja, a comunicação dos bens

---

[17] Na definição de Caio Mário da Silva Pereira, "Incomunicabilidade é a cláusula segundo a qual o bem permanece no patrimônio do beneficiado, sem constituir coisa comum ou patrimônio comum, no caso de casar-se sob regime de comunhão de bens" (Caio Mário da Silva Pereira, *Instituições de Direito Civil*, vol. IV, cit., p. 91).

CAPÍTULO VIII | DISPOSIÇÕES TESTAMENTÁRIAS 171

entre os cônjuges. Por esse motivo, o bem incomunicável poderá ser objeto de garantia de créditos e conseguintemente ser penhorado. Vale observar que o beneficiado não precisa estar casado para a validade do gravame e, não obstante ter como efeito a constituição de bens exclusivos de um dos cônjuges, a cláusula de incomunicabilidade não exclui a necessidade de outorga conjugal para a prática dos atos previstos no artigo 1.647 do Código Civil.

O testador poderá especificar que o bem é inalienável, mas comunicável: "Inalienabilidade. Incomunicabilidade. Consoante entendimento consubstanciado na Súmula 49 do Supremo Tribunal Federal, que merece ser mantido, a cláusula de inalienabilidade, salvo disposição em contrário, implica incomunicabilidade"[18]. Entretanto, ao determinar a inalienabilidade do bem, o disponente não poderá excluir a impenhorabilidade, pois o artigo 833, inciso I, do Código de Processo Civil, estabelece expressamente que são absolutamente impenhoráveis os bens inalienáveis.

É preciso registrar que há firme oposição à possibilidade legal de se gravar o bem doado ou herdado com a cláusula de inalienabilidade e impenhorabilidade, retirando o patrimônio de circulação pela mera vontade individual. Argumenta-se que ditos ônus atendem aos interesses privados e não àqueles gerais, estimulando o capricho, o egoísmo e sobrepondo a vontade daquele que se desfaz do bem àquela de quem será o seu novo titular. Contundentes objeções à inalienabilidade ocorrem em relação à possibilidade de gravar a reserva hereditária, pois esta pertence *ex lege* aos herdeiros necessários.

> Críticas às cláusulas restritivas da propriedade

O Código Civil de 1916, em seu artigo 1.676, determinava expressamente que a cláusula de inalienabilidade não podia ser dispensada por atos judiciais de qualquer espécie, sob pena de nulidade. No entanto, a jurisprudência, atenta aos inconvenientes que o referido gravame origina para o proprietário, passou a interpretar aquele dispositivo com menos rigor, dispensando as cláusulas restritivas quando a finalidade expressa de sua aposição, determinada pelo testador ou doador, não se fazia mais presente, ou quando as cláusulas passavam a prejudicar o instituído, contrariando sua pretensa finalidade, que é a de "proteger e beneficiar" o herdeiro, legatário ou donatário.

Na esteira das contestações às cláusulas restritivas, algumas decisões judiciais passaram a considerar inconstitucional a cláusula de inalienabilidade. Isto porque a inalienabilidade convencional constitui restrição a direito fundamental constitucionalmente garantido, a saber, o direito de propriedade (CR/88, art. 5º, XXII), informado pela função social (CR/88, art. 5º, XXXIII). Além disso, haveria violação à dignidade da pessoa humana (CR/88, art. 1º, III) sempre que a justificativa do gravame recaísse em suposta prodigalidade do sucessor, na medida em que, dessa forma, o gravame geraria para o herdeiro onerado espécie de incapacidade criada pelo testador e não pelo ordenamento jurídico. Com efeito, constituindo a propriedade privada, assim como sua função social, princípios gerais da atividade econômica, norteadores da Ordem Econômica (CR/88, art. 170, II e III), as restrições impostas pela lei a tais princípios

---

[18] STJ, 3ª T, REsp. 50.008/SP, Rel. Min. Eduardo Ribeiro, julg. 17.12.1998, publ. DJ 19.4.1999, p. 132.

deveriam estar fundadas na própria Constituição, ou então nas concepções aceitas sobre o poder de polícia[19]. Em regra, a inalienabilidade estabelecida pelo testador não está fundada no poder de polícia, nem mesmo nas exigências relativas à função social da propriedade. Assim, a propriedade, sendo um instrumento para a realização de valores fundamentais estabelecidos na Constituição da República, através do cumprimento de sua função social, não poderia restar violada pela mera vontade individual.

Justa causa para aposição dos gravames na legítima

Na linha das aludidas objeções às cláusulas restritivas da propriedade, o Código Civil limitou a possibilidade de o testador instituir tais gravames à legítima à *justa causa* declarada no testamento (CC, art. 1.848), deixando livre a aposição de ditos ônus à cota disponível (CC, art. 1.911). Importante registrar que, apesar de o Código Civil exigir a justa causa apenas nas liberalidades oriundas dos testamentos, por princípio, também nas doações que constituírem adiantamento de legítima deverá ser declarada justa causa para gravar os bens doados com a inalienabilidade, impenhorabilidade e incomunicabilidade.

Apesar da referida limitação à autonomia testamentária, o legislador não estabeleceu critérios interpretativos para alcançar o que deve ser considerado como *justa causa* para gravar a legítima dos herdeiros necessários e, diante disso, cabe a doutrina e a jurisprudência a busca pelo sentido da determinação. Segundo Luiz Paulo Vieira de Carvalho, "caberá ao juiz, com base em valores éticos, morais, sociais, econômicos e jurídicos, verificar se os motivos alegados pelo testador para clausular os bens são justos"[20]. Em direção similar, manifesta-se Paulo Lôbo, aduzindo que a justificativa deve convencer o juiz de que foi imposta no interesse do herdeiro necessário e nunca para satisfazer valores ou idiossincrasias do testador. Para o referido autor, clausular a reserva hereditária atenta à legítima expectativa convertida em direito adquirido quando da abertura da sucessão, argumentando que a proteção visada pelo testador se transforma, frequentemente, em estorvo, antes prejudicando do que beneficiando o herdeiro, razão pela qual se deve interpretar de forma exigente e restrita a justa causa imposta pela lei atual[21]. Em busca de um conceito mais determinado, Marcelo Truzzi Otero expõe que "justa causa, no direito sucessório, é o motivo lícito, sério e concreto apontado pessoalmente pelo autor da liberalidade no instrumento de doação ou no testamento que, se persistentes ao tempo da abertura da sucessão, justificam a inalienabilidade, a impenhorabilidade e a incomunicabilidade impostas sobre a legítima do herdeiro necessário, a bem de seus próprios interesses"[22].

Verifica-se na jurisprudência decisões que afastam a inalienabilidade quando presentes causas consideradas genéricas, meramente subjetivas, que não se refiram a singularidades do herdeiro ou fatos em concreto que justifiquem o gravame, como

---

[19]   Celso Ribeiro Bastos; Ives Gandra Martins, *Comentários à Constituição do Brasil*, vol. II, São Paulo: Saraiva, 1989, pp. 119-120.

[20]   Luiz Paulo Vieira de Carvalho, *Direito das Sucessões*, cit., p. 520.

[21]   Paulo Lôbo, *Direito Civil*: Sucessões, São Paulo: Saraiva, 2016, p. 251.

[22]   Marcelo Truzzi Otero, *Justa Causa Testamentária: inalienabilidade, impenhorabilidade e incomunicabilidade sobre a legítima do herdeiro necessário*, Porto Alegre: Livraria do Advogado, 2012, pp. 167-168.

CAPÍTULO VIII | DISPOSIÇÕES TESTAMENTÁRIAS   173

aquelas que se referem genericamente à "proteção do herdeiro" ou "à garantia quanto a incertezas futuras e má administração", "para evitar que o patrimônio seja dilapidado", sem uma definição específica da motivação[23].

Nessa direção, a autonomia privada que estabelece a inalienabilidade pelo testamento deverá prevalecer, por exemplo, quando o testador grava um imóvel, de pequeno valor dentre os bens da herança[24], para garantir a moradia de filho insolvente, que não é proprietário de bem imóvel, ou quando grava quotas sociais ou imóvel, no qual o herdeiro explore a sua atividade profissional, para que lhe seja garantida a continuidade do exercício de sua profissão, mesmo após a morte do titular do bem. Com efeito, a inalienabilidade convencional pode desempenhar, em determinados casos, a função de garantia do que se denomina de *patrimônio mínimo da pessoa*[25], a partir

---

[23] "Arrolamento – Doação – Imposição de cláusula de impenhorabilidade – Retificação da doação, a fim de constar a justa causa da restrição a ser imposta – Necessidade – Não aceitação de cláusula genérica de justificação – Aplicação do art. 1848 do Código Civil – Decisão mantida – Recurso desprovido". TJSP, 5ª C.D.Priv., A.I. nº 990100019244, julg. 2.6.2010 e "Apelação Cível. Sucessão Testamentária. Cláusula de Impenhorabilidade, Inalienabilidade e Incomunicabilidade. Bens da Legítima. Necessidade de Justo Motivo. Art. 1.848, do Código Civil – Motivo Genérico – Insubsistência da Cláusula. Em relação aos bens da legítima, a estipulação de cláusulas restritivas não é livre e exige justo motivo que a respalde, sob pena de cancelamento dessa cláusula, nos termos do art. 1848, do Código Civil. A motivação genérica e não fundamentada não é capaz de preencher a justa motivação exigida pelo referido dispositivo." TJMG, 1ª C.C., Ap. Cív. 1.0694.14.000244-5/0010002445-21.2014.8.13.0694 (1), julg. 15.12.2015, publ. DJ. 22.11.2016.

[24] A indicação de imóvel de pequeno valor está em consonância com a tendência atual de não se proteger patrimônios suntuosos, mesmo quando estes estariam, em tese, protegidos pelo benefício da Lei 8.009/90. Nessa linha, podem ser citadas decisões judiciais que flexibilizam o conceito de imóvel disposto na Lei 8.009/90, de forma a evitar a proteção de bens suntuosos e de valor altíssimo, que muitas vezes superam em muito aquele da dívida: "Agravo interno. Tentativa de rediscutir matéria que foi devidamente analisada quando do exame do agravo de instrumento com base em conhecida orientação do STJ. Bem de família. Desmembramento. Circunstâncias do caso concreto. Prova pericial. Razoabilidade. Tratando-se de imóvel de área considerável, com matrículas distintas decorrentes dos diversos lotes que o compõem, apontando a prova pericial perfeita possibilidade de desmembramento, não há porque ensejar ao devedor que possa manter-se no luxo, em detrimento do credor". TJRS, 20ª C.C., Agravo nº 70008940439, Rel. Des. Armínio José Abreu Lima da Rosa, julg. 16.6.2004. "Imóvel residencial. Impenhorabilidade. E impenhorável o imóvel residencial do devedor e a lei abre espaço para que se permita a penhora de parte desse imóvel, mormente se o terreno não permite divisão cômoda, eis que a parte objeto da constrição é absolutamente encravada". TJRS, 1ª C.C., A.I. nº 196129894, Rel. Des. Heitor Assis Remonti, julg. 10.9.1996. E no Superior Tribunal de Justiça: "Embargos de terceiro. Penhora. Lei n. 8.009/90. Bem de família. Imóvel residencial. Quatro imóveis contíguos. Matrículas diferentes. Possibilidade do desmembramento. Pelas peculiaridades da espécie, preservada a parte principal da residência em terreno com área superior a 2.200 m2, com piscina, churrasqueira, gramados, não viola a lei 8.009/90 a decisão que permite a divisão da propriedade e a penhora sobre as áreas sobejantes. Recurso especial não conhecido". STJ, 4ª T., REsp 139010/SP, Rel. Ministro Cesar Asfor Rocha, julg. 21.02.2002, publ. DJ 20.5.2002 p. 143.

[25] A eficácia jurídica do princípio da dignidade da pessoa humana clama necessariamente pela garantia de condições materiais mínimas à pessoa, preocupação do constituinte em diversas passagens da Constituição da República, a saber, em seu preâmbulo a partir do objetivo de assegurar o exercício dos direitos sociais e individuais e em seus dispositivos a partir dos art. 1º, III, art. 170, *caput* (Ordem econômica tem por fim assegurar a todos existência digna), art. 226, § 7º, art. 3º, III, art. 23, X, art. 6º, art. 23, V, art. 30, VI, art. 34, VII, e, art. 35, III, art. 205, art. 208, I, II, IV, V, VI, VII, §§ 1º e 2º, art. 212, *caput* e § 3º, art. 213, § § 1º e 2º, art. 23, II e IX, art. 30, VII, art. 34, VII, e, art. 35, III, art. 196, art. 198, II e § 2º, art. 200, II e IV, art. 227, I, I, art. 7º, II, XXIV, XXV, art. 23, II e IX, art. 201,

da indisponibilidade de um bem essencial ao beneficiário da liberalidade, destinado à sua moradia ou ao desenvolvimento de seu trabalho (CR/88, art. 6º, *caput*). Nessas hipóteses, não haverá violação à propriedade funcionalizada, devendo prevalecer a autonomia privada do testador[26].

De igual forma, quando o testador demonstrar fatos concretos ligados à saúde ou especificidades do beneficiário a justificar o gravame, este deverá prevalecer quando não se resumirem a mera subjetividade do autor da herança, o mesmo se passando quando o testador motivar o ônus pela natureza do bem gravado, como pode se dar com quotas de sociedades que se constituem em empresas familiares, das quais depende o sustento de toda a família.

A validade da cláusula restritiva estará sempre submetida à análise da permanência dos motivos que a justificaram. Se, nos exemplos anteriores, o herdeiro passa a ganhar muito dinheiro, ou compra outro imóvel, ou, ainda, passa a desenvolver o seu trabalho de outra maneira, não haverá mais razão para a manutenção do gravame.

I a V, art. 203, art. 229, art. 230, art. 245. Ana Paula de Barcellos, *A eficácia jurídica dos princípios constitucionais: o princípio da dignidade da pessoa humana*, Rio de Janeiro: Renovar, 2002, pp. 155-162. A autora agrupou os dispositivos referidos em ordem progressiva de determinação, partindo do princípio mais genérico, passando por princípios em que os fins já estão mais bem delineados, até chegar a subprincípios e regras. Segundo a Autora: "o mínimo existencial corresponde ao conjunto de situações materiais indispensáveis à existência humana digna; existência aí considerada não apenas como experiência física – a sobrevivência e a manutenção do corpo – mas também espiritual e intelectual, aspectos fundamentais em um Estado que se pretende, de um lado, democrático, demandando a participação dos indivíduos nas deliberações públicas e, de outro, liberal, deixando a cargo de cada um seu próprio desenvolvimento" Ana Paula de Barcellos, *A eficácia jurídica dos princípios constitucionais: o princípio da dignidade da pessoa humana*, cit., pp. 197-198. No âmbito do Direito Privado, podemos traduzir o mínimo existencial no que Luiz Edson Fachin denominou de patrimônio mínimo da pessoa humana, podendo ser identificado em diversas normas como aquela que determina a incapacidade relativa do pródigo (CC, art. 4º, IV), aquela que determina a nulidade da doação de todos os bens sem reserva de parte ou renda suficiente para subsistência do doador (CC, art. 548), bem como aquelas que estabelecem a impenhorabilidade de bens essenciais (Lei 8.009/90 e CPC, art. 833). Luiz Edson Fachin, *Estatuto Jurídico do Patrimônio Mínimo*, Rio de Janeiro: Renovar, 2006, 2ª ed., *passim*.

[26] Na jurisprudência, vale citar: "Apelação cível. Registro de imóveis. Ação de cancelamento de cláusulas restritivas na matrícula de imóvel recebido em doação. Preliminar. Nulidade da sentença. Inocorrência. Rejeita-se a prefacial, visto que inexistente qualquer vício ou nulidade que contamine o decisum e enseje a sua desconstituição. Não há nulidade a ser declarada em sentença devidamente fundamentada, que observou o disposto nos arts. 165 e 458 do CPC e 93, IX, da Constituição Federal, embora adote tese diversa daquela invocada pela parte recorrente. Cancelamento de cláusula de inalienabilidade. Inviabilidade no caso concreto. É entendimento corrente na doutrina e jurisprudência que a indisponibilidade gravada sobre bens imóveis não é absoluta, havendo possibilidade da relativização quando se tornarem óbice à própria fruição da coisa pelo proprietário. Atende-se, com essa exegese, a função social da propriedade. Entretanto, no caso inexistem elementos que configurem justa causa ao cancelamento do gravame, já que o próprio donatário alegou que sua pretensão apenas tem por escopo tornar plena a propriedade do bem. Outrossim, as razões apresentadas pela doadora e pelos demais filhos do autor apresentam-se razoáveis à manutenção da cláusula de inalienabilidade, porquanto visam proteger o genitor, pessoa de idade avançada, que reside sozinho, de eventual influência de terceiros. Preliminar rejeitada. Recurso de apelação desprovido. Unânime". TJRS, 18ª C.C., Ap. Cív. nº 70012329959, Rel. Des. Pedro Celso Dal Pra, julg.12.4.2007.

Diante de toda a digressão acima e apesar dos avanços do Código Civil na temática, não há no aludido diploma legal previsão de dispensa dos gravames. Não obstante, a jurisprudência continua a admitir a extinção das cláusulas restritivas da propriedade em casos nos quais resta cabalmente configurado o seu malefício para o titular da propriedade, como pode ser constatado em caso julgado pelo Superior Tribunal de Justiça em 2022, no qual discutiu-se o levantamento dos gravames apostos em imóveis rurais cujos titulares onerados já eram pessoas idosas. A controvérsia girava em torno de se definir se o cancelamento das cláusulas de inalienabilidade e impenhorabilidade melhor promoveria os direitos fundamentais dos recorrentes, pessoas idosas, e se existente ou não justa causa para o levantamento dos gravames em seu imóvel rural. De acordo com o referido julgado, "a possibilidade de cancelamento das cláusulas de inalienabilidade e impenhorabilidade instituída pelos doadores depende da observação de critérios jurisprudenciais: (i) inexistência de risco evidente de diminuição patrimonial dos proprietários ou de seus herdeiros (em especial, risco de prodigalidade ou de dilapidação do patrimônio); (ii) manutenção do patrimônio gravado que, por causa das circunstâncias, tenha se tornado origem de um ônus financeiro maior do que os benefícios trazidos; (iii) existência de real interesse das pessoas cuja própria cláusula visa a proteger, trazendo-lhes melhor aproveitamento de seu patrimônio e, consequentemente, um mais alto nível de bem-estar, como é de se presumir que os instituidores das cláusulas teriam querido nessas circunstâncias; (iv) ocorrência de longa passagem de tempo; e, por fim, nos casos de doação, (v) se já sejam falecidos os doadores"[27]. Os julgadores concluíram que, na hipótese, todos os critérios considerados essenciais de acordo com a jurisprudência estavam presentes.

Vale registrar o disposto no artigo 2.042 do Código Civil, que estabeleceu prazo de 01 (um) ano da entrada em vigor do Código para que os testadores aditassem o seu testamento realizado na vigência da lei anterior com cláusulas restritivas da propriedade apostas à legítima sem justificativa. Findo dito prazo e não tendo o testador aditado seu ato de última vontade, ou seja, realizado um novo testamento para justificar o gravame, a cláusula restritiva não subsistirá.

Além disso, conforme decisão em destaque na edição n. 235 da Jurisprudência em Teses do STJ, as cláusulas de inalienabilidade, incomunicabilidade e impenhorabilidade vitalícias têm duração limitada à vida do beneficiário e não se relacionam à vocação hereditária.[28] Por esse motivo, as cláusulas que estabelecem o gravame não tornam nulo o testamento que dispõe sobre transmissão *causa mortis* de bem gravado. Para o STJ, assim, o ato de disposição somente produz efeitos após a morte do testador, quando então ocorrerá a transmissão da propriedade, isenta do gravame.

---

[27]   STJ, 3ª T., REsp nº 2022860/MG, Rel. Min. Ricardo Villas Bôas Cueva, julg. 27.09.2022, publ. DJe 30.9.2022.

[28]   STJ, 4ª T., REsp 1.641.549/RJ, Rel. Min. Antonio Carlos Ferreira, julg. 13.8.2019, publ. *DJe* 20.8.2019.

4. DISPOSIÇÕES TESTAMENTÁRIAS DE CUNHO EXISTENCIAL

Esfera existencial do testamento

O testamento não é apenas negócio de atribuição de bens, sendo um ato de eficácia múltipla, já que serve a diversos objetivos do testador. Dentre eles, encontram--se interesses de natureza existencial do autor da herança.

Há dificuldades para se enquadrar as situações jurídicas existenciais no fenômeno sucessório, predominantemente assentado no princípio da patrimonialidade, na medida em que são as situações jurídicas patrimoniais aquelas que são passíveis de transmissão por morte. Apesar disso, diante do vasto conteúdo do testamento, é preciso dar especial atenção às disposições testamentárias que dizem respeito à esfera pessoal e existencial do testador, sendo certo que estas são heterogêneas e de conteúdos variados. Por essa razão, não é possível uniformizar a sua disciplina. Afinal, as expressões da autonomia privada têm fundamentos diversificados, na medida em que repercutem na esfera patrimonial ou existencial do agente, encontrando o "denominador comum na necessidade de serem dirigidos à realização de interesses e de funções que merecem tutela e que são socialmente úteis"[29].

Merecimento de tutela dos atos de autonomia privada

De fato, não há qualquer espaço relativo à manifestação da autonomia privada que esteja fora do controle de análise do merecimento de tutela do ato ou atividade desenvolvida pelo agente, a partir de sua confrontação com os valores constitucionais, havendo, assim, uma ponderação entre a liberdade e a solidariedade no exame do ato de autonomia. Nessa direção, o intérprete há que se valer permanentemente da ponderação, buscando parâmetros materiais adequados ao caso concreto diante dos interesses relevantes em disputa, para alcançar a solução que promova os valores do ordenamento, considerado em sua unidade e complexidade. No âmbito do testamento, será preciso avaliar a repercussão da disposição testamentária na esfera dos sucessores designados na lei, bem como naquela de terceiros. Os interesses relevantes destes últimos, a depender das circunstâncias fáticas, poderão se sobrepor àqueles do testador.

Na esfera existencial, as disposições testamentárias apresentam especial relevo, na medida em que a liberdade individual se consubstancia na perspectiva de livres escolhas quanto aos aspectos da personalidade do agente, de sua vida privada e de sua intimidade, ou seja, de sua esfera mais íntima, sendo, assim, corolário da dignidade da pessoa humana, onde comumente deve preponderar a liberdade do testador.

Direitos da personalidade

Apesar de o testamento não ser o único documento hábil para a manifestação de vontade *post mortem* quanto a aspectos decorrentes da personalidade do agente, este é sede profícua para tanto, podendo o testador determinar diretrizes quanto ao exercício e defesa dos atributos de sua personalidade, estabelecendo, por exemplo, orientações quanto à publicação de obras inéditas, quanto à utilização de seu nome, imagem e voz em programas ou propagandas, dentre outras. A Lei nº 9.610/98 bem

---

[29] Pietro Perlingieri, *Perfis do Direito Civil: Introdução ao Direito Civil Constitucional*, trad. Maria Cristina de Cicco, Rio de Janeiro: Renovar, 1997, 3ª ed., p. 19.

CAPÍTULO VIII | DISPOSIÇÕES TESTAMENTÁRIAS 177

exemplifica a verificação da vontade da pessoa quanto a aspectos inerentes à sua personalidade com eficácia *post mortem*, ao determinar, expressamente, em seu artigo 55, parágrafo único, o respeito da vontade do autor em caso de falecimento antes de concluir a obra, vedando a publicação parcial quando assim tiver sido a vontade manifestada pelo autor.

No entanto, tendo em vista que qualquer manifestação da autonomia privada está submetida ao juízo de licitude e de merecimento de tutela, o testador poderá encontrar alguns limites, também deduzidos a partir da ponderação dos interesses em questão. Ilustre-se com o direito à imagem; ainda que haja determinação expressa do testador proibindo a veiculação de sua imagem, esta poderá ser divulgada sempre que indispensável à afirmação de outro direito fundamental que deva preponderar no caso concreto, como o direito de informação.

> Ponderações dos interesses diante de disposições testamentárias de cunho existencial

O testamento também é sede profícua para que o testador estabeleça disposições relativas à sua prole, a partir do reconhecimento voluntário de um filho, da nomeação de um tutor, bem como da autorização para realização de procedimento de reprodução assistida *post mortem*. A eficácia de tais disposições dependerá de suas consequências para o respectivo destinatário, tendo em vista a avaliação de aspectos inerentes à sua personalidade, que poderão ser proeminentes no caso concreto.

> Disposições relativas à prole

A paternidade reconhecida no testamento tanto pode ser a biológica como a socioafetiva. De fato, o Provimento 63 do CNJ admitiu expressamente que a paternidade ou maternidade socioafetiva seja reconhecida por meio de documento público ou particular de disposição de última vontade, observando-se os trâmites previstos no aludido diploma legal. Embora o Provimento 63 tenha sido revogado pelo Provimento 182, de 2024, a regra foi repetida art. 507, § 8º, do Provimento 149 de 2023.[30] Importante registrar que apesar de o testamento ser ato essencialmente revogável, o reconhecimento de filho manifestado no ato de última vontade não o é (CC, art. 1.610). O reconhecimento voluntário de filho é ato unilateral. No entanto, para que produza os seus efeitos, deve ser considerada a vontade do reconhecido, se maior, sendo certo que, se menor, poderá impugnar o ato nos quatro anos que se seguirem à maioridade ou emancipação, conforme o disposto no artigo 1.614 do Código Civil. Desse modo, "o consentimento se aproxima mais da eficácia e menos da validade, e por isso mesmo é imprescindível o consentimento para que o ato surta seus efeitos"[31].

---

[30] Eis o teor do dispositivo: "Art. 507. O reconhecimento da paternidade ou da maternidade socioafetiva será processado perante o oficial de registro civil das pessoas naturais, ainda que diverso daquele em que foi lavrado o assento, mediante a exibição de documento oficial de identificação com foto do requerente e da certidão de nascimento do filho, ambos em original e cópia, sem constar do traslado menção à origem da filiação. (...) § 8.º O reconhecimento da paternidade ou da maternidade socioafetiva poderá ocorrer por meio de documento público ou particular de disposição de última vontade, desde que seguidos os demais trâmites previstos neste Capítulo".

[31] Luiz Edson Fachin, *Elementos Críticos do Direito de Família*. In: Ricardo César Pereira Lira (coord.), Rio de Janeiro: Renovar, 2003, 2ª ed., p. 233. Continua o autor: "O ato do reconhecimento é unila-

Se o filho não tiver pai registral, a retificação de seu registro civil ocorrerá a partir da inclusão do nome do testador no registro. A questão poderá ensejar discussões nas hipóteses nas quais o filho tem um pai registral, que poderia se opor ao reconhecimento manifestado pelo testamento e ao consentimento do filho quanto à paternidade manifestada no ato de última vontade. A angústia diante dos interesses em conflito seria acentuada na hipótese em que o vínculo socioafetivo do filho também fosse identificado com o pai registral. Para solucionar a problemática, muito embora sejam reconhecidas as divergências existentes na matéria e a sua complexidade, há de levar em conta o interesse do maior interessado no estabelecimento da filiação: sendo o estado de filiação estritamente pessoal, cabe ao filho buscar a própria verdade. O equilíbrio, então, entre o biológico e o socioafetivo é alcançado pela satisfação do interesse daquele de cujo estado se trata[32].

Uma solução para a questão pode ser a multiparentalidade, admitida em nosso ordenamento jurídico em tese de repercussão geral aprovada pelo Supremo Tribunal Federal, nº 622, assim ementada, *in verbis*, "a paternidade socioafetiva, declarada ou não em registro, não impede o reconhecimento do vínculo de filiação concomitante, baseada na origem biológica, com os efeitos jurídicos próprios".

Debates podem surgir diante de ações de investigação de paternidade movidas pelo mero interesse patrimonial. Isso porque o artigo 1.609 do Código Civil, na esteira do artigo 26, parágrafo único, do ECA, proíbe que haja o reconhecimento de um filho falecido sem descendência, justamente para evitar que dito ato tenha finalidade exclusivamente sucessória, já que o perfilhante passaria a ser sucessor pela ordem de vocação hereditária. Assim, há autores que defendem a aplicação por analogia do referido artigo 1.609 do Código Civil, quando o filho pretende o reconhecimento movido apenas pela busca da herança, restando provado que já tem ou teve um pai socioafetivo[33]. De outra parte, há quem defenda a prevalência do interesse do filho

---

teral, será válido independentemente do consentimento. Este é um requisito que se estabelece no plano da eficácia. Além do mais, fosse o reconhecimento negócio jurídico bilateral, admitir-se-ia o estado da pessoa como objeto da avença", cit., p. 233.

[32] Sobre o tema, vale referir obra pioneira de uma das autoras deste livro, Rose Melo Vencelau, *O elo perdido da filiação: entre a verdade jurídica, biológica e afetiva no estabelecimento do vínculo paterno-filial*, Rio de Janeiro: Renovar, 2004, pp. 226-227.

[33] Sobre o tema, vale citar Anderson Schreiber "Há, ainda, o generalizado receio de que a posição adotada pelo STF possa gerar demandas mercenárias, baseadas em puro interesse patrimonial. Argumenta-se que a corte teria aberto as portas do Judiciário para filhos que somente se interessam pelos pais biológicos no momento de necessidade ou ao se descobrirem como potenciais herdeiros de fortunas. Nesse particular, competirá aos juízes e tribunais separar, como sempre, o joio do trigo, empregando os mecanismos disponíveis na ordem jurídica brasileira para se evitar o exercício de uma situação jurídica subjetiva em descompasso com seu axiológico-normativo. O abuso do direito e a violação à boa-fé objetiva têm plena aplicação nesse campo, sendo de se lembrar que são instrumentos que atuam não apenas no interesse particular, mas também no interesse público de evitar a manipulação de remédios que são concedidos pelo ordenamento não de modo puramente estrutural, mas sempre à luz de uma finalidade que se destinam a realizar." Disponível em: http://www.cartaforense.com.br/conteudo/artigos/stf-repercussao-geral-622-a-multiparentalidade-e-seus-efeitos/16982. Acesso em 8.4.2019.

a ter seu estado vinculado ao pai biológico ou socioafetivo, independentemente do motivo existencial ou patrimonial[34].

Quanto à reprodução humana assistida *post mortem*, esta é admitida pelo Conselho Federal de Medicina, desde que haja autorização prévia específica[35] da pessoa falecida para utilização de seu material genético criopreservado, podendo o testamento ser o veículo para a expressão de tal autorização, diante de sua eficácia múltipla. Apesar de não ser o testamento o instrumento exclusivo para tanto, é inegável a sua vantagem, pois o ato de última vontade conta com a formalidade e publicidade, a partir de seu processo de abertura, registro e cumprimento.

O genitor, portanto, através de seu ato de última vontade, poderá estabelecer, inclusive, as condições em relação às quais deseja que sejam utilizadas as técnicas de reprodução assistida *post mortem*, desde que estas não contrariem as normas deontológicas médicas, como a impossibilidade de se selecionar o sexo ou qualquer outra característica biológica do filho, exceto quando se trate de evitar doenças ligadas ao sexo. Desse modo, o genitor poderá estipular um prazo para que seja utilizado o material congelado, bem como estabelecer que a reprodução assistida *post mortem* estará vedada se ele tiver gerado um filho em vida, dentre outras. Tais condições, uma vez em consonância com os valores constitucionais, deverão ser respeitadas, por dizerem respeito a aspecto inerente à dignidade do testador, em relação ao qual deve prevalecer sua liberdade.

Ainda sobre as disposições testamentárias relativas à filiação, registre-se a possibilidade de nomeação de tutor pela via do testamento (CC, art. 1.729). A tutela é Nomeação
de tutor situação jurídica subjetiva revestida da roupagem de poder-dever, na medida em que deve ser exercida no interesse do menor. É exatamente por este fato que no estabelecimento da tutela deve prevalecer o melhor interesse da criança. Por conseguinte, se a nomeação de tutor compete aos pais, que podem fazê-lo pela via do testamento, prevalecendo tal nomeação em relação à ordem dos parentes consanguíneos do menor indicada no artigo 1.731 do Código Civil, não se pode olvidar que a produção de efeitos da disposição testamentária dependerá da análise dos interesses do tutelado. Assim, embora a disposição testamentária que nomeie um tutor para o filho do testador esteja situada em sua esfera existencial, em relação à qual prevalece, em regra, a liberdade do agente, tal determinação apenas prevalecerá na hipótese de realizar o melhor interesse do menor.

Para o cumprimento das disposições testamentárias de cunho existencial, o Testamenteiro testador deve nomear um testamenteiro, sendo certo que o autor da herança pode

---

[34] Nesse sentido: "Não importa o motivo que leva ao reconhecimento forçado da paternidade do pai biológico, pois sendo o estado de filiação estritamente pessoal, cabe ao filho buscar sua própria verdade. O equilíbrio, então, entre o biológico e o sócio-afetivo é alcançado pela satisfação do interesse daquele cujo estado se trata" (Rose Melo Vencelau, *O Elo Perdido*, cit., pp. 226-227).

[35] Neste mesmo sentido, manifestou-se a 4ª Turma do STJ ao analisar o REsp 1.918.421/SP, quando assentou que o procedimento de implantação de embriões congelados em viúva exige autorização expressa e formal do falecido, em testamento ou documento análogo (STJ, 4ª T., REsp 1.918.421/SP, Rel. Min. Luis Felipe Salomão, julg. 8.6.2021, DJe 26.8.2021).

nomear mais de um testamenteiro, determinando que atuem conjuntamente, como pode indicá-los para atuar sucessivamente ou atribuir aos nomeados funções distintas (CC, art. 1.986, *in fine*)[36]. Essa última possibilidade mostra-se especialmente relevante para a análise aqui empreendida, já que o testador pode indicar uma pessoa para exercer a testamentaria na esfera patrimonial e outra para exercê-la na esfera existencial, sendo certo que o executor das disposições testamentárias, quando não for herdeiro ou legatário, tem direito a receber retribuição pela sua atuação, denominada vintena. Quando não determinado pelo testador, o valor será fixado pelo juiz, na proporção de um a cinco por cento do monte, sendo tal prêmio um estímulo para o cumprimento das disposições testamentárias de caráter existencial.

📝 PROBLEMAS PRÁTICOS

1. Suzana, viúva e não convivente em união estável, tinha três filhos, Caio, Daniel e Rodrigo. Suzana sempre se preocupava muito com o futuro de Rodrigo, já que este jamais demonstrou almejar independência profissional, vivendo sempre na dependência de seus familiares. Suzana, então, lavrou testamento no ano passado com uma única cláusula: *Gravo a herança de meu filho Rodrigo com a cláusula de inalienabilidade, para evitar a dilapidação do patrimônio que caberá ao referido herdeiro*. Suzana faleceu no mês passado e Rodrigo não se conforma com o gravame que lhe foi imposto. Ele procura você como advogado. Como você orientaria Rodrigo?

2. Renata, que não tinha filhos nem ascendentes vivos, já viúva de seu marido e não convivendo em união estável, tendo duas irmãs, Júlia e Sabrina, descobriu que havia sido acometida pela Esclerose Lateral Amiotrófica. Diante do diagnóstico de uma doença neurodegenerativa progressiva, Renata, ainda em estágio inicial da doença, elaborou testamento público no qual legou à Márcia, sua funcionária de longa data, valor que deveria ser estabelecido por sua melhor amiga, Ruth, considerando que dita disposição testamentária estava sendo determinada em remuneração de serviços prestados à testadora, por força dos cuidados dispensados a ela pela legatária em virtude de sua doença, determinando que o valor mínimo deste legado deveria ser R$200.000,00. De fato, por ocasião da elaboração do testamento, Renata não tinha como prever a extensão dos cuidados de que necessitaria e, assim, conversou longamente com Ruth, dando-lhe essa incumbência. Por ocasião da abertura da sucessão, Renata deixou um patrimônio no valor de R$1.5000.000,00. Ruth, chamada a fixar o legado de Márcia, o fez na quantia de R$500.000,00, considerando o tempo de cuidado despendido desde o diagnóstico da doença de Renata.

---

[36] Código Civil, "Art. 1.986. Havendo simultaneamente mais de um testamenteiro, que tenha aceitado o cargo, poderá cada qual exercê-lo, em falta dos outros; mas todos ficam solidariamente obrigados a dar conta dos bens que lhes forem confiados, salvo se cada um tiver, pelo testamento, funções distintas, e a elas se limitar."

Sabrina ficou inconformada, apesar de sua irmã Júlia ter verificado que o referido valor, dividido no tempo da prestação dos serviços, era muito razoável. Sabrina alega que a disposição é nula e, ainda, que viola a sua herança. Sabrina está correta em sua posição?

Capítulo IX
DOS LEGADOS

SUMÁRIO: 1. Objeto dos legados – 2. Espécies de legados – 3. Pagamento dos legados – 4. Caducidade dos legados – Problemas práticos.

1. OBJETO DOS LEGADOS

O legado é uma parte certa e determinada do monte, especialmente destacada do acervo hereditário para ser destinada a alguém por determinação do testador ou da lei. Trata-se de sucessão a título particular. Distingue-se, assim, da instituição de herdeiro, porque este é sucessor do *de cujus* a título universal, uma vez que é investido na universalidade das relações jurídicas que cabiam ao falecido, recolhendo a totalidade ou uma quota parte do patrimônio.

Sucessão a título particular

Desse modo, enquanto o herdeiro, sucessor a título universal, sucede na universalidade (*universitas iuris*) das relações patrimoniais do defunto, ou em uma fração aritmética desta, incluindo o ativo e o passivo a este correspondente, o legatário, ao revés, é sucessor de direito individualmente considerado, destacado do patrimônio e desvinculado, de consequência, das responsabilidades em relação ao respectivo passivo. Assim, em razão da natureza de sua delação, o legatário só responderá pelas dívidas da herança quando esta é insolvente, quando toda a herança é dividida em legados, ou quando o testador expressamente lhe determinou a obrigação de atender ao passivo hereditário.

A herança, caracterizando-se pela individualização de uma quota do patrimônio, é indefinida no seu valor e conteúdo. Já o legado, embora possa ser indeterminado no momento da abertura da sucessão, já se encontra definido no testamento ou na lei pelo seu valor, ou pelo seu objeto. Nessa direção, sendo o acervo de bens reduzido por dívidas, ou acrescido por créditos pertencentes ao *de cujus*, apenas sofrerão variações as quotas dos herdeiros instituídos no testamento. Os legados, ao contrário, permanecerão inalterados, pois representam uma unidade do monte individualizada, que se separa do patrimônio como um todo.

O legado, assim, pode consistir em uma universalidade, como acontece quando o testador lega a alguém a herança ou o conjunto de legados que recebeu por morte de outrem, uma biblioteca, o seu rebanho, a sua empresa, entre outras.[1] Nesses casos, a universalidade referida, objeto do legado, restará especialmente destacada do patrimônio hereditário do autor da herança, para cumprimento do legado, e consistirá no que existir quanto à referida universalidade no momento da abertura da sucessão.

Tudo o que esteja no comércio e tenha valor patrimonial, sendo economicamente apreciável, pode ser objeto do legado. Nessa direção, o objeto da sucessão particular pode não necessariamente aumentar a fortuna do legatário, mas a sua concessão valer dinheiro, como o direito de podar as árvores de um prédio do testador que tiram a vista de um imóvel do legatário[2]. A lei prevê regras próprias para as espécies de legados e seus pagamentos.[3]

2. ESPÉCIES DE LEGADOS

Conforme seja a natureza da coisa legada e a forma da designação do legado, diversas são as espécies de legados e a sua disciplina jurídica.

Coisas certas e incertas

Os legados podem ter por objeto coisas certas ou incertas. No primeiro caso, só serão eficazes se a coisa certa pertencer ao testador no momento da abertura da sucessão (CC, art. 1.912)[4], uma vez que, em se tratando de legado de coisa incerta, determinada pelo gênero e quantidade (CC, art. 243), será cumprido mesmo que tal coisa não exista entre os bens deixados pelo testador (CC, art. 1.915). Neste último caso, é preciso que a coisa seja determinada ao menos pelo gênero e quantidade (Ex.: dois cavalos, uma samambaia). À míngua de referida indicação, o legado encerrará *corpus ignotum*, por exemplo, um animal, uma planta, e será, portanto, inexequível[5].

Ao legado de coisa incerta aplica-se o disposto no artigo 244 do Código Civil e a escolha caberá ao devedor, ou seja, ao herdeiro ou ao outro legatário contemplado no testamento, salvo se o contrário resultar da vontade do testador. Quando o objeto do legado não se encontra no acervo hereditário, devendo ser adquirido pelo herdeiro,

---

[1] Carlos Maximiliano, *Direito das Sucessões*, vol. 2, Rio de Janeiro: Livraria e Editora Freitas Bastos, 1937, p. 93.

[2] Carlos Maximiliano, *Direito das Sucessões*, vol. 2, Rio de Janeiro: Livraria e Editora Freitas Bastos, 1937, p. 94.

[3] Caio Mário, *Instituições de Direito Civil*, vol. VI, Rio de Janeiro: Forense, 2016, 23ª ed. rev. e atual. por Carlos Roberto Barbosa Moreira, p. 260.

[4] Código Civil, "Art. 1.912. É ineficaz o legado de coisa certa que não pertença ao testador no momento da abertura da sucessão."

[5] Arthur Vasco Itabaiana de Oliveira, *Tratado de Direito das Sucessões*, vol. 2, São Paulo: Max Limonad, 1952, p. 539.

não se dá, verdadeiramente, sucessão *causa mortis* a título particular, uma vez que o legatário não é investido em relação jurídica que já pertencia ao falecido. Há, nesse caso, propriamente, aquisição *mortis causa*, sendo o legatário um credor do espólio, que receberá a sua prestação por ato *inter vivos*. Essa conclusão autoriza compreensão dinâmica e construtiva da noção de *causa mortis*, que não se refere apenas ao momento de produção de efeitos do ato, mas também e, sobretudo, à tipologia e programação de tais efeitos, uma vez que mencionado ato *inter vivos* encontra sua função na realização do programa testamentário. O conceito de aquisição *mortis causa*, portanto, é ampliado, para englobar não somente o fenômeno de sucessão propriamente dito, como, ainda, todos aqueles atos que têm na morte do testador a razão da sua realização[6].

O testador pode determinar que o herdeiro ou legatário entregue coisa da sua propriedade a outrem, sendo certo que, nesse caso, não o cumprindo, entender-se-á que renunciou à herança ou ao legado. Nessa hipótese, o legado é consubstanciado em um encargo (CC, art. 1.913). Na presente hipótese, na linha do exposto anteriormente, não há sucessão *causa mortis* propriamente dita, já que o legatário é investido em relação jurídica que não pertencia ao *de cujus*. O legatário, nesse caso, adquire um bem em virtude do óbito do testador, que lhe será transferido por terceira pessoa, também contemplada no testamento. Trata-se de ato *inter vivos*, que realiza o programa testamentário.

Coisa do herdeiro ou legatário

Quando o testador singulariza a coisa objeto do legado, identificando-a precisamente, sua inexistência entre os bens do disponente acarretará a ineficácia da deixa testamentária, ainda que haja outras do mesmo gênero no acervo hereditário. Presume-se que houve alteração na vontade do testador, que desistiu do benefício outorgado ao dispor da coisa. Se, ao contrário, o testador dispuser de coisa coletiva, que ao tempo da elaboração do testamento apresentava quantidade superior àquela existente na abertura da sucessão, só valerá o legado quanto aos bens existentes no momento do óbito do testador. Igualmente, presume-se que se o disponente se desfez de algumas unidades, não prosseguiu no seu intento manifestado no ato de testar.

Coisa singularizada e coisa coletiva

O testador pode designar a coisa legada pelo lugar em que deva ser encontrada (CC, art. 1.917)[7]. Trata-se de legado de coisas que devem estar habitual e permanentemente no lugar indicado pelo testador[8]. Se o disponente remove o objeto, ou dispõe dele, fazendo-o desaparecer de seu acervo de bens, presume-se que mudou de intenção quanto ao benefício. Se a coisa foi removida do local designado apenas transitoriamente, quando, por exemplo, foi ser consertada ou restaurada, o legado terá eficácia. Nem a má-fé, nem a causalidade, influem na deixa testamentária[9]. Assim, o legado produzirá efeitos quando a coisa foi retirada do local por terceiros e não haverá

Definição pelo local onde se encontra a coisa legada

---

6   Giovanni Criscuoli, *Il Testamento: Norme e Casi*, Padova: Cedam, 1991, pp. 3-6.

7   Código Civil, "Art. 1.917. O legado de coisa que deva encontrar-se em determinado lugar só terá eficácia se nele for achada, salvo se removida a título transitório."

8   Clovis Bevilaqua, *Código Civil dos Estados Unidos do Brasil commentado*, vol. VI, Rio de Janeiro: Livraria Francisco Alves, 5ª ed., 1944, p. 148.

9   Carlos Maximiliano, *Direito das Sucessões*, vol. 2, Rio de Janeiro: Freitas Bastos, 1937, p. 128.

acréscimo do benefício quando, acidentalmente, outras coisas se achavam naquele lugar, por interferência de pessoas diversas da do disponente.

Note-se que quando foi o testador quem introduziu novas coisas no lugar indicado, além daquelas que habitualmente ali se encontravam, será preciso interpretar sua atitude. Assim, se ditas coisas foram introduzidas apenas temporariamente, o legado não será acrescido. Ao contrário, se faziam parte da natureza das coisas legadas e foram colocadas naquele local com a intenção de ali permanecerem, entende-se que o testador objetivou expandir o benefício. Nessa hipótese, o legado só terá validade até a quantidade que for encontrada no lugar designado pelo testador. Ex: Deixo a Tício os $ 10.000,00 que eu tenho no Banco Americano. Na data do óbito, só há $ 5.000,00 depositados. O legado só terá validade quanto aos $ 5.000,00 encontrados. Se o testador retirou todo o dinheiro do Banco indicado, presume-se que mudou de ideia quanto ao benefício[10].

Legado de crédito, de quitação de dívida e feito em favor de credor do testador

O testador pode transmitir ao legatário um crédito que lhe é devido, cuja importância será apurada no momento da abertura da sucessão. Por essa razão, incluem-se no legado os juros não recebidos em vida pelo disponente, em virtude do princípio da gravitação jurídica, e aqueles que se venceram após a abertura da sucessão, uma vez que desde então o beneficiário é o credor da quantia legada[11].

O legado será cumprido entregando-se ao contemplado o título respectivo. O herdeiro não é responsável pela existência da dívida, nem pela solvabilidade do devedor. Eventuais créditos que o testador tenha constituído após a feitura do testamento não estarão compreendidos no legado, salvo disposição em contrário no testamento. Se a dívida se vencer e for paga antes do óbito do testador, o legado perderá o seu objeto, salvo se o *de cujus* dispuser de forma diversa, ressalvando a eficácia da deixa testamentária.

O testador pode, através de disposição testamentária, perdoar dívida da qual era credor, incrementando, assim, o patrimônio de seu devedor. Referido legado é cumprido entregando-se ao beneficiário o título respectivo e compreenderá tanto o capital quanto os juros vencidos e não pagos, quer anteriores ou posteriores à abertura da sucessão[12]. Esse legado não inclui as dívidas contraídas após a elaboração da cédula testamentária, salvo se diversa foi a vontade do disponente.

---

[10] Carlos Maximiliano, *Direito das Sucessões*, vol. 2, cit., p. 188.

[11] Clovis Bevilaqua, *Código Civil dos Estados Unidos do Brasil commentado*, vol. VI, cit., p. 150 e Orosimbo Nonato, *Estudos sôbre Sucessão Testamentária*, vol. III, Rio de Janeiro: Forense, 1957, p. 61. Em sentido contrário, manifestam-se Carlos Maximiliano, *Direito das Sucessões*, vol. 2, cit., p. 144, e Arthur Vasco Itabaiana de Oliveira, *Tratado de Direito das Sucessões*, vol. 2, cit., p. 545, para quem o legatário só tem direito aos juros vencidos desde a morte do testador, exceto se o testamento determinar o contrário.

[12] Em sentido contrário, manifesta-se Orosimbo Nonato, para quem o legado de liberação de dívida não abrange os juros anteriores à abertura da sucessão, pois só a esse tempo ocorre a exoneração originada do ato do testador, salvo, por óbvio, disposição do disponente em sentido contrário. Orosimbo Nonato, *Estudos sôbre Sucessão Testamentária*, vol III, cit., pp. 63-64.

Não terá eficácia o legado de quitação de dívida se o legatário nada devia ao testador. Da mesma maneira, se parte da dívida havia sido quitada em vida do autor da herança, valerá tão somente quanto à quantia ainda em débito, não tendo o legatário o direito de exigir a restituição daquilo que foi pago ao credor[13]. Na esteira do artigo 1.913 do Código Civil, poderá o testador determinar que o herdeiro ou legatário perdoe dívida de que seja credor, entendendo-se tal remissão como encargo imposto ao benefício testamentário.

O testador pode legar bens àquele que seja seu credor. Nesse caso, sendo o legatário credor do testador e contemplado no testamento, será preciso distinguir as hipóteses: se nada disser o testador, reputa-se que visou beneficiar o seu credor, que receberá o legado a despeito do pagamento de seu crédito; caso contrário, declarando expressamente que deseja compensar a dívida com o objeto do legado, será preciso aplicar à hipótese as regras pertinentes a essa modalidade de extinção das obrigações, consoante o disposto no artigo 369 do Código Civil, já que, não sendo possível a compensação e tendo o testador expressamente declarado sua vontade nesse sentido, caduca o legado (CC, art. 1.919)[14]. Ainda nessa hipótese de compensação de dívida com o legado, é possível haver vantagem para o beneficiário, uma vez que o segundo pode ser maior do que a primeira.

O legado efetuado em favor do credor do testador suscita muitos debates. Segundo Arthur Vasco Itabaiana de Oliveira, tal modalidade de disposição testamentária pode se referir a uma dívida ficta ou real[15].

O legado de dívida fictícia é aquele feito em forma de dívida. Na verdade, o testador nada deve ao beneficiário, mas o contempla como se fosse seu devedor. Essa espécie não é admitida incontestavelmente na doutrina. Enquanto Arthur Vasco Itabaiana de Oliveira[16] e Orlando Gomes[17] o admitem, Clovis Bevilaqua posiciona-se em sentido contrário, entendendo que se o testador manda pagar uma dívida que não existe, presume-se que o fez por engano e que, portanto, não tem validade o legado[18], sendo certo que este legado não terá validade se objetivar fraudar a lei, contemplando aquelas pessoas que não têm capacidade testamentária passiva.

Já o legado de dívida real é aquele feito para pagá-la. Tal legado mostra-se, a princípio, inútil, já que o pagamento das dívidas do falecido é o primeiro ato realizado após o seu falecimento. No entanto, pode servir para tornar a dívida líquida,

---

[13]   Arthur Vasco Itabaiana de Oliveira, *Tratado de Direito das Sucessões*, vol. 2, cit., p. 547.

[14]   Código Civil, "Art. 1.919. Não o declarando expressamente o testador, não se reputará compensação da sua dívida o legado que ele faça ao credor.
Parágrafo único. Subsistirá integralmente o legado, se a dívida lhe foi posterior, e o testador a solveu antes de morrer."

[15]   Arthur Vasco Itabaiana de Oliveira, *Tratado de Direito das Sucessões*, vol. 2, cit., p. 548.

[16]   Arthur Vasco Itabaiana de Oliveira, *Tratado de Direito das Sucessões*, cit., pp. 548-549.

[17]   Carlos Maximiliano, *Direito das Sucessões*, vol. 2, cit., p. 175.

[18]   Clovis Bevilaqua, *Código Civil dos Estados Unidos do Brasil commentado*, vol. VI, cit., p. 151.

documentada, ou restaurada quando prescrita[19]. Se a dívida foi paga depois de feito o testamento, caduca o legado.

Legado de alimentos

O testador pode deixar em legado alimentos, objetivando destinar ao beneficiário o indispensável à sobrevivência (CC, art. 1.920)[20]. Esse deve abranger o sustento, a cura, o vestuário e a casa, além da educação, se o legatário for menor. Na falta de fixação pelo testador da quantia devida, aplica-se ao legado de alimentos o binômio necessidade do legatário alimentando e possibilidade das forças da herança. O juiz deverá fixar as prestações alimentícias consoante a presumível intenção do testador, que será de fácil elucidação quando esse já pagava em vida alimentos ao legatário[21].

Importante registrar que os alimentos em virtude da lei não se confundem com aqueles determinados em testamento. Estes últimos regem-se pelas disposições testamentárias e apenas na hipótese de omissão delas, serão aplicadas as regras pertinentes aos alimentos por disposição legal, quando cabível.

Nessa direção, indaga-se se a alteração da situação econômica do beneficiado poderá modificar o *quantum* da pensão alimentícia. A questão vai depender da vontade do testador. É preciso verificar se o objetivo do disponente foi fixar uma pensão ao beneficiário, independentemente de sua situação econômica, ou se visou estipular alimentos propriamente ditos, buscando eliminar eventuais necessidades que o legatário poderia enfrentar durante sua vida. Na segunda hipótese, será possível a revisão da pensão, especialmente quando o testador consagra expressões nesse sentido, como, "enquanto houver necessidade", "enquanto não puder manter o seu próprio sustento", entre outras. Se o testador nada dispuser quanto ao tempo da prestação alimentícia, presume-se que a vantagem foi deixada para a vida toda do contemplado e a sua morte extinguirá o benefício.

Usufruto

Pode ser objeto de legado o direito real de usufruto. Nessa hipótese, haverá, em relação ao bem, sucessão conjunta, já que um dos sucessores receberá as faculdades de uso e gozo da coisa e o outro a nua propriedade, cabendo aos dois o direito de sequela. Se o testador não nomear aquele que terá a nua propriedade do bem objeto do legado de usufruto, caberá esta aos herdeiros legítimos.

Legado de imóvel

Uma vez legado imóvel no ato de última vontade, se o testador lhe ajuntar depois novas aquisições, estas, ainda que contíguas, não se compreendem no legado, salvo expressa declaração em contrário do testador. Para a compreensão da questão, a doutrina distingue as hipóteses do terreno fechado e daquele aberto. Se, após ter legado um terreno fechado, o testador aumenta-lhe o recinto, é sua intenção legar tudo quanto se acha cercado e esse aumento não é considerado nova aquisição. Sendo, ao contrário, o terreno aberto, qualquer acréscimo será considerado nova aquisição e,

---

[19]   Orlando Gomes, *Sucessões*, Rio de Janeiro: Forense, 2015, 16ª ed. rev. e atual., p. 202.
[20]   Código Civil, "Art. 1.920. O legado de alimentos abrange o sustento, a cura, o vestuário e a casa, enquanto o legatário viver, além da educação, se ele for menor."
[21]   Orlando Gomes, *Sucessões*, cit., p. 200.

CAPÍTULO IX | DOS LEGADOS

como tal, excluída do objeto legado, salvo declaração em sentido contrário do testa-dor[22].

Nessa direção, se uma pessoa lega a Antônio uma chácara com divisas deter-minadas e posteriormente adquire mais alguns alqueires de terra contíguos ao ter-reno ou se lega um prédio na Rua Voluntários da Pátria e posteriormente adquire o prédio vizinho, aqueles alqueires e o prédio vizinho não ficarão compreendidos no legado[23]. No entanto, se no exemplo acima a chácara não tinha divisas determinadas, não estando, por exemplo, devidamente cercada, e posteriormente ao testamento o testador adquire o terreno contíguo e cerca a chácara, incluindo dito terreno contíguo adquirido após a lavratura do testamento, a nova aquisição deve ser havida como incluída no legado, tendo em vista a manifesta intenção do testador em considerar o terreno adquirido como parte integrante do benefício testamentário. Segundo Car-valho Santos, o ato do testador de cercar a chácara com a inclusão do novo terreno adquirido "vale como uma expressa manifestação da vontade de fazer compreender no imóvel legado a nova aquisição"[24].

Se a nova aquisição se revelar como benfeitoria realizada no imóvel, quer seja útil, necessária ou voluptuária, esta, por ser acessória, seguirá a sorte do principal, havendo o acréscimo do benefício (CC, art. 1.922)[25]. Dessa forma, se após o testa-mento, o testador aumenta o prédio legado, acrescentando-lhe mais um quarto ou uma garagem, as referidas obras, destinadas ao incremento da coisa, restam aderidas ao objeto legado e, assim, incluídas no benefício testamentário.

Algumas questões podem desafiar a interpretação do testamento quando o objeto do legado for bem imóvel. Uma delas é a pertença, isto é, coisa móvel ou imóvel que se destina ao serviço ou aformoseamento de outras em caráter duradouro, tornando-as mais úteis ou belas. Segundo o Código Civil, os negócios jurídicos que dizem respeito ao bem principal não abrangem as pertenças, salvo se o contrário resultar da lei, da manifestação de vontade, ou das circunstâncias do caso (CC, art. 94). Assim, diante de pertenças, por exemplo, máquinas, tratores, elevadores, adornos, entre outras, será preciso analisar o caso concreto. Se o testador lega um prédio e posteriormente torna o bem legado mais útil e valioso com a instalação de um elevador, parece que este último se inclui no legado, porque ao certo aderiu à coisa de forma permanente e não terá utilidade fora dali.

---

[22] Arthur Vasco Itabaiana de Oliveira, *Tratado de Direito das Sucessões*, vol. 2, cit., p. 559 e Clovis Bevilaqua, *Código Civil dos Estados Unidos do Brasil commentado*, vol. VI, cit., p. 153.

[23] J. M. Carvalho Santos, *Código Civil Interpretado*, vol. XXIII, Rio de Janeiro: Livraria Freitas Bastos, 1959, 6ª ed., p. 424.

[24] J. M. Carvalho Santos, *Código Civil Interpretado*, vol. XXIII, cit., p. 425.

[25] Código Civil, "Art. 1.922. Se aquele que legar um imóvel lhe ajuntar depois novas aquisições, estas, ainda que contíguas, não se compreendem no legado, salvo expressa declaração em contrário do testador.

Parágrafo único. Não se aplica o disposto neste artigo às benfeitorias necessárias, úteis ou volup-tuárias feitas no prédio legado."

Quanto às acessões, como a aluvião, as construções ou as plantações, a rigor constituem bens acessórios, que seguirão a sorte do principal. No entanto, será preciso examinar a hipótese à luz do artigo 1.939 do Código Civil. Com efeito, o referido dispositivo enuncia que caduca o legado se, depois do testamento, o testador modificar a coisa legada, ao ponto de já não ter a forma nem lhe caber a denominação que possuía. Nessa direção, se a acessão resultar da intervenção do testador, será preciso verificar o caso em concreto, uma vez que, por exemplo, a construção de um prédio com diversos apartamentos em terreno anteriormente legado pode se inserir em hipótese de caducidade do legado em virtude de modificação substancial da coisa legada, revelando a intenção do testador de revogar o benefício anteriormente instituído.

3. PAGAMENTO DOS LEGADOS

Transferência da propriedade e da posse da coisa legada

Com a abertura da sucessão, a propriedade da coisa legada é transferida imediatamente ao legatário, salvo nos casos de legado de gênero, naquele alternativo e no de coisa pertencente ao herdeiro ou ao legatário. Apesar da transmissão imediata do domínio, não é deferida ao legatário a posse da coisa legada com a abertura da sucessão e, assim, aquele não pode entrar por autoridade própria na coisa legada (CC, art. 1.923, § 1º). Caberá ao sucessor a título singular pedir aos herdeiros o legado após o julgamento da partilha, já que esse é o momento em que se verifica a possibilidade de cumprimento das disposições testamentárias após a dedução do passivo do monte, quando são individualizados os quinhões hereditários e determinados os pagamentos dos legados.

Suspensão do direito de pedir o legado

No entanto, em algumas hipóteses, apesar do julgamento da partilha, o legatário não pode ainda pedir o legado. De fato, quando a deixa testamentária estiver subordinada à condição suspensiva, a propriedade do bem legado não será transmitida imediatamente ao legatário com o óbito do testador, só ocorrendo a aquisição do domínio uma vez verificado o evento futuro e incerto consubstanciado na cláusula condicional, sendo certo que, nessa hipótese, o direito de pedir o legado também estará suspenso até o implemento da condição. Na mesma direção, tal direito não poderá ser exercido quando a sucessão a título singular estiver sujeita a termo inicial, pois, em que pese o termo não suspender a aquisição do direito, suspende o seu exercício, impedindo que o legatário peça a posse do bem legado enquanto pendente o advento do evento futuro e certo.

Outra hipótese na qual resta suspenso o direito de pedir o legado é aquela referente ao litígio sobre a validade do testamento (CC, art. 1.924)[26], uma vez que o direito do legatário se funda no ato de última vontade. Com efeito, se a invalidade atingir a deixa testamentária da qual decorre o legado, restará prejudicada a sucessão a título singular. A posse dos bens legados cabe aos herdeiros enquanto não é entregue ao legatário. Se

---

26 Código Civil, "Art. 1.924. O direito de pedir o legado não se exercerá, enquanto se litigue sobre a validade do testamento, e, nos legados condicionais, ou a prazo, enquanto esteja pendente a condição ou o prazo não se vença."

a coisa se deteriora ou perece, o herdeiro culpado responde. Pelo princípio da boa-fé, o herdeiro que está na posse do bem legado é indenizado pelas despesas que precisa fazer, inclusive aquelas pertinentes às benfeitorias necessárias ou simplesmente úteis. O obrigado só não tem direito regressivo contra o legatário para reaver o que pagou em proveito deste quando o *de cujus* haja determinado o recebimento do benefício livre de quaisquer despesas. Nesse caso é a herança que suporta todos os gastos com a transmissão, conservação e entrega do bem legado[27].

Uma vez que recebe a propriedade imediata do bem legado desde a morte do autor da herança, pertence ao legatário, desde tal momento, os frutos que a coisa produzir, exceto se a deixa testamentária estiver sujeita à condição suspensiva ou termo inicial. Nesses casos, os frutos pertencem ao herdeiro que se encontra na posse do bem – aguardando o implemento da condição ou o advento do termo –, por se tratar de possuidor de boa-fé e, como tal, não sujeito à restituição dos frutos percebidos (CC, art. 1.214).

O objeto do legado poderá ser uma soma em dinheiro. Essa espécie de legado não se confunde com o legado de crédito e ocorre quando o disponente especifica a quantidade em dinheiro (Deixo para Renato R$ 20.000,00), a qualidade da quantia (Lego a Marcos R$ 20.000,00 em ouro), ou designa o lugar onde se encontra a soma em dinheiro (Deixo a Júlio os R$ 10.000,00 que tenho no Banco Americano)[28]. Nesta última hipótese, aplica-se o disposto no artigo 1.917 do Código Civil. Nesses casos, o legado só vence juros a partir do dia em que se constituir em mora a pessoa obrigada a prestá-lo, através de interpelação judicial ou extrajudicial. Com efeito, nessa hipótese, o legatário ainda não tem o domínio sobre o legado, sendo credor da herança, que tem somente o direito de reclamar o seu pagamento caso o obrigado seja remisso na entrega do bem[29]. Tal direito só poderá ser exercido após o julgamento da partilha, lembrando que o legado em dinheiro pode ser exigido em ação executiva (CPC, art. 515, IV).

Legado de soma em dinheiro

O legado pode consistir-se em renda, tendo como objeto prestações periódicas, devidas ao legatário, vitalícias ou não (CC, art. 1.926)[30]. De acordo com as disposições dos arts. 803 a 813 do Código Civil, a constituição de renda pode se dar por ato a título gratuito, entregando-se bens móveis ou imóveis à pessoa que se obriga a satisfazer as prestações a favor do credor. O testador, portanto, estabelece o encargo ao herdeiro, ou legatário, contemplado no testamento. Esses, recebendo o benefício testamentário, terão o ônus de satisfazer o legado, entregando periodicamente prestações ao legatário conforme a determinação do disponente.

O Código Civil não considera direito real a constituição de renda sobre imóvel como fazia o Código anterior. Nessas hipóteses, as prestações devidas só poderão ser

---

[27] Carlos Maximiliano, *Direito das Sucessões*, vol. 2, cit., p. 180.

[28] Carlos Maximiliano, *Direito das Sucessões*, vol. 2, cit., pp. 187-188.

[29] Arthur Vasco Itabaiana de Oliveira, *Tratado de Direito das Sucessões*, vol. 2, cit., p. 566.

[30] Código Civil, "Art. 1.926. Se o legado consistir em renda vitalícia ou pensão periódica, esta ou aquela correrá da morte do testador."

exigidas ao término de cada período, salvo aquelas a título de alimentos, que serão pagas no começo de cada período em razão da sua finalidade. Conta-se o primeiro período a partir da morte do testador. Iniciado um período, fica imediatamente adquirido o direito à prestação correspondente. Por essa razão, falecendo o legatário dentro do período já começado, transmite o direito à prestação correspondente a seus sucessores, que só poderão exigi-la ao término do período, salvo se a título de alimentos, extinguindo-se com a morte do beneficiário o direito às demais prestações, relativas aos períodos sucessivos, não iniciados. Nessa direção, se o testador instituir para o legatário o direito de receber prestações mensais de R$1.000,00 (mil reais) oriundas da renda de determinado imóvel, tendo ocorrido a abertura da sucessão em 5.10.2022, o primeiro período mensal venceu em 5.11.2022, sendo certo que, se o legatário faleceu em 1.11.2022, terá direito a receber a prestação integral do primeiro mês, não podendo os seus herdeiros exigir o valor correspondente às demais prestações de meses não iniciados.

Diversa será a hipótese se o legado for de quantia certa, com determinação de que seu pagamento seja efetuado em prestações periódicas. Nesse caso, o primeiro período será contado a partir da morte do testador e as prestações devidas só poderão ser cobradas a partir do término de cada período correspondente. Vale dizer, o legado é único, considerando-se adquirido na sua totalidade com a morte do testador. Será, no entanto, satisfeito paulatinamente, conforme o fim de cada período correspondente à prestação. Dessa maneira, se o legatário falece antes de pagas todas as prestações, transmite o legado a seus sucessores, que poderão cobrar todas aquelas ainda não vencidas, até a última, respeitando-se tão somente o término de cada período para exigir a prestação correspondente (CC, art. 1.927)[31].

Nas hipóteses do legado de coisa incerta, determinada pelo gênero (CC, art. 1.915), aplicam-se, à sucessão testamentária, as determinações constantes do artigo 244 do Código Civil, cabendo ao testador designar quem irá escolher o objeto do legado. No silêncio do ato de última vontade, presume-se concedida a escolha ao devedor, isto é, ao herdeiro. Se a escolha cabe ao legatário, este poderá escolher a melhor coisa entre os bens da herança, pois se presume que a intenção do testador tenha sido privilegiar o beneficiário, ao conceder-lhe o poder de eleger o objeto da deixa testamentária. Se, no entanto, só houver uma coisa da espécie legada na herança, somente esta será devida, sem que o herdeiro possa pretender dar outra, nem o legatário reclamá-la, salvo disposição diversa do testador. Não havendo nenhuma das coisas da espécie legada, e devendo a disposição testamentária ser cumprida, o herdeiro deverá adquirir outra congênere, de qualidade média, não podendo o legatário exigir melhor, embora lhe pertença a escolha (CC, arts. 1.929, 1.930, 1.931).

O testador pode estabelecer legado alternativo e, nesse caso, presume-se deixada ao herdeiro a opção (CC, art. 1.932). De fato, aplicam-se à sucessão testamentária as

---

[31] Código Civil, "Art. 1.927. Se o legado for de quantidades certas, em prestações periódicas, datará da morte do testador o primeiro período, e o legatário terá direito a cada prestação, uma vez encetado cada um dos períodos sucessivos, ainda que venha a falecer antes do termo dele."

Capítulo IX | Dos legados   193

mesmas regras constantes no Código Civil quanto às obrigações alternativas (CC, arts. 252 a 256). Como bem acentua Clovis Bevilaqua, não muda a natureza da obrigação por ser a sua causa o legado, e não o contrato[32]. Uma vez feita a escolha, concentra-se o legado na prestação eleita. Se o herdeiro ou legatário a quem couber a opção falecer antes de exercê-la, passará este poder aos seus herdeiros (CC, art. 1.933), tendo em vista configurar-se a opção direito patrimonial, não personalíssimo, salvo se diversamente dispuser o testador.

Os legados constituem dívidas da herança. Aberta a sucessão, em primeiro lugar são pagas as dívidas do *de cujus*, logo após são satisfeitas as legítimas dos herdeiros necessários, em seguida são cumpridos os legados, depois são satisfeitos os quinhões dos herdeiros testamentários e, por fim, se sobrar algo na parte disponível, este é dividido entre os herdeiros legítimos, segundo a ordem de vocação hereditária.

Legados são dívidas da herança

O testador pode determinar quem ficará incumbido da execução dos legados. Na falta de designação, os herdeiros executarão os legados, obedecendo a proporcionalidade de seus quinhões. Carlos Maximiliano sugere o seguinte exemplo: "instituo Tício herdeiro de dois terços da minha fortuna, e Semprônio, do terço restante; ao primeiro eu lego a casa em que moro. Avaliado o prédio em R$ 30.000,00, vinte são descontados do quinhão do próprio Tício e dez do de Semprônio"[33].

Os legatários também poderão ser onerados por legados e, se o testador não designar a parte que onera cada uma das pessoas a quem ordena o pagamento, entende-se que foram distribuídos proporcionalmente[34].

Quando o objeto do legado for coisa pertencente ao herdeiro ou legatário, a ele caberá a execução da deixa testamentária (CC, art. 1.913). No entanto, haverá direito de regresso contra os coerdeiros, na proporção de seus quinhões, salvo se diversa foi a vontade do testador. Se o obrigado é herdeiro necessário e só recebe a sua legítima, não lhe advém prejuízo algum do fato de não cumprir o legado. Se, além da reserva sucessória, lhe cabe uma fração da metade disponível do patrimônio do disponente, perde essa parte, se deixa de satisfazer a vontade do falecido[35].

Ao beneficiado cabem as despesas e os riscos da entrega do legado. Como assinala Clovis Bevilaqua, os incômodos devem recair em quem colhe as vantagens da deixa testamentária[36]. Incluem-se nas despesas o imposto de transmissão *causa mortis* e os gastos posteriores ao recebimento do legado, como aqueles relativos ao registro. De acordo com as regras pertinentes às obrigações, o legatário, credor do espólio, arcará com os riscos relativos ao caso fortuito e à força maior, salvo se houver mora no adimplemento da obrigação por parte do herdeiro. Este responderá ainda por culpa pelo perecimento ou deterioração da coisa legada. Se houver determinação

Despesas e riscos da entrega da coisa legada

---

[32] Clovis Bevilaqua, *Código Civil dos Estados Unidos do Brasil commentado*, vol. VI, cit., p. 162.
[33] Carlos Maximiliano, *Direito das Sucessões*, vol. 2, cit., p. 232.
[34] Clovis Bevilaqua, *Código Civil dos Estados Unidos do Brasil commentado*, vol. VI, cit., p. 163.
[35] Carlos Maximiliano, *Direito das Sucessões*, vol. 2, cit., p. 111.
[36] Clovis Bevilaqua, *Código Civil dos Estados Unidos do Brasil commentado*, vol. VI, cit., p. 164.

expressa do testador, correndo contra a herança as despesas com a entrega do legado, não poderão ser sacrificadas as legítimas dos herdeiros necessários, procedendo-se, nessa hipótese, à redução das disposições testamentárias[37].

Em virtude do princípio da gravitação jurídica, salvo cláusula expressa em contrário, o acessório segue a sorte do principal. Assim, todas as coisas acessórias ao objeto do legado acompanham a deixa testamentária, como seus frutos, produtos e benfeitorias.

Princípio da gravitação jurídica

As pertenças, que constituem bens que se destinam, de modo duradouro, ao uso, ao serviço ou ao aformoseamento de outro, em regra, não acompanham o bem para o qual estão a serviço, salvo se o contrário resultar da lei, da manifestação da vontade, ou das circunstâncias do caso (CC, arts. 93 e 94). Dessa maneira, quando o bem não se enquadrar perfeitamente na noção legal de bens acessórios e não houver manifestação expressa do testador, será preciso buscar a vontade presumida do *de cujus*, a partir do contexto do ato de última vontade e de seus propósitos[38], por exemplo, os animais que fazem parte de uma exploração agrícola, os instrumentos e pertences de uma fábrica, as estantes de uma biblioteca, o jardim dependente de uma casa, e outros[39].

A coisa legada passará ao legatário com todos os encargos que a onerarem, como servidões, usufrutos e outros. O mesmo pode ser dito quanto aos direitos reais de garantia, como a hipoteca e o penhor. Os encargos pessoais presumem-se do herdeiro[40], constituindo dívidas da herança. Assim, achando-se o legado sujeito à hipoteca, esta poderá ser excutida contra o legatário, pois se trata de ônus real que acompanha o bem. No entanto, o sucessor a título singular ficará sub-rogado nos direitos do credor contra o devedor, seja o herdeiro ou outrem[41].

4. CADUCIDADE DOS LEGADOS

Caducidade dos legados

O código civil prevê, em seu artigo 1.939, causas de caducidade dos legados, ou seja, fatos que geram a ineficácia da deixa testamentária instituidora de um legado, que ocorram após a elaboração do testamento.

O tema foi mais bem desenvolvido no item 02 do capítulo XII.

✍ PROBLEMAS PRÁTICOS

1. Sérgio devia R$100.000,00 (cem mil reais) a Pedro. De fato, Sérgio possuía muitos imóveis valiosos, mas pouca liquidez. Quando precisou fazer uma obra emergencial em sua casa de praia, pediu dinheiro emprestado a Pedro e, então, formalizaram o empréstimo por meio de instrumento particular

---

[37] Arthur Vasco Itabaiana de Oliveira, *Tratado de Direito das Sucessões*, vol. II, cit., p. 574.

[38] Orosimbo Nonato, *Estudos sôbre Sucessão Testamentária*, vol. III, cit., p. 119.

[39] Clovis Bevilaqua, *Código Civil dos Estados Unidos do Brasil commentado*, vol. VI, cit., p. 165.

[40] Clovis Bevilaqua, *Código Civil dos Estados Unidos do Brasil commentado*, vol. VI, cit., p. 165.

[41] Clovis Bevilaqua, *Código Civil dos Estados Unidos do Brasil commentado*, vol. VI, cit., p. 166.

de confissão de dívida. Sérgio, que era casado com Paula pelo regime da separação total de bens, tinha dois filhos, Egberto e Marcelo. Sérgio fez um testamento por meio do qual dividiu seus bens entre seus herdeiros, a saber, Paula, Egberto e Marcelo, respeitando os seus quinhões hereditários previstos em lei. No entanto, em sua última cláusula, Sérgio deixou seu imóvel de menor valor, um quarto e sala na cidade de Petrópolis, para Pedro. Uma vez aberta a sucessão de Sérgio, Pedro habilitou seu crédito no valor de R$100.000,00 (cem mil reais) no inventário e, ainda, requereu o pagamento de seu legado. Paula, Egberto e Marcelo não se conformam com a atitude de Pedro e entendem que o legado do imóvel situado em Petrópolis, no valor aproximado de R$ 120.000,00 (cento e vinte mil reais), foi deixado para quitar a dívida com Pedro. Com base no problema acima, como você solucionaria o conflito de interesses descrito?

2. Joaquim era um fazendeiro muito dedicado. Tinha uma Fazenda de gado, com 300 cabeças de boi, na cidade de Valença, no Estado do Rio de Janeiro. Tinha, ainda, na Fazenda, máquinas importantes para a sua atividade, como dois tratores e um tronco mecânico para pesar os animais. A Fazenda era um sonho dele e de sua esposa Telma, falecida no ano passado. Os dois filhos de Joaquim e Telma, Rui e Sandro, jamais gostaram da Fazenda e, após terem se casado, foram residir na cidade do Rio de Janeiro, frequentando muito pouco o local. Joaquim decidiu fazer testamento e queria que a Fazenda fosse destinada a alguém que nutrisse os mesmos sentimentos que os dele quanto às atividades no campo. Dessa forma, considerando que a Fazenda valia 1/7 de seu patrimônio, incluindo nesse valor o gado e o maquinário, Joaquim não teve dúvida: sabendo que a legítima de seus filhos estaria atendida, legou dita Fazenda para seu sobrinho, Omar, que estava estudando agronomia e sempre frequentava o local. Os filhos de Joaquim, muito enciumados, alegam que o legado destinado a Omar não inclui o gado e o maquinário, mas apenas o imóvel. Como advogado de Omar, de que forma você se posicionaria?

Capítulo X
DAS SUBSTITUIÇÕES

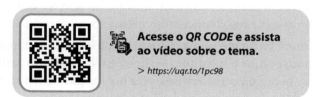

Sumário: 1. Substituição vulgar – 2. Fideicomisso – Problemas práticos.

1. SUBSTITUIÇÃO VULGAR

Na sucessão testamentária não há direito de representação[1]. Desse modo, a falta do herdeiro ou legatário faz caducar a disposição testamentária, o que enseja a devolução da herança aos herdeiros legítimos. Com efeito, na falta, invalidade ou ineficácia das disposições testamentárias, tem lugar a supletividade da legítima (CC, art. 1.788).

<small>Inexistência do direito de representação na sucessão testamentária</small>

O testador pode evitar a sucessão legítima por meio da nomeação de substituto. Substituto vulgar, também chamado comum ou ordinário, é o herdeiro ou legatário instituído para suceder no lugar de outro que não quer ou não pode receber a deixa. Como exemplo, cite-se a seguinte disposição: "Nomeio Caio meu herdeiro universal e na sua falta Bento". Por expressa disposição legal, a menção à falta do primeiro instituído na disposição testamentária presume a substituição em qualquer hipótese que não queira ou não possa suceder (CC, art. 1.947)[2]. Dessa forma, o substituto é

<small>Definição de substituto vulgar</small>

---

[1] No direito brasileiro, o *ius representationis* é peculiar à sucessão legítima, pois ocorre quando a lei chama certos parentes do falecido a suceder em todos os direitos, em que ele sucederia (CC, art. 1.851); na sucessão testamentária não se presume a vontade de substituir o beneficiário por seu parente. Tal decorre do princípio da liberdade testamentária, que deixa o testador livre para definir o destino dos bens testados quando o beneficiário não quer ou não pode suceder.

[2] Código Civil, "Art. 1.947. O testador pode substituir outra pessoa ao herdeiro ou ao legatário nomeado, para o caso de um ou outro não querer ou não poder aceitar a herança ou o legado, presumindo-se que a substituição foi determinada para as duas alternativas, ainda que o testador só a uma se refira."

chamado a suceder se o primeiro instituído não quiser (*e. g.*, quando renuncia) ou não puder (*e. g.* quando morre antes do testador) suceder, ainda que não previstas ambas as situações de forma expressa no testamento. Trata-se de vocação direta, isto é, tanto o substituído, quanto o substituto eventualmente chamado, recebem diretamente do testador.

Substituição e representação

A substituição assim opera de modo mais amplo que a representação. Isso porque somente cabe o direito de representação na falta do herdeiro, o que inclui sua morte ao tempo da abertura da sucessão e as situações a ela equiparadas, isto é, indignidade e deserdação. Não há direito de representação em favor dos descendentes do renunciante, eis que a renúncia faz romper a cadeia sucessória. Na substituição, ao revés, o substituto herda no lugar do substituído sem ter qualquer vínculo jurídico com este, a permitir seu chamamento mesmo com a renúncia do substituído.

Graus

Ao testador é facultado nomear quantos substitutos entender necessários. Não há limite de grau, porque o substituto é o herdeiro ou legatário definitivo. Assim, não apenas é lícito, bem como recomendável a instituição do substituto do substituto: "nomeio o herdeiro (ou legatário) Antônio; na falta de Antônio nomeio Bernardo; na falta de Bernardo nomeio Caio; na falta de Caio nomeio Daniel; na falta de Daniel nomeio Elza"; e quantos mais substitutos interessar ao testador.

O substituto há de possuir legitimidade sucessória. Se não pode receber diretamente, não receberá como substituto. Os requisitos para a legitimação sucessória devem ser apurados no momento da abertura da sucessão, salvo no caso de disposição condicional, em que o momento a verificar a legitimidade é o do implemento da condição[3]. A falta de legitimidade do substituído opera nulidade da substituição (CC, art. 1.802)[4].

Espécies de substituição

A substituição vulgar pode ser: i) simples; ii) conjunta; iii) recíproca[5]. Na substituição simples, há um único substituído e substituto, ainda que contemple herdeiros sucessivos, por exemplo, "nomeio Ana minha herdeira universal, sendo Bento seu substituto. Na falta de Bento, nomeio Manuel". Na substituição conjunta, o testador substitui uma pessoa por várias (CC, art. 1.948)[6], por exemplo, "nomeio Ana minha herdeira universal, sendo Bento, Caio e Daniel seus substitutos conjuntos". Na substituição recíproca, o testador substitui com reciprocidade os beneficiários, por exemplo, "nomeio Ana legatária do imóvel XXX e Bento legatário do imóvel YYY, sendo substitutos recíprocos".

---

3   Orlando Gomes, *Sucessões*, Rio de Janeiro: Forense, 2015, 16ª ed. rev. e atual., p. 220.

4   Sobre o ponto, vide Caio Mário da Silva Pereira, *Instituições de Direito Civil*, vol. VI, Rio de Janeiro: Forense, 2016, 23ª ed. rev. e atual. por Carlos Roberto Barbosa Moreira, p. 278 e Itabaiana de Oliveira, *Tratado de Direito das Sucessões*, vol. 2, São Paulo: Max Limonad, 1952, nº 634, p. 190, que defendem a caducidade da deixa como decorrência da ilegitimidade do herdeiro ou legatário nomeados substitutos.

5   Confira-se Carlos Maximiliano, *Direito das Sucessões*, vol. II, Rio de Janeiro: Freitas Bastos, 1937, p. 407.

6   Código Civil, "Art. 1.948. Também é lícito ao testador substituir muitas pessoas por uma só, ou vice-versa, e ainda substituir com reciprocidade ou sem ela."

CAPÍTULO X | DAS SUBSTITUIÇÕES

Se, entre muitos coerdeiros ou legatários de partes desiguais, for estabelecida substituição recíproca, a proporção dos quinhões fixada na primeira disposição entender-se-á mantida na segunda (CC, art. 1.950, 1ª parte). Assim, no exemplo "nomeio Aurora herdeira de 12%, Bruno herdeiro de 20% e Carlos herdeiro de 40%, todos substitutos recíprocos", a proporção deve continuar caso um deles não queira ou não possa suceder. Consequentemente, a renúncia de "Aurora" não transfere seu quinhão de modo igual, mas proporcional para os coerdeiros remanescentes, de forma que a "Bruno" caberá 24% e a "Carlos" competirá 48%, permanecendo este beneficiário com o dobro do quinhão daquele. Vale repisar, na substituição recíproca os coerdeiros ou colegatários aumentam proporcionalmente seu quinhão primitivo. Nesse sentido, afirma Carlos Maximiliano: "Se eram todos iguais, igual é o proveito de cada um, na substituição; o contemplado com dois terços do quinhão do espólio, percebe dois terços do quinhão sem dono. A posição de substituto é, para cada um dos sucessores recíprocos, igual à de instituído; equiparam-se a primária e a subsidiária"[7]. *Divisão na substituição recíproca*

No entanto, se além da substituição recíproca for incluído mais alguém na substituição, o quinhão vago pertencerá em partes iguais aos substitutos (CC, art. 1.950, 2ª parte). Assim, no exemplo "nomeio Aurora herdeira de 12%, Bruno herdeiro de 20% e Carlos herdeiro de 40%, substitutos recíprocos, incluindo Daniel como substituto", na hipótese de "Aurora" não querer ou não poder suceder, o quinhão de 12% será dividido igualmente entre os substitutos, cabendo 24% a Bruno, 44% a Carlos e 4% a Daniel.

A substituição vulgar é disposição testamentária que pode incidir tanto na sucessão legítima quanto na testamentária, para designar uma pessoa para suceder no lugar de outra que não o queira ou não o possa. Se o herdeiro legítimo é facultativo, o testador poderá livremente instituí-lo ou excluí-lo da herança; de modo que ao lhe nomear substituto, entende-se que o instituiu em primeiro grau. Contudo, se o herdeiro é necessário, caberá a previsão de substituto, mas não para a legítima, porque sobre essa sua vontade não se exerce, não lhe cabe o direito de disposição (CC, art. 1.857, § 1º). Poderá, entretanto, prever substituto para a falta de herdeiro necessário, ou mesmo na parte disponível. *Substituição na sucessão legítima*

2. FIDEICOMISSO

Fideicomisso é disposição testamentária que institui herdeiros ou legatários sucessivos[8]. Trata-se de disposição complexa, na qual participa o fideicomitente (testador), o fiduciário (1º instituído) e o fideicomissário (2º instituído). A sucessão é aberta a favor do fiduciário, que a recebe temporariamente, até sua morte ou o advento de termo ou condição, conforme determinado pelo testador. A aposição de termo afasta a incidência da regra prevista no artigo 1.898 do Código Civil, segundo *Qualificação e estrutura do fideicomisso*

---

[7]   Carlos Maximiliano, *Direito das Sucessões*, cit., p. 409.

[8]   "O termo *fiduciário* advém de *fidúcia* (confiança), porque à sua fé e lealdade é cometido o encargo de conservar como bom pai de família e transmitir a pessoa determinada: *heredis fidei committere* – cometer-se à fé do primeiro sucessor" (Carlos Maximiliano, *Direito das Sucessões*, vol. II, cit., p. 419).

a qual a designação do tempo em que deva começar ou cessar o direito do herdeiro ter-se-á por não escrita. Note-se que a morte do fiduciário antes do adimplemento da condição ou advento do termo que extinguem seu direito, enseja transmissão *mortis causa* aos seus herdeiros. Ocorrido o evento extintivo do direito do fiduciário, a sucessão se defere ao fideicomissário. Dessa forma, o fideicomissário recebe os bens fideicometidos por delação sucessiva, mas não se questiona a sua qualidade de sucessor *mortis causa*. Eis o argumento que sustenta a jurisprudência quanto a não incidência de nova tributação de imposto *mortis causa* por ocasião da segunda transmissão, mas tão somente da primeira, sob pena de bitributação[9].

Objeto do fideicomisso

O fideicomisso pode gravar a herança ou o legado. Diz-se universal, quando instituído sobre a herança; e particular, quando estabelecido sobre o legado. Pode o fideicomisso recair sobre herança legítima. Apenas não se admite que incida sobre a legítima dos herdeiros necessários, insuscetível de livre disposição[10] (CC, art. 1.857, § 1º). Discute-se em doutrina a validade do fideicomisso parcial ou de resíduo, no qual o testador concede ao fiduciário o direito de dispor sobre os bens deixados, recaindo o fideicomisso apenas sobre o resíduo, sobre o que restar, quando abrir a substituição[11]. Outros entendem que "a rigor, não se trata de fideicomisso, uma vez que pode desaparecer, *para sempre*, a substância da liberalidade. Mais se assemelha a uma deixa *condicional*: se não alienar em vida, não incluirá em testamento o bem, que, por morte do primeiro beneficiado *A*, tocará a *B*"[12].

O fideicomissário recebe todos os bens que façam parte do acervo do fiduciário, no que se incluem os bens acrescidos. Entende-se por "bens acrescidos" aqueles que sobrevém ao acervo por direito de acrescer ou por indenização, a exemplo da indenização do seguro dos bens gravados, por desapropriação pública, ou, ainda, por condenação do responsável por danos, que pertencem ao fideicomissário[13]. Quanto às benfeitorias, acrescem ao monte e o fiduciário tem os direitos concernentes ao possuidor de boa-fé (CC, arts. 1.212 a 1.222), de modo que deve ser indenizado às custas da herança.

Bens acrescidos

Encargos do fideicomisso

Como regra geral, o herdeiro responde pelos encargos da herança, em sentido amplo, abrangendo condição, modo e obrigações correlatas, dentro das suas forças (CC, art. 1.997). No caso de fideicomisso, cabe primeiramente ao fiduciário satisfazer os encargos (despesas) da herança, passando ao fideicomissário apenas aqueles que ainda restarem quando lhe for devolvida a sucessão, mas não pessoalmente, e sim dentro das forças da herança, conforme o benefício de inventário (CC, art. 1.792). Pode-se exemplificar com os credores da sucessão que agem no primeiro período

---

9   STJ, 1ª T., REsp 1004707/RJ, Rel. Min. José Delgado, julg. 27.5.2008, publ. DJe 23.6.2008; STJ, 1ª T., REsp. 606133/RJ, Rel. Min. José Delgado, julg. 8.3.2005, publ. DJ 11.4.2005.

10   Carlos Maximiliano, *Direito das Sucessões*, vol. II, cit., p. 445.

11   Em defesa desse tipo de disposição, consulte-se Clovis Bevilaqua, *Código Civil dos Estados Unidos do Brasil commentado*, vol. VI, Rio de Janeiro: Livraria Francisco Alves, 5ª ed., 1944, p. 214; Sílvio de Salvo Venosa, *Direito Civil: direito das sucessões*, vol. 7, São Paulo: Atlas, 2006, 6ª ed., p. 286.

12   Carlos Maximiliano, *Direito das Sucessões*, vol. II, cit., p. 436.

13   Clovis Bevilaqua, *Código Civil*, vol. VI, cit., p. 216.

unicamente contra o fiduciário, dentro dos limites das vantagens auferidas por este; na segunda fase, isto é, depois de efetuada a substituição, contra o fideicomissário, apenas[14]. Vale ressaltar que os encargos criados pelo fiduciário não poderão ultrapassar os limites do seu direito. Por isso, em regra, não atingem o direito do fideicomissário. Contudo, responderá pelos encargos criados pelo fiduciário se o fideicomissário consentir[15], bem como se forem encargos necessários, resultantes de administração ordenada, criteriosa, profícua do fiduciário[16], a exemplo da dívida constituída em razão da necessidade de conservação de bens da herança.

São nulas as instituições além do 2º grau (CC, art. 1.959)[17]. Embora de tradição medieval[18], a proibição de que a cláusula testamentária possa interferir indefinidamente nas gerações futuras impõe-se como forma de assegurar o direito fundamental à herança, que poderia sofrer repetidas restrições para cumprimento de substituições fideicomissárias perpétuas. A verba testamentária que institui beneficiário sucessivo do fideicomissário gera nulidade, mas não atinge o inteiro teor da disposição. Vale dizer, a instituição em terceiro grau é inválida, permanecendo válido o fideicomisso até o segundo grau. Consequentemente, os bens fideicometidos serão objeto de sucessão, *inter vivos* ou *mortis causa*, do fideicomissário e não do *de cujus*. Se a substituição se configura como cláusula acessória da nomeação do herdeiro ou legatário, o princípio da gravitação jurídica incide, de modo que a nulidade da substituição, por qualquer motivo, não prejudica a instituição, o que se aplica também para a substituição vulgar[19]. Nada obsta, entretanto, a substituição vulgar em fideicomisso, sem limite de grau. Tal providência, ao revés, mostra-se de grande utilidade a fim de evitar a caducidade do fideicomisso pela falta do fideicomissário[20].

[margem: Substituição além do 2º grau]

Como regra geral, somente são legitimadas a suceder pessoas nascidas ou concebidas no momento da abertura da sucessão (CC, art. 1.798). Tem-se uma única hipótese de expansão de tal capacidade no âmbito da sucessão testamentária, quanto aos filhos ainda não concebidos de pessoas indicadas pelo testador, desde que vivas estas ao abrir-se a sucessão (CC, art. 1.799, I). Faculta-se ao testador definir, segundo ditames da sua autonomia, o modelo de disposição a favor da prole eventual: i) delação direta, nomeando-a sem o fiduciário como intermediário (CC, art. 1.800) ou ii) delação sucessiva ou indireta, nomeando-a como fideicomissário.

[margem: Legitimidade para ser fideicomissário]

---

[14] Carlos Maximiliano, *Direito das Sucessões*, vol. II, cit., p. 439.

[15] Clovis Bevilaqua, *Código Civil*, vol. VI, cit., p. 217.

[16] Carlos Maximiliano, *Direito das Sucessões*, vol. II, cit., p. 442.

[17] Código Civil, "Art. 1.959. São nulos os fideicomissos além do segundo grau."

[18] Vide, sobre o ponto, Orosimbo Nonato, *Estudos sôbre Sucessão Testamentária*, vol. III, Rio de Janeiro: Forense, 1957, p. 175.

[19] Clovis Bevilaqua, *Código Civil*, vol. VI, cit., p. 220.

[20] Vide, nesse sentido: "A substituição fideicomissária é compatível com a substituição vulgar e ambas podem ser estipuladas na mesma cláusula testamentária. Dá-se o que a doutrina denomina substituição compendiosa. Assim, é válida a cláusula testamentária pela qual o testador pode dar substituto ao fideicomissário para o caso deste vir a falecer antes do fiduciário ou de se realizar a condição resolutiva, com o que se impede a caducidade do fideicomisso" (STJ, 4ª T., REsp 1221817/PE, Rel. Min. Maria Isabel Gallotti, julg. 10.12.2013, publ. DJe 18.12.2013).

Com efeito, o fideicomisso limita-se a disposições em benefício de pessoas não concebidas no momento da morte do testador. O legislador de 2002 restringiu a autonomia testamentária nesse aspecto subjetivo, de modo a prestigiar a perspectiva funcional do instituto, útil para a transmissão da propriedade em favor da prole futura[21]. Por incidir sobre a parte disponível dos bens, discute-se a possibilidade de o testador diferenciar o beneficiário a partir da origem da filiação, ao instituir a prole eventual. Deixado a cargo do intérprete, impõe-se que se entenda como "prole futura" toda e qualquer descendência, independentemente da consanguinidade ou outra origem, em respeito ao princípio da igualdade da filiação (CR, art. 227, § 6º)[22].

Prazo para a concepção do fideicomissário

A parte geral do direito das sucessões estabelece um prazo para a eficácia da disposição a favor de pessoa futura (CC, art. 1.799, I). Se após dois anos da abertura da sucessão não for concebido o herdeiro esperado, os bens a ele reservados serão devolvidos ao seu substituto; e, se este não quiser ou puder receber, aos herdeiros legítimos (CC, art. 1.800, § 4º). Explica-se a limitação temporal porque não interessa o prolongamento indefinido da transmissão hereditária, em especial, por razões de segurança jurídica. Sob a égide do Código Civil de 1916 inexistia prazo, o que acarretava na pendência da transmissão sucessória em caso de instituição em benefício da prole eventual. A problemática atinge a substituição fideicomissária, embora com menos incerteza, em razão do fiduciário, ainda que de natureza resolúvel o seu direito. Assim, discute-se a aplicação do prazo de dois anos ao fideicomisso, como modalidade de disposição em benefício de prole futura[23]. Nessa direção, o testador não poderá suprimir ou alterar o prazo legal, por se tratar de regra cogente, com a finalidade de assegurar a estabilidade no direito sucessório, há muito reivindicada[24].

Conversão do fideicomisso em usufruto

Ao revés, se já existir o fideicomissário ao tempo da abertura da sucessão, o fideicomisso se transforma *ope legis* em usufruto (CC, art. 1.952)[25]. O fideicomissário que ao final seria o proprietário definitivo da herança ou legado, não precisa mais aguardar o evento aquisitivo do seu direito, pois adquirirá desde logo a propriedade dos bens gravados em fideicomisso. E o fiduciário que seria proprietário temporário

---

[21] Nessa direção, vide Carlos Maximiliano, *Direito das Sucessões*, vol. 2, cit., p. 433; Clovis Bevilaqua, *Código Civil*, vol. VI, cit., p. 212; Orosimbo Nonato, *Estudos*, vol. III, cit., p. 179; Orlando Gomes, *Sucessões*, cit., p. 93.

[22] Nesse sentido: TJRS, 4ª C.C., Emb. Infr. 70001063478, Rel. Des. Sergio Fernando de Vasconcelos Chaves, julg. 11.8.2000). Contra: TJRS, 2ª C.C., Ap. Cív. 599040649, Rel. Des. Jorge Luis Dall'Agnol, julg. 14.6.1999; TJRJ, 8ª C.C., Ap. Cív. 198800101159, Rel. Des. Martinho Campos, julg. 20.6.1989.

[23] Gustavo Tepedino; Heloisa Helena Barboza; Maria Celina Bodin de Moraes, *Código Civil Interpretado*, vol. IV, cit., pp. 799. Caio Mário Pereira da Silva interpreta diversamente a combinação do art. 1.952 com o art. 1.800, § 4º, entendendo que esse prazo deve ser contado a partir do advento do termo ou implemento da condição resolutiva do direito do fiduciário, e não da abertura da sucessão do testador (Caio Mário da Silva Pereira, *Instituições*, vol. VI, cit., p. 283).

[24] A favor da alteração do prazo, v. Caio Mário da Silva Pereira, Instituições, vol. VI, cit., p. 284 e Silvio Venosa Direito Civil, vol. 7, cit., p. 292.

[25] Código Civil, "Art. 1.952. A substituição fideicomissária somente se permite em favor dos não concebidos ao tempo da morte do testador.
Parágrafo único. Se, ao tempo da morte do testador, já houver nascido o fideicomissário, adquirirá este a propriedade dos bens fideicometidos, convertendo-se em usufruto o direito do fiduciário."

dos bens fideicometidos passa a ser usufrutuário, cuja situação persiste até o evento previsto para extinção do seu direito. Já tendo sido concebido, mas ainda não nascido o fideicomissário, também o fideicomisso se converte em usufruto, desde que nasça com vida[26]. A conversão atinge substancialmente o direito do primeiro instituído, vez que como usufrutuário possui direito real limitado ao uso e gozo, diferentemente do fiduciário que tem a propriedade dos bens fideicometidos, embora resolúvel (CC, art. 1.953)[27].

O fiduciário é titular da propriedade plena dos bens fideicometidos. A única restrição diz respeito ao impedimento de alienação incondicionada[28]. Trata-se de propriedade resolúvel, isto é, sujeita à resolução, bem como os direitos reais concedidos na sua pendência, e o proprietário, em cujo favor se opera a resolução – o fideicomissário, no fideicomisso –, pode reivindicar a coisa do poder de quem a possua ou detenha (CC, art. 1.359). O fiduciário assim poderá constituir direitos reais limitados sobre os bens fideicometidos como usufruto ou servidão, os quais, entretanto, extinguir-se-ão no momento em que se abre a substituição; ou mesmo transmitir a propriedade dos bens fideicometidos, mantido o gravame. O poder de disposição, porém, restringe-se quando houver circunstâncias incompatíveis com a possibilidade de resolução, a exemplo da penhora de bem gravado com fideicomisso[29]. Para melhor garantir o direito do fideicomissário, o testador ainda poderá gravar os bens fideicometidos com cláusula de inalienabilidade.

Natureza do direito do fiduciário

Na medida em que o direito do fiduciário se extinguirá em favor do fideicomissário, um dos mecanismos estabelecidos pelo legislador para garantir a conservação e entrega dos bens fideicometidos consiste no dever de inventário. A relação descritiva dos bens recebidos pelo fiduciário, inclusive com o seu estado de conservação, servirá de base para eventuais reclamações do fideicomissário. A obrigação de inventariar é assunto de ordem pública, razão pela qual não poderá nem o testador afastá-la, nem o fiduciário se recusar a proceder o inventário[30]. A sub-rogação dos bens fideicometidos em outros é possível excepcionalmente, desde que haja consentimento do fideicomissário[31]. No caso de fideicomisso sobre bens imóveis, o registro atribui

Dever de inventariar os bens fideicometidos

---

[26] Confira-se, no mesmo sentido, Silvio Venosa, *Direito Civil*, vol. 7, cit., p. 292.

[27] Código Civil, "Art. 1.953. O fiduciário tem a propriedade da herança ou legado, mas restrita e resolúvel.
Parágrafo único. O fiduciário é obrigado a proceder ao inventário dos bens gravados, e a prestar caução de restituí-los se o exigir o fideicomissário."

[28] Na lição de Orosimbo Nonato, "o restrito da propriedade originada do fideicomisso ao fiduciário não impede a alienação dos bens fideicometidos: impede a alienação incondicionada" (Orosimbo Nonato, *Estudos*, vol. III, cit., p. 195).

[29] Vide *e.g.* TJRJ, 12ª C.C., Ap. Cív. 200000114708, Rel. Des. Wellington Jones Paiva, julg. 23.10.2001; STJ, 2ª T., AgInt no REsp 1505398/BA, Rel. Min. OG Fernandes, julg. 7.6.2018, publ. DJe 13.6.2018.

[30] Carvalho Santos, *Código Civil Brasileiro Interpretado*, vol. XXXV, Rio de Janeiro: Freitas Bastos, 1984, pp. 198-199.

[31] Nesse sentido, consulte-se: TJRJ, 4ª C.C., Ap. Cív. 199000103317, Rel. Des. Marden Gomes, julg. 28.2.1998. Ver, ainda: TJRJ, 3ª C.C., Ag.Inst. 199400200853, Rel. Des. José Rodriguez Lema, julg. 4.5.1995; TJRS, 17ª C.C., Ap. Cív 70000858662, Rel. Des. Elaine Harzheim Macedo, julg. 2.5.2000. Há de se verificar, contudo, as peculiaridades do caso, de modo que a sub-rogação não seja causa

publicidade bastante para garantir que não existam terceiros de boa-fé a alegar o desconhecimento da resolubilidade da propriedade do fiduciário. Com relação aos bens móveis, contudo, a efetividade do direito do fideicomissário depende da obrigação do fiduciário em promover o inventário, no qual serão especificadas as coisas que devem ser conservadas e, posteriormente, transmitidas ao fideicomissário.

Dever de prestar caução

O artigo 1.953 do Código Civil também determina ao fiduciário a obrigação de prestar caução de restituição dos bens gravados se o exigir o fideicomissário, repetindo dispositivo do Código Civil de 1916, sem considerar que, pela sistemática atual, o fideicomissário é prole futura e incerta ao tempo da aquisição do direito do fiduciário. Desse modo, deve-se entender que a caução pode ser exigida por quem tenha a guarda dos interesses do fideicomissário[32]. Por outro lado, se o fideicomissário estiver concebido ou nascido no momento da abertura da sucessão, hipótese em que se configurará (não mais o fideicomisso, mas) o usufruto, da mesma forma a caução poderá ser requerida, a garantir o direito do sucessor em segundo grau. Na sistemática do Código Civil, portanto, a exigência de caução se justifica mesmo na hipótese em que, com o nascimento do fideicomissário, caracteriza-se o usufruto, tendo a caução o propósito de assegurar a futura entrega do bem ao herdeiro em bom estado de conservação. A faculdade de exigir a caução poderá ser exercida tanto em relação aos bens móveis quanto imóveis, para garantir sua devolução em bom estado[33].

Aberta a sucessão, desde já pode o fiduciário renunciar a herança ou o legado que lhe compete. Se houver substituto vulgar do fiduciário, tomará o lugar deste na sucessão do *de cujus*, para que assuma a titularidade dos bens até a substituição. Se o testador não nomeou substituto para ocupar o lugar do fiduciário, a renúncia deste importa em devolução ao fideicomissário do direito de aceitar (art. 1.954)[34]. Note-se que a renúncia do fiduciário é causa de caducidade da substituição, assim como a morte do fiduciário antes do testador e a incapacidade ou indignidade do fiduciário. No caso da morte do fiduciário depois de aberta a sucessão, se for outro (diverso da

---

de prejuízo ao fideicomissário, como se pode exemplificar no seguinte julgado: "Direito Civil. Fideicomisso instituído em favor de menor. Venda do imóvel fideicomitido. Alvará judicial. Aquisição de imóvel de menor valor. Fiduciário que adota a fideicomissária menor. Ação anulatória procedente. Exame de eventual boa-fé e eventual direito de retenção por parte do adquirente relegada para a execução, na peculiaridade do caso. Eventual ação de regresso contra o fiduciário ressalvada. Patenteando-se que a venda de imóvel objeto de fideicomisso realizou-se em prejuízo de menor fideicomissária, ainda que mediante alvará judicial em que representada pelo fiduciário, ante a aquisição de imóvel de valor sensivelmente menor, anula-se a venda do imóvel fideicomitido, reservada, nas peculiaridades do caso, da discussão a respeito de eventuais boa-fé e direito de retenção por parte do adquirente do imóvel, bem como ressalvado eventual direito de regresso contra o fiduciário e, finalmente, ressalvada a possibilidade de acionamento da fideicomissária quanto ao destino do imóvel adquirido em subrogação, matéria situada fora do objeto do presente processo. Recurso Especial conhecido apenas em parte, por maioria de votos, sem interferência na sucumbência determinada pelo Acórdão recorrido" (STJ, 3ª T., REsp 945027/BA, Rel. Min. Sidinei Beneti, julg. 19.8.2008, publ. DJe 24.11.2008).

[32] No mesmo sentido, vide Caio Mário da Silva Pereira, *Instituições*, vol. VI, cit., pp. 286-287.

[33] Carvalho Santos, *Código Civil*, vol. XXXV, cit., p. 199.

[34] Código Civil, "Art. 1.954. Salvo disposição em contrário do testador, se o fiduciário renunciar a herança ou o legado, defere-se ao fideicomissário o poder de aceitar."

sua própria morte) o evento que deflagra a transmissão ao fideicomissário, aos herdeiros do fiduciário se transmitem os bens fideicometidos até que aconteça o evento resolutório do seu direito (CC, art. 1.951)[35]. Cabe destacar que o fideicomissário a quem se defere a faculdade de aceitar ou renunciar a herança é prole eventual no momento da abertura da sucessão; se nascido ou concebido já recebe a sucessão na qualidade de proprietário. Desse modo, aplica-se ao fideicomissário o disposto no artigo 1.800 do Código Civil a fim de que os bens sejam administrados por curador nomeado judicialmente até seu nascimento com vida. Se o segundo nomeado não for concebido no prazo de dois anos contados da abertura da sucessão, por não haver fiduciário, o fideicomisso caduca, a ensejar a supletividade da legítima. Assim, se o fiduciário Antônio renuncia à sucessão, o fideicomissário poderá aceitar ou renunciar. Mas sendo o fideicomissário os futuros filhos de Antônio e Maria, ainda prole eventual no momento da renúncia, os bens fideicometidos serão administrados por um curador pelo prazo legal até seu nascimento com vida, quando passará a ser proprietário dos mesmos.

O fideicomissário também pode renunciar a herança ou o legado. Nesse caso, o fideicomisso caduca, deixando de ser resolúvel a propriedade do fiduciário, se o testador não tiver designado substituto comum para tomar o seu lugar (CC, art. 1.955). Caducidade porque não tem efeito a substituição, tornando definitiva a propriedade do fiduciário. Ao se referir à previsão de substituto comum para ocupar lugar do fideicomissário, não há terceiro instituído, pois o substituto seria o próprio fideicomissário. Muito embora titular de direito eventual, não precisa o fideicomissário aguardar o evento resolutório do direito do fiduciário para declarar se aceita ou não suceder, bastando que a sucessão esteja aberta[36]. Vale lembrar novamente que o fideicomisso só se permite em benefício de pessoas ainda não concebidas no momento da morte do testador; caso contrário, transmuda-se em usufruto. Assim, a renúncia do fideicomissário só se torna possível muito depois de aberta a sucessão, pois não é lícito a outrem dispor gratuitamente de seus bens (CC, art. 1.749, II). De todo modo, como são muitos os eventos que podem ensejar a substituição, não é difícil imaginar que antes do seu advento o fideicomissário tenha adquirido plena capacidade civil e possa exercer o seu direito de renunciar. No caso de o direito do fiduciário ter se transformado em usufruto porque estava vivo o fideicomissário na abertura da sucessão, a renúncia do nu proprietário em nada lhe beneficia, mantido o termo final da sua duração, cabendo ao testador regular diversamente se este for o seu interesse. O usufruto vai durar segundo a previsão testamentária para o fato que ensejaria o

---

[35] Código Civil, "Art. 1.951. Pode o testador instituir herdeiros ou legatários, estabelecendo que, por ocasião de sua morte, a herança ou o legado se transmita ao fiduciário, resolvendo-se o direito deste, por sua morte, a certo tempo ou sob certa condição, em favor de outrem, que se qualifica de fideicomissário."

[36] Nesse sentido, vide Carvalho Santos, *Código Civil*, vol. XXXV, cit., p. 208. A doutrina não é unânime, para Orosimbo Nonato a renúncia "somente poderá ser eficaz quando da abertura da substituição; então é que o direito do fideicomissário se consolida e se torna suscetível de renúncia" (Orosimbo Nonato, *Estudos*, vol. III, cit., p. 203).

direito do fideicomissário/proprietário, depois passará para os herdeiros legítimos do testador, salvo nomeação de substituto comum para o fideicomissário/proprietário.

Outra hipótese de caducidade do fideicomisso é a morte do fideicomissário antes do fiduciário, ou antes de se realizar condição resolutória do direito deste último (CC, art. 1.958)[37]. O fiduciário é herdeiro ou legatário designado para suceder o autor da herança e restituir os bens fideicometidos ao fideicomissário; se este não mais existe, também desaparece para o fiduciário a obrigação de restituir. O direito do fideicomissário não se transmite aos seus próprios herdeiros[38], de modo que se consolidam os bens fideicometidos na propriedade do fiduciário, salvo disposição em contrário do testador. O mesmo efeito, isto é, caducidade do fideicomisso, ocorre na hipótese de indignidade e incapacidade do fideicomissário.

📝 PROBLEMAS PRÁTICOS

1. O bem gravado com fideicomisso pode ser objeto de penhora?
2. Marta, viúva e sem herdeiros necessários, fez testamento nomeando como herdeira universal sua melhor amiga Celia. Contudo, Celia faleceu antes da testadora. Antes de fazer novo testamento, Marta vem a óbito. As filhas de Celia, considerando o testamento de Marta, podem suceder representando a mãe Celia?

 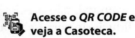 Acesse o *QR CODE* e veja a Casoteca.
> https://uqr.to/1pc9m

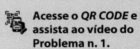 Acesse o *QR CODE* e assista ao vídeo do Problema n. 1.
> https://uqr.to/nxxh

---

[37] Código Civil, "Art. 1.958. Caduca o fideicomisso se o fideicomissário morrer antes do fiduciário, ou antes de realizar-se a condição resolutória do direito deste último; nesse caso, a propriedade consolida-se no fiduciário, nos termos do art. 1.955."

[38] Vide julgado nesse sentido: STJ, 3ª T., REsp 820814 / SP, Rel. Min. Nancy Andrighi, julg. 9.10.2007, publ. DJ 25.10.2007, p. 168.

Capítulo XI
DO CUMPRIMENTO DO TESTAMENTO

SUMÁRIO: 1. Determinações legais supletivas quanto à distribuição da herança – 2. Direito de acrescer – 3. O testamenteiro – Problemas práticos.

1. DETERMINAÇÕES LEGAIS SUPLETIVAS QUANTO À DISTRIBUIÇÃO DA HERANÇA

Por ser a liberdade de testar um dos pilares do Direito das Sucessões, cabe ao testador designar as quotas dos herdeiros nomeados. Contudo, normas supletivas há para preservar a vontade testamentária quanto à nomeação sem a correspondente distribuição da herança. Conforme prevê o artigo 1.904 do Código Civil[1], se não há a designação de quotas para os herdeiros nomeados, presume-se que a vontade do testador foi a divisão equânime entre os beneficiários. Se o testador não tem herdeiros necessários, e nomear herdeiros para toda herança, a solução é a mesma[2]. Em determinadas situações, a interpretação do testamento poderá conduzir a resultado diverso. Cláusulas dúbias, obscuras ou perplexas exigirão raciocínio aprofundado: por exemplo, se o testador deixa um terço de sua herança para cada herdeiro e nomeia quatro beneficiários[3].

---

[1] Código Civil, "Art. 1.904. Se o testamento nomear dois ou mais herdeiros, sem discriminar a parte de cada um, partilhar-se-á por igual, entre todos, a porção disponível do testador."

[2] Zeno Veloso, *Comentários ao Código Civil: direito das sucessões*, vol. 21, São Paulo: Saraiva, 2003, p. 229.

[3] Silvio Venosa, *Comentários ao Código Civil Brasileiro: do direito das sucessões,* vol. XVI, Rio de Janeiro: Forense, 2004, p. 390.

Se o testador nomear certos herdeiros individualmente e outros coletivamente, sem a definição do quinhão de cada um, a herança será dividida em tantas quotas quantos forem os indivíduos e os grupos designados (CC, art. 1.905)[4]. Desse modo, ao designar "como herdeiros Ana, Beatriz, Caio e os filhos de Diana", a herança será dividida em quatro partes, ainda que "Diana" tenha dois filhos[5].

Na hipótese de serem determinados os quinhões de uns e não os de outros herdeiros, depois de completas as porções hereditárias dos primeiros, o restante do acervo hereditário será dividido igualmente entre os demais (CC, art. 1.907)[6]. Presume-se que a vontade do testador foi beneficiar os primeiros preferencialmente, tanto que especificou no testamento a porção da liberalidade. Aqueles nomeados sem a garantia de quota somente têm direito ao remanescente; portanto, se nada sobrar, não serão beneficiados, e nada poderão reclamar[7]. Assim, ao nomear "Antero herdeiro de 30%, Bernardo herdeiro de 30%, Caio herdeiro de 40%, e Daniel herdeiro (sem indicar sua fração), todos da parte disponível", a eficácia da disposição em benefício de "Daniel" poderá ficar prejudicada. Entretanto, em caso de renúncia ou caducidade de uma das nomeações com quota definida, por exemplo, o herdeiro a quem não foi atribuída quota específica poderia vir a receber o remanescente.

Exclusão de certo e determinado bem da herança testamentária

A disposição testamentária também poderá ter conteúdo negativo, para interferir na composição do quinhão hereditário. Desse modo, o testador poderá dispor que não cabe ao herdeiro instituído certo e determinado objeto, dentre os da herança (CC, art. 1.908). Mais uma vez incide a supletividade da sucessão legítima e tocará o bem aos herdeiros legítimos. Ressalte-se que os herdeiros legítimos serão nessa hipótese legatários, uma vez que sucederão ao *de cujus* a título singular, quanto ao objeto excluído do quinhão do herdeiro instituído[8].

Ocorre que o testamento nem sempre compreende toda a herança. Nesse caso, o remanescente, não abrangido pelo ato de última vontade, será distribuído aos herdeiros legítimos (CC, art. 1.906), conforme a ordem de vocação hereditária disposta no artigo 1.829 do Código Civil. Se não houver parentes sucessíveis, o remanescente será recolhido pelo Estado, na forma do artigo 1.844.

---

[4]   Código Civil, "Art. 1.905. Se o testador nomear certos herdeiros individualmente e outros coletivamente, a herança será dividida em tantas quotas quantos forem os indivíduos e os grupos designados."

[5]   Trata-se de mera opção legislativa que poderia seguir outra fórmula, como noticia Zeno Veloso, *Comentários*, vol. 21, cit., p. 230.

[6]   Código Civil, "Art. 1.907. Se forem determinados os quinhões de uns e não os de outros herdeiros, distribuir-se-á por igual a estes últimos o que restar, depois de completas as porções hereditárias dos primeiros."

[7]   Os herdeiros sem quotas não poderão reclamar se nada restar (Cf. Arthur Vasco Itabaiana de Oliveira, *Tratado de Direito das Sucessões*, vol. 2, São Paulo: Max Limonad, 1952, p. 474; J. M. Carvalho Santos, *Código civil brasileiro interpretado*, vol. XXXV, Rio de Janeiro: Freitas Bastos, p. 316).

[8]   Clovis Bevilaqua, *Código Civil dos Estados Unidos do Brasil comentado*, vol. VI, Rio de Janeiro: Livraria Francisco Alves, 5ª ed., 1944, p. 139.

2. DIREITO DE ACRESCER

Na sucessão legítima, se houver vários herdeiros, a falta de um deles pode ocasionar o aumento do quinhão dos demais ou o direito de representação[9]. Na falta de herdeiro testamentário ou legatário, que não queira ou não possa aceitar a herança ou legado, cabe definir se os bens se destinarão aos herdeiros legítimos ou a outros nomeados na mesma cláusula ou no mesmo testamento. Entre as determinações legais supletivas da vontade do testador na distribuição dos quinhões encontra-se o direito de acrescer. O testador poderá excluí-lo por mera declaração testamentária, ou pela nomeação de substituto. Caso contrário, preenchidos os requisitos legais, haverá direito de acrescer.

Norma supletiva

O direito de acrescer atribui a prerrogativa de aumentar o quinhão ou legado atribuído conjuntamente. Na sucessão legítima, pela ordem da vocação hereditária, a falta de um dos coerdeiros a quem é devolvida a herança enseja o aumento do quinhão dos demais da mesma classe. Assim, se um filho renuncia, por exemplo, sua parte acresce o quinhão dos demais filhos. Na sucessão testamentária, se falta um dos coerdeiros ou colegatários, desde que não haja substituto nomeado, devolve-se a herança aos herdeiros legítimos. Entretanto, o direito de acrescer evita a supletividade da legítima. O fundamento do direito de acrescer oscila entre a vontade da lei, por ser efeito legal da disposição conjunta, e a vontade do testador, na medida em que ao dispor conjuntamente se supõe que assim quis o que a lei presume[10]. Ora, o direito de acrescer constitui mais um mecanismo de preservação da vontade do testador, no sentido de que a falta de herdeiro ou legatário não devolve o direito sucessório aos herdeiros legítimos, e sim a outros igualmente instituídos no testamento. Conhecida a norma, o testador resta livre para afastar o acrescimento simplesmente, nomear um substituto, redigir a cláusula de maneira a gerar ou a evitar o direito de acrescer, conforme o seu planejamento sucessório.

O aumento da cota não advém propriamente do direito de acrescer, mas, com maior propriedade, do direito de não decrescer[11]. Tem sentido a observação, pois existe direito de acrescer quando não há definição de quota, quer seja para o herdeiro, quer seja para o legatário. Consequentemente, se há direito de acrescer, o herdeiro ou legatário mantém o benefício que lhe foi estipulado, mas não o dividirá com o herdeiro ou legatário que não participa da sucessão. Constituem-se requisitos cumulativos do direito de acrescer: i) configurar-se a deixa como conjunção real ou mista; ii) a falta de herdeiro ou legatário, instituído em disposição conjuntiva; iii) a existência de coerdeiros ou colegatários; iv) a inexistência de substituto nomeado.

Direito de não decrescer

Requisitos

---

[9]   Na hipótese de existirem três herdeiros legítimos, por exemplo, filhos do *de cujus*, a falta de um aumenta o quinhão dos demais, salvo se houver representação, situação em que aos netos do *de cujus* será devolvida a parte daquele que faltou.

[10]   Orlando Gomes, *Sucessões*, Rio de Janeiro: Forense, 2015, 16ª ed. rev. e atual., p. 173.

[11]   Carlos Maximiliano, *Direito das Sucessões*, vol. 2, Rio de Janeiro: Freitas Bastos, 1937, p. 279.

Espécies de conjunção

São conjuntas as disposições que reúnem em uma única cláusula herdeiros ou legatários, ou, ainda, em cláusulas diversas estabelecem uma conjunção em virtude da indeterminação da quota dos herdeiros ou da instituição de colegatários sobre a mesma coisa. Desde o Direito Romano, a conjunção se verifica por três modos: i) conjunção verbal (*verbis tantum*); ii) conjunção real (*re tantum*); iii) conjunção mista (*re et verbis*). Na conjunção verbal, os instituídos são designados na mesma disposição testamentária com distribuição de partes. A união dos herdeiros nessa espécie de conjunção se dá apenas pelo verbo, pela frase, porque o testador deixa bem claro o *quantum* do benefício de cada herdeiro. Nomeia-se, por exemplo, na mesma cláusula, "Antônia e Benedita herdeiras da parte disponível, cada qual com direito à metade". Na conjunção real, os instituídos são nomeados sem distribuição de partes como beneficiários do mesmo legado, ainda que em cláusulas diversas. Nomeia-se, por exemplo, "Antero legatário do imóvel X" e "Bernardo legatário do imóvel X". Não há necessidade de os colegatários serem nomeados na mesma disposição, pois o que torna a deixa conjunta é a deliberação sobre a mesma coisa. Na conjunção mista, o testador designa na mesma disposição vários herdeiros sem distribuir partes entre eles. Nomeia-se, desse modo, "Antônia e Bernardo herdeiros da parte disponível". O artigo 1.711 do Código Civil de 1916 – sem correspondente no Código Civil de 2002 – explicava que quinhões determinados são aqueles com determinação da cota de cada um dos nomeados ou do objeto que lhe deixa. A expressão "em partes iguais", "iguais quinhões" ou "pela metade" indica simples conjunção verbal, inapta a atribuir o acrescimento[12]. Contudo, mais que seguir fórmulas prontas, cabe investigar a vontade do testador na interpretação da cláusula testamentária.

Hipóteses de direito de acrescer

Há direito de acrescer apenas na conjunção real e mista. O direito de acrescer entre colegatários existe quando nomeados conjuntamente a respeito de uma só coisa, determinada e certa, ou quando o objeto do legado não puder ser dividido sem risco de desvalorização (conjunção real) (CC, art. 1.942)[13]. Dessa forma, também o legado genérico pode ser objeto do direito de acrescer, desde que indivisível[14]. A indivisibilidade pode ser material, bem como econômica. Exemplifica-se com obra literária editada em muitos tomos, ou a baixela de prata ou porcelana e, em geral, co-

---

[12] Nessa direção: "Ocorre a conjunção *verbis tantum* quando são utilizadas as expressões partes iguais, partes equivalentes ou outras que denotem o mesmo significado, o que exclui o direito de acrescer" (STJ, 3ª. T., REsp 566.608/RS, Rel. Min. Castro Filho, julg. 28.10.2004). Nesse mesmo sentido: STJ, 3ª. T., REsp 565.097/RS, Rel. Min. Castro Filho, julg. 9.3.2004, publ. DJ 19.4.2004 e STJ, 4ª. T., REsp 594.535/SP, Rel. Min. Hélio Quaglia Barbosa, julg. 19.4.2007, publ. DJ 28.5.2007).

[13] "Em se tratando de legados, podem até ser instituídos em testamentos distintos e haver conjunção, desde que o posterior não revogue o anterior. Para tanto, necessária menção expressa do testador, a fim de que não haja revogação tácita, já que é o mesmo bem o objeto do legado" (Gustavo Tepedino; Heloisa Helena Barboza; Maria Celina Bodin de Moraes, *Código Civil Interpretado conforme a Constituição da República*, vol. IV, Rio de Janeiro: Renovar, 2014, p. 566).

[14] Carlos Maximiliano, mesmo referindo-se ao CC1916 "O legislador brasileiro adotou uma exceção à regra geral, inspirado pelo modelo francês: verifica-se o acrescimento quando o objeto da liberalidade, determinado ou genérico, não pode ser dividido sem se deteriorar" (Carlos Maximiliano, *Direito das Sucessões*, vol. 2, cit., p. 294).

CAPÍTULO XI | DO CUMPRIMENTO DO TESTAMENTO   211

leções cujo valor supere o da soma das suas respectivas unidades[15]. O direito de acrescer entre coerdeiros ocorre quando nomeados pela mesma disposição testamentária em quinhões não determinados (conjunção mista) (CC, art. 1.941). Desde que não haja discriminação das quotas, o herdeiro nomeado tem direito a toda a parte disponível, assim como nomeados vários herdeiros sem definição da quota de cada um, dividirão em partes iguais até o limite da disponível (CC, art. 1.904). Em doutrina controverte-se quanto à existência do direito de acrescer entre coerdeiros na hipótese em que, em disposições testamentárias distintas, são instituídos dois ou mais herdeiros para o recebimento da mesma herança[16]. Por exemplo, nomeia-se "Antônio herdeiro universal" e, no mesmo testamento, "Bento herdeiro universal". Nesse caso, não há legado para configurar conjunção real (CC, art. 1.942), nem previsão na mesma disposição, para configurar conjunção mista (CC, art. 1.941). Ainda que não se configure como cláusula conjuntiva, a interpretação do testamento conduz ao mesmo resultado. Se o herdeiro universal Antônio não quer ou não pode suceder, o herdeiro universal Bento herdará de fato toda a herança. O mesmo não ocorreria se o testador nomeia "Antônio herdeiro de 10%" e "Bento herdeiro de 10%", uma vez nesse caso a disposição abrangeria não a mesma quota, mas 20% da parte disponível.

Se um dos colegatários ou coerdeiros, nomeados em conjunção real ou mista, morrer antes do testador; renunciar a legado ou a herança, ou destes for excluído, e, se a condição sob a qual foi instituído não se verificar, acrescerá o seu quinhão, salvo o direito do substituto à parte dos colegatários ou coerdeiros conjuntos. Portanto, nos termos do artigo 1.943 do Código Civil, são causas do direito de acrescer: i) pré-morte; ii) renúncia; iii) exclusão da sucessão; iv) inexecução da condição. Mostra-se controvertida em doutrina a taxatividade das causas que ensejam o acrescimento[17]. Com efeito, a função do direito de acrescer assenta-se na presunção de que o testador prefere o herdeiro ou legatário nomeado que o sucessor legítimo. Desse modo,

Causas do direito de acrescer

---

[15]   Caio Mário da Silva Pereira, *Instituições de Direito Civil*, vol. VI, Rio de Janeiro: Forense, 2016, 23ª ed. rev. e atual. por Carlos Roberto Barbosa Moreira, p. 308.

[16]   O direito de acrescer na conjunção real só se admite entre colegatários, não entre coerdeiros (Itabaiana de Oliveira, *Tratado de Direito das Sucessões*, vol. 2, cit., p. 126). Não é esse o pensamento de Eduardo de Oliveira Leite, que admite a conjunção real entre coerdeiros quando, por força de disposições testamentárias distintas, são instituídos herdeiros para o recebimento da mesma herança (Eduardo de Oliveira Leite, *Comentários ao novo Código Civil*, vol. XXI, Rio de Janeiro: Forense, 2004, p. 570).

[17]   Em geral, a falta de coerdeiro ou colegatário em razão de nulidade não é entendida como uma causa do direito de acrescer (Orosimbo Nonato, *Estudos sôbre Sucessão Testamentária*, vol. III, Rio de Janeiro: Forense, 1957, p. 231; Clovis Bevilaqua, *Código Civil*, vol. VI, cit., p. 175; Pontes de Miranda, *Tratado de Direito Privado*, t. LV, direito das sucessões, São Paulo: Editora Revista dos Tribunais, 2012, p. 385; Caio Mário da Silva Pereira, *Instituições*, vol. VI, cit., pp. 308-309). Clovis Bevilaqua, *Código Civil*, cit., vol. VI, p. 174, entre outros, entende que a incapacidade é causa de invalidade, portanto, não gera direito de acrescer; enquanto Carlos Maximiliano, *Direito das Sucessões*, vol. 2, cit., p. 297, entre outros, inclui a incapacidade como causa do direito de acrescer. Já Eduardo de Oliveira Leite, *Comentários*, vol. XXI, cit., p. 579, acrescenta a deserdação, incluindo-a como hipótese de exclusão.

mostra-se consentâneo com sua função interpretar que o direito de acrescer opera sempre que falte um dos coerdeiros ou colegatários, independentemente da causa[18].

Assim, na falta de coerdeiro ou colegatário, por pré-morte, renúncia ou outra causa, a sua parte acrescerá aos outros herdeiros ou legatários instituídos. Se alguns herdeiros forem chamados em quinhões determinados e outros sem distribuição de cotas, há direito de acrescer somente entre estes últimos. Não havendo direito de acrescer entre coerdeiros, devolve-se a cota vaga aos herdeiros legítimos (CC, art. 1.944)[19]. Se a disposição conjuntiva estabelecia colegatários, há duas possibilidades: i) a cota vaga se transfere ao herdeiro ou legatário a quem cabia cumprir o legado; ii) se o legado sairia da herança, divide-se a cota vaga entre todos os herdeiros legítimos, na proporção dos seus quinhões (CC, art. 1.944, parágrafo único).

Encargos   O acréscimo integra a herança ou o legado. Por essa razão, não pode o beneficiário do acréscimo repudiá-lo separadamente da herança ou legado que lhe caiba (CC, art. 1.945, 1ª parte). Afasta-se essa regra se o acréscimo comportar encargos especiais. Esses devem ser entendidos como aqueles que determinam certa prestação a favor de um terceiro. Nessa hipótese, o acréscimo pode ser repudiado, quando será revertido em favor de quem os encargos foram instituídos (CC, art. 1.945, 2ª parte). Exemplifica-se com o legado de alimentos que recai sobre a parte acrescida, de modo que o repúdio desta parte gera como efeito a reversão da prestação para o titular do benefício[20].

Não comporta exceção encargos comuns, aos quais se sujeitam os coerdeiros ou colegatários que tem acrescida sua parte (CC, art. 1.943, parágrafo único). Cabe repisar, não vale a renúncia em parte da herança ou do legado, portanto, torna-se inválida a renúncia do acréscimo que importe em encargo para o herdeiro ou legatário. Caso o herdeiro ou legatário não queira assumir o encargo que onera o acréscimo, deverá renunciar a totalidade da herança ou legado. No entanto, o encargo personalíssimo não acompanha o direito daquele que tiver seu quinhão acrescido, *e.g.*, o encargo de pintar o retrato do *de cujus*. Cabe salientar que "*todo* aquele que recolher a cota vaga ficará obrigado aos encargos e condições respectivas, muito embora o proveito caiba

---

[18]   Segundo parte da doutrina, a falta de coerdeiro ou colegatário em razão de nulidade não é entendida como causa do direito de acrescer (V. Orosimbo Nonato, *Estudos sôbre Sucessão Testamentária*, vol. III, cit., p. 231; Clovis Bevilaqua, *Código Civil*, vol. VI, cit., p. 175; Pontes de Miranda, *Tratado de Direito Privado*, t. LV, cit., p. 385; Caio Mário da Silva Pereira, *Instituições*, vol. VI, cit., pp. 308-309). Além disso, o que se deve interpretar como exclusão da herança para efeitos de acrescimento também foi fonte de inúmeros debates. Enquanto alguns tentam alargar o termo para nele incluir a incapacidade (Carlos Maximiliano, *Direito das Sucessões*, vol. 2, cit., p. 297; Pontes de Miranda, *Tratado de Direito Privado*, t. LV, cit., p. 372), outros entendem que a incapacidade é causa de nulidade, portanto, inapta a ensejar direito de acrescer (Clovis Bevilaqua, *Código Civil*, vol. VI, cit., p. 174).

[19]   Código Civil, "Art. 1.944. Quando não se efetua o direito de acrescer, transmite-se aos herdeiros legítimos a quota vaga do nomeado.
Parágrafo único. Não existindo o direito de acrescer entre os co-legatários, a quota do que faltar acresce ao herdeiro ou ao legatário incumbido de satisfazer esse legado, ou a todos os herdeiros, na proporção dos seus quinhões, se o legado se deduziu da herança."

[20]   Eduardo de Oliveira Leite, *Comentários*, vol. XXI, cit., p. 585.

Capítulo XI | Do cumprimento do testamento   213

ao herdeiro *legítimo*, ou ao dativo não portador do direito de acrescer"[21], o que poderia ser mal compreendido em virtude de o parágrafo único do artigo 1.943 do Código Civil se referir aos encargos assumidos pelo coerdeiro ou colegatário beneficiário do direito de acrescer.

Não há peculiaridade no direito de acrescer sobre legado de usufruto[22.] Contudo, serve a disposição do artigo 1.946 do Código Civil para recordar que o nu proprietário não terá consolidada suas quotas à medida que forem faltando os usufrutuários. Somente ao fim do direito do derradeiro usufrutuário é que o direito do proprietário se consolidará. A regra se justifica na medida em que o artigo 1.411 do Código Civil dispõe, de modo contrário, que, constituído o usufruto em favor de duas ou mais pessoas, extinguir-se-á a parte em relação a cada uma das que falecerem, salvo se, por estipulação expressa, o quinhão desses couber ao sobrevivente. O artigo 1.946, por conseguinte, inverte a regra geral do artigo 1.411, em relação ao direito do proprietário, fazendo prevalecer, na sucessão *mortis causa*, o direito de acrescer em detrimento da recomposição da propriedade plena.

Direito de acrescer no legado de usufruto

3. O TESTAMENTEIRO

Considera-se testamenteiro a pessoa física[23] encarregada de dar cumprimento às disposições de última vontade. O artigo 1.976 do Código Civil[24] faculta ao testador nomear um ou mais testamenteiros, conjuntos ou separados[25]. Quando nomeados vários testamenteiros, há solidariedade entre eles quanto aos bens que lhes forem confiados, por determinação legal (CC, art. 1.986). Convém ao testador instituir testamenteiros sucessivos, em que um substitua o outro quando o primeiro nomeado não aceitar ou não puder cumprir a testamentaria. O cargo da testamentaria é personalíssimo, não se transmite aos herdeiros do testamenteiro, nem é delegável; mas o testamenteiro

---

[21] Carlos Maximiliano, *Direito das Sucessões*, vol. 2, cit., p. 304.

[22] Parte da doutrina entende que o direito de acrescer no legado de usufruto somente existe na conjunção mista, pois a expressão "um só usufruto" significa uma única disposição (Itabaiana de Oliveira, *Tratado de Direito das Sucessões*, vol. 2, cit., p. 128; Clovis Bevilaqua, *Código Civil*, vol. VI, cit., pp. 176-177; Orosimbo Nonato, *Estudos sôbre Sucessão Testamentária*, vol. III, cit., p. 243). Contudo, a exceção ao direito de acrescer prevista no parágrafo único do artigo 1.946 do Código Civil se reporta apenas à conjunção verbal, podendo ser entendido *um só usufruto* como o usufruto estabelecido sobre uma única coisa, independentemente de estar previsto em uma só disposição ou separadamente no bojo do testamento.

[23] Não é qualquer pessoa que pode ser testamenteiro, mas apenas a pessoa natural, não podendo sê-lo pessoa jurídica, nem pessoa física indeterminada. Admite-se a possibilidade de o testamenteiro deixar a alguém a função de indicar testamenteiro (Pontes de Miranda, *Tratado de Direito Privado*, vol. LV, cit., p. 29). Exige-se, ainda, a sua capacidade civil. A apuração dessa capacidade deve ocorrer no momento do início das suas funções, porém a incapacidade superveniente põe fim à testamentaria.

[24] Código Civil, "Art. 1.976. O testador pode nomear um ou mais testamenteiros, conjuntos ou separados, para lhe darem cumprimento às disposições de última vontade."

[25] Podem existir vários testamenteiros designados, conjuntamente, para o exercício das mesmas funções, assim como, separados, para o exercício de funções diferentes. No primeiro caso, todos participam das funções. Na segunda hipótese, as funções são separadas, p. ex. nomeia-se um testamenteiro para cumprir as disposições referentes a bens situados do estrangeiro e outro para os bens situados no domicílio do *de cujus*.

pode fazer-se representar em juízo e fora dele, mediante mandatário com poderes especiais (CC, art. 1.985).

Espécies   Caso o testador não tenha nomeado testamenteiro, a execução testamentária compete ao cônjuge ou companheiro sobrevivente[26], e, em falta destes, ao herdeiro nomeado pelo juiz (CC, art. 1.984)[27]. São chamados, respectivamente, de testamenteiro instituído, legal e dativo[28]. O testamenteiro não é obrigado a aceitar o cargo. Desse modo, deverá declarar a aceitação ou recusa durante a execução do testamento. Com a certidão de termo de aceitação da testamentaria, comprova-se a sua legitimidade perante terceiros, repartições públicas, livros de registro de imóveis ou quaisquer outros, companhias de seguros, o testamenteiro etc.[29]. Em doutrina, admite-se a aceitação tácita[30]. A recusa ou renúncia, porém, deve ser requerida ao juiz, com fundamento em causa legítima. Uma vez formalizada, a recusa é irrevogável[31].

Função da testamentaria   A testamentaria pode existir com ou sem testamento. Em simples escrito particular pode uma pessoa dispor sobre seu enterro, por exemplo, e nomear testamenteiro para dar cumprimento a esse ato de última vontade, de modo que há testamenteiro sem testamento. Ao testamenteiro, portanto, cabe o ofício de executar as disposições de última vontade, constantes em testamento ou em codicilo.

Natureza jurídica   No direito brasileiro, a testamentaria tem natureza de cargo privado[32]. Uma vez que sua função diz respeito ao cumprimento da vontade testamentária, o que constitui interesse privado, não se configura como cargo público e sim privado.

Como ofício ou *munus* privado, o testamenteiro age em seu próprio nome, como agiria o herdeiro em algumas situações, tais como pagamento de legados ou cumprimento de encargos. O testamenteiro não é representante do testador, dos herdeiros ou do legatário. Desse modo, executa as vontades do testamento ainda contra o parecer unânime dos herdeiros[33]. Isso não significa que os herdeiros estejam alheios à execução do testamento. O executor se investe não somente do ofício criado para vigilância sobre os herdeiros, mas, além disso, do dever que se projeta em concorrência com aquele do herdeiro, dividindo-se entre um e outro o peso de realizar o conteúdo do testamento, a fim de otimizar com a maior completude possível o elemento da patrimonialidade ou extrapatrimonialidade da cláusula testamentária.

---

26   Muito embora a literalidade do artigo 1.984 exclua o companheiro, trata-se de equiparação consentânea com a igualdade sucessória das entidades familiares, eis que não se mostra adequado à função do instituto o tratamento diferente entre cônjuge e companheiro sobrevivente.

27   Código Civil, "Art. 1.984. Na falta de testamenteiro nomeado pelo testador, a execução testamentária compete a um dos cônjuges, e, em falta destes, ao herdeiro nomeado pelo juiz."

28   Observa Pontes de Miranda que "o juiz não pode nomear pessoa inimiga do testador, mesmo se herdeiro" (Pontes de Miranda, *Tratado de Direito Privado*, vol. LV, cit., p. 21).

29   Pontes de Miranda, *Tratado de Direito Privado*, vol. LV, cit., p. 54.

30   Segundo Carlos Maximiliano, a aceitação pode ser expressa ou tácita, sendo o termo útil, mas dispensável (Carlos Maximiliano, *Direito das Sucessões*, vol. 2, cit., p. 514).

31   Pontes de Miranda, *Tratado de Direito Privado*, vol. LV, cit., p. 41.

32   Pontes de Miranda, *Tratado de Direito Privado*, vol. LV, cit., p. 14; Clovis Bevilaqua, *Código Civil*, vol. VI, cit., p. 238.

33   Pontes de Miranda, *Tratado de Direito Privado*, vol. LV, cit., p. 94.

CAPÍTULO XI | DO CUMPRIMENTO DO TESTAMENTO 215

O testamenteiro mostra-se importante para dar cumprimento às disposições testamentárias patrimoniais, porque os herdeiros tendem a se apoderar da herança e relegar a segundo plano a vontade do testador. No caso das disposições existenciais, seu mister apresenta-se ainda mais relevante. De fato, o conteúdo da execução testamentária costuma ser prevalentemente patrimonial. No entanto, a testamentaria se dirige ao adimplemento direto de qualquer disposição de última vontade, dentro ou fora do testamento, como acima anotado. Assim, há numerosas situações não patrimoniais que podem ser encarregadas ao testamenteiro, a implicar por vezes *perícia técnica*. Basta pensar na verba que determine a publicação de escritos inéditos; ou configure *vínculo de privacidade*, como a comunicação de segredos, da entrega, tradução, restituição ou destruição de cartas, memórias, ou documentos de família; ou o *cumprimento de desejos* de índole religiosa, espiritual, afetiva, filantrópica etc. do testador, por exemplo, a celebração de missas, a construção de um monumento, a cremação do cadáver, a construção da tumba, a tutela de obra intelectual do testador; ou atribuições referentes a *relações familiares*, tais como a respeito da educação e instrução da prole, a indicação a uma dada profissão[34].

[nota lateral:] Conteúdo da execução testamentária

Na esteira do disposto no art. 1.998 do Código Civil[35], as despesas necessárias para a execução de tais disposições de natureza existencial serão debitadas do monte quando assim restar expressamente consignado pelo testador. Com efeito, o referido dispositivo determina que as despesas de sufrágios por alma do falecido só obrigarão a herança quando ordenadas no testamento ou codicilo. O mesmo dispunha o Código Civil de 1916, em seu art. 1.797. Clovis Bevilaqua, ao comentar o referido dispositivo do Código anterior, aduzia que, se as despesas por alma do finado não forem ordenadas em testamento ou codicilo, correrão por conta de quem as ordenar, uma vez que, "não sendo despesas obrigatórias, podendo os herdeiros ter crenças diferentes, e não sendo justo que os divergentes concorram para solenidades, que contrariam os seus sentimentos religiosos, ou o seu modo de pensar, a norma estabelecida pelo Código foi a mais acertada", respeitando a liberdade de cultos e atribuindo a cada um a responsabilidade por seus atos[36]. Nessa direção, aplicando por analogia o mesmo raciocínio às despesas relativas aos sufrágios pela alma do falecido – também disposições de cunho não patrimonial que podem restar determinadas no ato de última vontade –, conclui-se que o mesmo se passará em relação aos custos necessários para a execução de outras disposições diretamente relacionadas à esfera existencial do testador. Desse modo, respeita-se o modo de pensar dos herdeiros quanto a tais disposições, já que essas só os obrigarão indiretamente, por serem deduzidas do monte, para que seja alcançada a herança líquida que será partilhada.

---

[34] Francesco Messineo, *Manuale di diritto civile e commerciale*: diritto delle successioni per causa di morte, principi di diritto privato internazionale, vol. VI, Milano: Dott. A. Giuffrè Editore S.p.A, 1962.

[35] Código Civil, "Art. 1.998. As despesas funerárias, haja ou não herdeiros legítimos, sairão do monte da herança; mas as de sufrágios por alma do falecido só obrigarão a herança quando ordenadas em testamento ou codicilo."

[36] Clovis Bevilaqua, *Código Civil dos Estados Unidos do Brasil commentado*, cit., pp. 300-301.

No âmbito da esfera existencial do testamento, pode-se acrescentar, ainda, a vigilância quanto ao destino dos órgãos do testador, se este se manifestou seja como doador, seja como não doador; quanto ao descarte do seu sêmen depositado em banco de sêmen; quanto a não utilização de embriões excedentários; quanto à finalização de adoção iniciada em vida, entre outros. De regra, é a vontade do testador que deve ser salvaguardada, embora seja indispensável o contrabalanceamento dos interesses concorrentes na sucessão[37]. Embora seja um exemplo da esfera patrimonial, vale referir uma hipótese de partilha-testamento, em que determinadas cotas societárias tenham sido endereçadas ao filho Caio, mas há o interesse de Ana em ficar com ditas cotas, por ser sócia e administradora da sociedade, enquanto Caio prefere ficar com certos imóveis no seu lugar, que haviam sido dispostos em benefício de Ana, em detrimento da vontade testamentária.

Posse e administração da herança O testador pode conceder ao testamenteiro a posse e a administração da herança, ou de parte dela, não havendo cônjuge, companheiro ou herdeiros necessários (CC, art. 1.977). Diz-se universal o testamenteiro que tem a posse e administração de todo o monte; e parcial ou particular quando não tem toda a posse e administração. A rigor, a restrição aplica-se ao testamenteiro universal, não já ao particular, pois a posse e a administração de alguns bens poderão ser conferidas ao testamenteiro mesmo na existência de cônjuge, companheiro ou herdeiros necessários. Nesse caso, uma vez que a entrega da herança se refere a alguns bens, não haverá a figura do testamenteiro-inventariante[38], mas apenas a "investidura como que parcial da administração e a entrega liminar dos meios de cumprir as disposições testamentárias"[39]. Cabe, ainda, observar que escapa à limitação legal a transmissão imediata da posse e administração dos bens dentro da parte disponível, bem como quando o cônjuge, o companheiro e herdeiros necessários não puderem exercê-la, por serem interditos ou estarem em lugar incerto e não sabido[40]. Mesmo que seja conferida ao testamenteiro a posse e administração da herança, isso pode não ser conveniente aos herdeiros. Assim, qualquer herdeiro pode requerer a partilha imediata, com a descrição de divisão dos bens; ou pedir a devolução da herança, quando há um só herdeiro universal. Em qualquer caso, o testamenteiro deve ser habilitado dos meios necessários para

---

[37] A observação é válida, no entanto, na seara das situações existenciais, mesmo falecido o titular do interesse, ressalta-se que o respeito à vontade do testador deve ter ainda maior importância, como corolário do princípio do consentimento qualificado que rege as situações existenciais (V. Rose Melo Vencelau Meireles, *Autonomia Privada e Dignidade Humana*, Rio de Janeiro: Renovar, 2009, p. 213 e ss.). Entre as várias funções do testamenteiro, é a de vigilância a respeito da observância da vontade do testador aquela que aqui se destaca para assim garantir uma tutela positiva às situações existenciais, mesmo depois da morte do seu titular, quando o interesse, mesmo sem o respectivo titular, ainda é digno de tutela jurídica.

[38] O testamenteiro, ainda que não tenha a posse e administração da herança, tem legitimidade para requerer a abertura do inventário (CPC, art. 616, IV). A inventariança, porém, cabe apenas ao testamenteiro universal – que detenha a posse e administração de todo o espólio – ou se toda a herança tiver dividida em legados (CPC, art. 617, V), muito embora a ordem legal não seja cogente, cabendo avaliar no caso concreto quem melhor exercerá a função.

[39] Pontes de Miranda, *Tratado de Direito Privado*, vol. LV, cit., pp. 49-50.

[40] Pontes de Miranda, *Tratado de Direito Privado,* vol. LV, cit., p. 76.

entregar os legados, ou lhe ser dada caução para tanto, além de outros deveres inerentes ao cargo.

O testamenteiro poderá requerer a abertura do inventário independentemente da qualidade de possuidor e administrador do espólio, eis que figura na lista dos legitimados da lei processual (CPC, art. 616, IV). Uma vez atribuída ao testamenteiro a posse e a administração dos bens, a faculdade se transforma em dever, incumbindo-lhe o requerimento de abertura do inventário no prazo legal (CC, art. 1.978; CPC, art. 616, *caput*). No entanto, o testamenteiro somente será nomeado inventariante se lhe tiver sido confiada a administração do espólio ou se toda a herança estiver distribuída em legados (CPC, art. 617, V; CC, art. 1.990). Qualquer herdeiro, legítimo ou testamentário, mesmo que não esteja na posse e administração do espólio, tem preferência no exercício da inventariança em relação ao testamenteiro[41].

Ao testamenteiro também compete registrar o testamento (CC, art. 1.979)[42], cumprir as disposições testamentárias no prazo dado pelo testador ou prazo legal e prestar contas (CC, arts. 1.980 e 1.983), defender a validade do testamento[43] (CC, art. 1.981)[44] e demais atribuições conferidas pelo testador (CC, art. 1.982)[45]. Por ser o testamenteiro a pessoa designada para executar a vontade do testador, este pode lhe conceder os poderes e obrigações que julgar necessários para o fiel desempenho dessa função, desde que não ultrapasse os limites legais[46].

O prazo legal de cumprimento do testamento é de cento e oitenta dias, contados da aceitação da testamentaria (CC, art. 1.983). Aplica-se o prazo legal na falta de prazo estipulado pelo testador, pois inexiste testamentaria sem prazo. No caso de testamenteiro sucessivo, contar-se-á novo prazo, a partir do seu termo de aceitação, salvo se o testador previu a hipótese e dispôs em sentido contrário. O prazo poderá

<small>Prazo para cumprimento do testamento</small>

---

[41] Cf. nesse sentido: "(…) Em que pese o artigo 1.990 do CC/2002 dispor que na falta de herdeiro, poderá o testamenteiro assumir a administração da herança, caso esta lhe tenha sido confiada, ou, ainda, se todo o acervo hereditário estiver distribuído em legados, o fato é que a nomeação do inventariante pelo testador não deve prevalecer se afronta a ordem legal, inexistindo qualquer impedimento por parte dos que são sucessivamente, apontados pelo art. 617 do NCPC" (TJRJ, 21ª C.C., AI 0014080-08.2016.8.19.0000, Rel. Des. Márcia Cunha Silva Araújo de Carvalho, julg. 26.4. 2016). Na mesma direção: STJ, 3ª T., REsp 658831, Rel. Min. Nancy Andrighi, julg. 15.12.2005, publ. DJ 1.2.2006).

[42] Código Civil, "Art. 1.979. O testamenteiro nomeado, ou qualquer parte interessada, pode requerer, assim como o juiz pode ordenar, de ofício, ao detentor do testamento, que o leve a registro."

[43] O testamenteiro tem o encargo de defender o testamento, ainda que contra o inventariante e herdeiros. Podem os herdeiros confessar, transigir, renunciar e o testamenteiro continuar na lide. Quem não está disposto a isso, não pode continuar no cargo. Desse modo, não pode o testamenteiro confessar a nulidade do testamento, o que seria até motivo cabal para os herdeiros requererem a sua remoção.

[44] Código Civil, "Art. 1.981. Compete ao testamenteiro, com ou sem o concurso do inventariante e dos herdeiros instituídos, defender a validade do testamento."

[45] Código Civil, "Art. 1.982. Além das atribuições exaradas nos artigos antecedentes, terá o testamenteiro as que lhe conferir o testador, nos limites da lei."

[46] Carlos Maximiliano ensina que "Não é lícito, por exemplo, cometer ao testamenteiro determinar a identidade de herdeiro, ou legatário, indicado de modo incerto no testamento; fixar o montante de uma liberalidade ou das coisas que devam ser entregues aos sucessores, universais ou singulares" (Carlos Maximiliano, *Direito das Sucessões*, vol. 2, cit., p. 534).

ser dilatado, por disposição expressa do próprio testador, por exemplo, "entregar tal legado em 03 meses, não o conseguindo, em 06 meses", ou resultar da verba testamentária, por exemplo, "paguem-se os impostos com as rendas dos próximos dois anos"[47]. Compete ainda ao testamenteiro requerer prorrogação do prazo, se houver motivo suficiente (CC, art. 1.983, parágrafo único), a exemplo de litígio sobre os bens da herança ou de impossibilidade de cumprimento por dificuldade de liquidação ou entrega, a menos que tal embaraço seja devido à culpa do testamenteiro[48].

Prestação de contas   Ao final do prazo, o testamenteiro prestará contas da execução do testamento. A prestação de contas decorre da própria natureza da testamentaria. Não pode ser dispensada nem pelo juiz, nem pelos herdeiros, nem mesmo pelo testador. É uma das poucas normas cogentes, limitadoras da vontade do testador. Deve ser realizada judicialmente e consiste na demonstração dos atos de execução das disposições testamentárias, das gravações e encargos, das substituições, dos modos de partilhar, das aquisições e vendas, das rendas recebidas, das comissões pagas, do pagamento dos impostos, dos atos de conservação e defesa da posse, bem como de quaisquer atos praticados em razão da função. A testamentaria é cargo de confiança, pessoal, razão pela qual não é transmissível, nem *mortis causa*. Essa prestação de contas se dá em face dos herdeiros e respectivos sucessores, se for o caso; aos legatários, se o espólio é dividido em legados; bem como ao curador, sendo vaga a herança[49]. Todavia, morrendo o testamenteiro no curso da execução do testamento, os seus herdeiros prestarão as contas e serão responsáveis por elas até o limite das forças da herança. Porém, se executado o testamento e da execução resultarem sobras, pode o testamenteiro se escusar da responsabilidade se assim dispuser expressamente o testador.

Remuneração   Em regra, a testamentaria é remunerada. O testamenteiro tem direito a prêmio (também chamado vintena) estipulado pelo testador ou, na ausência de previsão testamentária, de 1% a 5% sobre toda a herança líquida, arbitrado pelo juiz conforme a dificuldade na execução do testamento[50], o qual recairá sobre a parte disponível (CC, art. 1.987, parágrafo único). Desse modo, calcula-se o prêmio com base na herança líquida, embora o pagamento seja retirado da parte disponível[51]. Nesse as-

---

[47]   Pontes de Miranda, *Tratado de Direito Privado*, vol. LV, cit., p. 121.

[48]   Pontes de Miranda, *Tratado de Direito Privado*, vol. LV, cit., p. 121.

[49]   Carlos Maximiliano, *Direito das Sucessões*, vol. 2, cit., p. 564.

[50]   Interessante o julgado do STJ acerca do pagamento da vintena em caso de testamento ineficaz. Na hipótese, a fiel execução da disposição testamentária foi obstada pela própria inação do disponente ante a exigência da lei, que passou a exigir a declaração de justa causa para a eficácia das cláusulas restritivas da propriedade, o que não fora observado pelo testador, razão pela qual não foi atribuída ao testamenteiro nenhuma responsabilidade por seu descumprimento, sendo de ressaltar que a perda do direito ao prêmio só é admitida, excepcionalmente, em caso de sua remoção, nas situações previstas em lei (CC, art. 1.989 e CPC/73, art. 1.140, I e II). Assim, apesar de a ineficácia da referida cláusula afetar todo o testamento, não foi afastado o pagamento do prêmio ao testamenteiro, uma vez que o maior ou menor esforço no cumprimento das disposições testamentárias deve ser considerado apenas como critério para a fixação da vintena, que poderá variar entre o mínimo de 1% e o máximo de 5% sobre a herança líquida (CC, art. 1.987), mas não para ensejar a sua supressão (STJ, 3ª T., REsp 1207103/SP, Rel. Min. Marco Aurélio Bellizze, julg. 2.12.2014, publ. DJ 11.12.2014).

[51]   STJ, 3ª T., REsp. 39891, Rel. Min. Eduardo Ribeiro, julg. 4.10.1994, publ. DJ 24.10.1994.

CAPÍTULO XI | DO CUMPRIMENTO DO TESTAMENTO **219**

pecto, há uma divergência que merece consideração. Segundo Clovis Bevilaqua, "a herança a que se refere o Código, é a testamentária, pois que, para a execução da última vontade do falecido, é que existe o testamenteiro, que nada tem a ver com a sucessão legítima. Se a sucessão for em parte legítima e em parte testamentária, por ter o *de cujus* usado do seu direito de disposição *mortis causa*, somente sobre a parte contemplada no testamento deve ser calculado o prêmio".[52] Já Carlos Maximiliano sustenta o oposto e explicita que, "em se tratando da *base* para o cálculo, o legislador alude a – toda a herança líquida, muda, logo, de linguagem quando pretende indicar a fonte de que sairá o dinheiro para o pagamento – a metade disponível".[53] Uma vez nomeado testamenteiro o herdeiro ou legatário, presume-se que a herança ou legado seja forma de remuneração pelo exercício do cargo (CC, art. 1.987). Desse modo, não terá direito ao prêmio. Contudo, o herdeiro ou o legatário nomeado testamenteiro poderá preferir o prêmio à herança ou ao legado (CC, art. 1.988). Afasta-se a presunção se o testamenteiro é herdeiro necessário e sucede apenas na parte legítima[54]. Isso porque, em se tratando de herdeiro necessário, não há liberalidade na sua instituição, que decorre da lei e não da vontade do testador. Consequentemente, o herdeiro necessário nomeado testamenteiro terá direito ao prêmio. Se o testamenteiro for removido ou não der cumprimento ao testamento, perderá o prêmio, que se reverterá à herança (CC, art. 1.989)[55]. Diferentemente, se o testamento não puder ser cumprido por razões alheias ao testamenteiro, permanece o direito à vintena[56].

---

[52] Clovis Bevilaqua. *Código dos Estados Unidos do Brasil Commentado*, cit., p. 255.

[53] Carlos Maximiliano, *Direito das Sucessões*, vol. 2, cit., p. 546. Na jurisprudência, vale citar: "Civil e Processual civil – Agravo de Instrumento – Inventário – Testamento – Vintena – Testamenteiro – Herança Líquida – Improvimento da Irresignação – Inteligência do art. 1.987 do Código Civil e art. 1.138 do CPC. A herança líquida que servirá como base de cálculo para a incidência da percentagem determinada pelo Julgador monocrático limita-se à herança testamentária, ou seja, a porção distribuída em testamento" (TJMG, 5ª C.C., AgInt. 1.0518.04.072649-0/001, Rel. Des. Dorival Guimarães Pereira, julg. 12.1.2006.) Em sentido contrário: "Testamenteiro – Prêmio tem como base de cálculo o total da herança liquida, ainda que haja herdeiros necessários, e não apenas a metade disponível, ou os bens de que dispôs em testamento o *de cujus*. Pelo pagamento, entretanto, não responderão as legítimas dos herdeiros necessários, deduzindo-se o prêmio da metade disponível" (STJ, 3ª T., REsp 39891/SP, Rel. Min. Eduardo Ribeiro, julg. 4.10.1994, publ. DJ 24.10.1994, p. 28753).

[54] Nesse sentido, cf. Pontes de Miranda, *Tratado de Direito Privado*, vol. LV, cit., p. 149 e Zeno Veloso, *Comentários*, vol. 21, cit., p. 392. Clovis Bevilaqua entende que não se presume retirado da herança o prêmio se o testamenteiro for herdeiro legítimo, inclusive facultativo (Clovis Bevilaqua, *Código Civil*, vol. VI, cit., p. 253). Carlos Maximiliano, *Direito das Sucessões*, vol. 2, cit., p. 552, diverge, entendendo que a presunção atinge tanto o herdeiro legítimo, quanto o testamentário.

[55] Código Civil, "Art. 1.989. Reverterá à herança o prêmio que o testamenteiro perder, por ser removido ou por não ter cumprido o testamento."

[56] Foi o que ocorreu em caso julgado pelo STJ, no qual o autor da herança gravou com incomunicabilidade os bens da herança, mas deixou de indicar justa causa, como passou a ser exigido pela legislação de 2002, ulterior ao testamento, importando na ineficácia da cláusula, a saber: "Cláusula testamentária prevendo a incomunicabilidade dos bens imóveis destinados aos herdeiros. Necessidade de aditamento do testamento para a indicação de justa causa para a restrição que não foi observada pelo testador. Arts. 1.848 e 2.042 do CC. Ineficácia da disposição testamentária que afeta o testamento. Prêmio do testamenteiro. Cabimento" (STJ, 3ª. T., REsp 1.207.103/SP, Rel. Min. Marco Aurélio Bellizze, julg. 2.12.2014, publ. DJ 11.12.2014).

PROBLEMAS PRÁTICOS

1. A vintena do testamenteiro pode ser reduzida a critério do juiz por negligência no seu trabalho?
2. Em testamento público, nomeiam-se, na mesma cláusula, quatro irmãos como legatários, atribuindo-se a cada um 1/4 do imóvel legado. Com a pré-morte de um desses legatários, os demais pleitearam o direito de acrescer. Na hipótese, qual o tipo de conjunção e qual o destino da cota vaga?

Acesse o *QR Code* e veja a Casoteca.
> https://uqr.to/1pc9n

Capítulo XII
INEFICÁCIA DO TESTAMENTO

Sumário: 1. Invalidade do testamento – 2. Caducidade do testamento – 3. Revogação do testamento – 4. Rompimento do ato de última vontade – 5. Redução das disposições testamentárias – Problemas práticos.

1. INVALIDADE DO TESTAMENTO

Será inválido o negócio jurídico que apresenta vícios em seus elementos formadores, os quais podem ser mais ou menos graves, conforme os ditames da ordem pública. Essa gradação norteia a classificação da invalidade em nulidade (CC, art. 166) e anulabilidade (CC, art. 171). A primeira caracteriza-se por afrontar diretamente o interesse público, enquanto a segunda é estabelecida para a tutela de interesses privados. O negócio testamentário, assim como os negócios jurídicos em geral, sujeita-se às hipóteses de invalidade, embora com as suas peculiaridades.

<small>Nulidade e anulabilidade</small>

Como qualquer negócio, o testamento possui requisitos de validade relacionados ao agente, ao objeto e à forma. O testador há de possuir capacidade testamentária (CC, 1.860)[1], sob pena de invalidade do testamento. As disposições testamentárias também requerem análise de compatibilidade com o ordenamento civil constitucional, a fim de que possam ser tidas como válidas e dignas de tutela (Cf., *e.g.*, CC, art. 1.900). E, ainda, há de se observar as formas testamentárias (CC, arts. 1.862 e 1.886), essenciais à validade do testamento[2].

---

[1] Código Civil, "Art. 1.860. Além dos incapazes, não podem testar os que, no ato de fazê-lo, não tiverem pleno discernimento. Parágrafo único. Podem testar os maiores de dezesseis anos."

[2] A jurisprudência do STJ se consolidou no sentido de que, "para preservar a vontade do testador, são admissíveis determinadas flexibilizações nas formalidades legais exigidas para a validade do

O testamento passa por procedimento de registro e cumprimento (v. CPC, art. 735 e seguintes), para que suas disposições possam ser atendidas no inventário. Nesse procedimento, será analisada a existência de vício externo, que o torne suspeito de nulidade ou falsidade. Vícios externos são aqueles relacionados às solenidades testamentárias, como ausência de assinatura e identificação do tabelião que teria presenciado ou lavrado o instrumento[3]. Vícios internos, por outro lado, dizem respeito ao conteúdo das disposições testamentárias e requerem via própria para sua impugnação. Contudo, importa ressaltar que a prática de atos típicos de jurisdição contenciosa no bojo de um procedimento tipicamente de jurisdição voluntária, por si só, não é suficiente para que seja decretada a nulidade de todo o processo[4].

> Vícios do consentimento

O artigo 1.859 do Código Civil fixa o prazo decadencial de cinco anos para se impugnar a validade do testamento[5], contado da data do seu registro[6]. A teoria das invalidades no testamento, por ser negócio *mortis causa*, não especifica quais as causas de nulidade ou de anulabilidade. Tem-se um prazo geral de cinco anos para arguição da invalidade do testamento, salvo aquela decorrente de vícios de consentimento. Nas hipóteses de testamento celebrado em erro, dolo ou coação, o prazo para anular

---

testamento particular, a depender da gravidade do vício de que padece o ato de disposição" (STJ, 3ª T., REsp 1.583.314/MG, Rel. Min. Nancy Andrighi, julg. 21.8.2018, publ. DJe 23.8.2018). Nesse sentido, foi considerado válido o testamento particular em que as testemunhas, a despeito de reconhecerem as suas assinaturas na cédula, não foram capazes de confirmar, oralmente em juízo, ser aquela a manifestação de vontade da testadora, além da data em que elaborado o testamento, de que modo fora assinado, se foi lido perante elas, e outros elementos relacionados ao ato de disposição (STJ, 3ª T., REsp 2080530/SP, Rel. Nancy Andrighi, julg. 17.10.2023, publ. DJ 30.10.2023). Vícios mais graves, a exemplo do testamento lavrado de próprio punho, mas com ausência de testemunhas e sem a declaração de circunstância excepcional, impedem o seu registro e cumprimento (STJ, 3ª T., REsp 2005877/MG, Rel. Nancy Andrighi, julg. 30.8.2022, publ. DJ 1.9.2022).

[3] STJ, 3ª T., REsp. 1703376/PB, Rel. Min. Moura Ribeiro, julg. 6.10.2020, publ. DJ 14.10.2020.

[4] Nesse sentido, o STJ manifestou-se favoravelmente, acerca da possibilidade de, em ação de abertura, registro e cumprimento de testamento, reconhecer incidentalmente a sua invalidade ao fundamento de incapacidade civil do testador. Veja-se trecho da ementa do julgado: "Conquanto seja desejável que, como regra, uma questão controvertida não seja examinada no âmbito de um procedimento especial de jurisdição voluntária de abertura, registro e cumprimento de testamento, não há que se falar em nulidade do processo se essa questão vier a ser solucionada adequadamente no bojo desse procedimento. 9. Na hipótese, a incapacidade do testador foi demonstrada pela prova documental coligida pela terceira interessada, sua irmã, que demonstrou, sob o crivo do contraditório e da ampla defesa, tratar-se de pessoa diagnosticada com psicose esquizofrênica paranoide desde os 15 anos, que fazia tratamento psiquiátrico e psicológico desde a década de 70, que nunca frequentou estabelecimentos de ensino ou desenvolveu atividade profissional, tudo a comprovar, cabalmente, a incapacidade civil do testador" (STJ, 3ª T., REsp. 2008530/CE, Rel. Min. Nancy Andrighi, julg. 21.3.2023, publ. DJ 23.3.2023).

[5] Para alguns autores, "como a lei não distingue, não cabe ao intérprete distinguir: o aludido prazo de caducidade se aplica tanto ao caso de nulidade como ao de anulabilidade" (Zeno Veloso, *Comentários ao Código Civil*: parte especial (do direito das sucessões), vol. 21, São Paulo: Saraiva, 2003, p. 21). No mesmo sentido, Eduardo de Oliveira Leite, *Comentários ao Novo Código Civil*, Direito das Sucessões, vol. XXI, Rio de Janeiro: Forense, 2003, 2ª ed., p. 318; Caio Mário da Silva Pereira, *Instituições de Direito Civil*, vol. VI, Rio de Janeiro: Forense, 2016, 23ª ed., p. 344.

[6] O prazo de cinco anos conta-se a partir do registro do testamento, determinado pelo juiz, ouvido o órgão do Ministério Público, após verificar a inexistência de vício externo que torne o ato de última vontade suspeito de nulidade ou falsidade (CPC, art. 735).

Capítulo XII | Ineficácia do testamento

a disposição é de quatro anos, contados de quando o interessado tiver conhecimento do vício[7] (CC, art. 1.909)[8]. Vale lembrar que o erro acidental não invalida a disposição. Assim, o erro na designação da pessoa do herdeiro, do legatário, ou da coisa legada não anula a disposição se pelo contexto do testamento, por outros documentos, ou por fatos inequívocos, se puder identificar a pessoa ou coisa a que o testador queria referir-se (CC, art. 1.903)[9]. Na seara testamentária, todas as invalidades convalescem com o decurso do tempo.

Trata-se de peculiaridade do testamento. Enquanto pela regra geral esculpida no artigo 169 do Código Civil a nulidade não convalesce com o decurso do tempo, mesmo o testamento nulo se sujeita a prazo para impugnação da sua validade. Justifica-se a limitação temporal pela natureza *mortis causa* do negócio, a impedir que a sucessão fique suscetível de questionamento por prazo indeterminado.

A invalidade do testamento pode ser total, e atingir todas as suas disposições, ou parcial, quando verificada apenas em relação a uma ou algumas das suas cláusulas. A inobservância da forma testamentária, por exemplo, induz à invalidade total do testamento; enquanto a nomeação de herdeiro testamentário que não tenha legitimidade atinge tão somente a deixa que o favorece[10].

Apesar de o plano da existência do negócio jurídico ser diverso do plano da validade, as consequências da inexistência são muitas vezes confundidas com as da invalidade. Para o testamento, a distinção entre inexistência e invalidade da disposição alça enorme relevância. Isso porque a inexistência do testamento não é alcançada pelo prazo decadencial. Situações teratológicas, como a inexistência de manifestação de vontade do testador ou da própria cártula não convalescem[11].

Plano da inexistência

A invalidade do testamento redunda em sua ineficácia. São raras as hipóteses de testamento inválido com algum grau de eficácia. Pode-se lembrar, por exemplo,

---

[7]   O prazo é idêntico àquele previsto para anulação dos negócios jurídicos por vícios do consentimento, contudo, o termo inicial se mostra diverso, valendo a partir da ciência do vício pelo interessado.

[8]   No Código Civil de 1916 não existia artigo correspondente aos artigos 1.859 e 1.909, que no atual diploma civil regulam a matéria. Mercê de não existir dispositivo equivalente na codificação anterior e, consequentemente, prazo específico para anulação do negócio testamentário, o prazo a ser considerado, nessa hipótese, seria o prazo geral previsto no artigo 177 do Código Civil de 1916. A previsão de dois prazos específicos no Código de 2002 para invalidar o testamento, sem diferenciar as causas, bem demonstra que a distinção entre nulidade e anulabilidade não releva nessa seara. Além dos vícios do consentimento, típica hipótese de anulabilidade do negócio jurídico, cujo prazo decadencial restou previsto no artigo 1.909 do CC, não há outras causas de anulabilidade testamentária.

[9]   Código Civil, "Art. 1.903. O erro na designação da pessoa do herdeiro, do legatário, ou da coisa legada anula a disposição, salvo se, pelo contexto do testamento, por outros documentos, ou por fatos inequívocos, se puder identificar a pessoa ou coisa a que o testador queria referir-se."

[10] O instituto da conversão do negócio jurídico (CC, art. 160), embora com pouco campo de aplicação na seara testamentária não pode ser afastado *a priori*. Imagine-se, por exemplo, disposições a respeito do sufrágio de alma previstas em testamento público que não observa as formalidades essenciais, como o número de testemunhas, não poderia este ser convertido em codicilo?

[11] Silvio Venosa, *Comentários ao código civil brasileiro: do direito das sucessões*, vol. XVI, Rio de Janeiro: Forense, 2004, p. 275.

as alienações feitas, a título oneroso, pelo herdeiro aparente a terceiro de boa-fé cuja eficácia é resguardada pelo parágrafo único do artigo 1.827 do Código Civil. Existem, porém outras causas de ineficácia do testamento que não perpassam o plano da validade, chamadas de causas de caducidade.

2. CADUCIDADE DO TESTAMENTO

A caducidade ocorre quando se apresenta causa de ineficácia do testamento a obstar a sucessão testamentária. Desse modo, o testamento perde sua força originária por ter cessado a sua razão de existir[12]. Entretanto, mantém-se o efeito de revogar o testamento anterior, para o qual basta a validade do testamento posterior. Registre-se assim a possível repristinação do testamento revogado, mas apenas se prevista no testamento para a hipótese de caducidade. Como regra geral, se o testamento caducar, a herança ou legado retorna para a massa hereditária, beneficiando os herdeiros legítimos (CC, art. 1.788).

Numerosas situações podem acarretar a caducidade das disposições testamentárias, embora pouco sistematizadas na legislação. A caducidade encerra causas subjetivas, objetivas e circunstanciais. São causas subjetivas aquelas que dizem respeito ao beneficiário, que não quer ou não pode suceder, a exemplo da renúncia ou pré-morte. Nesses casos, por inexistir direito de representação na sucessão testamentária, a deixa não poderá produzir efeitos e caduca, salvo nomeação de substituto ou direito de acrescer[13]. Sob o aspecto objetivo, a ineficácia atinge o próprio objeto da disposição testamentária, a exemplo da perda ou destruição do legado[14]. As causas circunstanciais constituem fatos condicionantes da eficácia do testamento, por determinação legal. Se o testador não morrer na viagem, nem nos noventas dias subsequentes ao seu desembarque em terra, onde possa fazer testamento por uma das formas ordinárias, caducará o testamento marítimo ou aeronáutico. Da mesma forma, o testamento militar caduca se o testador estiver durante noventa dias em local onde possa testar através de uma das formas ordinárias. A ruptura do testamento (CC, art. 1.973 e seguintes) também configura causa circunstancial de caducidade.

Modificação da coisa legada

O artigo 1.939 do Código Civil traz rol exemplificativo de causas supervenientes ao ato de testar que tornam o legado ineficaz[15], a admitir, portanto, outras hipóteses

---

[12] Clovis Bevilaqua, *Código Civil dos Estados Unidos do Brasil comentado*, vol. VI, Rio de Janeiro: Livraria Francisco Alves, 5ª ed., 1944, pp. 11-12.

[13] Em caso julgado pelo Superior Tribunal de Justiça, o testamento foi considerado caduco pela morte da única beneficiária antes da testadora. O acórdão definiu a impossibilidade de a substituição ser prevista em forma diversa do testamento, uma vez que restava evidente a vontade da testadora de beneficiar as filhas da herdeira testamentária, mas de outra forma. O julgado representa a utilidade dos institutos de proteção da vontade do testador (STJ, 4ª T., REsp. 147959/SP, Rel. Min. Sálvio de Figueiredo Texeira, julg. 14.12.2000, publ. DJ 19.3.2001).

[14] Restou decidido, *e. g.*, que "(..) Considera-se ineficaz a disposição, em testamento, sobre coisa alheia, aproveitando-se todas as demais cláusulas que dela não sejam dependentes" (TJMG, 7ª C.C., Ap. Cív. 10216100035064001, Rel. Des. Oliveira Firmo, julg. 5.2.2013, publ. DJ 8.2.2013).

[15] CC, "Art. 1.939. Caducará o legado: I – se, depois do testamento, o testador modificar a coisa legada, ao ponto de já não ter a forma nem lhe caber a denominação que possua; II – se o testador,

de caducidade no caso concreto, por exemplo, o falecimento do legatário antes do implemento da condição suspensiva. Se o testador modifica a coisa legada a ponto de tirar-lhe a forma anterior, presume-se que mudou de intenção quanto ao benefício. É preciso que tal modificação não seja acidental, nem praticada por terceiro, partindo da atuação do próprio disponente. Se o testador legou um colar de brilhantes e, depois do testamento, atendendo à moda, mudou a colocação dos brilhantes, alterando a ordem deles, não se dá, nesse caso, fato que importe em transformação do legado e esse permanece eficaz. Da mesma forma, um incêndio que derreta toda a prata legada, não torna ineficaz o legado, porque o incidente deveu-se a caso fortuito[16]. Porém, se o testador lega uma estátua de bronze e depois a funde para fabricar com o metal outros objetos, houve caducidade do legado[17], pois aqui a coisa se modificou deliberada e substancialmente. A posição da doutrina é controvertida quanto ao prédio construído no terreno legado. Para alguns, trata-se de hipótese de modificação da coisa e, como tal, de caducidade do legado. Em sentido contrário, entende-se que não há caducidade[18], uma vez que no direito brasileiro a construção em terreno é modo de aquisição da propriedade em virtude da acessão física (CC, art. 1.248, V), constituindo o solo a coisa principal e a construção o seu acessório. Essa solução prevalecerá, salvo se o testador constituir sobre o terreno direito de superfície (CC, art. 1.369). Na hipótese de prédio construído após a feitura do testamento, o qual atribui o terreno como legado, ao invés de solução rígida em abstrato, há de se verificar, no caso concreto, se a construção será extensão do legado *tout court*, levando-se em conta, inclusive, o valor do terreno e do prédio.

Por outro lado, entende-se a mudança de intenção do testador quando este aliena a coisa objeto do legado a qualquer título, incluindo, na hipótese, a promessa irretratável de venda. Se há alienação parcial, subsistirá o legado quanto à parte que ainda permanecer no patrimônio do disponente no momento de seu óbito. Se o testador readquire a coisa, o legado não retoma a sua vitalidade, pois ao alienar voluntariamente o bem, o disponente manifestou tacitamente a sua vontade em revogar o benefício testamentário. Para que o legado possa se tornar novamente eficaz será necessário novo testamento. Diversa é a hipótese de a alienação resultar de um dos vícios do consentimento, como o dolo ou a coação. Caso o negócio jurídico seja anulado, a deixa volta a vigorar, pois a vontade de alienar estava maculada, não podendo se dizer que houve intenção do testador em revogar o legado.

Alienação da coisa legada

---

por qualquer título, alienar no todo ou em parte a coisa legada; nesse caso, caducará até onde ela deixou de pertencer ao testador; III – se a coisa perecer ou for evicta, vivo ou morto o testador, sem culpa do herdeiro ou legatário incumbido do seu cumprimento; IV – se o legatário for excluído da sucessão, nos termos do art. 1.815; V – se o legatário falecer antes do testador".

[16] Arthur Vasco Itabaiana de Oliveira, *Tratado de direito das sucessões,* Rio de Janeiro: Freitas Bastos, 1987, pp. 577-578.

[17] Carlos Maximiliano, *Direito das Sucessões*, vol. II, Rio de Janeiro: Livraria Editora Freitas Bastos, 1937, p. 248.

[18] Carlos Maximiliano, *Direito das Sucessões*, vol. II, cit., pp. 245-247; Orosimbo Nonato, *Estudos sôbre Sucessão Testamentária*, vol. III, Rio de Janeiro: Forense, 1957, p. 79 e Clovis Bevilaqua, *Código Civil*, vol. VI, cit., p. 153.

Alienação condicional

Se a alienação se encontrar sujeita à condição suspensiva, a caducidade do legado só vai ocorrer no momento em que se verificar o evento futuro e incerto, quando se torna eficaz o negócio condicional. O mesmo não pode ser dito quando a condição é resolutiva, uma vez que o negócio jurídico em tal hipótese se encontra perfeito e acabado, demonstrando a intenção do testador em revogar o benefício.

Perecimento da coisa legada

O legado pode perder o seu objeto. Causas extraordinárias, atribuídas ao caso fortuito ou à força maior, podem levar ao perecimento da coisa legada. O testador, por exemplo, lega determinado cavalo e o animal foge da fazenda. O mesmo poderá ocorrer em razão de alienações forçadas, tais como a desapropriação e a execução por dívidas. Nessas hipóteses, será impossível cumprir a deixa testamentária. Não haverá sub-rogação, pois, salvo disposição expressa, não se pode presumir que o testador objetivou substituir a coisa legada. O perecimento da coisa legada poderá ser somente parcial e, em tais hipóteses, subsistirá a sucessão a título singular quanto à parte restante. A evicção também gera a caducidade do legado, pois demonstra ser alheia a coisa legada, tornando nula a deixa testamentária, já que ninguém pode transferir mais direitos do que tem. O perecimento e a evicção posteriores à morte do testador não se devem considerar casos de caducidade, pois em tal circunstância o legado já produziu o seu efeito e o legatário sofre o prejuízo como dono do objeto[19]. Se a coisa perecer por culpa do herdeiro ou da pessoa obrigada a cumprir o legado, terá o legatário direito à indenização.

Inexistência de coisa singular

Quando o testador singulariza a coisa objeto do legado, identificando-a precisamente, sua inexistência entre os bens do disponente acarretará a ineficácia da deixa testamentária, ainda que haja outras do mesmo gênero no acervo hereditário. Nessa situação, presume-se que houve alteração na vontade do testador, que desistiu do benefício outorgado ao dispor da coisa. Da mesma maneira, se ao tempo da elaboração do testamento a coisa legada apresentava quantidade superior àquela existente na abertura da sucessão, e como tal foi designada na cédula testamentária, só valerá o legado quanto aos bens existentes no momento do óbito do testador. Assim, "se o testador legou vinte bois de sua fazenda, ou trinta mil reais que estão depositados no Banco do Brasil e, quando morre, só restam dez bois no pasto e apenas quinze mil na conta, o legado é eficaz quanto aos bois remanescentes e ao dinheiro que sobrou"[20]. Igualmente, presume-se que se o disponente se desfez de algumas unidades, não prosseguiu no seu intento manifestado no ato de testar. O legado permanece hígido em relação às unidades restantes.

A exclusão da sucessão, bem como a pré-morte do legatário, muito embora previstas como causas de caducidade dos legados, constituem causas subjetivas de caducidade das disposições testamentárias e dos legados.

---

[19]   Clovis Bevilaqua, *Código Civil*, vol. VI, cit., p. 169.

[20]   Zeno Veloso, *Comentários*, vol. 21, cit., p. 239.

3. REVOGAÇÃO DO TESTAMENTO

O testamento é ato essencialmente revogável (CC, art. 1.858), podendo ser mudado a qualquer tempo e tantas vezes quantas ocorrer modificação na vontade do testador, desde que mantenha a capacidade de testar. O ato testamentário encerra disposição de última vontade, só produzindo efeitos após a morte do testador, não importando o tempo decorrido entre a feitura do testamento e o óbito do disponente. Até a morte, portanto, a vontade pode ser alterada e, por essa razão, o testamento é na sua essência ato revogável (*ambulatoria et volunta defuncti uque ad vitae upremum exitum ou "a vontade do defunto é modificável até o último momento da vida"*). Tal regra não se aplica às declarações com natureza de confissão, como o reconhecimento e a quitação de dívida ou a cláusula de reconhecimento de filho que, nos termos do artigo 1.610 do Código Civil, mesmo quando manifestadas em testamento, preservam-se hígidas independentemente da invalidade ou revogação do testamento[21]. *{Vontade ambulatória}*

O testamento pode ser revogado pelo mesmo modo e forma de sua elaboração (CC, art. 1.969)[22]. Admite-se que o testamento seja realizado por uma forma e revogado por outra, desde que também testamentária. Desse modo, o testamento público poderá ser revogado por particular ou aeronáutico, por exemplo. Não serve ao ato revocatório outro documento que não revista a forma testamentária. Se, porém, o codicilo posterior ao testamento estabelece, dentro de sua esfera específica de conteúdo, a exemplo de legados de móveis, roupas ou joias de pouco valor, disposições incompatíveis com a cédula testamentária anterior, estará, tacitamente, revogando-o, parcial ou totalmente[23]. Nessa direção, o artigo 1.883 do Código Civil[24] permite que o testamenteiro seja nomeado ou substituído em codicilo, não condicionando essa substituição à prévia instituição em codicilo anterior. *{Forma da revogação}*

Quanto à extensão, a revogação pode ser total ou parcial (CC, art. 1.970)[25]. A revogação total retira a eficácia de todo o testamento. A revogação parcial remove a eficácia de parte do testamento[26]. O testador pode manifestar sua última vontade em *{Revogação total ou parcial}*

---

[21] Trata-se de declarações que, embora feitas em testamento, não são disposições testamentárias e não podem estar sujeitas ao direito especial que rege os testamentos (Carvalho Santos, *Código Civil Brasileiro Interpretado*, vol. XXXV, Rio de Janeiro: Freitas Bastos, 1984, p. 242; nesse sentido v. Zeno Veloso, *Testamentos*, Belém: CEJUP, 1993, 2ª ed., p. 509).

[22] Código Civil, "Art. 1.969. O testamento pode ser revogado pelo mesmo modo e forma como pode ser feito."

[23] Zeno Veloso, *Testamentos*, cit., p. 321.

[24] Código Civil, Art. 1.883. Pelo modo estabelecido no art. 1.881, poder-se-ão nomear ou substituir testamenteiros."

[25] Código Civil, "Art. 1.970. A revogação do testamento pode ser total ou parcial.
Parágrafo único. Se parcial, ou se o testamento posterior não contiver cláusula revogatória expressa, o anterior subsiste em tudo que não for contrário ao posterior."

[26] Vale destacar trecho de julgado do STJ que analisou a extensão da revogação do testamento: "Embora admissível, a revogação parcial do testamento não se presume, dependendo, obrigatoriamente, da existência de declaração de que o testamento posterior é apenas parcial ou da inexistência de cláusula revogatória expressa, que não se pode inferir pelo simples exame de compatibilidade en-

único instrumento ou em vários, de maneira que podem coexistir numerosos testamentos, sem que isso importe em revogação. No caso de revogação parcial, coexistem os testamentos revogado – na parte sobre a qual não houve revogação – e revogador (CC, art. 1.970, parágrafo único). O testamento pode conter apenas a cláusula revogatória, sem trazer outras disposições, ou substituir as existentes por outras. No primeiro caso, dá-se lugar à sucessão legítima (CC, art. 1.788). É dado igualmente ao testamento revogar conjuntamente vários testamentos por inteiro, bem como revogar parcialmente vários deles, entre algumas das combinações possíveis.

Revogação expressa ou tácita No que tange à espécie de declaração, a revogação pode ser expressa ou tácita. A revogação expressa decorre de cláusula revogatória expressa sobre parte ou totalidade do testamento anterior. A revogação tácita deriva da incompatibilidade entre as disposições do testamento anterior e do mais recente[27]. Verificar a incompatibilidade pode se mostrar induvidoso como nos exemplos em que "o testador deixa um legado para uma pessoa e no segundo testamento o legado só em parte é destinado ao beneficiário" ou "o testador deixa a um parente um imóvel, em propriedade plena, e no segundo testamento, deixa, apenas, o usufruto"[28]. Em outras hipóteses é menos simples a análise da incompatibilidade. Se, por exemplo, "no primeiro testamento, legou-se o imóvel X a B e no testamento posterior C foi nomeado herdeiro"[29], a compatibilidade dos testamentos apresenta-se razoável, pois a coexistência de legatário e herdeiro é possível, mesmo em instrumentos diversos. Já se "no testamento anterior Y foi nomeado herdeiro e no testamento posterior o nomeado foi Z"[30], a nomeação de herdeiros universais em testamentos distintos mostra-se a princípio incompatível, na medida em que a conjunção real diz respeito a legados e não à herança, cabendo ao testador evidenciar no segundo testamento a divisão da herança entre ambos, caso seja essa sua vontade. Noutro exemplo, "no primeiro testamento, legou-se 1.000 a C e no segundo o legado foi de 2.000 ao mesmo C"[31], não há incompatibilidade entre as deixas, mas não está livre de dúvida a vontade testamentária em beneficiar C com 2.000 ou 3.000. Tais exemplos demonstram a necessidade de o testamento conter cláusulas que expressem de modo induvidoso a vontade testamentária, a fim de que o ato de testar não resulte em litígio futuro.

O artigo 1.972 do Código Civil[32] prevê a revogação material para o testamento cerrado que o testador tiver aberto ou dilacerado ou que tenha sido aberto ou di-

---

tre o conteúdo do testamento anterior e o posterior, sobretudo se existente longo lapso temporal entre ambos" (STJ, 3ª T., REsp 1694394/DF, Rel. Min. Nancy Andrighi, julg. 22.3.2018, publ. DJe 26.3.2018).

[27] Não havendo meios para identificar qual o testamento posterior, prevalecem ambos quando conciliáveis e caem os dois quando inconciliáveis (Carlos Maximiliano, *Direito das Sucessões*, vol. II, cit., p. 490; Orlando Gomes, *Sucessões*, Rio de Janeiro: Forense, 2015, 16ª ed. rev. e atual., p. 251).

[28] Zeno Veloso, *Comentários*, vol. 21, cit., p. 352.

[29] *Ibidem.*

[30] *Ibidem.*

[31] *Ibidem.*

[32] Código Civil, "Art. 1.972. O testamento cerrado que o testador abrir ou dilacerar, ou for aberto ou dilacerado com seu consentimento, haver-se-á como revogado."

lacerado por outrem, com o seu consentimento. Trata-se de ato real de revogação, entendido como espécie de revogação tácita. Diversos atos são aptos a caracterizar a revogação material, a exemplo de "despedaçar, cortar ou queimar o documento, bem como o apagar, borrar e riscar dizeres"[33]. Tais atitudes somente se configuram como revogação material se do próprio testador ou de terceiro com seu consentimento. Cabe ao herdeiro instituído ou legatário que seria beneficiado com o testamento provar que o testador não teve participação no ato. A natureza do testamento público torna-o insuscetível de revogação material: "quer o original, no livro de notas, quer o translado, em mão de testador ou de terceiro, apareça rasgado ou obliterado, e seja quem for o autor, mediato ou imediato, de semelhante estrago; o ato jurídico permanece em vigor"[34]. Em doutrina defende-se que o testamento particular também possa ser revogado materialmente[35]. De fato, não pode ser outra a conclusão se o testador destruiu seu testamento particular.

O testamento revogatório também pode ser objeto de revogação pelo testador. Discute-se nesse caso a ocorrência de repristinação do testamento anterior. Como os preceitos que regulam a revogação das leis se aplicam aos testamentos[36], para reviver disposições testamentárias já revogadas, faz-se necessário que o testador manifeste sua intenção expressamente. Dessa exigência, resulta a inadmissibilidade de tácita revogação de revogação[37]. Para haver repristinação do testamento primitivo, não há necessidade de o testador reproduzir, uma a uma, as disposições que ele continha, mas declarar genericamente, desde que de modo inequívoco, que mantém aquelas disposições revogadas[38]. O testamento repristinado será assim objeto de cumprimento após a abertura da sucessão. *Repristinação do testamento revogado*

Com a revogação, o testamento perde sua eficácia. A caducidade do testamento por exclusão, incapacidade ou renúncia nele nomeado, não afeta a revogação de testamento anterior, pois atinge apenas a sua eficácia (CC, art. 1.971, 1ª parte). Contudo, se for atingida a validade do testamento revogatório, assim declarado inválido, será nula também a revogação (CC, art. 1.971, 2ª parte), permanecendo hígido o testamento anterior. Assim ocorre porque apenas o testamento válido pode revogar o anterior. Consequentemente, se o testamento é revogado por forma não testamentária, não produzirá o efeito revogatório, maculando-se com a invalidade a própria declaração de vontade que pretendia a revogação. *Efeitos da caducidade e invalidade sobre a revogação por ele produzida*

---

[33] Gustavo Tepedino; Heloisa Helena Barboza; Maria Celina Bodin de Moraes, *Código Civil Interpretado conforme a Constituição da República*, vol. IV. Rio de Janeiro: Renovar, 2014, p. 828. Carlos Maximiliano entende que, se o testamento aparece riscado ou expungido em parte não essencial, não se considera revogado; e se apenas uma parte é dilacerada ou riscada, julga-se parcial a revogação (Carlos Maximiliano, *Direito das Sucessões*, vol. II, cit., p. 493).

[34] Carlos Maximiliano, *Direito das Sucessões*, vol. II, cit., p. 498.

[35] Itabaiana de Oliveira, *Tratado*, cit., p. 223; v. também Orlando Gomes, *Sucessões*, cit., p. 252.

[36] Clovis Bevilaqua, *Código Civil*, vol. VI, cit., p. 229.

[37] Orlando Gomes, *Sucessões*, cit., p. 250.

[38] Zeno Veloso, *Comentários*, vol. 21, cit., p. 358; Orlando Gomes, *Sucessões*, cit., p. 250 e Washington de Barros Monteiro, *Curso de Direito Civil*: direito das sucessões, vol. 6, São Paulo: Saraiva, 2003, p. 256.

4. ROMPIMENTO DO ATO DE ÚLTIMA VONTADE

Ineficácia total do testamento

O rompimento consiste em causa de ineficácia total do testamento, para proteção dos herdeiros necessários, que inexistiam ou eram desconhecidos do testador no momento de facção da deixa. O rompimento do testamento independe da manifestação de vontade do testador, porque o legislador presume que não teria testado se soubesse da existência dos herdeiros necessários, por isso, também chamado de revogação presumida ou legal[39]. Conforme Enunciado CJF nº 643, aprovado na VIII Jornada de Direito Civil, o rompimento do testamento se refere exclusivamente às disposições de caráter patrimonial, mantendo-se válidas e eficazes as de caráter extrapatrimonial, como o reconhecimento de filho e disposições sobre o corpo.

A questão tem enorme relevância, devendo o testador se precaver para evitar incorrer nas causas de rompimento, sob pena de perderem a eficácia todas as disposições testamentárias. Na hipótese de o testador não ter ou conhecer descendente algum, por exemplo, cabível a menção expressa ao fato, demonstrando a intenção de manter as disposições testamentárias com a superveniência de descendentes, o que desfaria a presunção legal[40].

Hipóteses de rompimento

Presume o legislador duas hipóteses nas quais, se o testador soubesse da existência de herdeiros necessários, não faria testamento: i) a superveniência ou ignorância de descendentes; ii) a ignorância de existirem outros herdeiros necessários.

Para a proteção dos descendentes sucessíveis, o rompimento do testamento pode ocorrer se sobrevém à facção testamentária descendente ou se o testador não sabia da sua existência naquele momento. A hipótese, portanto, abrange o nascimento posterior de filho, a adoção futura[41], a investigação de paternidade julgada procedente

---

[39] Segundo Carvalho Santos, o rompimento é a revogação "que a lei declara por presumida vontade do testador, deduzida da existência ignorada ou da superveniência de descendente sucessível" (Carvalho Santos, *Código Civil*, vol. XXXV, cit., p. 247).

[40] Assim, Zeno Veloso aduz que não se rompe o testamento que tenha a seguinte previsão: "Nomeio A meu herdeiro. Porém, se à época do meu falecimento tiver descendente sucessível, a este caberá a metade de meus bens, para pagamento de sua legítima, conferindo-se a A minha metade disponível" (*Comentários*, vol. 21, cit., p. 380). Nesse sentido foi o julgamento do RE 65.221, no qual o STF decidiu que se o testador previu a superveniência de descendente sucessível e dispôs que a deixa se reduziria, não se rompe o testamento (STF, 1ª T., RE 65.221/SP, Rel. Min. Gonçalves de Oliveira, julg. 13.10.1968, publ. DJ 14.11.1969).

[41] Sobre o ponto, merece destaque o REsp. 985.093, julgado em 05 de agosto de 2010, no qual foi enfrentada a questão acerca do rompimento do testamento por adoção posterior (1991) à lavratura do ato (1982), mas já mencionada no testamento por se tratar de "filho de criação". No STJ a questão foi decidida por maioria, sendo vencidos os Ministros Humberto Gomes de Barros e Nancy Andrighi, que entenderam se tratar de hipótese de rompimento do testamento, em acórdão assim ementado: "Direito civil. Sucessão testamentária. Conflito de normas. Primazia da vontade do testador. I – Nos termos do artigo 1.750 do Código Civil de 1916 (a que corresponde o art.1793 do Cód. Civil de 2002) "Sobrevindo descendente sucessível ao testador, que o não tinha, ou não o conhecia, quando testou, rompe-se o testamento em todas as suas disposições, se esse descendente sobreviver ao testador". II – No caso concreto, o novo herdeiro, que sobreveio, por adoção *post mortem*, já era conhecido do testador que expressamente o contemplou no testamento e ali consignou, também, a sua intenção de adotá-lo. A pretendida incidência absoluta do art. 1750 do Cód. Civil de 1916 em vez de preservar a vontade esclarecida do testador, implicaria a sua frustração. III – A aplicação

posteriormente etc.[42]. A análise do rompimento do testamento, porém, somente ocorre com a abertura da sucessão. Isso porque o artigo 1.973 do Código Civil determina o rompimento quando sobrevindo descendente *sucessível se esse descendente sobreviver ao testador*. Assim, não basta que sobrevenha descendente que não tinha ou não conhecia o testador, porque este descendente deve ser sucessível e sobreviver ao testador. Sucessíveis são todos os descendentes, em decorrência da igualdade entre os filhos (CR, art. 227, § 6º), salvo aqueles que forem excluídos ou renunciarem[43]. Situações essas verificáveis somente na ocasião do óbito. Além disso, na suposição de o testador testar seus bens e futuramente nascer seu filho, pode não ser rompido o testamento se este morrer antes (da abertura da sucessão) do pai. Nesse caso, a inexistência do filho na data do óbito do pai evita a caducidade do testamento.

Debate-se em doutrina quanto ao rompimento do testamento se o testador já possuía descendente conhecido quando da sua feitura, mas sobrevém outro que não tinha ou não conhecia[44]. Na jurisprudência, predomina o entendimento segundo o qual constitui pressuposto para o rompimento que ao tempo da disposição se desconheça ou inexista qualquer descendente, de sorte que se já conhecia ou possuía algum não há ineficácia testamentária[45]. Superveniência ou ignorância de descendente

Além dos descendentes, são herdeiros necessários, segundo o artigo 1.845 do Código Civil, os ascendentes e o cônjuge sobrevivente, além do companheiro por equiparação[46]. Assim, o artigo 1.974 do Código Civil, talvez vinculado ainda à legislação anterior que tinha como necessários apenas os descendentes e ascendentes, previu apenas a ignorância de outros herdeiros necessários como causa do rompimento, não já a sua superveniência[47]. Se o testador dispõe do seu patrimônio, igno- Ignorância de outros herdeiros necessários

---

do texto da lei não deve violar a razão de ser da norma jurídica que encerra, mas é de se recusar, no caso concreto, a incidência absoluta do dispositivo legal, a fim de se preservar a *mens legis* que justamente inspirou a sua criação. IV – Recurso Especial não conhecido" (STJ, 3ª T., REsp. 985.093/RJ, Rel. Min. Humberto Gomes de Barros, julg. 5.8.2010, publ. DJe 24.9.2010).

[42] Cf. Giselda Maria Fernandes Novaes Hironaka, Ação de rompimento de testamento público, *Revista Brasileira de Direito Civil*, vol. 17, jul.-set. 2018, *passim*.

[43] Vale ressalvar que mesmo com a pré-morte do descendente sucessível, não terá efeito o testamento se subsistir a sua prole, pois também descendente do testador. Assim, a pré-morte ou indignidade do descendente superveniente não impede o rompimento, uma vez que sua prole sucederá o *de cujus*, seja por direito de representação, seja por direito próprio.

[44] Para Orlando Gomes, rompe-se o testamento também se aparece mais um descendente (Orlando Gomes, *Sucessões*, cit., p. 258). Diversamente, vide Zeno Veloso, *Comentários*, vol. 21, cit., p. 368; Washington de Barros Monteiro, *Curso*, vol. 6, cit., p. 347.

[45] "Constitui condição estabelecida no art. 1.750 do Código Civil [atual art. 1.973], para o rompimento do testamento, não possuir ou não conhecer o testador, ao tempo do ato de disposição, qualquer descendente sucessível, de sorte que se ele já possuía vários, como no caso dos autos, o nascimento de um novo neto não torna inválido o testamento de bens integrantes da parte disponível a terceira pessoa. III. Recurso especial não conhecido" (STJ, 4ª T., REsp 240720/SP, Rel. Min. Aldir Passarinho Junior, julg. 21.8.2003, publ. DJ 6.10.2003). Na mesma direção: STJ, 4ª T., REsp 1169639/MG, Rel. Min. Luis Felipe Salomão, julg. 11.12.2012, publ. DJe 4.2.2013.

[46] Vide STF, Pleno, RE 878694 ED/MG, Rel. Min. Luís Roberto Barroso, julg. 10.5.2017.

[47] Eduardo de Oliveira Leite considera que o artigo 1.974 também se aplica ao cônjuge, mas restringe a sua aplicação à hipótese de o testador ignorar sua existência quando testou (Eduardo de Oliveira

rando existirem ascendentes, cônjuge ou companheiro, e qualquer destes sobrevém, rompe-se o testamento. Desse modo, por exemplo, se o testador, supondo terem morrido os pais, testa em benefício de terceiro, o testamento será rompido em todas as disposições se o pai ou mãe, que imaginou estar morto, reclamar para si a herança. Observe-se que nos casos em que houver declaração de ausência, aplica-se a disciplina própria.

O rompimento do testamento ocorre independentemente das disposições testamentárias respeitarem a legítima dos herdeiros necessários. Desse modo, não interessa se o testamento dispõe da parte disponível ou da totalidade do patrimônio para que o rompimento produza sua ineficácia total. Entretanto, uma vez que a função do rompimento consiste em proteger os herdeiros necessários, o legislador previu hipótese na qual, preservada a reserva legitimária, não há rompimento. Se o testador sabe da existência de herdeiros necessários e faz testamento sem os contemplar ou os excluir dessa parte, não haverá rompimento se sobrevier outro herdeiro necessário. Assim, por exemplo, o testamento que contempla com metade da herança uma fundação, não será rompido se o testador tinhas pais vivos e, posteriormente, sobrevém descendente que não tinha ou desconhecia. Da mesma forma, não há rompimento se o testador exclui da parte disponível os herdeiros necessários, pois resta evidente com essa manifestação de vontade a intenção de reduzir o direito sucessório à legítima. Consoante mencionado inicialmente, quando o testador previne, mencionando expressamente a sobrevinda ou o aparecimento de herdeiro necessário, também não ocorrerá o rompimento[48].

5. REDUÇÃO DAS DISPOSIÇÕES TESTAMENTÁRIAS

Segundo o artigo 1.789 do Código Civil, se houver herdeiros necessários, o testador só poderá dispor da metade da herança, abatida a eventual meação e as dívidas. O limite é o mesmo da liberalidade *inter vivos*. Chama-se imputação o procedimento para verificar se cabe na parte disponível do patrimônio do autor da liberalidade, isto é, dentro da metade do patrimônio líquido existente na data da liberalidade, se for *inter vivos*, ou no momento da abertura da sucessão, se for *mortis causa*. Para as liberalidades *inter vivos* que excedam a metade disponível, o Código Civil prevê a nulidade (CC, art. 549)[49]. Nesse caso, o cálculo será feito com base no patrimônio disponível no momento da liberalidade, e não da abertura da sucessão. Nesse sentido, didático o caso julgado pelo STJ: "o doador possuía 50% dos imóveis, constituindo 25% a parte disponível, ou seja, de livre disposição, e 25% a legítima. Este percentual é que deve ser dividido entre os 6 (seis) herdeiros, tocando a cada um

---

Leite, *Comentários*, vol. XXI, cit., p. 675; v. também Orlando Gomes, *Sucessões*, cit., p. 260 e Zeno Veloso, *Comentários*, vol. 21, cit., pp. 374, 381, 382).

[48] Zeno Veloso, *Comentários*, vol. 21, cit., p. 380.

[49] Cabe aqui recordar que as doações feitas a cônjuge, a companheiro ou a descendentes importam em adiantamento da herança e se sujeitam a colação (CC, art. 544).

4,16%. A metade disponível é excluída do cálculo"[50]. A ação de redução da doação inoficiosa pode ser proposta assim que o negócio jurídico da doação se conclua, a partir de quando se inicia o prazo geral de prescrição[51]. Muito embora a declaração de nulidade da doação não se sujeite a prazo algum, a reivindicação da coisa sujeita-se ao prazo prescricional de 10 anos[52]. Diferentemente, a doação feita a herdeiro necessário pode ser questionada enquanto vive o testador, mas não se sujeita ao prazo prescricional, em virtude do dever de levar à colação o bem recebido a título de adiantamento da herança.

Não se confunde a nulidade das doações inoficiosas com a redução das disposições testamentárias. A redução incidirá sobre a parcela das disposições testamentárias que ultrapassem a parte disponível (CC, art. 1.967). Embora ambos os institutos visem à proteção da reserva hereditária, a redução é própria da liberalidade *mortis causa*. Se o testador dispuser em limite inferior à cota disponível, a cota *ab intestato* integra o quinhão dos herdeiros necessários. Se o testador dispuser acima do limite da legítima, há lugar para a redução das disposições testamentárias, como garantia eficiente à intangibilidade da legítima[53]. A análise do desequilíbrio entre a legítima e as disposições testamentárias ocorre sempre no momento da abertura da sucessão. Pode ocorrer que o testador disponha já acima do limite ou que, ao tempo da morte do testador, verifique-se desproporção ou desequilíbrio entre a legítima e a cota testamentária, tornando esta maior do que aquela e gerando disparidade que não havia acontecido ao tempo da facção do testamento. Não se trata de invalidade do testamento, mas de ineficácia das disposições que ultrapassam a cota disponível.
[*Redução*]

A redução atinge primeiramente as cotas dos herdeiros instituídos até onde baste para salvaguardar a legítima dos herdeiros necessários (CC, art. 1.967, § 1º). Assim, na hipótese de testamento que disponha de 10% para Ana, 20% para Bento e 30% para Caio, ultrapassa-se em 10% da parte disponível. A redução será *pro rata*, mantendo-se a proporção existente: 6,67% para Ana, 16,67% para Bento, e 26,67% para Caio. Para o cálculo, divide-se o excesso (nesse exemplo 10%) pelo número de herdeiros, e o resultado será subtraído de cada um dos quinhões. O testador poderá, antevendo o risco de redução, dispor que se inteirem de preferência certos herdeiros, operando-se a redução primeiramente na quota dos demais (CC, art. 1.967, § 2º). No exemplo acima, poderia o testador manter o quinhão de Ana, mandando que a redução ocorra antes na quota de Bento e Caio: 10% para Ana, 16% para Bento e 24% para Caio.
[*Redução proporcional da cota dos herdeiros*]
[*Redução preferencial*]

Se não bastar a redução da quota dos herdeiros para respeitar a legítima dos herdeiros necessários, passa-se à redução nos legados, na proporção do seu valor (CC,
[*Redução subsidiária dos legados*]

---

[50] STJ, 4ª T., REsp 112.254/SP, Rel. Min. Fernando Gonçalves, julg. 16.11.2004, publ. DJ 6.12.2004, p. 313.

[51] STJ, 4ª T., REsp.151.935/RS, Rel. Min. Ruy Rosado de Aguiar, julg. 25.6.1998.

[52] Maria Berenice Dias, *Manual das sucessões*, São Paulo: Editora Revista dos Tribunais, 2011, 2ª ed., p. 472.

[53] Carlos Maximiliano, *Direito das Sucessões*, vol. II, cit., p. 375.

art. 1.967, § 1º). Dessa forma, se o testador deixa legado no valor de R$ 200.000,00, mas sua cota disponível é inferior a esse valor, ainda que sejam reduzidas as quotas hereditárias, não será suficiente para resguardar a legítima. Como consequência, terá de ser reduzido o legado. Se forem vários os legados, todos serão reduzidos proporcionalmente. Como exemplo, se a parte disponível for de R$ 150.000,00, existindo um legado no valor de R$ 120.000,00 e outro no valor de R$ 60.000,00, a redução ocorre proporcionalmente: de R$ 120.000,00 a R$ 100.000,00 e de R$ 60.000,00 a R$ 50.000,00.

Redução do legado de prédio indivisível Pode ocorrer que a redução recaia sobre um prédio, circunstância em que se deve apurar se é divisível. A indivisibilidade pode ser material, quando a divisão altera a substância da coisa; econômica, quando relevante a desvalorização econômica com a divisão; e jurídica, quando determinada por lei. Sendo divisível, a redução será feita por meio da sua divisão proporcional. Aplica-se, então, a regra contida do artigo 1.967, reduzindo-se proporcionalmente o legado. Se a redução recair sobre prédio indivisível, há duas soluções: i) se o excesso for maior que ¼ do valor do prédio, o legatário deverá devolvê-lo ao espólio, ficando com o direito de pedir aos herdeiros o valor do legado, que couber na metade disponível; ii) se o excesso não for maior que ¼ do valor do prédio, o legatário ficará com ele, obrigando-se a repor, a favor dos herdeiros, em dinheiro, a parte excedente. No primeiro caso, supondo-se que o prédio indivisível tenha o valor de R$ 200.000,00, com a parte disponível no valor de R$ 140.000,00; como há um excesso de R$ 60.000,00, superior a ¼ do valor do prédio, caberá ao legatário pedir aos herdeiros o valor correspondente à parte disponível, R$ 140.000,00 nesse exemplo. De outro modo, supondo-se que o prédio indivisível tenha o valor de R$ 230.000,00, com a parte disponível no valor de R$ 200.000,00; como há excesso de R$ 30.000,00, inferior a ¼ do valor do prédio, caberá ao legatário repor aos herdeiros o valor correspondente ao excesso, R$ 30.000,00 nesse exemplo.

Legatário herdeiro necessário Se o titular de legado excedente for também herdeiro necessário, poderá inteirar sua legítima no mesmo imóvel, de preferência aos outros. Dessa feita, se nos exemplos acima há dois herdeiros necessários, sendo um deles o legatário, poderá ficar com o prédio para inteirar sua legítima, sem necessidade de indenizar o outro.

Ação de redução das disposições testamentárias Compete ao interessado provocar o exercício da função jurisdicional, de modo que a redução não será realizada de ofício. Possui legitimação ativa o herdeiro necessário, o sub-rogado nos seus direitos por cessão, aquisição ou sucessão, os credores do sucessor lesado, mas não os do falecido[54]. Observe-se que a ação de redução poderá ser proposta por um, por alguns ou todos os herdeiros prejudicados, mas a sentença só produzirá efeitos em relação aos que a integrarem, por se tratar de interesse individual[55]. Nessa circunstância, as liberalidades serão reduzidas na proporção daqueles que reclamaram do excesso.

---

[54] Caio Mário da Silva Pereira, *Instituições*, vol. VI, cit., p. 334.
[55] Caio Mário da Silva Pereira, *Instituições*, vol. VI, cit., p. 335.

A redução das disposições testamentárias pode ser efetuada no processo de inventário, corrigindo na partilha a desigualdade das legítimas. Contudo, se houver necessidade de produção de prova além da documental, a redução das disposições testamentárias dependerá de ação própria, por ser questão de alta indagação (CPC, art. 612).

PROBLEMAS PRÁTICOS

1. A pessoa sem filhos que pretende testar pode prever a existência futura de filhos para impedir o rompimento do testamento?
2. Ao elaborar seu testamento, Antônio destinou legado para Pedro, um dos seus filhos, no valor de $1.500.000,00, que ultrapassava em 10% a parte disponível. Ao falecer, Antônio tinha patrimônio líquido de $5.000.000,00. Nesse caso, seria cabível a redução das disposições testamentárias?

Acesse o *QR Code* e veja a Casoteca.
> https://uqr.to/1pc9o

Capítulo XIII
LIQUIDAÇÃO DA HERANÇA

Acesse o *QR CODE* e assista ao vídeo sobre o tema.
> https://uqr.to/1pc9b

SUMÁRIO: 1. Espécies de inventário – 2. Administrador provisório e inventariante – 3. Aspectos processuais do inventário – 4. O procedimento de inventário quando há herdeiros incapazes – 5. Pagamento das dívidas do espólio – 6. Cálculo da legítima e colação – 7. Sonegados – 8. A partilha e os critérios para sua estipulação – 9. Sobrepartilha – 10. A garantia dos quinhões hereditários – 11. Emenda, invalidade e rescisão da partilha – Problemas práticos.

1. ESPÉCIES DE INVENTÁRIO

O instituto destinado a efetivar a sucessão hereditária é o inventário. Trata-se de procedimento que objetiva inventariar (ou seja, listar, relacionar) todos os bens da pessoa falecida para posterior partilha entre os seus sucessores ou adjudicação àquele que seja o único herdeiro. Ainda que existam bens localizados em diversos lugares, haverá um único inventário, salvo bens situados no estrangeiro que serão inventariados no país onde se situam. A unidade do inventário coaduna-se com a natureza jurídica da herança, que constitui uma universalidade de direito (CC, art. 1.791). Com efeito, apesar da heterogeneidade dos bens que compõem a herança, esses são reunidos para que sejam considerados em seu conjunto.

A herança, no entanto, não constitui entidade autônoma, que se afasta dos elementos que a compõem, sendo certo que é "tomada como unidade para certos efeitos, por razões de simplificação da regulamentação da sucessão e pela necessidade de proteção dos credores"[1]. A necessidade de reunir e listar o patrimônio da pessoa falecida em um processo que antecede a partilha serve, entre outros propósitos, para garantir os interesses

---
[1] Daniel de Bettencourt Rodrigues Silva Morais, *Viabilidade de uma Unificação Jus-Sucessória a Nível Europeu. Unificação meramente Conflitual ou Unificação Material?*. Coimbra: Almedina, 2005, p. 144.

de possíveis credores do *de cujus*, sendo essa uma preocupação do legislador quando disciplina o pagamento das dívidas do falecido, bem como quando estabelece outras determinações que propiciam o adimplemento das obrigações do autor da herança, como ocorre com a determinação quanto ao processamento do inventário no último domicílio do falecido (CC, art. 1.785, e Código de Processo Civil de 2015, art. 48)[2].

Normas heterotópicas

A normativa relacionada ao inventário e à partilha encontra-se principalmente na legislação processual. No entanto, tendo em vista que a ordem constitucional unificou a competência para legislar sobre direito privado e direito processual, "é de todo irrelevante o fato de uma norma rotulada de lei civil conter algum preceito de natureza processual, ou um código de processo civil incluir em seu texto alguma regra própria da lei material civil"[3].

Prazo para abertura de inventário

O processo de inventário e de partilha deve ser instaurado dentro de 2 (dois) meses, a contar da abertura da sucessão, ultimando-se nos 12 (doze) meses subsequentes, podendo o juiz prorrogar esse prazo, de ofício ou a requerimento de parte (CPC, art. 611). A sanção pela inobservância do prazo depende da legislação específica de cada Estado, que frequentemente prevê multa tributária pela inobservância de obrigações tributárias acessórias, como a não observância do prazo para abertura de inventário judicial ou não declaração administrativa do óbito no inventário extrajudicial[4].

A pandemia do Covid-19 impôs o distanciamento e o isolamento social como medidas preventivas de contaminação, a impossibilitar muitas vezes o exercício de direitos. Desse modo, se de um lado o exercício de certas situações subjetivas submete-se a prazos a fim de garantir a segurança jurídica, de outro, não haveria razoabilidade em se apenar o titular dessas situações quando o não exercício decorre de circunstância extraordinária. Nesse sentido, a Lei nº 14.010/2020, que dispõe sobre o **RJET** Regime Jurídico Emergencial e Transitório – RJET – das relações jurídicas de direito privado no período da pandemia, paralisou vários prazos. Nessa direção, o artigo 16 do RJET[5] interrompeu o prazo de abertura do processo de inventário e partilha das sucessões abertas a partir de 1.2.2020, que passou a ter o termo inicial 30.10.2020. O

---

[2]   A Resolução nº 35 do Conselho Nacional de Justiça, ao prever a disciplina da aplicação da Lei 11.401/07 pelos serviços notariais e de registro, estabeleceu em seu art. 1º que para a lavratura dos atos notariais de que trata o aludido diploma legal, é livre a escolha do Tabelião, não se aplicando as regras de competência do Código de Processo Civil. A regra se manteve, mesmo após alteração sofrida pelo dispositivo legal, cuja redação dada pela Resolução n. 571, de 2024, indica-se: "Art. 1º Para a lavratura dos atos notariais relacionados a inventário, partilha, divórcio, declaração de separação de fato e extinção de união estável consensuais por via administrativa, é livre a escolha do tabelião de notas, não se aplicando as regras de competência do Código de Processo Civil".

[3]   Humberto Theodoro Júnior, O Novo Código Civil e as Regras Heterotópicas de Natureza Processual, *Revista Síntese de Direito Civil e Processual Civil*. n. 32, vol. 6, 2004, p. 16.

[4]   No Estado do Rio de Janeiro, por exemplo, a Lei estadual nº 1427/1989 estabelece multa de 10% do imposto devido na transmissão *causa mortis*, quando o inventário não for aberto até sessenta dias após o óbito. O enunciado nº 542 da Súmula do STF consolidou o entendimento pela constitucionalidade da multa instituída pelo Estado-Membro, como sanção pelo retardamento do início ou da ultimação do inventário.

[5]   RJET, "Art. 16. O prazo do art. 611 do Código de Processo Civil para sucessões abertas a partir de 1º de fevereiro de 2020 terá seu termo inicial dilatado para 30 de outubro de 2020.

RJET entrou em vigor em 12.6.2020, data de sua publicação, mas nesse ponto retroage no tempo para alcançar as sucessões abertas anteriormente. Poder-se-ia dizer que a legislação extraordinária é vazia de efeitos, na medida em que as sanções decorrentes do não atendimento do prazo legal são previstas em legislação local[6], que não é modificada automaticamente com a normativa nacional.

O inventário extrajudicial, administrativo ou notarial realiza-se por meio de escritura pública. A Resolução do CNJ nº 35/2007 regulamenta essa modalidade de inventário e partilha. Como na via administrativa não existe um protocolo de registro do seu início, "a escritura pública de inventário e partilha pode ser lavrada a qualquer tempo, cabendo ao tabelião fiscalizar o recolhimento de eventual multa, conforme previsão em legislação tributária estadual e distrital específicas" (art. 31 da Resolução 35/2007). Note-se que a legislação local pode impor sanções pela inobservância de obrigações tributárias acessórias, como a declaração do óbito no prazo legal[7].

Inventário extrajudicial

Para realizar o inventário extrajudicialmente, a lei processual exige a inexistência de testamento[8-9], ou interessados incapazes[11] (CPC, art. 610, *caput*), havendo deter-

---

Parágrafo único. O prazo de 12 (doze) meses do art. 611 do Código de Processo Civil, para que seja ultimado o processo de inventário e de partilha, caso iniciado antes de 1º de fevereiro de 2020, ficará suspenso a partir da entrada em vigor desta Lei até 30 de outubro de 2020".

[6] No Rio de Janeiro, e.g., a Lei estadual nº 8.769/2020, interrompeu prazos e suspendeu penalidades: "Art. 3º Desde o início do Plano de Contingência da Secretaria de Estado de Saúde, fica interrompido o prazo previsto no § 4º do art. 27 e do artigo 30, ambos da Lei Estadual nº 7.174, de 28 de dezembro de 2015 para a declaração ao Fisco relativa à ocorrência do fato gerador do Imposto sobre Transmissão de Bens *Causa Mortis* – ITD –, e o prazo para o pagamento do Imposto de Transmissão *Causa Mortis*. § 1º A contagem dos prazos de que trata o *caput* deste artigo será reiniciada 60 (sessenta) dias após o encerramento do plano de contingência. § 2º Pelo mesmo período, fica suspensa a incidência das penalidades previstas no artigo 37 da Lei 7.174, de 28 de 2015".

[7] No Estado do Rio de Janeiro, e.g., a Lei nº 7.174/2015 prevê: "Art. 37. O descumprimento das obrigações previstas nesta Lei sujeita o infrator à aplicação das seguintes penalidades: I – a quem não prestar a declaração nos prazos previstos no §4º do art. 27 ou no art. 46, será aplicada multa de 10% (dez por cento) do valor do imposto devido, acrescida de 10 (dez) pontos percentuais a cada doze meses adicionais, até o limite de 40% (quarenta por cento) do imposto devido, ou multa de 80% (oitenta por cento) do valor do imposto devido, quando constatada a infração no curso de procedimento fiscal (...)".

[8] Tal requisito, contudo, vem sendo revisto pela jurisprudência do Superior Tribunal de Justiça. Em recente e paradigmático caso, a 4ª Turma da Corte decidiu por unanimidade que certo inventário poderia transcorrer por via extrajudicial mesmo diante da existência de testamento. O relator do caso, Ministro Luis Felipe Salomão, ressaltou que os interessados eram maiores de idade, capazes, e estariam em plena concordância e devidamente acompanhados por advogados, razão pela qual impedir que o inventário seguisse pela via administrativa poderia importar em violação de princípios como a efetividade da tutela jurisdicional e a duração razoável do processo. (STJ, 4ª T., REsp 1.808.767/RJ, Rel. Min. Luis Felipe Salomão, julg. 15.10.2019, publ. DJe 3.12.2019). No mesmo sentido, entendeu a 3ª Turma que é possível a realização de inventário extrajudicial ainda que exista testamento, se os interessados forem capazes, concordes e estiverem assistidos por advogado. Estimulam-se assim a autonomia privada e a desjudicialização de temas não conflituosos, reservando-se ao Judiciário as hipóteses em haja litígio entre os herdeiros (STJ, 3ª T., REsp 1.951.456/RS, Rel. Min. Nancy Andrighi, julg. 23.8.2022, publ. DJe 25.8.2022).

[9] Vários enunciados reportam-se ao entendimento que permite o inventário extrajudicial mesmo quando há testamento, a saber: i) Enunciado n. 600 da VII Jornada de Direito Civil do CJF: "Após

minação expressa de que a escritura pública de inventário constituirá documento hábil para qualquer ato de registro, bem como para levantamento de importância depositada em instituições financeiras (CPC, art. 610, § 1º), e exequibilidade de título executivo extrajudicial. Note-se que a Resolução do CNJ nº 571/2024, que alterou a Resolução do CNJ nº 35/2007, passou a autorizar a lavratura de escritura pública de inventário e partilha com testamento e herdeiros menores ou incapazes, mediante atendimento a certos requisitos[10]. O elemento central para a realização do inventário extrajudicial, portanto, é o consenso.

Admite-se ainda a conversão do inventário judicial em extrajudicial, que se tornou possível apenas com a Lei nº 11.441/07. Nesse caso, desde que o inventário judicial

---

registrado judicialmente o testamento e sendo todos os interessados capazes e concordes com os seus termos, não havendo conflito de interesses, é possível que se faça o inventário extrajudicial"; ii) Enunciado n. 77 da I Jornada sobre Prevenção e Solução Extrajudicial de Litígios: "Havendo registro ou expressa autorização do juízo sucessório competente, nos autos do procedimento de abertura e cumprimento de testamento, sendo todos os interessados capazes e concordes, o inventário e partilha poderão ser feitos por escritura pública, mediante acordo dos interessados, como forma de pôr fim ao procedimento judicial"; iii) Enunciado n. 51 da I Jornada de Direito Processual Civil do CJF: "Havendo registro judicial ou autorização expressa do juízo sucessório competente, nos autos do procedimento de abertura, registro e cumprimento de testamento, sendo todos os interessados capazes e concordes, poderão ser feitos o inventário e a partilha por escritura pública"; iv) Enunciado n. 16 do IBDFAM: "Mesmo quando houver testamento, sendo todos os interessados capazes e concordes com os seus termos, não havendo conflito de interesses, é possível que se faça o inventário extrajudicial".

[10] Vide Art. 12-A e 12-B, inseridos na Resolução do CNJ nº 35/2007, pela Resolução nº 571/2024: "Art. 12-A. O inventário poderá ser realizado por escritura pública, ainda que inclua interessado menor ou incapaz, desde que o pagamento do seu quinhão hereditário ou de sua meação ocorra em parte ideal em cada um dos bens inventariados e haja manifestação favorável do Ministério Público. § 1º Na hipótese do *caput* deste artigo é vedada a prática de atos de disposição relativos aos bens ou direitos do interessado menor ou incapaz. § 2º Havendo nascituro do autor da herança, para a lavratura nos termos do *caput*, aguardar-se-á o registro de seu nascimento com a indicação da parentalidade, ou a comprovação de não ter nascido com vida. § 3º A eficácia da escritura pública do inventário com interessado menor ou incapaz dependerá da manifestação favorável do Ministério Público, devendo o tabelião de notas encaminhar o expediente ao respectivo representante. § 4º Em caso de impugnação pelo Ministério Público ou terceiro interessado, o procedimento deverá ser submetido à apreciação do juízo competente" e "Art. 12-B. É autorizado o inventário e a partilha consensuais promovidos extrajudicialmente por escritura pública, ainda que o autor da herança tenha deixando testamento, desde que obedecidos os seguintes requisitos: I – os interessados estejam todos representados por advogado devidamente habilitado; II – exista expressa autorização do juízo sucessório competente em ação de abertura e cumprimento de testamento válido e eficaz, em sentença transitada em julgado; III – todos os interessados sejam capazes e concordes; IV – no caso de haver interessados menores ou incapazes, sejam também observadas as exigências do art. 12-A desta Resolução; V – nos casos de testamento invalidado, revogado, rompido ou caduco, a invalidade ou ineficácia tenha sido reconhecida por sentença judicial transitada em julgado na ação de abertura e cumprimento de testamento. § 1º Formulado o pedido de escritura pública de inventário e partilha nas hipóteses deste artigo, deve ser apresentada, junto com o pedido, a certidão do testamento e, constatada a existência de disposição reconhecendo filho ou qualquer outra declaração irrevogável, a lavratura de escritura pública de inventário e partilha ficará vedada e o inventário deverá ser feito obrigatoriamente pela via judicial. § 2º Sempre que o tabelião tiver dúvidas quanto ao cabimento da escritura de inventário e partilha consensual, deverá suscitá-la ao juízo competente em matéria de registros públicos".

tenha se iniciado no prazo legal, descabe a cobrança de multa pela demora que, em verdade, não houve. A prevalecer entendimento contrário, a conversão poderia onerar excessiva e injustificadamente os herdeiros. O recolhimento dos tributos incidentes deve anteceder a lavratura da escritura de inventário e partilha ou adjudicação dos bens.[11-12-13]

O Provimento nº 149/2023, do CNJ dispõe sobre a prática de atos notariais eletrônicos utilizando o sistema e-Notariado, a possibilitar a o inventário e partilha por meio de escritura eletrônica. Os atos notariais celebrados por meio eletrônico produzirão os efeitos previstos no ordenamento jurídico quando observarem os requisitos necessários para a sua validade, em nada se diferenciando dos atos notariais não eletrônicos, senão quanto ao meio utilizado.

O inventário e partilha extrajudicial por meio eletrônico mostra-se útil em diversas situações. Em meio à pandemia da Covid-19, por exemplo, apresentou-se como meio adequado para evitar a aglomeração de pessoas comumente necessária. Contudo, ainda no contexto pós-pandemia, o uso de meios eletrônicos pode ser um excelente recurso quando há envolvidos com deficiência física, dificuldades de locomoção, residentes em cidades ou países diversos, por mera comodidade, entre outros.

A realização do inventário extrajudicial é uma faculdade dos interessados, que podem preferir a via judicial. Vantagem do inventário extrajudicial, além da celeridade, consiste no uso maior da autonomia dos interessados para ultimá-lo. Nessa direção, os herdeiros são livres para escolher o tabelião de notas, não se aplicando as regras de competência do Código de Processo Civil. A existência de credores do espólio não impedirá a realização do inventário e partilha, ou adjudicação, por escritura pública. Os credores poderão acordar diretamente com os herdeiros o pagamento das dívidas, inclusive fazendo constar na própria escritura o reconhecimento ou quitação do débito[14]. Podem ainda os interessados nomear um inventariante, antes da escritura de

---

[11] Alguns Estados da Federação admitem a lavratura do inventário extrajudicial quando o testamento é caduco, revogado ou declarado inválido e, ainda, sendo todos os interessados capazes e concordes. No Estado do Rio de Janeiro, tal permissão consta da Consolidação Normativa da Corregedoria-Geral da Justiça TJRJ/Parte Extrajudicial, em seu artigo 297. No mesmo sentido é o artigo 130 das Normas de Serviço dos Cartórios Extrajudiciais da Corregedoria-Geral da Justiça de São Paulo, Tomo II. Na mesma linha, foi aprovado na VII Jornada de Direito Civil o Enunciado nº 600, assim ementado: "Após registrado judicialmente o testamento e sendo todos os interessados capazes e concordes com os seus termos, não havendo conflito de interesses, é possível que se faça o inventário extrajudicial."

[12] A Justiça de São Paulo autorizou que se concluísse inventário e partilha extrajudicial com herdeiro menor, o que acentuou os debates em torno dessa restrição (TJSP, 3ª Vara Cível, Processo n. 1002882-02.2021.8.26.0318, Juiz de Direito Marcio Mendes Picolo, julg. 26.7.2021). Em alguns Estados, admite-se a lavratura de escritura pública de inventário e partilha com herdeiros menores, a saber o Rio de Janeiro (Provimento 6/2023) e Santa Catarina (Provimento 11/2023). Sobre o tema, remete-se o leitor ao item 4 desde capítulo.

[13] CPC/2015, "Art. 610. Havendo testamento ou interessado incapaz, proceder-se-á ao inventário judicial."

[14] Ainda que não conste cláusula expressa que ressalve o direito dos credores, estes sempre poderão obter seu direito diretamente dos herdeiros, na proporção do seu quinhão constante da partilha.

inventário e partilha, para representar o espólio e tomar providencias preliminares, necessárias para a própria lavratura[15].

Inventário judicial

Quanto ao inventário judicial, o Código de Processo Civil regulamenta, nos artigos 610 a 673, o procedimento especial do inventário, contemplando a avaliação judicial dos bens após a sua devida descrição pelo inventariante, bem como o cálculo do imposto de transmissão *causa mortis*, com a posterior partilha dos bens elaborada por partidor judicial, após a resolução de todos os incidentes porventura suscitados, como aqueles relacionados à colação ou ao pagamento das dívidas, bem como após a formulação dos pedidos de quinhão pelos herdeiros.

Arrolamento

Tendo em vista que o inventário pelo rito ordinário é longo e pressupõe a atuação do juiz em diversas etapas, como naquelas de avaliação dos bens e de cálculo do imposto de transmissão *causa mortis*, não podia o legislador descuidar de um rito mais célere, próprio para interessados capazes e de acordo quanto à partilha, denominado de *arrolamento*. O arrolamento está previsto nos artigos 659 e seguintes, sendo o seu objetivo a redução da intervenção estatal na ultimação da partilha. A doutrina costuma qualificar o arrolamento conforme a hipótese de cabimento[16]. O procedimento é chamado de *arrolamento comum ou simples* quando o espólio for de valor igual ou inferior a mil salários mínimos (CPC, art. 664). O inventário processar-se-á também na forma de arrolamento comum, ainda que haja interessado incapaz, desde que concordem todas as partes e o Ministério Público (CPC, art. 665). Entendeu o STJ que é lícito ao juiz, de ofício, determinar a conversão do inventário para o rito do arrolamento simples ou comum (art. 664 do CPC), desde que preenchidos seus pressupostos.[17] Chama-se *arrolamento sumário* quando há herdeiro único ou, havendo mais de um herdeiro, há consenso entre partes capazes quanto à inventariança e à partilha, conforme termo nos autos ou documento particular (CPC, art. 659).

O Código de Processo Civil, ao disciplinar o *arrolamento sumário*, transferiu para a esfera administrativa as questões atinentes ao imposto de transmissão *causa mortis*, evidenciando a prioridade do legislador na agilidade da partilha amigável, ao simplificar o procedimento envolvendo o tributo, alinhado com a celeridade e a efetividade, em harmonia com o princípio constitucional da razoável duração do processo. Desse modo, o artigo 659, § 2º, com o escopo de resgatar a essência simplificada do arrolamento sumário, remeteu para fora da partilha amigável as questões relativas ao ITCMD, cometendo à esfera administrativa fiscal o lançamento e a cobrança do tributo. Com isso, o STJ firmou a seguinte tese: "No arrolamento

---

[15] Zeno Veloso, Separação, extinção de união estável, divórcio, inventário e partilha consensuais – de acordo com o novo CPC, *Boletim do Instituto de Registro Imobiliário do Brasil* – IRIB – em Revista, São Paulo, set./2016, 35ª ed., p. 83. Disponível em: https://irib.org.br/app/webroot/publicacoes/bir/355/bir355/pdf.pdf . Acesso em 16.10.2019.

[16] Cf. Antônio do Passo Cabral; Ronaldo Cramer (coord.), *Comentários ao Código de Processo Civil*. Rio de Janeiro: Forense, 2015, p. 978 e ss.

[17] STJ, 1ª S., REsp 2.083.338/RJ, Rel. Min.Nancy Andrighi, julg. 21.11.2023, publ. *DJe* 23.11.2023.

sumário, a homologação da partilha ou da adjudicação, bem como a expedição do formal de partilha e da carta de adjudicação, não se condicionam ao prévio recolhimento do imposto de transmissão *causa mortis*, devendo ser comprovado, todavia, o pagamento dos tributos relativos aos bens do espólio e às suas rendas, a teor dos arts. 659, § 2º, do CPC/2015 e 192 do CTN"[18].

No inventário, o juiz decidirá todas as questões de direito desde que os fatos relevantes estejam provados por documento, só remetendo para as vias ordinárias as questões que dependerem de outras provas (CPC, art. 612), chamadas de questões de alta indagação. Assim, por exemplo, será remetida à via própria a discussão a respeito da compra e venda de cotas societárias em benefício de um dos herdeiros[19], a habilitação de crédito que não é certo e exigível[20], a discussão acerca das doações e dos bens controvertidos[21], entre outros[22]. Fatos que possam ser esclarecidos por meio de prova documental, como juntada de documentos, expedição de ofícios ou consultas a sistemas de pesquisas patrimoniais, a exemplo do Sisbajud ou Infojud, não precisam ser remetidos às vias ordinárias.

Questões de alta indagação

Por sua vez, não se submetem a inventário ou arrolamento os valores devidos pelos empregadores aos empregados e os montantes das contas individuais do Fundo de Garantia do Tempo de Serviço e do Fundo de Participação PIS-PASEP, restituições relativas ao Imposto de Renda e outros tributos, recolhidos por pessoa física, e, não existindo outros bens sujeitos a inventário, aos saldos bancários e de

Dispensa de inventário

---

[18] STJ, 1ª S., REsp 1896526/DF, Rel. Min. Regina Helena Costa, julg. 26.10.2022, publ. DJe 28.10.2022.

[19] "Agravo Interno. Recurso Especial. Direito civil. Sucessões. Inventário. Partilha. Meeira. Questão de alta indagação. Pretensão de anulação de negócio jurídico anterior ao óbito. Transferência de cotas societárias. Ação anulatória. 1. Questões de alta indagação são as que demandam a produção de provas que não estão nos autos do inventário, e, por exigirem ampla cognição para serem apuradas e solucionadas, devem ser decididas em ação própria, nas vias ordinárias. (CPC/1973, art. 984 e CPC/2015, art. 612). Precedentes. 2. Os sucessores e o meeiro não são terceiros interessados em relação aos negócios jurídicos celebrados pelo inventariado; recebem eles o patrimônio (ativo e passivo) nas condições existentes na data do óbito. 3. As cotas societárias transferidas antes da data do óbito não integram o patrimônio a ser partilhado no inventário, sendo irrelevante, em relação aos sucessores do falecido, a circunstância de o registro do negócio jurídico na junta comercial ter ocorrido após o óbito. O registro é necessário apenas para a produção de efeitos da alteração societária em face da própria sociedade e de terceiros. 4. A verificação de existência de eventuais vícios no contrato de compra e venda das cotas societárias, sob o argumento de que teria a finalidade de beneficiar o filho do *de cujus*, deverá ser precedida de ampla instrução probatória, configurando, pois, questão de alta indagação a ser decidida pelas vias ordinárias, no caso, em ação que já se encontra em tramitação. 5. Agravo interno provido. Recurso especial parcialmente provido" (STJ, 4ª T., AgInt no REsp 1359060 / RJ, Rel. Min. Lázaro Guimarães (desembargador convocado do TRF 5ª região), julg. 19.6.2018, publ. DJe 1.8.2018).

[20] STJ, 4ª T., AgInt no AREsp 979374 / PR, Rel. Min. Maria Isabel Gallotti, julg. 22.8.2017, publ. DJe 29.8.2017.

[21] STJ, 3ª T., AgInt no AREsp 750918 / RS, Rel. Min. Ricardo Villas Bôas Cueva, julg. 13.6.2017, publ. DJe 21.6.2017.

[22] Questão recorrente é a impugnação da união estável no âmbito do inventário, quando muitas vezes a via ordinária se mostra a solução mais viável diante da necessidade de produção de provas (STJ, 4ª T., AgRg no AREsp 527695/SP, Rel. Min. Maria Isabel Gallotti, julg. 19.8.2014, publ. DJe 5.9.2014). Contudo, "o reconhecimento de união estável em sede de inventário é possível quando esta puder ser comprovada por documentos incontestes juntados aos autos do processo" (STJ, REsp 1.685.935 – AM, Rel. Min. Nancy Andrighi, julg. 17.8.2017).

contas de cadernetas de poupança e fundos de investimento de valor até 500 (quinhentas) Obrigações do Tesouro Nacional, que não tenham sido recebidos em vida pelos respectivos titulares, como regulamentado pela Lei nº 6.858/1980 (CPC, art. 666), e benefícios previdenciários recebidos do INSS[23]. Nesses casos, deve-se proceder ao levantamento por meio de expedição de alvará, em procedimento de jurisdição voluntária[24]. A devolução sucessória dos referidos ativos excepciona a ordem dos sucessores prevista na lei civil, que só irá determinar aqueles legitimados a recebê-los na falta de dependentes habilitados perante a Previdência Social ou na forma da legislação específica dos servidores civis e militares.

Do mesmo modo, a transmissão da titularidade do direito de uso de jazigos em cemitérios públicos dispensa o inventário. Isto porque trata-se de mera concessão administrativa de uso, instrumento pelo qual a Administração Pública Municipal faculta ao particular a utilização privativa do bem público, conforme a sua destinação, sem importar, portanto, em transferência do domínio. Nessa linha de raciocínio, o Superior Tribunal de Justiça se manifestou no sentido de que "o cemitério municipal é bem público de uso especial. Nele é o Poder Público quem detém a propriedade dos túmulos. Apenas seu uso é concedido ao administrado"[25].

O seguro de vida também não é pago por meio do inventário. Uma questão debatida diz respeito aos planos de previdência privada. Por um lado, o Superior Tribunal de Justiça entendeu que na modalidade VGBL (vida gerador de benefício livre), o plano possui natureza de seguro de vida, portanto, está dispensado o inventário e não pode ser tributado pelo ITCMD[26]. Por outro lado, a mesma Corte entendeu que nos planos de previdência privada na modalidade PGBL (plano gerador de benefício livre), de natureza aberta, o valor existente antes de sua conversão em renda e pensionamento ao titular possui natureza de aplicação e investimento, devendo ser objeto de partilha por ocasião da dissolução do vínculo conjugal ou da sucessão por não estar abrangido pela regra do art. 1.659, VII, do CC/2002[27], portanto integra a meação do cônjuge ou companheiro e a sua herança. Diversamente, sendo de natureza fechada, não restaria incluído na meação[28-29].

---

[23] Lei nº 8.213/1991. "Art. 112. O valor não recebido em vida pelo segurado só será pago aos seus dependentes habilitados à pensão por morte ou, na falta deles, aos seus sucessores na forma da lei civil, independentemente de inventário ou arrolamento".

[24] O levantamento de bens somente ocorrerá se não houver outros bens a inventariar, como se lê no seguinte julgado: "O levantamento de quantia não recebida em vida pelo *de cujus*, independentemente do processamento de inventário, tem cabimento apenas excepcionalmente, quando inexistentes outros bens a partilhar. Inteligência do art. 610 do CPC c./c. a Lei 8.858/80. Não pode ser acolhida a pretensão, in casu, porquanto está declarada nos autos a existência de bens a inventariar" (TJRS, 7ª CC, Ap. Cív. nº 0127518-70.2017.8.21.7000, julg. 28.6.2017, publ. DJe 3.7.2017).

[25] STJ, 2ª T., REsp 747.871/RS, Rel. Min. Eliana Calmon, julg. 21.6.2007, publ. DJe 18.11.2008.

[26] STJ, 2ª T., REsp 1.961.488/RS, Rel. Min. Assusete Magalhães, julg. 16.11.2021, publ. DJe 17.11.2021.

[27] STJ, 3ª T., REsp 1.726.577/SP, Rel. Min. Nancy Andrighi, julg. 14.9.2021, publ. DJe 1.10.2021.

[28] STJ, 3ª T., REsp 1.477.937/MG, Rel. Min. Ricardo Villas Bôas Cueva, julg. 27.4.2017, publ. DJe 20.6.2017.

[29] Sobre o ponto, consulte-se o item 2.5 do capítulo 7.

2. ADMINISTRADOR PROVISÓRIO E INVENTARIANTE

Do ponto de vista prático, até que o processo de inventário seja instaurado e o inventariante preste compromisso, o administrador provisório representa o espólio, fazendo e recebendo pagamentos, conservando bens, reclamando medidas judiciais etc. (CPC, art. 613). O artigo 614 da lei processual indica as atribuições do administrador provisório: representa ativa e passivamente o espólio, é obrigado a trazer ao acervo os frutos que desde a abertura da sucessão percebeu, tem direito ao reembolso das despesas necessárias e úteis que fez e responde pelo dano a que, por dolo ou culpa, der causa. A rigor, coincidem com os mesmos poderes-deveres do inventariante. Por estar na administração de bens de terceiros, o administrador provisório tem o dever de prestar contas[30]. O juízo do inventário é competente para a análise da prestação de contas do administrador provisório.

Administrador provisório

---

[30]   Cf. "RECURSO ESPECIAL. AÇÃO DE PRESTAÇÃO DE CONTAS. BENS E DIREITOS EM ESTADO DE MANCOMUNHÃO (ENTRE A SEPARAÇÃO DE FATO E A EFETIVA PARTILHA). PATRIMÔNIO COMUM ADMINISTRADO EXCLUSIVAMENTE POR EX-CÔNJUGE. 1. A ação de prestação de contas tem por escopo aclarar o resultado da administração de negócios alheios (apuração da existência de saldo credor ou devedor) e, sob a regência do CPC de 1973, ostentava caráter dúplice quanto à sua propositura, podendo ser deduzida tanto por quem tivesse o dever de prestar contas quanto pelo titular do direito de exigi-las. O Novo CPC, por seu turno, não mais prevê a possibilidade de propositura de ação para prestar contas, mas apenas a instauração de demanda judicial com o objetivo de exigi-las (artigo 550). 2. Assim como consagrado jurisprudencialmente sob a égide do CPC de 1973, o Codex de 2015 explicitou o dever do autor de, na petição inicial, especificar, detalhadamente, as razões pelas quais exige as contas, instruindo-a com documentos comprobatórios dessa necessidade, se existirem. São as causas de pedir remota e próxima, as quais devem ser deduzidas, obrigatoriamente, na exordial, a fim de demonstrar a existência de interesse de agir do autor. 3. Como de sabença, a administração do patrimônio comum do casal compete a ambos os cônjuges (artigos 1.663 e 1720 do Código Civil). Nada obstante, a partir da separação de fato ou de corpos (marco final do regime de bens), os bens e direitos dos ex-consortes ficam em estado de mancomunhão – conforme salienta doutrina especializada –, formando uma massa juridicamente indivisível, indistintamente pertencente a ambos. 4. No presente caso, consoante reconhecido na origem, a separação de fato do casal (que adotara o regime de comunhão universal de bens) ocorreu em janeiro de 2000, tendo sido decretada a separação de corpos em 05.05.2000, no âmbito de ação cautelar intentada pela ex-esposa. Posteriormente, foi proposta ação de separação judicial litigiosa que, em 19.04.2001, foi convertida em consensual. A divisão do acervo patrimonial comum, por sua vez, foi objeto de ação própria, ajuizada em maio de 2001, processada sob a forma de inventário. Revela-se, outrossim, incontroverso que os bens e direitos comuns do casal sempre estiveram sob a administração exclusiva do ex-marido, que, em 27.11.2001, veio a assumir o encargo de inventariante do patrimônio. 5. Em caráter geral, a jurisprudência desta Corte já consagrou o entendimento de que a prestação de contas é devida por aqueles que administram bens de terceiros, não havendo necessidade de invocação de qualquer motivo para o interessado tomá-la. 6. No tocante especificamente à relação decorrente do fim da convivência matrimonial, infere-se que, após a separação de fato ou de corpos, o cônjuge que estiver na posse ou na administração do patrimônio partilhável seja na condição de administrador provisório, seja na de inventariante terá o dever de prestar contas ao ex-consorte. Isso porque, uma vez cessada a afeição e a confiança entre os cônjuges, aquele titular de bens ou negócios administrados pelo outro tem o legítimo interesse ao pleno conhecimento da forma como são conduzidos, não se revelando necessária a demonstração de qualquer irregularidade, prejuízo ou crédito em detrimento do gestor. 7. Recurso especial provido para restabelecer a sentença de procedência (STJ, 4ª T., REsp 1274639/SP, Rel. Min. Luis Felipe Salomão, julg. 12.9.2017, publ. DJe 23.10.2017).

Quem é o administrador provisório? O artigo 1.797 do Código Civil define a quem cabe a administração provisória. Competirá primeiramente ao cônjuge ou ao companheiro a administração da herança até que ocorra o compromisso do inventariante. Sendo a união estável uma relação de fato, se na data no óbito não há convivência, não há mais a própria união estável. Quanto ao casamento, entretanto, sendo relação formal, a separação de fato não extingue o casamento, mas ao cônjuge sobrevivente separado de fato não se atribui a administração provisória. Não havendo cônjuge ou companheiro, a administração provisória caberá ao herdeiro que esteja na posse e administração dos bens. Na hipótese de existirem vários herdeiros nessa situação, competirá ao mais velho. Presume-se que este tenha melhores condições que os demais para assumir a administração da herança. Na falta de cônjuge, companheiro e herdeiro, assumirá a administração provisória o testamenteiro, que também desempenhará a função se, havendo herdeiro, nenhum estiver na posse e administração da herança.

Administrador provisório Por fim, na falta ou escusa das demais pessoas indicadas no artigo 1.797 do Código Civil, o juiz indicará pessoa de sua confiança para o exercício da administração provisória. O mesmo ocorrerá se o administrador provisório tiver de ser afastado por motivo grave, levado ao conhecimento do juiz. O administrador provisório não ostenta essa qualidade por força de nomeação judicial, mas por uma questão de fato. Consequentemente, a pessoa indicada na lei como administradora provisória não será obrigada ao exercício da função, mas, uma vez iniciada, pode requerer ao juiz a dispensa.

Quem é o inventariante? Uma vez iniciado o inventário, o juiz nomeará inventariante, segundo a ordem estabelecida no artigo 617 do Código de Processo Civil, qual seja: i) o cônjuge ou companheiro sobrevivente, desde que estivesse convivendo com o outro ao tempo da morte deste; ii) o herdeiro que se achar na posse e na administração do espólio, se não houver cônjuge ou companheiro sobrevivente ou se estes não puderem ser nomeados; iii) qualquer herdeiro, quando nenhum deles estiver na posse e na administração do espólio; iv) o herdeiro menor, por seu representante legal; v) o testamenteiro, se lhe tiver sido confiada a administração do espólio ou se toda a herança estiver distribuída em legados; vi) o cessionário do herdeiro ou do legatário; vii) o inventariante judicial, se houver; viii) pessoa estranha idônea, quando não houver inventariante judicial. Em princípio, essa ordem deve ser seguida pelo juiz, salvo se não consultar aos interesses do espólio, do mesmo modo do que concerne à indicação por consenso de todos os herdeiros e eventuais legatários[31]. Por exemplo, em certo caso "a remoção do inventariante foi justificada pelo intenso dissenso entre a maioria dos herdeiros e explícito conflito de interesses entre o inventariante e o espólio (o inventariante é sócio das empresas cujas cotas são objeto de partilha), mencionando também desídia na condução do inventário (andamento lento sem perspectiva de

---

[31]   Paulo Cezar Pinheiro Carneiro, *Comentários ao Código de Processo Civil*, vol. IX, t. I, Rio de Janeiro: Forense, 2006, 3ª ed., p. 49.

solução) e acusações de condutas graves na condução do cargo (utilização do acervo patrimonial para se enriquecer ilicitamente)"[32].

Nomeado o inventariante, este será intimado a prestar compromisso em cinco dias (CPC, art. 617, parágrafo único). A partir desse momento, a administração da herança competirá ao inventariante, a quem cabe impulsionar o processo de inventário, cuja falta poderá acarretar até a sua remoção (CPC, art. 622, II). O inventário culmina com a homologação da partilha ou auto de adjudicação, termo final para a administração da herança pelo inventariante.

Administração da herança

A administração da herança consiste na conservação dos bens, no recebimento de pagamentos, na representação do espólio em medidas judiciais[33-34], enfim, na prática das atribuições conferidas ao inventariante em geral no artigo 618 do Código de Processo Civil. Diversamente, atos que impliquem na disposição de bens do espólio não constituem mera administração e, portanto, exigem autorização judicial (CPC, art. 619). O inventariante deve prestar contas quando for removido ou determinado pelo juiz (CPC, art. 618, VII), o que configura instrumento de controle da inventariança. Vale destacar que a prestação de contas decorrente de relação jurídica de inventariança não deve observar o procedimento especial bifásico previsto para a ação autônoma de prestação de contas, na medida em que se dispensa a primeira fase – acertamento da legitimação processual consubstanciada na existência do direito de exigir ou prestar contas – porque, no inventário, o dever de prestar contas decorre de expressa previsão legal, bem como não se extingue com a morte do inventariante[35].

No inventário extrajudicial, é obrigatória a nomeação de interessado, na escritura pública de inventário e partilha, para representar o espólio, com poderes de inventariante, no cumprimento de obrigações ativas ou passivas pendentes, mas sem necessidade de seguir a ordem prevista no art. 617 do Código de Processo Civil. Na medida em que o procedimento tem como premissa o consenso, devem os envolvidos acordar também a pessoa que terá poderes de inventariança. Aliás, o meeiro e os herdeiros poderão, em escritura pública anterior à partilha ou à adjudicação,

---

[32] STJ, 4ª T., AgInt no REsp 1294831/MG, Rel. Min. Raul Araújo, julg. 6.6.2017, publ. DJe 20.6.2017.

[33] O Superior Tribunal de Justiça possui o entendimento de que cabe ao inventariante responder em juízo, ativa e passivamente, pelo espólio. Enquanto não aberto o inventário e realizada a partilha, tal responsabilidade recai sobre o administrador provisório. Nesse contexto, compreende-se que os herdeiros não detêm legitimidade *ad causam* (STJ, 1ª T., AgInt no REsp 1743886/RJ, Rel. Min. Paulo Sérgio Domingues, julg. 16.10.2023, publ. DJe 18.10.2023). Pode-se exemplificar com ação proposta pelo espólio, representada pelo inventariante, para anular doação e restabelecer os bens da herança (STJ, 3ª T., AgInt no REsp 1710406/AL, Rel. Min. Ricardo Villas Bôas Cuevas, julg. 6.6.2017, publ. DJe 7.12.2018).

[34] Se o réu falece antes do ajuizamento da ação, não havendo citação válida, deve ser facultada ao autor a emenda à petição inicial, para incluir no polo passivo o espólio ou os herdeiros, nos termos do artigo 329, I, do CPC/2015. Esse foi o entendimento da 4ª Turma do STJ em hipótese na qual o autor não possuía conhecimento da morte do devedor quando do ajuizamento da ação monitória. Não se trata, portanto, de hipótese de sucessão processual pelos herdeiros (art. 110 do CPC/2015), que ocorre apenas quando a parte falece no curso do processo (STJ, 4ª T., REsp 2025757/SE, Rel. Min. Antonio Carlos Ferreira, julg. 2.5.2023, publ. DJe 5.5.2023).

[35] Nesse sentido, vide STJ, 3ª T., REsp 1.776.035/SP, Rel. Min. Nancy Andrighi, julg. 16.6.2020.

nomear inventariante. Nesse caso, a nomeação de inventariante será considerada o termo inicial do procedimento de inventário extrajudicial.[36] Vale dizer que os direitos e deveres do inventariante nomeado administrativamente são os mesmos daquele nomeado em inventário judicial.

3. ASPECTOS PROCESSUAIS DO INVENTÁRIO

Abertura da sucessão e do inventário

Não se confunde abertura da sucessão com abertura de inventário. A morte abre automaticamente a sucessão do falecido (CC, art. 1.784), não o inventário. O inventário consiste em procedimento extrajudicial ou judicial com vistas à adjudicação ou partilha de bens, que depende de atuação do interessado. Para melhor compreensão do tema, passar-se-á por alguns dos aspectos processuais do inventário judicial (CPC, art. 610 e ss.).[37]

Legitimidade para requerer o inventário

O inventário não pode ser aberto de ofício pelo juiz, como a legislação processual pretérita previa (CPC1973, art. 989). Assim, embora aberta a sucessão e transmitida a herança aos herdeiros pelo princípio da *saisine*, a formalização da transmissão com a adjudicação ou partilha dos bens depende da abertura do inventário. Pode requerer o inventário aquele que estiver na posse e administração da herança (CPC, art. 615), no prazo de dois meses (CPC, art. 611). Possuem legitimidade concorrente para requerer o inventário ainda: o i) o cônjuge ou companheiro supérstite; ii) o herdeiro; iii) o legatário; iv) o testamenteiro; v) o cessionário do herdeiro ou do legatário; vi) o credor do herdeiro, do legatário ou do autor da herança; vii) o Ministério Público, havendo herdeiros incapazes; viii) a Fazenda Pública, quando tiver interesse; ix) o administrador judicial da falência do herdeiro, do legatário, do autor da herança ou do cônjuge ou companheiro supérstite (CPC, art. 616).

Como todos os legitimados previstos nos artigos 615 e 616 da legislação processual são concorrentes, é possível que sejam abertos dois ou mais inventários, mas a unidade sucessória impõe que apenas um prossiga. "Há litispendência entre duas ações de inventário e partilha ajuizadas por distintos colegitimados quando presente a tríplice identidade – mesmas partes, mesmas causas de pedir e mesmos pedidos –, sendo irrelevante o fato de que as partes ocuparem polos processuais contrapostos nas duas ações em virtude da legitimação concorrente e disjuntiva para o ajuizamento da ação"[38]. Nesse caso, o critério de definição da competência é a data do registro ou distribuição (CPC, arts. 59 e 312).

Para o requerimento do inventário, é necessária a apresentação da certidão de óbito (CPC, art. 615, parágrafo único), que comprova a morte do autor da herança, fato jurídico a ensejar a abertura da sucessão. Na sua falta, o juiz determinará que o

---

[36] A Resolução CNJ nº 35 de 24.4.2007, regula a lavratura dos atos notariais relacionados a inventário, partilha, separação consensual, divórcio consensual e extinção consensual de união estável por via administrativa.

[37] O inventário extrajudicial tem regulamentação específica na Resolução nº 35/2007 do CNJ.

[38] STJ, 3ª T., REsp 1739872/MG, Rel. Min. Nancy Andrighi, julg. 13.11.2018, publ. DJe 22.11.2018.

CAPÍTULO XIII | LIQUIDAÇÃO DA HERANÇA

requerente junte o documento, sob pena de inadmitir o pedido (CPC, art. 321). A prova da morte natural se faz com o cadáver, mas na sua falta é possível a justificação judicial para o assento de óbito (LRP, art. 88), quando há certeza da morte, documento imprescindível para a abertura do inventário.

Como mencionado acima, uma vez admitido o requerimento de inventário, o juiz nomeará inventariante, segundo a ordem estabelecida no artigo 617 do CPC que, em princípio, deve ser observada. Após prestar compromisso, o inventariante deverá apresentar as primeiras declarações no prazo de 20 dias (CPC, art. 620). Tal ônus não é personalíssimo e assim poderá procurador com poderes especiais o cumprir (CPC, art. 620, § 2º). Nas primeiras declarações o inventariante deverá descrever todo o patrimônio do *de cujus*, inclusive as dívidas. Caso o prazo não seja cumprido, configurar-se-á causa de remoção do inventariante (CPC, art. 622, I). Desse modo, se a robustez do espólio evidenciar que o prazo de 20 dias é insuficiente, o inventariante deverá pedir ao juiz dilação do prazo (CPC, art. 139, VI). *(Nomeação do inventariante. Primeiras declarações)*

No caso de existir empresa entre os bens inventariados, deverá haver balanço se o *de cujus* era empresário individual ou apuração de haveres se o morto era sócio de sociedade não anônima (CPC, art. 620, § 1º). Vale ressaltar que o balanço ou apuração de haveres não aprovado pelo sócio falecido não dispensa a apuração de haveres, consoante enunciado nº 265 da Súmula do STF[39]. A controvérsia a respeito da apuração de haveres que não puder ser resolvida por prova documental, será remetida às vias ordinárias (CPC, art. 612), o que poderá ensejar a suspensão do inventário.

Após as primeiras declarações, inicia-se a fase das citações e intimações. O juiz mandará citar, para os termos do inventário e da partilha, o cônjuge, o companheiro, os herdeiros e os legatários e intimar a Fazenda Pública, o Ministério Público, se houver herdeiro incapaz ou ausente, e o testamenteiro, se houver testamento (CPC, art. 626). A regra é a citação pelo correio, cabendo a citação por edital apenas para incertos e desconhecidos (CPC, art. 626, § 1º). O comparecimento espontâneo do interessado supre a citação. Em relação ao testamenteiro, importante lembrar que se não foi o requerente do inventário, deverá ser citado, sob pena de nulidade do processo, porque lhe cabe fiscalizar o cumprimento das disposições testamentárias e, parta tanto, ingressar no inventário[40]. Aquele que se julgar preterido poderá demandar sua admissão no inventário, requerendo-a antes da partilha. Caso um dos herdeiros ou legatários não seja citado e seja excluído da partilha, haverá nulidade da partilha. Suponha-se que a partilha seja feita com a pendência de ação de investigação de paternidade e petição de herança, ulteriormente julgadas procedentes, o filho preterido poderá requerer a retificação da partilha já realizada. "A execução da decisão de procedência proferida em autos de petição de herança faz-se, como regra, por meio de simples pedido de retificação de partilha, uma vez que a sentença homolo- *(Citações e intimações)*

---

[39] "Na apuração de haveres não prevalece o balanço não aprovado pelo sócio falecido, excluído ou que se retirou".

[40] STJ, 3ª T., REsp 277932/RJ, Rel. Min. Nancy Andrighi, julg. 7.12.2004, publ. Dje 17.12.2004.

gatória de partilha não faz coisa julgada em relação ao herdeiro não convocado ao processo de inventario (art. 472, CPC [1973])"[41].

Destaque-se, sobre o ponto, que a Segunda Seção do STJ definiu, sob o rito dos recursos repetitivos, no Tema 1.200, que o prazo prescricional para propor a ação de petição de herança tem início na abertura da sucessão e não é suspenso ou interrompido pelo ajuizamento de ação de investigação de paternidade.[42] Supera-se assim a orientação que considerava o termo inicial do prazo prescricional somente no trânsito em julgado da ação de investigação de paternidade, que reconhece finalmente a condição de herdeiro. Prevaleceu, portanto, o princípio da *actio nata*, previsto no art. 189 do Código Civil, já que com a abertura da sucessão, nos termos do art. 1.784, do Código Civil, surge objetivamente para o herdeiro o direito de reivindicar direitos sucessórios mediante a petição de herança. O Relator, Ministro Marco Aurelio Bellizze, considerou inadmissível que, à mercê da imprescritibilidade da ação investigatória de paternidade, o interessado possa esperar indefinidamente para propor a ação de petição de herança, pois isso violaria a estabilização das relações jurídicas.

Manifestação
dos interessados Concluídas as citações, abrir-se-á vista às partes, em cartório e pelo prazo comum de 15 (quinze) dias, para que se manifestem sobre as primeiras declarações, cabendo-lhes arguir erros, omissões e sonegação de bens; reclamar contra a nomeação de inventariante; e contestar a qualidade de quem foi incluído no título de herdeiro (CPC, art. 627). Verificando que a disputa sobre a qualidade de herdeiro demanda produção de provas que não a documental, o juiz remeterá a parte às vias ordinárias e sobrestará, até o julgamento da ação, a entrega do quinhão que na partilha couber ao herdeiro admitido (CPC, art. 627, § 3º). Solução semelhante se apresenta quando herdeiro preterido demandar a sua admissão no inventário, sendo necessária a produção de provas que não a documental, em que o juiz remeterá o requerente às vias ordinárias, mandando reservar, em poder do inventariante, o quinhão do herdeiro excluído até que se decida o litígio (CPC, art. 628, § 2º). Assim, por exemplo, o pedido de reconhecimento de união estável não suspende o inventário, questão a ser decidida em ação própria se demandar dilação probatória, podendo ser reservada meação e/ou quinhão do suposto companheiro. A decisão que determina a reserva de quinhão pode ser de ofício, se presentes os requisitos para concessão de medida cautelar, em razão do poder geral de cautela do julgador.

Colação das
liberalidades No prazo estabelecido no artigo 627 do CPC, o herdeiro obrigado à colação conferirá por termo nos autos ou por petição à qual o termo se reportará os bens que recebeu ou, se já não os possuir, trar-lhes-á o valor (CPC, art. 639). Os bens a serem conferidos na partilha, assim como as acessões e as benfeitorias que o donatário fez, calcular-se-ão pelo valor que tiverem ao tempo da abertura da sucessão. A redação do parágrafo único do artigo 639 foi objeto de controvérsia a respeito do valor a ser

---

[41] STJ, 3ª T., REsp 16137 / SP, Rel. Min. Sálvio de Figueiredo Teixeira, julg. 21.2.1995, publ. DJ 27.3.1995, p. 7162. Em doutrina, pela nulidade do processo, vide Conrado Paulino da Rosa e Marco Antônio Rodrigues, *Inventário e Partilha*, Jus Podivm, Salvador, 2019, p. 369.

[42] STJ, 2ª S., REsp 2.029.809, no Tema 1.200, Rel. Min. Marco Aurélio Bellizze, julg. 22.5.2024, publ. *DJe* 28.5.2024.

colacionado em contraponto com a redação aparentemente conflitante com o artigo 2.004 do Código Civil[43]. A sonegação da doação não se configura apenas com a omissão do herdeiro, que deve ser instado a falar sobre a liberalidade recebida. Se o herdeiro negar o recebimento dos bens ou a obrigação de os conferir, o juiz, ouvidas as partes no prazo comum de 15 (quinze) dias, decidirá à vista das alegações e das provas produzidas. Declarada improcedente a oposição, se o herdeiro, no prazo improrrogável de 15 (quinze) dias, não proceder à conferência, o juiz mandará sequestrar-lhe, para serem inventariados e partilhados, os bens sujeitos à colação ou imputar ao seu quinhão hereditário o valor deles, se já não os possuir. Contudo, se a matéria exigir dilação probatória diversa da documental, o juiz remeterá as partes às vias ordinárias, não podendo o herdeiro receber o seu quinhão hereditário, enquanto pender a demanda, sem prestar caução correspondente ao valor dos bens sobre os quais versar a conferência (CPC, art. 641). Cabe diferenciar a conferência assim realizada da pena de sonegados, que requer ação própria que poderá culminar na perda do direito que o herdeiro sonegador teria sobre os bens ocultados (CC, art. 1.993)[44].

Avaliação dos bens

A Fazenda Pública, no prazo de 15 (quinze) dias, após a vista de que trata o artigo 627 da lei processual, informará ao juízo, de acordo com os dados que constam de seu cadastro imobiliário, o valor dos bens de raiz descritos nas primeiras declarações. Se os herdeiros concordarem com o valor dos bens declarados pela Fazenda Pública, a avaliação cingir-se-á aos demais (CPC, art. 634). A definição do valor dos bens da herança mostra-se necessária para a tributação da sucessão, de competência estadual[45]. Desse modo, após a manifestação dos interessados sobre as primeiras declarações, não havendo pendências, seguir-se-á para a avaliação e cálculo do imposto (CPC, art. 630). A avaliação será feita por avaliador judicial ou perito, na falta daquele. Sendo capazes todas as partes, não se procederá à avaliação se a Fazenda Pública, intimada pessoalmente, concordar de forma expressa com o valor atribuído, nas primeiras declarações, aos bens do espólio (CPC, art. 633).

Tributação da sucessão

As partes terão oportunidade de se manifestar a respeito das avaliações, concordando ou impugnando as mesmas no prazo de 15 (quinze) dias (CPC, art. 635). Aceito o laudo ou resolvidas as impugnações suscitadas a seu respeito, lavrar-se-á em seguida o termo de últimas declarações, no qual o inventariante poderá emendar, aditar ou completar as primeiras (CPC, art. 636). Ouvidas as partes sobre as últimas declarações no prazo comum de 15 (quinze) dias, proceder-se-á ao cálculo do tributo (CPC, art. 637). Feito o cálculo, sobre ele serão ouvidas todas as partes no prazo comum de 5 (cinco) dias, que correrá em cartório, e, em seguida, a Fazenda Pública. Se o juiz acolher eventual impugnação, ordenará nova remessa dos autos ao contabilista, determinando as alterações que devam ser feitas no cálculo. Realizadas as alterações, o juiz julgará o cálculo do tributo (CPC, art. 638).

---

[43] O dever de conferir os bens recebidos pelo inventariado em adiantamento da herança foi melhor desenvolvido no item 6 deste capítulo.

[44] Remete-se o leitor ao item 7 deste Capítulo.

[45] Constituição da República, "Art. 155. Compete aos Estados e ao Distrito Federal instituir impostos sobre: I – transmissão *causa mortis* e doação, de quaisquer bens ou direitos;".

Habilitação dos credores

Antes da partilha, poderão os credores do espólio requerer ao juízo do inventário o pagamento das dívidas vencidas e exigíveis (CPC, art. 642). Não havendo concordância de todas as partes sobre o pedido de pagamento feito pelo credor, será o pedido remetido às vias ordinárias. O juiz mandará, porém, reservar, em poder do inventariante, bens suficientes para pagar o credor quando a dívida constar de documento que comprove suficientemente a obrigação e a impugnação não se fundar em quitação (CPC, art. 643). Se houver concordância de todos a respeito do pedido de pagamento, o juiz, ao declarar habilitado o credor, mandará que se faça a separação de dinheiro ou, em sua falta, de bens suficientes para o pagamento. Sendo a dívida líquida e certa, porém não vencida, o credor também pode requerer habilitação no inventário. Concordando as partes, o juiz, ao julgar habilitado o crédito, mandará que se faça separação de bens para o futuro pagamento (CPC, art. 644). Cabe ressaltar que é lícito aos herdeiros, ao separarem bens para o pagamento de dívidas, autorizar que o inventariante os indique à penhora no processo em que o espólio for executado (CPC, art. 646). Em regra, o legatário não tem interesse no pagamento de dívidas porque a responsabilidade é da herança, em nada prejudicando o legado. Entretanto, o legatário é parte legítima para manifestar-se sobre as dívidas do espólio quando toda a herança for dividida em legados e quando o reconhecimento das dívidas importar redução dos legados (CPC, 645).

Pedido de quinhão

Separados os bens, tantos quantos forem necessários para o pagamento dos credores habilitados, o juiz facultará às partes que, no prazo comum de 15 (quinze) dias, formulem o pedido de quinhão e, em seguida, proferirá a decisão de deliberação da partilha[46], resolvendo os pedidos das partes e designando os bens que devam constituir quinhão de cada herdeiro e legatário (CPC, art. 647). O juiz poderá, em decisão fundamentada, deferir antecipadamente a qualquer dos herdeiros o exercício dos direitos de usar e de fruir de determinado bem, com a condição de que, ao término do inventário, tal bem integre a cota desse herdeiro, cabendo a este, desde o deferimento, todos os ônus e bônus decorrentes do exercício daqueles direitos (CPC, art. 647, parágrafo único).

Esboço de partilha

O partidor organizará o esboço da partilha de acordo com a decisão judicial, observando nos pagamentos a seguinte ordem: i) dívidas atendidas; ii) meação do cônjuge; iii) meação disponível; iv) quinhões hereditários, a começar pelo coerdeiro mais velho. Feito o esboço, as partes manifestar-se-ão sobre esse no prazo comum de 15 (quinze) dias, e, resolvidas as reclamações, a partilha será lançada nos autos. A partilha constará de auto de orçamento, que mencionará os nomes do autor da herança, do inventariante, do cônjuge ou companheiro supérstite, dos herdeiros, dos legatários e dos credores admitidos; o ativo, o passivo e o líquido partível, com as necessárias especificações; o valor de cada quinhão; de folha de pagamento para cada parte, declarando a quota a pagar-lhe, a razão do pagamento e a relação dos bens que lhe compõem o quinhão, as características que os individualizam e os ônus que os gravam. O auto e cada uma das folhas serão assinados pelo juiz e pelo escrivão.

---

46   Sobre a partilha, remete-se o leitor ao item 8 deste capítulo.

CAPÍTULO XIII | LIQUIDAÇÃO DA HERANÇA

Pago o imposto de transmissão a título de morte e juntada aos autos certidão ou informação negativa de dívida para com a Fazenda Pública, o juiz julgará por sentença a partilha. A existência de dívida para com a Fazenda Pública não impedirá o julgamento da partilha, desde que o seu pagamento esteja devidamente garantido. Transitada em julgado a sentença mencionada no artigo 654, receberá o herdeiro os bens que lhe tocarem e um formal de partilha, do qual constarão as seguintes peças: i) termo de inventariante e título de herdeiros; ii) avaliação dos bens que constituíram o quinhão do herdeiro; iii) pagamento do quinhão hereditário; iv) quitação dos impostos; v) sentença. O formal de partilha poderá ser substituído por certidão de pagamento do quinhão hereditário quando esse não exceder a 5 (cinco) vezes o salário-mínimo, caso em que se transcreverá nela a sentença de partilha transitada em julgado.

Formal de partilha

A partilha amigável, celebrada entre partes capazes, nos termos da lei, bem como o pedido de adjudicação, quando houver herdeiro único, serão homologados de plano pelo juiz, com observância dos artigos 660 a 663 do Código de Processo Civil. Transitada em julgado a sentença de homologação de partilha ou de adjudicação, será lavrado o formal de partilha ou elaborada a carta de adjudicação e, em seguida, serão expedidos os alvarás referentes aos bens e às rendas por ele abrangidos, intimando-se o fisco para lançamento administrativo do imposto de transmissão e de outros tributos porventura incidentes, conforme dispuser a legislação tributária, nos termos do § 2º do artigo 662 da lei processual[47]. Quando o valor dos bens do espólio for igual ou inferior a 1.000 (mil) salários-mínimos, o inventário também processar-se-á na forma de arrolamento, cabendo ao inventariante nomeado, independentemente de assinatura de termo de compromisso, apresentar, com suas declarações, a atribuição de valor aos bens do espólio e o plano da partilha (CPC, art. 664). O inventário processar-se-á também na forma do artigo 664, ainda que haja interessado incapaz, desde que concordem todas as partes e o Ministério Público (CPC, art. 665).

Partilha consensual

Uma questão processual que se destaca diz respeito exatamente ao incapaz, como reflexo da Lei nº 13.146/2015 (Estatuto da Pessoa com Deficiência) que alterou o instituto da capacidade civil, tema que será desenvolvido a seguir.

4. O PROCEDIMENTO DE INVENTÁRIO QUANDO HÁ HERDEIROS INCAPAZES

A celeridade da prestação jurisdicional é um objetivo a ser alcançado, razão pela qual o legislador prevê a redução das solenidades e atos do inventário quando as partes são maiores e capazes e há acordo em relação à partilha dos bens, disciplinando, assim,

Rito do inventário e herdeiro incapaz

---

[47] Código de Processo Civil, "Art. 662. No arrolamento, não serão conhecidas ou apreciadas questões relativas ao lançamento, ao pagamento ou à quitação de taxas judiciárias e de tributos incidentes sobre a transmissão da propriedade dos bens do espólio. (...)

§ 2º O imposto de transmissão será objeto de lançamento administrativo, conforme dispuser a legislação tributária, não ficando as autoridades fazendárias adstritas aos valores dos bens do espólio atribuídos pelos herdeiros".

o rito do arrolamento sumário e aquele do arrolamento comum quando o valor dos bens não ultrapassa determinado limite legal, bem como o inventário extrajudicial.

Pela normativa processual, portanto, havendo herdeiros incapazes, o rito do inventário seria aquele ordinário, no qual há a participação do juiz em diversas etapas, com a avaliação judicial, o cálculo judicial do imposto e a partilha judicial, elaborada pelos partidores. Com efeito, havendo herdeiros incapazes, o paradoxo transparece: o rito processual seria mais burocrático a fim de proteger o incapaz que acaba por sofrer pela demora no encerramento do inventário.

Arrolamento comum com herdeiro incapaz — Nessa esteira e sensível à problemática, o Código de Processo Civil de 2015 autorizou de forma expressa, em seu artigo 665, que sejam processados na forma do artigo 664, ou seja, através do arrolamento comum, procedimento mais simples quando os bens do espólio não ultrapassam 1.000 (mil) salários mínimos, os inventários com herdeiros incapazes, desde que concordem as partes e o Ministério Público. Na vigência do Código de Processo Civil de 1973 a doutrina e jurisprudência já sinalizavam esse caminho para que o herdeiro incapaz pudesse se beneficiar da simplificação do arrolamento comum[48]. Sebastião Amorim e Euclides de Oliveira esclarecem que o arrolamento comum se baseia no valor reduzido da herança, portanto "sua adoção é de natureza cogente, ainda que não representados todos os herdeiros, e mesmo que haja ausentes e incapazes, ou testamento, hipóteses em que intervirá o Ministério Público"[49].

O Código de Processo Civil de 2015 poderia ter avançado na matéria, por exemplo permitindo o processamento do inventário pelo rito do arrolamento sumário quando há um único herdeiro, ainda que incapaz; bem como quando o monte é composto apenas por dinheiro, não havendo nenhuma questão complexa a ser dirimida, além

---

[48] Paulo César Pinheiro Carneiro, *Comentários ao Código de Processo Civil,* vol. IX, T. I, Rio de Janeiro: Forense, 2006, 3ª ed., p. 225. Na jurisprudência, vale citar: "Agravo de Instrumento. Inventário por arrolamento. Decisão interlocutória que determinou a adequação do pedido para o rito ordinário face à existência de incapaz interessado (art. 1031 do CPC). O código de processo civil prevê duas modalidades de arrolamento: a primeira, prevista no artigo 1.031 a 1.035 (arrolamento sumário), com as modificações trazidas pela lei 7.019/82, exige que todas as partes interessadas na partilha amigável sejam maiores e capazes; a segunda, consubstanciada no artigo 1.036 (arrolamento comum), decorre tão somente do valor atribuído aos bens do espólio, haja ou não incapazes O valor do acervo hereditário é inferior à quantia fixada pela lei. Recurso a que se dá provimento na forma do art. 557, §1º-A, do código de processo civil, para manter o inventário por arrolamento, nos termos do artigo 1.036 do mesmo diploma" (TJRJ, 7ª C.C., AgInt 0000476-29.2006.8.19.0000, Rel. Des. Maria Henriqueta Lobo, julg. 31.12.2005, publ. DJe 7.3.2006); "Agravo de instrumento. O chamado arrolamento comum, regulado no artigo 1036 é admissível sejam ou não capazes os herdeiros, quando o valor dos bens da herança for igual ou inferior, na dicção da lei, a 2000 otn's. Provimento do recurso." (TJRJ, 8ª CC, AgInst. 0035323-96.2002.8.19.0000 (2002.002.15691), Rel. Des. Odete Knaack de Souza, julg. 15.4.2003); "Arrolamento. Incapaz. Ainda que incapaz o herdeiro, o inventario deve processar-se na forma de arrolamento, desde que o valor dos bens do espolio seja inferior a 2000 OTNs. Inteligência do artigo 1.036 do Código de Processo Civil. Provimento do recurso" (TJRJ, 5ª CC, AgInt 0010071-04.1996.8.19.0000 (1996.002.01597), Rel. Des. Carlos Davidson de Menezes Ferrari, julg. 1.10.1996, publ. DJe 11.10.1996).

[49] Sebastião Amorim; Euclides de Oliveira, *Inventários e Partilhas*, São Paulo: Livraria e Editora Universitária de Direito, 2001, 14ª ed., p. 325.

da divisão matemática entre os sucessores; ou quando restar comprovado que a partilha apresentada não traz qualquer prejuízo ao incapaz, mantendo-se a atuação do Ministério Público para resguardar os interesses dos incapazes.

A Lei nº 13.146/2015 (Estatuto da Pessoa com Deficiência) modificou substancialmente o instituto da capacidade civil. O art. 1º do Código Civil enuncia regra geral de capacidade, segundo a qual "toda pessoa é capaz de direitos e deveres na ordem civil". Trata-se da chamada capacidade de direito, que se confunde com a própria titularidade das situações jurídicas subjetivas. A ideia de incapacidade diz respeito ao exercício das situações jurídicas subjetivas. Assim, a incapacidade precisa ser sanada por intervenção do assistente ou representante do incapaz, que o auxilia ou substitui no exercício das suas titularidades, sob pena de invalidade do ato ou negócio praticado (CC, art. 104, I, 166, I e 171, I). O art. 6º da Lei nº 13.146/2015 prevê expressamente que a deficiência não afeta a plena capacidade civil da pessoa, inclusive para se casar e constituir união estável, exercer direitos sexuais e reprodutivos, exercer o direito de decidir sobre o número de filhos e de ter acesso a informações adequadas sobre reprodução e planejamento familiar, conservar sua fertilidade, sendo vedada a esterilização compulsória; exercer o direito à família e à convivência familiar e comunitária; exercer o direito à guarda, à tutela, à curatela e à adoção, como adotante ou adotando, em igualdade de oportunidades com as demais pessoas. *Capacidade civil e deficiência*

Dessa forma, são hipóteses de incapacidade civil: i) a idade constitui causa de incapacidade absoluta para os menores de 16 anos; ii) os maiores de 16 e os menores de 18 anos; iii) os ébrios habituais; iv) os viciados em tóxicos; e v) aqueles que, por causa permanente ou transitória, não puderem exprimir sua vontade são relativamente incapazes (CC, arts. 3º e 4º). Deixaram, assim, de pertencer ao rol expresso dos incapazes as pessoas que, por enfermidade ou deficiência mental, não tiverem o necessário discernimento, ou, por deficiência mental, tenham o discernimento reduzido; e os excepcionais, sem desenvolvimento mental completo. Assim, a deficiência física, mental, intelectual ou sensorial – por si só – não mais poderá ser indicada como causa da incapacidade, visto que essa resultará tão somente da impossibilidade de a pessoa exprimir sua vontade, por causa transitória ou permanente, seja a pessoa deficiente ou não[50]. Registre-se que a impossibilidade há de ser interpretada também no sentido de ausência ou de reduzido discernimento[51].

A capacidade civil constitui noção geral, a princípio aplicável também na processualística. Nesse sentido, estabeleceu-se que a pessoa capaz civilmente possui igual capacidade para estar em juízo (CPC, art. 70). A simetria consiste em matéria de *Simetria entre capacidade civil e processual*

---

[50] Heloisa Helena Barboza, Curatela do enfermo: instituto em renovação. In: Carlos Edison do Rêgo Monteiro Filho; Gisela Sampaio da Cruz Guedes; Rose Melo Vencelau Meireles. (Org.), *Direito Civil*, 1ª ed., Rio de Janeiro: Freitas Bastos, 2015, p. 433-451.

[51] Rose Melo Vencelau Meireles, A necessária distinção entre negócios jurídicos existenciais e patrimoniais: o exemplo da capacidade civil. In: Carlos Edison do Rêgo Monteiro Filho; Gisela Sampaio da Cruz Guedes; Rose Melo Vencelau Meireles. (Org.). *Direito Civil*. 1. ed. Rio de Janeiro: Freitas Bastos, 2015, p. 178.

política legislativa, a indicar autonomia entre capacidade material e processual[52]. Contudo, o Código de Processo Civil de 2015, posterior ao Estatuto da Pessoa com Deficiência, traz à lume possível incapacidade, ainda que em termos meramente processuais, da pessoa portadora de deficiência mental[53].

Incapacidade processual por deficiência metal

Chama atenção a vedação legal de citar o "mentalmente incapaz" (CPC, art. 245). Nesse caso, o citando será submetido a avaliação médica, dispensada se a família apresentar declaração do médico atestando a sua incapacidade. Verificada a incapacidade, a citação deverá ser feita ao curador, nomeado pelo juiz, a quem caberá a defesa do citando. Desse modo, a incapacidade processual inclui a incapacidade [*rectius* deficiência] de natureza mental. A restrição se aplica também ao autor, em prestígio à isonomia ou paridade entre as partes, princípio presente também na seara processual. Trata-se, em verdade, de requisito de validade da formação da relação jurídico-processual, por isso aplicável a todas as partes (CPC, art. 239 c./c. art. 280)[54].

Assim, a pessoa portadora de deficiência possui, via de regra, capacidade civil e processual. O novo estatuto processual não modificou a regra. O Código de Processo Civil há de ser interpretado em conjunto com o Estatuto da Pessoa com Deficiência, tendo como parâmetro a promoção, em condições de igualdade, do exercício dos direitos e das liberdades fundamentais das pessoas com deficiência, visando a sua inclusão social e cidadania. Com efeito, a ausência de discernimento se configura como hipótese bastante para a necessária curatela mencionada no artigo 84, § 1º, c./c. artigo 85 do Estatuto, sobretudo, porque ao Judiciário raramente se colocam questões exclusivamente existenciais.

Nulidade processual

Dessa feita, a interpretação sistemática das normas que disciplinam o exercício das situações jurídicas, conduz ao entendimento de que a falta de discernimento, como uma das hipóteses de impossibilidade para exprimir a vontade, importa em incapacidade de exercício, com a necessidade de nomeação de curador, para as situações patrimoniais e negociais. Para o processo civil, a falta de curador nesses casos gera nulidade do processo[55].

Curador

No inventário judicial, apurada a "incapacidade mental" de um dos herdeiros, identifica-se desde logo duas consequências. Em primeiro lugar, será nomeado curador nos termos do artigo 245 do Código de Processo Civil. Repita-se, a curatela se

---

[52] Confira-se Antonio do Passo Cabral; Ronaldo Cramer, *Comentários ao Novo Código de Processo Civil*, Rio de Janeiro: Forense, 2016, p. 121.

[53] Sobre o tema, cf. Ana Luiza Maia Nevares, Renata Vilela, Rose Melo Vencelau Meireles, As implicações do Estatuto da Pessoa com Deficiência no Processo de Inventário. In Joyceane Bezerra de Menezes (org.). *Direitos das Pessoas com deficiência psíquica e intelectual nas relações privadas*, Rio de Janeiro: Editora Processo, 2016, *passim*.

[54] Registre-se que embora exista divergência doutrinária quanto a natureza jurídico-processual da citação, se pressuposto de validade, de existência ou eficácia processual, o Código de Processo Civil de 2015 expressamente prevê a citação como indispensável à validade do processo, com a previsão de algumas exceções (Antônio do Passo Cabral e Ronaldo Cramer, *Comentários ao Novo Código de Processo Civil*, cit., p. 388).

[55] Ana Luiza Maia Nevares, Renata Vilela, Rose Melo Vencelau Meireles, As implicações do Estatuto da Pessoa com Deficiência no Processo de Inventário, cit., p. 505.

restringirá ao procedimento do inventário. Em segundo lugar, passará a ser obrigatória a intervenção do Ministério Público (CPC, art. 178, II) e a adoção do rito do inventário pelo rito ordinário, salvo a possibilidade de arrolamento comum se os bens do espólio não ultrapassam 1.000 (mil) salários mínimos. O intuito protetivo do patrimônio da pessoa resta evidente, o que se amolda à finalidade do Estatuto ao limitar a curatela a situações patrimoniais e negociais. O procedimento judicial de inventário ou arrolamento exige que o herdeiro tenha pleno discernimento ou lhe seja dado curador, sob pena de nulidade (CPC, art. 239 c./c. art. 280). Não parece absurdo entender que a lei processual inclui expressamente a ausência de discernimento como mais uma hipótese de incapacidade absoluta processual, eis que a sanção correspondente é a nulidade do processo, se não houver curador.

No inventário extrajudicial ou partilha amigável, por sua natureza negocial, a validade há de encontrar regramento na disciplina do negócio jurídico. Ainda que a pessoa portadora de deficiência, acometida por causa temporária ou transitória, que lhe impossibilite exprimir a vontade, seja tida por relativamente incapaz, pode-se justificar a nulidade do inventário extrajudicial e da partilha amigável com fundamento diverso da incapacidade absoluta. O artigo 166, VII, do Código Civil preceitua a nulidade dos negócios jurídicos cuja lei proibir a prática sem cominar sanção. Ora, a lei veda a realização de inventário extrajudicial e partilha amigável por pessoas incapazes civilmente, sem definir o grau de incapacidade, se absoluta ou relativa. Pode-se entender, nesses casos, que a proteção da pessoa superou o grau de incapacidade, para se conferir uma única sanção: a nulidade.

> *Nulidade do inventário extrajudicial*

A Justiça de São Paulo, em uma comarca do interior do Estado, em certo caso, autorizou a realização extrajudicial de um inventário, mesmo havendo herdeiros menores de idade[56]. No caso concreto, o inventário extrajudicial já estava em andamento quando faleceu um dos herdeiros, que foi representado pelos filhos menores. Foi autorizado que o representante assinasse a escritura pública de inventário e partilha, com a ressalva de que devem estar satisfeitas as demais exigências legais, junto ao Tabelião de Notas. O uso dessa modalidade de inventário foi possível porque a partilha foi feita de forma ideal, sem nenhum tipo de alteração de pagamento dos quinhões hereditários, de modo a não prejudicar o menor. Esse precedente inspirou a criação de procedimento híbrido no estado do Acre, autorizado pela Portaria 5914-12, de 8 de setembro de 2021 (D.O. de 09/09/2021), no qual os tabelionatos de notas poderão lavrar escrituras públicas de inventários extrajudiciais, mesmo havendo herdeiros interessados incapazes, desde que a minuta final da escritura seja previamente submetida à aprovação do juízo orfanológico, antecedida de manifestação do Ministério Público, visando a devida proteção dos interesses dos herdeiros incapazes[57]. No mesmo senti-

---

[56] TJSP, 3ª Vara Cível, Processo n. 1002882-02.2021.8.26.0318, Juiz de Direito Marcio Mendes Picolo, julg. 26.7.2021.

[57] "Art. 1º. Os tabelionatos de notas do Estado do Acre poderão, no âmbito da competência sucessória deste juízo (CPC, art. 48, *caput*), lavrar escrituras públicas de inventários extrajudiciais, mesmo havendo herdeiros interessados incapazes, desde que a minuta final da escritura (acompanhada da documentação pertinente) seja previamente submetida à aprovação desta vara, antecedida,

do, o novo Código de Normas da Corregedoria-Geral da Justiça – Parte Extrajudicial do Rio de Janeiro[58], alterado pelo Provimento CGJ nº 6/2023, autoriza o inventário extrajudicial quando haja herdeiro incapaz se cada um dos bens for partilhado a todos os herdeiros e ao cônjuge em proporção ao respectivo quinhão ideal, ou no caso de adjudicação ao único herdeiro. Para a lavratura de escritura de inventário e partilha que não obedeça, em relação a cada um dos bens, o respectivo quinhão ideal, se existir herdeiro incapaz, haverá necessidade de prévia autorização judicial, a ser processada na forma do artigo 725, VII, do CPC (art. 447). Nesse caso, a minuta da partilha não equânime e a atribuição de bem individual a quaisquer herdeiros deverão ser devidamente justificadas, de forma a demonstrar que não há prejuízo ao incapaz, inclusive com juntada de documentos aptos a comprovar o alegado (art. 448, § 1º). O objetivo é a desjudicialização e desburocratização do processo de transferência patrimonial *mortis causa*, ainda mais importante quando existirem herdeiros em situação de vulnerabilidade. Nessa toada, o Conselho Nacional de Justiça editou a Resolução nº 571/2024, cujo art. 12-A, dispõe que o inventário poderá ser realizado por escritura pública, ainda que inclua interessado menor ou incapaz, desde que o pagamento do seu quinhão hereditário ou de sua meação ocorra em parte ideal em cada um dos bens inventariados e haja manifestação favorável do Ministério Público.

5. PAGAMENTO DAS DÍVIDAS DO ESPÓLIO

Não se confundem o patrimônio do *de cujus* e o dos herdeiros, de modo que estes não respondem pessoalmente pelas dívidas do falecido, *ultra vires hereditatis* (CC, arts. 1.792 e 1.821). No direito brasileiro, o inventário é obrigatório, mesmo quando a partilha é extrajudicial. Assim, a aceitação da herança será sempre a benefício de inventário, portanto, sem responsabilização pessoal dos herdeiros.

O pagamento das dívidas constitui etapa fundamental da liquidação da partilha. Isto porque o monte partível é a herança líquida do *de cujus*. Conforme dispõe o artigo 651 do Código de Processo Civil[59], na partilha o atendimento das dívidas encontra-se na primeira ordem dos pagamentos. Isso porque não há benefício hereditário se a herança estiver toda comprometida com as dívidas do morto.

---

evidentemente, de manifestação do Ministério Público, tudo isso visando a devida proteção dos interesses dos herdeiros incapazes.

Parágrafo único. Para todos os efeitos legais, os inventários lavrados na forma do *caput* deste artigo serão considerados como inventários judiciais (na modalidade de arrolamentos), uma vez que as minutas de escritura serão previamente aprovadas e homologadas por esta vara".

[58] Publicação Oficial do Tribunal de Justiça do Estado do Rio de Janeiro – Lei Federal nº 11.419/2006, art. 4º e Resolução TJ/OE nº 10/2008, Ano 15 – nº 66/2022, Caderno I – Administrativo, publ. DJe 16.12.2022.

[59] Código de Processo Civil, "Art. 651. O partidor organizará o esboço da partilha de acordo com a decisão judicial, observando nos pagamentos a seguinte ordem:

I – dívidas atendidas;

II – meação do cônjuge; III – meação disponível;

IV – quinhões hereditários, a começar pelo coerdeiro mais velho".

CAPÍTULO XIII | LIQUIDAÇÃO DA HERANÇA

Pelas dívidas responde a herança, enquanto não se realizar a partilha[60]. Os herdeiros se responsabilizam pelo pagamento das dívidas do falecido depois de feita a partilha, cada qual na proporção da sua parte na herança[61]. Cabe ressaltar que se o *de cujus* era casado há responsabilidade do cônjuge sobrevivente pelo pagamento das dívidas do casal, na parte que lhe é relativa[62]. Nem a renúncia da meação exonera o cônjuge sobrevivente dessa responsabilidade[63].

Responsabilidade pelo pagamento das dívidas

Os legatários se sujeitam ao pagamento das dívidas do *de cujus* apenas se assim lhes for imposto como encargo, se a herança houver sido integralmente dividida em legados ou se a herança não for suficiente para pagar o passivo. Por isso, em regra, o legatário não tem interesse no pagamento de dívidas porque a responsabilidade é da herança, em nada prejudicando o legado. Entretanto o legatário é parte legítima para manifestar-se sobre as dívidas do espólio quando toda a herança for dividida em legados e quando o reconhecimento das dívidas importar redução dos legados (CPC, art. 645).

Responsabilidade do legatário

José da Silva Pacheco bem descreve as dívidas em relação ao espólio no seguinte panorama geral: "1º) dívidas do *de cujus*, que se desdobram em: I) dívidas do *de cujus* cobradas antes da partilha: a) vencidas; b) não vencidas; c) tributárias; d) com privilégio; II) dívidas do *de cujus* cobradas após a partilha, pelas quais respondem os herdeiros, proporcionalmente à parte que, na herança, lhes coube; 2º) despesas ou encargos do espólio ou do monte; 3º) dívidas das partes: I) relativas ao inventário: a) tributos; b) despesas processuais, custas encargos e honorários de advogado; II) não

Quadro geral das dívidas

---

[60] Como consequência, é o espólio – universalidade de bens deixados pelo *de cujus* – que, por expressa determinação legal (arts. 597 do CPC/73 e 1.997 do CC), responde pelas dívidas do autor da herança e tem legitimidade passiva para integrar a lide, enquanto ainda não há partilha (STJ, 4ª.T., AgInt no REsp 1.761.773/PR, Rel. Marco Buzzi, julg. 04.03.2024, publ. *DJe* 07.03.2024).

[61] Consulte-se interessante acórdão: "A falta de inventariante judicialmente nomeado não faz dos herdeiros, individualmente considerados, partes legítimas para responder pela obrigação objeto da ação de cobrança, pois enquanto não há partilha, é a herança que responde por eventual obrigação deixada pelo *de cujus*, cuja representação do acervo hereditário se faz provisoriamente pelo possuidor de fato, enquanto que o espólio, como parte formal, é quem detém legitimidade passiva *ad causam* para integrar a lide" (STJ, 4ª T., AgInt no Agravo Em Recurso Especial n. 1.580.936/ES, Rel. Min. Maria Isabel Gallotti, julg. 29.6.2020). Em outro interessante caso, decidiu a 3ª Turma do STJ que, se subsiste o regime de copropriedade sobre imóvel após a partilha, por ato voluntário dos coerdeiros, os sucessores e coproprietários respondem solidariamente pelas despesas condominiais, afastando-se, assim, a regra do art. 1792 do Código Civil, que limita a obrigação de cada herdeiro, após a partilha, ao valor de seu quinhão hereditário. No caso, os herdeiros e a viúva contestaram a solidariedade pretendida pelo condomínio, em ação de cobrança, alegando que, homologada a partilha, cada herdeiro só responde na proporção do seu quinhão hereditário. Segundo assinalou o Relator, Min. Marco Aurélio Bellizze, embora após a partilha a responsabilidade sobre a coisa seja repartida entre os herdeiros na proporção de suas cotas na herança, a natureza *propter rem* das obrigações condominiais do imóvel e a solidariedade resultante, segundo a Corte, do art. 1.345 do Código Civil, possibilitam a cobrança em face de quaisquer dos coproprietários atuais, da integralidade da dívida, incluindo as despesas anteriores à aquisição do bem, ressalvado o direito de regresso do condômino que pagou contra os demais codevedores, nos termos do art. 283 (STJ, 3ª T., REsp 1.994.565, Rel. Min. Marco Aurélio Bellizze, julg. 26.9.2023).

[62] TJRJ, 15ª C.C., Ap.Cív. 199800112028, Rel. Des. José Mota Filho, julg. 13.1.1999.

[63] Itabaiana de Oliveira, *Tratado de Direito das Sucessões*, Rio de Janeiro: Freitas Bastos, 5ª ed., p. 394.

relativas ao inventário ou particulares"[64-65]. Dessas dívidas, saem do monte os débitos do *de cujus* e as dívidas póstumas, isto é, aquelas contraídas em vida pelo falecido e transmitidas com a sua morte, e aquelas que surgem após o falecimento do autor da herança, respectivamente. As despesas funerárias, que são dívidas póstumas, haja ou não herdeiros legítimos, sairão do monte da herança. Despesas funerárias são gastos ordinários com a morte,[66] que gozam de privilégio geral (CC, art. 965, I). A herança do *de cujus* somente responde pelos sufrágios por alma se determinados em codicilo ou testamento, a fim de serem respeitadas as convicções do herdeiro, que pode ser de religião diversa ou ser ateu.

Nas declarações do inventariante devem constar as dívidas ativas e passivas (CPC, art. 620, IV, "f"), porém, se não forem descritas, os credores poderão requerer o seu pagamento. Questões de alta indagação, isto é, aquelas que demandam produção de prova, não serão julgadas pelo juiz do inventário (CPC, art. 612). Assim, os credores do espólio que tiverem dívidas vencidas, constantes de documentos, não necessariamente títulos executivos, poderão requerer no próprio inventário o seu pagamento, antes da partilha (CPC, art. 642)[67]. Não já a dívida dos herdeiros[68], pois incabível a transferência do valor correspondente ao quinhão para pagamento de sua dívida pessoal antes da partilha[69].

Reserva de bens Quando, antes da partilha, for requerido no inventário o pagamento de dívidas constantes de documentos, revestidos de formalidades legais, constituindo prova bastante da obrigação, e houver impugnação, que não se funde na alegação de pagamento, acompanhada de prova valiosa, o juiz mandará reservar, em poder do inventariante, bens suficientes para solução do débito, sobre os quais venha a recair oportunamente a execução (CC, art. 1.997, § 1º). Diverge a doutrina acerca de o termo

---

[64]   José da Silva Pacheco, *Inventários e Partilhas na sucessão legítima e testamentária revista e atualizada*, Rio de Janeiro: Forense, 1996, p. 510.

[65]   O Superior Tribunal de Justiça possui entendimento no sentido de que, embora a regra seja de que os honorários advocatícios devidos ao advogado contratado pelo espólio devam ser computados como despesas deste, na hipótese em que houver interesses antagônicos entre os herdeiros deverão incidir apenas sobre o quinhão de quem contratou o defensor. Nessa direção, vide: STJ, 4ª T., REsp 972.283/SP, Rel. Min. João Otávio de Noronha, julg. 7.4.2011, publ. DJe 15.4.2011.

[66]   Carlos Maximiliano, *Direito das Sucessões*, vol. II, Rio de Janeiro: Livraria Editora Freitas Bastos, 1937, p. 672.

[67]   Código de Processo Civil, "Art. 642. Antes da partilha, poderão os credores do espólio requerer ao juízo do inventário o pagamento das dívidas vencidas e exigíveis".

[68]   A 3ª Turma do STJ decidiu que o credor individual de herdeiro inadimplente não tem legitimidade para solicitar habilitação de crédito em inventário. Segundo tal entendimento, a legitimidade ativa do credor circunscreve-se a dívidas imputáveis ao espólio. Conforme ressaltado pelo relator, Ministro Villas Bôas Cueva, a habilitação de crédito no processo de inventário somente é admissível aos credores do espólio. Por esse motivo, o credor individual de herdeiro inadimplente não possui legitimidade para solicitar habilitação de crédito em inventário, devendo buscar as vias ordinárias para discussão de seu crédito ou quinhão cedido por instrumento particular pelo devedor (STJ, 3ª T., REsp 1.985.045, Rel. Min. Villas Bôas Cueva, julg. 16.5.2023, publ. DJ 19.5.2023).

[69]   Nesse sentido, "A satisfação das dívidas do espólio prevalece sobre a dos herdeiros e deve anteceder a partilha, nos termos do art. 642 do NCPC, descabendo o pagamento do crédito alimentar pelo espólio enquanto não efetuada a partilha" (TJRS, 7ª CC, AgInt 0049437-10.2017.8.21.7000, Rel. Des. Sérgio Fernando de Vasconcellos Chaves, julg. 26.7.2017, publ. DJe 1.8.2017).

"partilha" referir-se ao início ou ao fim do procedimento de divisão[70]. Contudo, há de se entender como marco temporal a lavratura do formal de partilha, que especificará o quinhão de cada um.

O procedimento de pagamento das dívidas está previsto nos artigos 642 a 645 do Código de Processo Civil. Não há um processo de habilitação, em autos separados; o interessado se manifesta nos próprios autos de inventário (CPC, art. 642, § 1º). Concordando as partes, o juiz mandará separar o dinheiro ou, na sua falta, bens suficientes para o pagamento. No caso de impugnação, o juiz poderá separar bens em poder do inventariante, sobre os quais possa recair, oportunamente, a execução. É suficiente a discordância de qualquer das partes para que o juiz remeta a questão às vias judiciais próprias, sem que sequer seja examinado se o motivo é justo ou não (CPC, art. 643). *Habilitação dos credores no inventário*

Se a dívida do espólio já for objeto de execução, é lícito aos herdeiros, ao separarem bens para o pagamento de dívidas, autorizar que o inventariante os indique à penhora no processo em que o espólio for executado (CPC, art. 646). Segundo esse dispositivo, os herdeiros teriam a faculdade de escolha da nomeação dos bens à penhora. Entretanto, o artigo 646 deve ser interpretado juntamente com o artigo 829, § 2º[71], ambos do CPC, o qual prevê que a indicação dos bens à penhora cabe ao exequente. A finalidade do dispositivo legal é garantir a efetividade da execução, que poderia ser prejudicada com a nomeação de bens de pouca liquidez pelo executado. Assim, a escolha dos bens a serem penhorados pelos herdeiros deve ser aceita pelo juiz mediante demonstração de que a constrição proposta lhe será menos onerosa e não trará prejuízo ao exequente. Nessa direção, "uma indicação de bem pelo inventariante que não respeite a ordem de preferência do artigo 835 do CPC apenas será admitida excepcionalmente"[72].

Tratando-se de dívidas vincendas, o credor poderá se habilitar no inventário, mesmo que a morte não importe em adiantamento do vencimento. O procedimento a seguir é o do artigo 644 do Código de Processo Civil: concordando as partes com a habilitação do crédito, o juiz mandará separar bens para o futuro pagamento. Há, portanto, separação de bens para o pagamento de dívidas vencidas e reserva de bens como procedimento cautelar para o pagamento de dívidas vincendas. *Dívidas vincendas*

---

[70] Para Paulo Cezar Pinheiro Carneiro, "enquanto não proferida a sentença que irá julgar a partilha, será sempre possível modificar o esboço apresentado, de sorte a contemplar as dívidas a serem atendidas" (Paulo Cezar Pinheiro Carneiro, *Comentários*, vol. IX, cit. p. 167). Diversamente, Itabaiana de Oliveira entende que o credor não poderá se habilitar na fase da partilha "porque prejudicaria a marcha regular do processo da partilha com a reforma dos cálculos para efeitos fiscais" (Itabaiana de Oliveira, *Tratado*, cit., p. 394, nota 1.966).

[71] Código de Processo Civil, "Art. 829. O executado será citado para pagar a dívida no prazo de 3 (três) dias, contado da citação. § 1º Do mandado de citação constarão, também, a ordem de penhora e a avaliação a serem cumpridas pelo oficial de justiça tão logo verificado o não pagamento no prazo assinalado, de tudo lavrando-se auto, com intimação do executado.

§ 2º A penhora recairá sobre os bens indicados pelo exequente, salvo se outros forem indicados pelo executado e aceitos pelo juiz, mediante demonstração de que a constrição proposta lhe será menos onerosa e não trará prejuízo ao exequente".

[72] Conrado Paulino da Rosa; Marco Antônio Rodrigues, *Inventário e Partilha*, cit., p. 393.

Após a partilha, enquanto não prescrever a exigibilidade do crédito, o credor poderá cobrar o pagamento dos herdeiros, mas na proporção da parte da herança que recebeu, como explicado acima. Ainda que se trate de obrigação solidária, cada herdeiro não será obrigado ao todo, uma vez que com a partilha extingue-se a solidariedade; porém, se a obrigação for indivisível, o credor poderá cobrar a obrigação por inteiro de cada herdeiro (CC, art. 276). Essa responsabilidade cessa se o herdeiro perde esta condição por ter renunciado, ser indigno ou deserdado[73].

Ação Regressiva Ao herdeiro que paga dívida do *de cujus* cabe ação regressiva contra os demais herdeiros, na proporção dos respectivos quinhões (CC, art. 1.999)[74]. Entretanto, se um dos herdeiros for insolvente e não puder ressarcir aquele que pagou sozinho a dívida do morto, a parte do coerdeiro insolvente será dividida proporcionalmente entre os demais.

Separação patrimonial Os legatários e credores da herança podem exigir que do patrimônio do falecido se discrimine o do herdeiro, e, em concurso com os credores deste, ser-lhes-ão preferidos no pagamento (CC, art. 2.000). O objetivo da separação dos patrimônios consiste em garantir que seja respeitada a preferência que tem os legatários e credores da herança sobre os bens do espólio. Para haver separação, não é preciso que haja risco em não receber o devido ou suspeita de insolvência. A separação dos patrimônios opera a favor do credor ou legatário que a requer[75]. A separação patrimonial pode ser requerida nos autos do próprio inventário, pois, em razão da sua natureza, não se trata de questão de alta indagação para ser remetida às vias ordinárias. É medida útil, uma vez que o quinhão ideal dos herdeiros pode ser penhorado, a fim de garantir o pagamento de suas próprias dívidas, de modo que a separação evita que primeiro seja satisfeito o interesse do credor do herdeiro, já que tem preferência o credor do *de cujus*.

Herdeiro devedor do espólio Com a abertura da sucessão, a transmissão da herança ocorre automaticamente aos herdeiros legítimos e testamentários (CC, art. 1.784). Não obstante o *droit de saisine*, a dívida do herdeiro em favor do falecido não se extingue pela confusão, salvo se houver um único herdeiro. Assim, se o coerdeiro for devedor do espólio, sua dívida será partilhada igualmente entre todos, salvo se a maioria consentir que o débito seja imputado inteiramente no quinhão do devedor (CC, art. 2001). Desse modo, se um herdeiro deve R$ 200.000,00 ao espólio e são quatro os herdeiros, paga

---

[73] "Pode um credor ser o único a requerer, é atendido, embora os outros silenciem ou discordem; a separação dos patrimônios opera-se a favor do que impetra e dos que reforçam o pedido. Em qualquer hipótese, entretanto, embora se tenha apresentado um só solicitante, quando existe fundada suspeita de ser o ativo do defunto inferior ao passivo, abre-se o concurso entre todos os credores, do qual participam os credores de sucessor universal, mas em segundo lugar, isto é, para se pagarem com as sobras, depois de liquidadas as responsabilidades do falecido; porquanto os credores de herdeiro auferem o que a este caberia, e o sucessor não recebe cousa alguma, antes de satisfeitas integralmente as obrigações do morto" (Carlos Maximiliano, *Direito das Sucessões*, vol. II, cit., p. 684).

[74] Código Civil, "Art. 1.999. Sempre que houver ação regressiva de uns contra outros herdeiros, a parte do coherdeiro insolvente dividir-se-á em proporção entre os demais."

[75] Carlos Maximiliano, *Direito das Sucessões*, vol. II, cit., p. 684.

CAPÍTULO XIII | LIQUIDAÇÃO DA HERANÇA

R$ 50.000,00 a cada um dos demais, ficando imputado no seu quinhão os R$ 50.000,00 restantes. Nada pagará se ao herdeiro devedor competir quinhão igual ou superior a R$ 200.000,00 e a maioria concordar que o débito seja imputado na sua parte. O Código Civil não define se se trata de maioria qualitativa ou quantitativa. Como o parágrafo único do artigo 1.791 do mesmo diploma legal manda recorrer às normas relativas ao condomínio, a maioria será calculada pelo valor dos quinhões (CC art. 1.325).

6. CÁLCULO DA LEGÍTIMA E COLAÇÃO

As doações de ascendente a descendente e de um cônjuge ou companheiro a outro constituem adiantamento de legítima (CC, art. 544) e, assim, devem ser con- *Adiantamento da herança* feridas por ocasião do falecimento do doador. Denomina-se *colação* a "conferência das liberalidades efetuadas em favor dos descendentes, presumivelmente recebidas como adiantamento das legítimas, com o escopo de assegurar a igualdade das cotas entre os filhos"[76,] bem como a proporção estabelecida na legislação civil para as legítimas dos descendentes e do cônjuge ou companheiro sobrevivente, nos casos de concorrência sucessória entre eles. A finalidade do instituto da colação é assegurar o respeito à igualdade das legítimas, consistindo em aumento levado à massa sucessória (CC, art. 2.003)[77], acrescido à quota indisponível, sem aumentar a disponível (CC, art. 2.002, parágrafo único). Para esse cálculo, verifica-se primeiro o valor dos bens existentes na abertura da sucessão, abate-se as dívidas e as despesas do funeral, adicionando-se, em seguida, o valor dos bens sujeitos a colação, sem aumentar a disponível.

Sendo assim, considerado ilustrativamente o monte líquido de R$ 1.000.000,00, após serem pagas as dívidas e despesas de funeral, divide-se a herança em dois montes iguais, sendo a parte disponível no valor de R$ 500.000,00 e a parte da legítima no valor de R$ 500.000,00. Na hipótese de liberalidade em adiantamento da herança, a um dos filhos, por exemplo, no valor de R$ 200.000,00, a legítima passará a ter o valor de R$ 700.000,00. Desse modo, a legítima poderá ter valor maior que a parte disponível. A importância da conferência é garantir que a liberalidade, sendo um adiantamento da herança, não beneficie mais um herdeiro em detrimento dos demais. No exemplo citado, caso existam dois herdeiros necessários, a liberalidade recebida permanecerá intacta, pois em valor inferior a R$ 350.000,00, que cada coerdeiro teria direito na legítima. De outra parte, caso existam quatro coerdeiros, será necessário verificar se há bens no acervo hereditário suficientes para resguardar os quinhões legais (CC, art. 2.003, parágrafo único). Na ausência de testamento, cada coerdeiro teria direito a R$ 250.000,00, podendo a doação recebida ser computada no quinhão do donatário. Entretanto, existindo testamento que comprometa toda a parte disponível, cada

---

[76] Gustavo Tepedino, Direito de preferência previsto em estatuto societário. In: *Soluções práticas de direito: pareceres*, vol. 2, São Paulo: Revista dos Tribunais, 2012, pp. 369-370.

[77] Carlos Maximiliano, *Direito das Sucessões*, vol. II., cit., p. 716.

coerdeiro teria direito a um quinhão no valor de R$ 175.000,00, portanto, em valor inferior ao recebido na liberalidade, impondo ao herdeiro-donatário o dever de repor aos demais, a fim de igualar as legítimas.

Pode-se afirmar assim que a obrigatoriedade da colação requer a observância de três pressupostos: i) sucessão legítima, já que não há colação na sucessão testamentária; ii) existência de coerdeiros necessários, tendo em vista que o objetivo da colação é a igualação da legítima que, por sua vez, só toca os herdeiros necessários; e iii) ocorrência de uma liberalidade, direta ou indireta, em vida. O STJ se posicionou acerca de tais pressupostos, afirmando que "[...] a finalidade da colação é a de igualar as legítimas, sendo obrigatório para os descendentes sucessivos (herdeiros necessários) trazer à conferência bem objeto de doação ou de dote que receberam em vida do ascendente comum, porquanto, nessas hipóteses, há a presunção de adiantamento da herança (arts. 1.785 e 1.786 do CC/1916; arts. 2.002 e 2.003 do CC/2002). O instituto da colação diz respeito, tão somente, à sucessão legítima; assim, os bens eventualmente conferidos não aumentam a metade disponível do autor da herança, de sorte que benefício algum traz ao herdeiro testamentário a reivindicação de bem não colacionado no inventário. [...]"[78].

Anote-se que o dever de colação se aplica reciprocamente a todos os herdeiros que concorrem na mesma sucessão. Em consequência, todos os herdeiros terão que trazer à partilha, com critérios idênticos, o valor de cada um dos bens ou quantias antecipadamente recebidos, para que o ajuste atenda aos objetivos legais e preserve a igualdade dos quinhões hereditários entre eles. Note-se que não afasta o dever de colação o fato de o herdeiro necessário prejudicado nascer em momento posterior à liberalidade[79].

Tanto as liberalidades diretas quanto as indiretas devem ser conferidas. São exemplos de liberalidade indireta o pagamento de dívida do filho pelo pai, a remissão de dívidas, aquisições para o descendente[80], a construção de benfeitorias, entre outras. Não virão à colação os gastos ordinários[81] do ascendente com o descendente menor,

---

[78] STJ, 3ª T., REsp. 400.948/SE, Rel. Min. Vasco Della Giustina, julg. 23.3.2010, publ. DJe 9.4.2010. Nesta direção, o Tribunal de Justiça de São Paulo considerou que não há que se falar em colação ou aditamento da legítima quando o imóvel a que se refere a discussão "nunca ingressou na propriedade do falecido que tinha apenas direitos de negociação sobre o bem, mediante procuração outorgada por terceiro" (TJSP, 2ª C.D.Priv., AgInt 2157242-95.2017.8.26.0000, Rel. Des. José Joaquim dos Santos, julg. 13.6.2018).

[79] STJ, 4ª T., AgInt nos EDcl no REsp 961404 / RS, Rel. Min. Antonio Carlos Ferreia, julg. 20.9.2018, publ. DJe 27.9.2018. Nessa direção, em doutrina, vide Carlos Maximiliano, *Direito das Sucessões*, vol. II, cit., p. 721.

[80] Veja-se nesse julgado a aquisição de bens em nome dos filhos com recursos do pai, sendo compra e venda simulada, devendo ser levado à colação: "Civil e Processual. Acórdão estadual. Nulidade não configurada. Ação de reconhecimento de simulação cumulada com ação de sonegados. Bens adquiridos pelo pai, em nome dos filhos varões. Inventário. Doação inoficiosa indireta. Prescrição. Prazo vintenário, contado da prática de cada ato. Colação dos próprios imóveis, quando ainda existentes no patrimônio dos réus. Exclusão das benfeitorias por eles realizadas" (STJ, 4ª T., REsp 259406 / PR, Rel. Min. Aldir Passarinho Jr., julg. 17.2.2005, publ. DJ 4.4.2005, p. 314).

[81] Segundo Carlos Maximiliano, "consideram-se ordinários os dispêndios consentâneos com a posição social e as posses do progenitor, costumes da família e usos do lugar" (Carlos Maximiliano, *Direito*

na sua educação, estudos, sustento, vestuário, tratamento nas enfermidades, enxoval, assim como as despesas de casamento, ou as feitas no interesse de sua defesa em processo-crime (CC, art. 2.010). As doações remuneratórias de serviços feitos ao ascendente também não estão sujeitas à colação (CC, art. 2.011). Embora não expressamente dispensadas, também não estão sujeitas à colação as doações manuais, discretas, não só por sua insignificância (seu objeto são bens móveis de pequeno valor), como porque seria absurdo pressupor que o ascendente, em casos tais, esteja fazendo adiantamento da legítima do descendente, o que se aplica também à doação entre cônjuges e companheiros[82]. O comodato também não se sujeita à colação, pois "somente na doação há transferência da propriedade, tendo o condão de provocar desequilíbrio entre as quotas-partes dos herdeiros necessários, importando, por isso, em regra, no adiantamento da legítima"[83]. Situação que carece de cuidado diz respeito à previdência privada que, na modalidade PGBL, vem sendo entendida como possuidora de natureza jurídica de investimento e aplicação financeira antes da conversão em renda e pensionamento ao titular, a gerar a obrigação de colacionar, nem sempre prevista pelo autor da herança[84].

---

das Sucessões, vol. II, cit., p. 748). Desse modo, não é algo que possa ser averiguado previamente, mas que depende de cada caso concreto.

[82] Zeno Veloso. In Antônio Junqueira De Azevedo (coord.), *Comentários ao Código Civil, Parte Especial: Do Direito das Sucessões (arts. 1.857 a 2.027)*, vol. 21, São Paulo: Saraiva, 2003, p. 2.112.

[83] STJ, 3ª T, REsp 1.722.691/SP, Rel. Min. Paulo de Tarso Sanseverino, julg. 12.3.2019, publ. DJe 15.3.2019.

[84] Cf., nesse sentido: "Civil. Processual civil. Direito sucessório. Ação de inventário e partilha. Comoriência entre cônjuges e descendentes. Colação ao inventário de valor em plano de previdência complementar privada aberta. Necessidade. Regime marcado pela liberdade do investidor. Contribuição, depósitos, aportes e resgates flexíveis. Natureza jurídica multifacetada. Seguro previdenciário. Investimento ou aplicação financeira. Dessemelhanças entre os planos de previdência privada aberta e fechada, este último insuscetível de partilha. Natureza securitária e previdenciária dos planos privados abertos verificada após o recebimento dos valores acumulados, futur mente e em prestações, como complementação de renda. Natureza jurídica de investimento e aplicação financeira antes da conversão em renda e pensionamento ao titular. Bem pertencente à meação da cônjuge igualmente falecida que deve ser objeto de partilha com seus herdeiros ascendentes. 1– Recurso especial interposto em 13/02/2017 e atribuído à Relatora em 02/03/2018. 2– O propósito recursal consiste em definir se deve a inventariante colacionar o valor existente em previdência complementar privada aberta na modalidade PGBL ao inventário do falecido, especialmente na hipótese em que houve comoriência entre o autor da herança, a sua cônjuge e os seus filhos, figurando como herdeiros apenas os ascendentes do casal. 3– Os planos de previdência privada aberta, operados por seguradoras autorizadas pela SUSEP, podem ser objeto de contratação por qualquer pessoa física e jurídica, tratando-se de regime de capitalização no qual cabe ao investidor, com amplíssima liberdade e flexibilidade, deliberar sobre os valores de contribuição, depósitos adicionais, resgates antecipados ou parceladamente até o fim da vida, razão pela qual a sua natureza jurídica ora se assemelha a um seguro previdenciário adicional, ora se assemelha a um investimento ou aplicação financeira. 4– Considerando que os planos de previdência privada aberta, de que são exemplos o VGBL e o PGBL, não apresentam os mesmos entraves de natureza financeira e atuarial que são verificados nos planos de previdência fechada, a eles não se aplicam os óbices à partilha por ocasião da dissolução do vínculo conjugal ou da sucessão, apontados em precedente da 3ª Turma desta Corte (REsp 1.477.937/MG). 5– Embora, de acordo com a SUSEP, o PGBL seja um plano de previdência complementar aberta com cobertura por sobrevivência e o VGBL seja um plano de seguro de pessoa com cobertura por sobrevivência, a natureza securitária e previdenciária complementar desses contratos é marcante no momento em que o investidor

Quem está obrigado a colacionar

Apenas os descendentes e o cônjuge ou companheiro estão sujeitos ao dever de colacionar. Embora também sejam herdeiros necessários (CC, art. 1.845) e, portanto, lhes caiba parte da herança, aos ascendentes não é imposta a obrigação de conferir doações que tenham recebido em vida do descendente[85]. A isenção dos ascendentes do dever de colacionar, ainda que decorra do que normalmente acontece (*quod plerunque fit*), isto é, do fato de os filhos normalmente morrerem depois dos pais, pode resultar em flagrante desigualdade na participação dos ascendentes. A preferência por um dos ascendentes em detrimento de outro que estaria na mesma ordem de vocação pode vir a resultar no desequilíbrio dos quinhões hereditários previstos na sucessão legal.

Na sucessão por representação, os herdeiros serão obrigados a trazer à colação, ainda que não o hajam herdado, o que os representados teriam de conferir. Se o herdeiro renunciante suceder representando o renunciado (CC, art. 1.856), por exemplo, estará sujeito à colação dos bens recebidos pelo renunciado em doação do autor da herança. Nessa situação, a colação é divisível, isto é, cada herdeiro responde pela sua cota[86]. A renúncia ou exclusão da herança não exclui o dever de informar as doações recebidas do *de cujus* (CC, art. 2.008), não para o fim de somar ao acervo e partilhar em respeito à igualdade das legítimas, mas para que se impute na parte disponível do doador e submeta a liberalidade ao limite imposto pelo artigo 549 do Código Civil. O Código Civil utiliza impropriamente a palavra *conferir*, pois conferir é somar ao acervo líquido, para fins de partilhar; não é reduzir o excesso.

Colação *in valorem*

O Código de Processo Civil de 1973 estabelecia em seu artigo 1.014 que os bens a serem colacionados deveriam ser contabilizados pelo valor que tivessem ao tempo da abertura da sucessão, enunciando que a colação seria efetuada em substância, ou seja, com a conferência do bem doado em si, que deveria integrar o patrimônio do

---

passa a receber, a partir de determinada data futura e em prestações periódicas, os valores que acumulou ao longo da vida, como forma de complementação do valor recebido da previdência pública e com o propósito de manter um determinado padrão de vida. 6– Todavia, no período que antecede a percepção dos valores, ou seja, durante as contribuições e formação do patrimônio, com múltiplas possibilidades de depósitos, de aportes diferenciados e de retiradas, inclusive antecipadas, a natureza preponderante do contrato de previdência complementar aberta é de investimento, razão pela qual o valor existente em plano de previdência complementar aberta, antes de sua conversão em renda e pensionamento ao titular, possui natureza de aplicação e investimento, devendo ser objeto de partilha por ocasião da dissolução do vínculo conjugal ou da sucessão por não estar abrangido pela regra do art. 1.659, VII, do CC/2002. 7– Na hipótese, tendo havido a comoriência entre o autor da herança, sua cônjuge e os descendentes, não havendo que se falar, pois, em sucessão entre eles, devem ser chamados à sucessão os seus respectivos herdeiros ascendentes, razão pela qual, sendo induvidosa a conclusão de que o valor existente em previdência complementar privada aberta de titularidade do autor da herança compunha a meação da cônjuge igualmente falecida, a colação do respectivo valor ao inventário é indispensável. 8– Recurso especial conhecido e desprovido" (STJ, 3ª T., REsp n. 1.726.577/SP, Rel. Min. Nancy Andrighi, julg. 14.9.2021, publ. DJe 1.10.2021).

[85] De acordo com Clovis Bevilaqua, "sendo mais natural que os ascendentes faleçam antes dos descendentes, e devendo ser mantida, com o possível rigor, a igualdade entre os filhos, a lei não chama os ascendentes à colação" (Clovis Bevilaqua, *Código Civil dos Estados Unidos do Brasil Comentado*, vol. VI, Rio de Janeiro: Francisco Alves, 1943, 6ª ed., pp. 189-190).

[86] Itabaiana de Oliveira, *Tratado*, cit., p. 400.

de cujus, prevendo a colação por compensação do respectivo valor apenas nas hipóteses em que o donatário não mais possuísse os bens. O referido sistema foi alterado pelo Código Civil, que determina em seu artigo 2.002 que a colação será efetuada *in valorem*, ou seja, pelo valor das doações, só sendo prevista a colação em substância nas hipóteses em que, depois de computados os valores das doações feitas em adiantamento de legítima, não houver no acervo bens suficientes para igualar as legítimas (CC, art. 2.003, parágrafo único), determinando, ainda, consoante o disposto no artigo 2.004, que o valor dos bens a serem colacionados será aquele, certo ou estimativo, que lhes atribuir o ato de liberalidade[87].

O Código de Processo Civil de 2015, reproduzindo em seu artigo 639 o disposto no citado artigo 1.014 do Código de Processo Civil de 1973, prevê que o donatário deve colacionar os bens que recebeu e, caso não os tenha, trar-lhe-á o seu valor, apurado na data da abertura da sucessão[88]. Dessa forma, reacendeu-se a discussão, dada a aparente contradição entre os diplomas legais, de modo que do dispositivo em análise extrai-se que a regra da colação volta a ser a conferência em substância, com o retorno do bem doado para o acervo hereditário, só sendo prevista a colação *in valorem* quando o donatário não mais possuir o bem, restando determinado no parágrafo único do aludido artigo 639 que o valor dos bens a serem colacionados será aquele que tiverem ao tempo da abertura da sucessão. Parte da doutrina e da jurisprudência,[89] inclusive, entende, em interpretação literal da norma contida no

> Colação em substância

---

[87] Segundo entendimento do STJ, a definição do critério a ser aplicado depende da lei em vigor na abertura da sucessão. Neste sentido, vale citar: "(...) É indiscutível a existência de antinomia entre as disposições do Código Civil (arts. 1.792, *caput*, do CC/1916 e 2.004, *caput*, do CC/2002), que determinam que a colação se dê pelo valor do bem ao tempo da liberalidade, e as disposições do Código de Processo Civil (arts. 1.014, parágrafo único, do CPC/73 e 639, parágrafo único, do CPC/15), que determinam que a colação se dê pelo valor do bem ao tempo da abertura da sucessão, de modo que, em se tratando de questão que se relaciona, com igual intensidade, com o direito material e com o direito processual, essa contradição normativa somente é resolúvel pelo critério da temporalidade e não pelo critério de especialidade. Precedentes" (STJ, 3ª T., Rel. Min. Nancy Andrighi, julg. 14.5.2019, publ. DJe 16.5.2019).

[88] A jurisprudência conformou os dois dispositivos a partir da norma vigente na data da abertura da sucessão, considerando a regra como integrante do regramento material da sucessão: "Processual civil. Agravo interno no agravo em recurso especial. Ação de inventário. Colação de bens. Valor dos bens ao tempo da liberalidade ou ao tempo da abertura da sucessão. Antinomia. Critério da temporalidade. Aplicação do Código Civil de 2002. 1. A jurisprudência do STJ é no sentido de que a colação de bens, a despeito de se relacionar intimamente com a igualdade da legítima dos herdeiros (questão de direito material), apenas se materializa e desenvolve na ação de inventário (questão de direito processual). Desse modo, é o critério de direito intertemporal que deve definir qual a regra jurídica aplicável. Precedentes. 2. Na hipótese, tendo o autor da herança falecido em fevereiro de 2014, aplica-se a regra do art. 2.004 do CC/02. 3. Agravo interno não provido" (STJ, 3ª. T., AgInt no AREsp n. 1.794.363/SP, Rel. Min. Nancy Andrighi, julg. 29.11.2021, publ. DJe 1.12.2021).

[89] "O valor básico para a colação, segundo o art. 2.004 do Código Civil, será aquele pelo qual o bem figurou no ato de liberalidade. O novo CPC, entretanto, restabeleceu antiga regra do Código de 1973, determinando que os bens doados assim como suas acessões e benfeitorias, sejam colacionados 'pelo valor que tiverem ao tempo da abertura da sucessão' (NCPC, art. 639, parágrafo único), ou seja, a avaliação deverá reportar-se ao momento da morte do autor da herança. Com essa regra processual superveniente restou revogado o dispositivo do Código Civil que preconizava a colação pelo valor do tempo da doação" (THEODORO JÚNIOR, Humberto. *Curso de direito processual civil*. Rio de Janeiro: Forense, 2017, v. II, p. 284-285). Na jurisprudência, confira-se,

Código de Processo Civil, que por se tratar de norma posterior ao Código Civil, sobre esta prevaleceria, revogando-o nesse ponto.

Benfeitorias acrescidas, rendimentos, danos

Importante registrar que só o valor dos bens doados é conferido, estando excluídas da colação as benfeitorias acrescidas, que pertencerão ao herdeiro donatário, correndo também à conta deste os rendimentos ou lucros, assim como os danos e perdas que eles sofrerem[90] (CC, art. 2.004, § 2º e CPC, art. 639, parágrafo único), sendo certo, portanto, que o donatário é obrigado à colação mesmo que o bem doado tenha perecido por culpa sua ou por causa alheia à sua vontade.

Os valores colacionados deverão ser corrigidos monetariamente até a data da abertura da sucessão[91], com vistas a atualizar o valor da moeda e impedir a sua corrosão pela inflação[92]. A correção monetária funciona, então, como modo de preservar o

---

exemplificativamente: "[...] é sabido que os bens do espólio, colacionados ou não, devem ser avaliados, para fins de partilha, na data da abertura da sucessão, como previsto no art. 1.014, parágrafo único, do CPC" (TJRS, 7ª C.C., Ap. 70061873899, Rel. Des. Sandra Brisolara Medeiros, julg. 30.9.2014).

[90] Considerando a possível valorização do bem após a doação, cabe destacar o julgado da Primeira Turma do Supremo Tribunal Federal que afastou, em caso de doação e de antecipação de legítima, a cobrança de Imposto de Renda sobre ganho de capital relativo à valorização do bem apurada no patrimônio do doador ou autor da herança até o momento da transmissão. Segundo o relator, Min. Luís Roberto Barroso, permitir a cobrança do tributo pela Receita Federal acabaria gerando bitributação, porque os estados já cobram o Imposto de Transmissão *Causa Mortis* e Doação (ITCMD), devido na transferência da propriedade de bens pelo falecimento ou pela doação, com alíquotas que variam de acordo com a lei estadual, podendo chegar a 8%. Em voto vencido, a Min. Cármen Lúcia considerou inexistir bitributação, entendendo que "o imposto de renda incide sobre o ganho de capital apurado na doação em antecipação da legítima, e não sobre a doação em si". Nessa linha, a doação seria apenas o momento de apuração do ganho de capital, e não fato gerador do tributo (STF, 1ª T., ARE 1.387.761, Rel. Min. Luís Roberto Barroso, julg. 22.2.2023). Mais recentemente, em outra direção, a Suprema Corte decidiu que incide o IR quando houver a transmissão de herança (não por doação em adiantamento da herança), mesmo que haja apenas a atualização monetária do imóvel, sem qualquer aumento real do valor investido na compra ou em benfeitorias (STF, 1ª T., ARE 1.437.588, Rel. Min. Luiz Fux, julg. 22.8.2023).

[91] Na jurisprudência: "Recurso Especial. Sucessão. Bens à colação. Valor dos bens doados. Aplicação da lei vigente à época da abertura da sucessão. Aplicação da regra do art. 2.004 do CC/2002. Valor atribuído no ato de liberalidade com correção monetária até a data da sucessão. Recurso Especial improvido" (STJ, 4ª T., REsp. 1.166.568/SP, Rel. Des. Conv. Lázaro Guimarães, julg. 12.12.2017, publ. DJe 15.12.2017). V. tb. STJ, 3ª T., REsp. 3.212 MT, Rel. Min. Waldemar Zveiter, julg. 23.10.1990, publ. DJ 10.12.1990, p. 14803. Nos tribunais estaduais, cfr.: "Agravo de Instrumento. Inventário. Bens Trazidos à Colação. Fixação do Valor Considerado à Época da Liberalidade. Garantia da Igualdade Patrimonial entre os Herdeiros. Recurso Desprovido. Cabe ao intérprete determinar o sentido vigente da norma, considerando os fatos sociais envolvidos, os interesses que o legislador visa tutelar, as particularidades de cada caso e, sobretudo, a igualdade patrimonial entre os herdeiros. Tendo em vista as particularidades do caso concreto, onde a doação envolve cotas de empresas comerciais, a única solução justa é a de exigir que a colação seja feita pelo valor atribuído ao tempo da liberalidade, com o acréscimo da correção monetária do período" (TJSC, 1ª C. D. Cív., AgInt 20020034967, Rel. Des. José Volpato de Souza, julg. 20.8.2002). E ainda: TJSP, AgInt 5719014700, 5ª C. D. Priv., Rel. Des. Oscarlino Moeller, julg. 20.8.2008; TJSP, 7ª C. D. Priv., AgInt 2024357-20.2017.8.26.0000, Rel. Des. Rômolo Russo, julg. 23.8.2017.

[92] Sobre a finalidade da correção monetária, cfr. a jurisprudência do Superior Tribunal de Justiça: "Sob essa ótica, a jurisprudência desta Corte, há muito, assenta o entendimento de que 'a correção monetária plena é mecanismo mediante o qual se empreende a recomposição da efetiva desvalorização da moeda, com o escopo de se preservar o poder aquisitivo original, sendo certo que independe de

CAPÍTULO XIII | LIQUIDAÇÃO DA HERANÇA

valor da moeda, não incidindo, evidentemente, juros legais moratórios a que se refere o artigo 406 do Código Civil[93], cuja função associa-se ao agravamento da prestação do devedor pelo não cumprimento culposo de sua obrigação no modo, tempo e/ou lugar pactuados, ou seja, pela mora[94]. Aqui não se trata de descumprimento obrigacional, vez que não há qualquer dever (legal ou contratual) dos donatários perante os demais herdeiros que tenha sido descumprido. Discute-se, ao contrário, o dever legal (ainda inexigível) de colacionar os bens, que se deflagra apenas por ocasião da abertura da sucessão do doador, como forma de garantir a igualdade das legítimas dos herdeiros necessários, bem como o valor que será atribuído a esses bens.

Por maioria de razão não se poderia cogitar da incidência de juros compensatórios ou remuneratórios. Tais juros, que se destinam a compensar o credor pela privação do capital, apenas incidem na hipótese de terem sido convencionados pelas partes contratualmente, em razão do empréstimo do capital[95], o que não ocorre na

---

pedido expresso da parte interessada, não constituindo um plus que se acrescenta ao crédito, mas um minus que se evita' (STJ, Corte Especial, REsp 1.112.524/DF, Rel. Min. Luiz Fux, julg. 1.9.2010, publ. DJe 30.9.2010)" (STJ, 4ª T., REsp 1.340.199/RJ, Rel. Min. Luis Felipe Salomão, julg. 10.10.2017, publ. DJe 6.11.2017). Veja-se, também: "A avaliação, nesse caso, é "retrospectiva", mas encontrado aquele valor, procede-se à sua atualização monetária, sem a qual será impossível compará-lo aos dos demais bens, avaliados no curso do inventário, e, em consequência, repartir igualitariamente o patrimônio hereditário" (Caio Mário da Silva Pereira, *Instituições de direito civil*: direito das sucessões, v. VI, Rio de Janeiro: Forense, 2014, 21. ed. p. 386). Em comentários sobre o tema, Arnaldo Rizzardo: "Não se mostra coerente, e muito menos justa, a fixação do valor pelo momento do ato de liberalidade – art. 2.004 (art. 1792 do CC presente), ou da abertura da sucessão (parágrafo único do art. 1.014 do CPC), desacompanhada de correção monetária" (Arnaldo Rizzardo, *Direito das sucessões*, Rio de Janeiro: Gen/Forense, 2013, 7ª ed., p. 657).

[93] Código Civil, "Art. 406. Quando os juros moratórios não forem convencionados, ou o forem sem taxa estipulada, ou quando provierem de determinação da lei, serão fixados segundo a taxa que estiver em vigor para a mora do pagamento de impostos devidos à Fazenda Nacional."

[94] Sobre a natureza jurídica de juros moratórios referidos no art. 406, Código Civil: "Permite o Código Civil de 2002 que as partes convencionem a taxa dos juros moratórios. Se, porém, não houver convenção ou forem convencionados sem taxa estipulada, ou quando provierem de determinação da lei (juros legais), serão fixados segundo a taxa que estiver em vigor para a mora do pagamento de impostos devidos à Fazenda Nacional (art. 406 do Cód. Civil de 2002)" (Washington de Barros Monteiro, *Curso de direito civil*: direito das obrigações – 1ª parte, v. IV, São Paulo: Saraiva, 2007, p. 334). Como registrado em outra sede: "Juros legais são aqueles estipulados pela lei em caráter supletivo à vontade das partes. Valem, em outras palavras, apenas se não houver convenção em sentido contrário ou se outra norma não os afastar. Assim, o art. 406 indica como taxa legal de juros moratórios, a prevalecer na ausência de convenção ou norma mais específica, a 'taxa que estiver em vigor para a mora do pagamento de impostos devidos à Fazenda Nacional'" (Gustavo Tepedino, et al., *Código Civil comentado*: direito das obrigações, v. IV, São Paulo: Atlas, 2008, p. 382). Na jurisprudência: STJ, 3ª T., REsp. 1.367.932/RS, Rel. Min. Paulo de Tarso Sanseverino, julg. 17.10.2013; STJ, 3ª T., REsp. 1.279.173/SP, Rel. Min. Paulo de Tarso Sanseverino, julg. 4.4.2013, DJe 9.4.2013; TJSC, 1ª C. D. Priv., AI 20100225816, Rel. Des. Joel Figueira Junior, julg. 19.4.2011; TJRJ, 11ª C.C., Ap. 0019920022004819038, Rel. Des. Luiz Eduardo Guimarães Rabello, julg. 16.8.2006.

[95] É ver-se: "Surgem, dessa maneira, as duas espécies de juros: compensatórios e moratórios. Os primeiros são devidos como compensação pelo uso do capital de outrem, os segundos pela mora, pelo atraso, em sua devolução. Os juros compensatórios são previstos no contrato. As partes os fixam, estabelecendo os limites de seu proveito, enquanto durar essa convenção. Se os não fixarem, sua taxa será a que consta da lei, se convencionados. Assim, temos certo que os juros compensatórios resultam de uma utilização consentida de capital alheio. As partes, aqui, combinam os juros pelo prazo do contrato" (Álvaro Villaça Azevedo, *Teoria geral das obrigações e responsabilidade civil*, São

espécie. Cuida-se aqui de dever legal (não já contratual) de ajustes de valores dos bens recebidos por doação legalmente admitida, o qual incide apenas supervenientemente, na data do óbito do ascendente. Pode-se afirmar, ao propósito, que a cogitação de incidência de juros, de qualquer natureza, desvirtuaria o instituto da colação, gerando transferência patrimonial aos demais herdeiros em valor superior ao benefício recebido pelo donatário, a caracterizar, também nesta hipótese, enriquecimento sem causa (daqueles em desfavor deste), como tal vedado pelo art. 884 do Código Civil.

Colação pelo valor no momento da liberalidade ou da abertura da sucessão

Com efeito, a apuração do valor da doação sujeita à colação consoante o momento da liberalidade, ainda que corrigido monetariamente, não garante a finalidade da conferência. Isso porque a legítima só pode ser calculada no momento da abertura da sucessão[96]. De fato, se um filho recebe um bem como adiantamento da legítima que posteriormente é muito valorizado, a conferência do mesmo segundo o valor ao tempo da doação não trará a igualdade entre as legítimas dos herdeiros necessários, uma vez que aquele herdeiro donatário receberá mais do que os outros, pois conferirá valor menor do que aquele que efetivamente é atribuído ao bem no momento da abertura da sucessão. O mesmo ocorre se o bem recebido por doação pelo herdeiro necessário sofrer profunda desvalorização sem culpa sua, como na hipótese de tombamento, hipótese em que o prejuízo será do herdeiro donatário.

Apesar das ponderações acima, na verdade, também o critério de se apurar o valor dos bens doados ao tempo da abertura da sucessão pode não trazer a almejada igualdade entre as legítimas, uma vez que o herdeiro donatário pode ter alienado o bem doado antes da abertura da sucessão e por ocasião desta ter havido substancial valorização ou desvalorização do patrimônio doado. A temática ora em comento foi objeto de debates no âmbito das Jornadas de Direito Civil, promovidas pelo Centro de Estudos Judiciários do Conselho da Justiça Federal, tendo sido aprovado na I Jornada de Direito Civil o enunciado nº 119 sobre a matéria, que buscou uma melhor interpretação para o artigo 2.004 do Código Civil, assim ementado:

> "Art. 2.004: para evitar o enriquecimento sem causa, a colação será efetuada com base no valor da época da doação, nos termos do *caput* do art. 2.004, exclusivamente na hipótese em que o bem doado não mais pertença ao donatário. Se, ao contrário, o bem ainda integrar seu patrimônio, a colação se fará com base no valor do bem na época da abertura da sucessão, nos termos do art. 1.014 do CPC, de modo a preservar a quantia que efetivamente integrará a legítima quando esta se constituiu, ou seja, na data do óbito (resultado da interpretação sistemática do art. 2.004 e seus parágrafos, juntamente com os arts. 1.832 e 884 do Código Civil)."

Paulo: Atlas, 2011, p. 202-203). (Grifo nosso). Cfr. ainda Paulo Luiz Netto Lôbo: "São compensatórios os devidos desde o início da dívida e moratórios os decorrentes do inadimplemento da obrigação. Os juros compensatórios ou remuneratórios, quando convencionados e não proibidos por lei, constituem rendimento de crédito que o credor tem contra o devedor, em qualquer relação jurídica obrigacional" (Paulo Luiz Netto Lôbo, *Teoria geral das obrigações*, São Paulo: Saraiva, 2005, p. 290).

[96] Nesse sentido, cf. Paulo Cezar Pinheiro Carneiro, *Comentários,* vol. IX, cit., p. 152.

Embora se reconheça a tal entendimento a tentativa de harmonizar o sistema, a data da liberalidade, extraída da linguagem do art. 2.004 do Código Civil, nem sempre traduz o benefício econômico que o bem propiciou ao beneficiário, contrariando, em alguma medida, a preocupação do legislador processual civil em preservar, sempre que possível, o valor real do bem enquanto esteve na titularidade do herdeiro, daí resultando a opção do legislador por colacioná-lo com base na data da abertura da sucessão, conforme prevê o art. 639 do CPC. A rigor, a interpretação dos preceitos legais mencionados deve ter por baliza a função ou finalidade da colação.

De outro lado, argumenta-se que o valor a ser conferido deve ser o valor do benefício que de fato o herdeiro donatário aufere com a doação: "se o herdeiro ainda tiver o bem, seu valor será o da época do passamento; se já não mais o possuir, o valor do benefício será aferido à época em que ele ocorreu, devidamente corrigido".[97] Essa posição visa alcançar a finalidade da colação, a saber, a igualdade entre as legítimas dos herdeiros necessários, demonstrando que tanto o critério do valor da doação ao tempo da liberalidade, como aquele que se reporta ao valor do bem à época da abertura da sucessão são falhos para a finalidade que se propõe[98].

Colação pelo valor do benefício

À luz da aparente contradição existente entre os dispositivos no que tange ao valor a ser atribuído aos bens recebidos por doação que não mais pertençam aos donatários, repita-se, deve-se buscar harmonizar os diplomas legais, com vistas a garantir a coerência do sistema e, em última análise, o atingimento da finalidade almejada com a colação. Tendo-se presente que a *ratio* da colação consiste na igualdade das legítimas, há de se levar em conta o valor econômico obtido por cada um dos herdeiros.[99] Para tanto, o proveito econômico angariado pelo donatário há de ser aferido mediante a avaliação do bem ou da contrapartida recebida na data de sua alienação. Tal critério garante a harmonização da lei processual civil, que se refere ao valor do bem na abertura da sucessão – justamente por este ser o benefício atual

Critério do proveito econômico obtido pelo donatário

---

[97] Paulo Cezar Pinheiro Carneiro, *Comentários* vol. IX, cit., pp. 153-154.

[98] Sobre a questão, vale citar interessante acórdão do Tribunal de Justiça do Estado do Rio de Janeiro que considerou para a solução do caso concreto o comportamento da parte, privilegiando o princípio da boa-fé processual e da vedação do comportamento contraditório: "Ação ordinária reconhecimento de direito sucessório e colação de bem imóvel doado aos herdeiros – antecipação de legítima venda do imóvel doado prejuízo ao direito sucessório da herdeira necessária colação do valor atual do bem avaliação não impugnada princípio da boa-fé objetiva – Os réus apresentaram comportamento contraditório, pois se não se opuseram à realização da avaliação judicial e ao laudo apresentado, não podendo agora, em sede de apelação, entender que não cabe a atribuição de valor atual de mercado ao bem, e sim, somente a atualização do valor da venda do mesmo, em agosto de 1997, posto que configurada a preclusão lógica. Pleito dos apelantes que não encontra amparo legal. A demora no prosseguimento do feito, com a avaliação do bem em outra Comarca e a realização de todos os atos processuais necessários para a finalização da aludida avaliação propiciou aos réus situação confortável, uma vez que só deverão restituir ao inventário e por conseguinte à apelada a parte que lhe cabe, após o deslinde desta lide. Ausência de boa-fé objetiva. Sentença que se mantém. Negado seguimento ao recurso". TJRJ, 17ª C.C., Ap. Cív. 0014447-49.2004.8.19.0001, Rel. Des. Edson Velos, julg. 2.10.2012.

[99] Para exame da discussão, cfr. Gustavo Tepedino, Controvérsias hermenêuticas sobre a colação. In: Ana Carolina Brochado Teixeira; Ana Luiza Maia Nevares (org.). *Direito das sucessões:* problemas e tendências, 2. ed., São Paulo: Foco, 2023, p. 245-258.

recebido pelo herdeiro – com a lei civil – que, ao aludir à data da liberalidade, pretende alcançar a estimativa econômica que a liberalidade proporcionou ao patrimônio do herdeiro despojado do bem, sendo certo que, na hipótese de alienação onerosa, tal estimativa econômica corresponde aos valores obtidos com a venda. Em tal perspectiva, aprovou-se na VIII Jornada de Direito Civil do Conselho da Justiça Federal o Enunciado n. 644:

> "Os arts. 2.003 e 2.004 do Código Civil e o art. 639 do CPC devem ser interpretados de modo a garantir a igualdade das legítimas e a coerência do ordenamento. O bem doado, em adiantamento de legítima, será colacionado de acordo com seu valor atual na data da abertura da sucessão, se ainda integrar o patrimônio do donatário. Se o donatário já não possuir o bem doado, este será colacionado pelo valor do tempo de sua alienação, atualizado monetariamente".

Desse modo, o critério do valor do bem na data da alienação revela o benefício econômico efetivamente obtido pelo donatário com o adiantamento de sua legítima, neutralizando eventuais oscilações de valor verificadas entre a data da doação e o momento posterior de sua avaliação, seja por estimativa (data da alienação), seja por sua avaliação atual (abertura da sucessão). Tal interpretação tem o condão de prestigiar a opção legislativa, já que o mesmo critério que visa evitar a oscilação dos valores entre a liberalidade e a abertura da sucessão possa beneficiar um herdeiro em detrimento do outro deverá impedir que a variação de valores entre as datas da liberalidade e da alienação possa prejudicar a igualdade entre as legítimas.

Além disso, tal raciocínio se coaduna com a proibição de enriquecimento sem causa, vedado no art. 884 do Código Civil. Vale dizer, caso tenha havido valorização do bem que não mais se encontra na titularidade do beneficiário (transferido onerosamente a terceiros) até a data da abertura da sucessão, se se considerasse o valor do momento da morte do doador, vislumbrar-se-ia enriquecimento sem causa dos herdeiros não beneficiados antecipadamente, já que o donatário teria o dever de restituir valor superior à quantia que efetivamente auferiu. Da mesma parte, caso houvesse diminuição do valor do bem, que não mais se encontra no patrimônio do donatário, no momento da abertura da sucessão, a atribuição na colação desse valor inferior prejudicaria os demais herdeiros não donatários, que receberiam, na colação, quantia menor daquela granjeada pelo herdeiro donatário.

Dispensa da colação

O doador poderá determinar expressamente no ato da liberalidade ou em testamento (CC, art. 2.006)[100] que a doação seja computada na parte disponível. Nesse caso, a doação não será adiantamento da legítima e, portanto, não estará sujeita à colação, uma vez que nada lucrariam os herdeiros, o cônjuge, nem o companheiro com a conferência dos bens. Para tanto, porém, a liberalidade não poderá exceder a parte disponível, em valores da época da doação. Isto porque o eventual excesso será

---

[100] Código Civil, "Art. 2.006. A dispensa da colação pode ser outorgada pelo doador em testamento, ou no próprio título de liberalidade."

Capítulo XIII | Liquidação da herança

considerado adiantamento da legítima, de modo que deverá ser conferido para se igualarem as legítimas. Assim, ao doar imóvel no valor de R$ 500.000,00 a descendente, possuindo um patrimônio de R$ 1.000.000,00, poderá dispensá-lo da colação; porém, se a doação consiste em bem avaliado em R$ 501.000,00, o excesso deverá ser colacionado, mesmo que tenha havido dispensa.

A doação feita a descendente, cônjuge ou companheiro que ultrapassa a parte disponível, não se trata, necessariamente, de doação inoficiosa. Não está sujeita à redução, mas sim à colação. A redução somente ocorrerá se não houver bens suficientes no acervo para equalizar as legítimas (CC, art. 2.003, par. ún.)[101], como visto acima, ou, dispensado da colação, além da parte disponível, exceder também a legítima do donatário (CC, art. 2.007). A liberalidade para ser inoficiosa deverá lesar a parte a que tem direito o herdeiro legitimário. Desse modo, somente será inoficiosa a doação a descendente, cônjuge ou companheiro que, além de atingir toda a parte disponível, ultrapassar a parte a que o donatário teria direito da legítima (CC, art. 2.007, § 3º). Assim, ao doar imóvel no valor de R$ 800.000,00 a descendente, possuindo um patrimônio líquido de R$ 1.000.000,00 na época da liberalidade e dois herdeiros necessários, com a dispensa da colação, o donatário deverá restituir ao monte R$ 50.000,00, que seria a parte inoficiosa por exceder a disponível e a legítima (observados os valores da data da doação) e colacionar R$ 250.000,00, a ser computado na sua legítima[102]. Justifica-se porque só assim será lesado o direito do outro herdeiro reservatário. É importante destacar a distinção do regimento de doações que não estão subordinadas à colação, por não serem adiantamento da legítima, pois costuma-se confundir os regimes.

Além da dispensa da colação expressa, presume-se imputada na parte disponível a liberalidade feita a descendente que ao tempo desta não seria chamado a sucessão como herdeiro necessário. Seria, por exemplo, a situação do neto, donatário de bens do avô, que vem a sucedê-lo por direito de representação, em razão da pré--morte de seu pai, de maneira que o ato de liberalidade ocorreu quando o neto não estava na ordem de vocação.

Dispensa presumida da colação

Uma importante consequência de serem as doações imputadas na parte disponível diz respeito ao dever de restituir no caso de não existirem bens bastantes para a igualdade das legítimas (CC, art. 2.003, par. ún.). Quando o espólio é inferior ao passivo e quando o *de cujus* nada possui na época do óbito, se o beneficiado em vida do pai foi libertado do dever de conferir, partilham a parte da doação que excede a disponível; se não houve dispensa, partilham o todo.

---

[101] Registre-se, na hipótese, que a eventual redução aludida pode ocorrer independentemente de a doação ultrapassar, ou não, a parte que o doador poderia dispor em testamento na data da liberalidade, pois o efeito da doação em adiantamento da herança projeta-se para o momento da abertura da sucessão, de modo a preservar a legítima.

[102] O exemplo tem como premissa a existência de bens suficientes para respeitar a legítima dos herdeiros necessários sem a necessidade de redução da parte colacionada da doação, como prevê o artigo 2.003, parágrafo único, do Código Civil.

Na hipótese de dispensa da colação, haverá possibilidade de restituir ao acervo a parte da doação que ultrapassa a disponível e também aquela que couber ao donatário, independentemente de existirem bens no espólio para igualar as legítimas. Será o caso de doação inoficiosa em adiantamento da herança. Veja-se a situação em que um dos filhos recebe uma doação com dispensa da colação de imóvel no valor de R$ 650.000,00, possuindo patrimônio líquido, à época da liberalidade, de R$ 800.000,00, existindo dois descendentes. Nesta hipótese, a dispensa atinge apenas parte da doação, que cabe na metade disponível, ou seja, até o limite de R$ 400.000,00. Parte do excesso, que cabe na legítima (considerada a data da doação) do donatário, no valor de R$ 200.000,00, será objeto de colação. E aquele valor que ultrapassa a legítima do donatário em R$ 50.000,00 será objeto de redução. A redução será feita com a restituição ao acervo hereditário dos bens em substância, e, somente se não mais existirem, em dinheiro, não no valor que tinham na data da doação, mas o valor atual. Essa redução seguirá as regras concernentes às reduções das disposições testamentárias. Se houver doações a mais de um herdeiro, a redução operará cronologicamente, da mais recente até a mais antiga. No direito anterior não havia a preferência baseada na ordem de antiguidade, reduzindo-se todas proporcional e simultaneamente[103].

No inventário, a colação dos bens deve ser feita nas primeiras declarações pelo inventariante ou na oportunidade em que o herdeiro se manifesta sobre as primeiras declarações. Se o herdeiro negar o recebimento dos bens ou a obrigação de os conferir, o juiz, ouvidas as partes no prazo comum de 15 dias, decidirá à vista das alegações e das provas produzidas. Uma medida interessante, introduzida pela legislação processual, diz respeito à possibilidade de sequestro do bem ocultado. Declarada improcedente a oposição de colação do bem, se o herdeiro, no prazo improrrogável de 15 dias, não proceder à conferência, o juiz mandará sequestrar-lhe, para serem inventariados e partilhados os bens sujeitos à colação, ou imputar ao seu quinhão hereditário o valor deles, se já não os possuir. Se a matéria exigir dilação probatória diversa da documental, o juiz remeterá as partes às vias ordinárias, não podendo o herdeiro receber o seu quinhão hereditário, enquanto pender a demanda, sem prestar caução correspondente ao valor dos bens sobre os quais versar a conferência (CPC, art. 641). Essa medida não se confunde com a pena de sonegados, que depende de ação própria para ser aplicada.

7. SONEGADOS

Constitui dever dos herdeiros inventariar todos os bens do *de cujus* que estiverem em seu poder, ou de que tenham conhecimento, embora na posse de outrem, bem como os que lhes tiverem sido doados em adiantamento da legítima ou seu valor, se já não os tiver. A violação a tal dever de informação específico configura sonegação.

---

[103] Carlos Maximiliano, *Direito das Sucessões*, vol. II, cit., p. 740. No sentido da atual legislação, Clovis Bevilaqua, *Código Civil*, vol. VI, cit., p. 285.

Uma vez que o inventariante também possui o dever de relacionar todos os bens do espólio, da mesma forma pode recair em sonegação.

Diz-se "sonegado" tudo aquilo que deveria entrar em partilha, mas é ciente e conscientemente omitido[104]. O artigo 1.992 do Código Civil descreve as hipóteses que configuram sonegação: i) a falta de descrição de bens que estejam sob o poder do herdeiro ou de outrem, mas com seu conhecimento; ii) a omissão de bens doados em vida como adiantamento da legítima; iii) a não restituição de bens que pertençam à herança[105]. Para caracterizar a sonegação, exige-se a presença dos elementos objetivo e subjetivo. O elemento objetivo da sonegação é a prática de qualquer dos atos anteriormente mencionados, constantes do artigo 1.992. O elemento subjetivo consiste no dolo, na intenção de ocultar. Presume-se o elemento subjetivo com a prova do elemento objetivo[106]. A presunção é *juris tantum*.

Bens sonegados

A pena pela ocultação dos bens consiste na perda do direito que o herdeiro sonegador teria sobre eles (CC, art. 1.992). A aplicação da pena depende de ação ordinária movida pelos herdeiros ou pelos credores da herança e a sentença atingirá todos os interessados (CC, art. 1.994), pois o inventário não é apropriado para discussão de questões de alta indagação. Se o sonegador for inventariante perderá seu cargo (CC, art. 1.993). O incidente de remoção do inventariante se dá em apenso aos autos do inventário (CPC, art. 623). Contudo, só se pode arguir de sonegação o inventariante depois de encerrada a descrição dos bens, com a declaração, por ele feita, de não existirem outros por inventariar e partir, assim como arguir o herdeiro, depois de declarar-se no inventário que não os possui (CC, art. 1.996).

Pena de sonegados

Discute-se a incidência da pena de sonegados sobre a meação, por falta de disposição expressa na lei[107]. O Superior Tribunal de Justiça já reconheceu que o cônjuge meeiro ou o comparte em algum bem comum com o *de cujus* e depois com os herdeiros, responde passivamente a ação de sonegados[108]. Mais recentemente, entretanto, o Superior Tribunal de Justiça restringiu a pena aos herdeiros[109].

---

[104] Carlos Maximiliano, *Direito das Sucessões*, vol. II, cit., p. 696.

[105] Ou seja, "se o inventariante omite, intencionalmente, ou não descreve qualquer bem ou valor, assim desfalcando o ativo do espólio; se o herdeiro não indica bens em seu poder, ou detidos por terceira pessoa, ou se nega a conferi-los, em obediência às disposições legais, pratica sonegação, sujeitando--se às penas previstas nos arts. 1.992 e 1.993 do Código Civil" (Washington de Barros Monteiro, *Curso de direito civil: direito das sucessões*, vol. 6, São Paulo: Saraiva, 2003, 35ª ed., p. 295).

[106] Clovis Bevilaqua, *Código Civil*, vol. VI, cit., p. 275. Comungam de entendimento diverso José Serpa de Santa Maria, *Curso de Direito Civil*, vol. IX, Rio de Janeiro: Freitas Bastos, 2001, p. 258; Carvalho Santos, *Código Civil Brasileiro Interpretado*, vol. XXV, Rio de Janeiro: Freitas Bastos, 1962, p. 06; Zeno Veloso, *Comentários*, vol. 21, cit., p. 398; Eduardo de Oliveira Leite, *Comentários ao Novo Código Civil*, vol. XXI: do direito das sucessões, Rio de Janeiro: Forense, 2004, pp. 718-119, para os quais quem alega a sonegação tem de provar tanto o elemento objetivo, quanto o elemento subjetivo.

[107] Favoravelmente a atingir ao cônjuge meeiro, vide Sebastião Amorim e Euclides da Cunha, *Inventários e Partilhas*, cit., pp. 216-217.

[108] STJ, 3ª T., REsp 52/CE, Rel. Min. Gueiros Leite, julg. 15.8.1989, publ. DJ 18.9.1989, p. 14663.

[109] Cfr., nessa direção: "Recursos Especiais. Civil. Sucessões. Bens não declarados pela inventariante, viúva e segunda esposa do *de cujus*. Pena de sonegados. Aplicável somente aos herdeiros. Impossibilidade de extensão à meação do cônjuge. Perda da herança. Exigência de dolo ou má-fé na

Perdas e danos Os bens sonegados devem ser restituídos, mas se não o forem por não mais existirem, deve ser paga a importância dos valores ocultos, mais as perdas e danos (CC, art. 1.995)[110]. A sonegação não anula, nem rescinde a partilha, mas sim enseja a correção na sobrepartilha (CC, art. 2.022). A prescrição desta ação dá-se em 10 (dez) anos (CC, art. 205). Em doutrina, controverte-se a respeito do termo inicial de contagem do prazo. De um lado, entende-se que o prazo se conta a partir da declaração de não possuir bens sonegados[111], por isso aconselhável sua interpelação na ausência dessa declaração[112]. De outro, a contar da homologação da partilha[113]. A jurisprudência mais recente do STJ firmou entendimento no sentido de que "A prescrição da ação de sonegados, de dez anos, conta-se a partir do encerramento do inventário, pois, até essa data, podem ocorrer novas declarações, trazendo-se bens a inventariar"[114]. Registre-se, ainda, que a restituição dos bens sonegados não impede a responsabilização por perdas e danos[115].

8. A PARTILHA E OS CRITÉRIOS PARA SUA ESTIPULAÇÃO

O estado de comunhão é provável fonte de discórdia, por isso, o herdeiro sempre pode requerer a partilha, ainda que o testador a proíba (CC, art. 2.013)[116]. Normalmente, requer-se a partilha juntamente com o inventário. Entretanto, poderá ser requerida a qualquer tempo. Considera-se a ação de partilha (*actio familiae erciscundae*) imprescritível[117]. A imprescritibilidade da ação de partilha se justifica porque os herdeiros são proprietários desde o momento da abertura da sucessão, de modo que a partilha tem natureza declaratória[118]. Importante não confundir a ação de petição de herança e a ação de partilha, pois aquela é prescritível. Note-se que se o tempo por si só não opera como fator de prescrição extintiva, poderá ocasionar a aquisição da

Direito potestativo à partilha

Imprescritibilidade da partilha

---

ocultação. Necessidade de interpelação. Requisito não verificado" (STJ, 3ª T., REsp. 1.567.276/CE, Rel. Min. Maria Isabel Gallotti, julg. 11.6.2019, publ. 1.7.2019).

[110] Código Civil, "Art. 1.995. Se não se restituírem os bens sonegados, por já não os ter o sonegador em seu poder, pagará ele a importância dos valores que ocultou, mais as perdas e danos."

[111] Caio Mario da Silva Pereira, *Instituições de Direito Civil*, vol. VI. Rio de Janeiro: Forense, 2011, 18ª ed., p. 365.

[112] Eduardo de Oliveira Leite, *Comentários ao Novo Código Civil*, cit., p. 729.

[113] Silvio de Salvo Venosa, Direito Civil, *Direito das Sucessões*, São Paulo: Atlas, 2013, 13ª ed., p. 376.

[114] STJ, 3ª T., AgInt nos EDcl no REsp 1723801/DF, Rel. Min. Moura Ribeiro, julg. 18.2.2019. No mesmo sentido: STJ, 3ª T., REsp 1196946/RS, Rel. Min. Sidnei Beneti, julg. 19.8.2014, DJe 5.9.2014; STJ, 3ª T., REsp 1202521/RS, Rel. Min. Sidnei Beneti, julg. 19.8.2014, DJe 8.9.2014; STJ, 3ª T., REsp REsp 1390022/RS, Rel. Min. Sidnei Beneti, julg. 19.8.2014, DJe 8.9.2014.

[115] Zeno Veloso, *Comentários*, vol. 21, cit., p. 400.

[116] Código Civil, "Art. 2.013. O herdeiro pode sempre requerer a partilha, ainda que o testador o proíba, cabendo igual faculdade aos seus cessionários e credores."

[117] José da Silva Pacheco, *Inventários e Partilhas*, cit., p. 594.

[118] Nesse sentido, cf. Carlos Maximiliano, *Direito das Sucessões*, vol. II, cit., p. 623; Zeno Veloso, *Comentários*, vol. 21, cit., p. 434; Caio Mário da Silva Pereira, *Instituições de Direito Civil*, vol. VI. Rio de Janeiro: Forense, 2016, 23ª ed., p. 380; contra, entendendo ser constitutiva a partilha, Paulo Cezar Pinheiro Carneiro, *Comentários*, vol. IX, cit., p. 196.

propriedade por aquele que esteja na posse dos bens da herança, quer sejam móveis ou imóveis, por meio de usucapião.

A partilha pode ser requerida por qualquer herdeiro, cessionário ou credor do herdeiro. O interesse do herdeiro, bem como do cessionário se traduz na concretização do seu quinhão. O credor do herdeiro também tem interesse porque a partilha lhe permite melhor realizar o seu direito. Se um dos interessados for nascituro, o quinhão que lhe caberá será reservado em poder do inventariante até o seu nascimento (CPC, art. 650). No caso de prole eventual, o quinhão que lhe caberá também será reservado e os bens confiados, após a liquidação ou partilha, a curador nomeado pelo juiz. (CC, art. 1.800), por até 2 (dois) anos da abertura da sucessão. *Quem pode requerer*

A partilha pode ser amigável se todos os herdeiros forem capazes e não houver divergência, por meio de escritura pública, termo nos autos ou escrito particular homologado pelo juiz (CC, art. 2.015)[119]. A partilha amigável é negócio jurídico, por conseguinte se submete aos requisitos de validade previstos no artigo 104 do Código Civil, bem como aos defeitos do negócio jurídico. *Partilha amigável*

Admite-se, ainda, que a partilha seja feita pelo próprio autor da herança, por ato *inter vivos* ou *mortis causa* (CC, art. 2.018). A partilha realizada em vida, com os bens existentes no momento em que é feita se chama partilha-doação ou partilha em vida. A doutrina diverge quanto à natureza da partilha por ato *inter vivos*. Para alguns, "a partilha efetuada em vida, por escritura pública, é, de fato, adiantamento da legítima, equivale a uma doação"[120]. Não obstante se assemelhe ao instituto da doação que, feita de ascendente a descendente e de cônjuge a cônjuge constitui adiantamento da legítima e, portanto, sujeita-se à colação, não se pode afirmar que a partilha em vida seja doação[121]. Assim, não há colação de bens transmitidos na partilha em vida[122]. As eventuais lesões à legítima deverão ser apreciadas em ação própria de redução, anulação ou nulidade[123]. *Partilha em vida*

---

[119] Código Civil, "Art. 2.015. Se os herdeiros forem capazes, poderão fazer partilha amigável, por escritura pública, termo nos autos do inventário, ou escrito particular, homologado pelo juiz."

[120] Carlos Maximiliano, *Direito das Sucessões*, vol. II, cit., p. 633; no mesmo sentido, Itabaiana de Oliveira, *Tratado*, cit., p. 448; Silvio de Salvo Venosa, *Direito Civil: Direito das Sucessões*, vol. 07, São Paulo: Atlas, 2003, 3ª ed., p. 407; Zeno Veloso, *Comentários*, vol. 21, cit., p. 437.

[121] Eduardo de Oliveira Leite, *Comentários*, vol. XXI, p. 805; Gustavo Tepedino, *Direito de preferência previsto em estatuto societário*, cit., p. 369. Contra, v. Caio Mário da Silva Pereira, *Instituições*, p. 395; Silvio de Salvo Venosa, *Direito Civil*, vol. 7, cit., p. 408.

[122] Vide, em doutrina, Gustavo Tepedino, Direito de preferência previsto em estatuto societário e o direito das sucessões. In: Gustavo Tepedino, *Soluções Práticas de Direito: pareceres: Relações obrigacionais e contratos*, vol. II, São Paulo: Editora Revista dos Tribunais, 2012, pp. 365-386. Na mesma direção, na jurisprudência: "Inventario. Partilha em vida/doação. Pretensão de colação. Assentado tratar-se, no caso, de partilha em vida (partilhados todos os bens dos ascendentes, em um mesmo dia, no mesmo cartório e mesmo livro, com o expresso consentimento dos descendentes), não ofendeu os arts. 1.171, 1.785, 1.786 e 1.776, do Cod. Civil, acórdão que confirmou sentença indeferitoria da pretensão de colação. Não se cuidando, portanto, de doação, não se tem como aplicar princípio que lhe é próprio" (STJ, 3ª T., REsp. 6.528/RJ, Rel. Min. Nilson Naves, julg. 11.6.1991, publ. DJ 12.8.1991, p. 10.553).

[123] Arnoldo Wald, *O regime jurídico do dolo omissivo acidental no direito civil e comercial*. In: Revista Trimestral de Direito Civil, vol. 11, n. 42, Rio de Janeiro: Padma, 2010, p. 10.

Partilha--testamento

Pode ainda o testador indicar os bens e valores que devem compor os quinhões hereditários, deliberando ele próprio a partilha, que prevalecerá, salvo se o valor dos bens não corresponder às quotas estabelecidas (CC, art. 2.014), chamada partilha--testamento. Se a partilha em testamento não respeitar a legítima dos herdeiros necessários, estará sujeita à redução, tanto quanto baste para atender a igualdade das legítimas.

Partilha judicial

Segundo a norma civil, será sempre judicial a partilha, se os herdeiros divergirem, assim como se algum deles for incapaz (CC, art. 2.016)[124]. Cabe, porém, ressalvar que a legislação local de alguns Estados admite o inventário e a partilha extrajudicial quando há herdeiros incapazes[125].

Critérios para partilha dos bens no CPC

Ao contrário do Código de Processo Civil de 1973, o Código de Processo Civil de 2015 contém dispositivo que consagra critérios para a partilha dos bens. Trata-se do artigo 648 do referido diploma legal, que determina que, na partilha, serão observadas as seguintes regras: i) máxima igualdade possível quanto ao valor, à natureza e à qualidade dos bens; ii) a prevenção de litígios futuros; iii) a máxima comodidade dos coerdeiros, do cônjuge ou do companheiro, se for o caso. O dispositivo espelha o que dispunha o artigo 505 do Código de Processo Civil de 1939.

Critérios para partilha dos bens no CC

O Código Civil contém regramento semelhante, determinando o artigo 2.017 que, no partilhar os bens, observar-se-á, quanto ao seu valor, natureza e qualidade, a maior igualdade possível. Significa dizer que cada herdeiro deve receber "a sua parte em móveis, imóveis, bens certos e duvidosos, coisas corpóreas, direitos e créditos"[126], ou seja, "cada herdeiro deve ter parte no bom e no ruim"[127]. Os demais critérios quanto à comodidade entre os herdeiros e à prevenção de litígios futuros restam depreendidos do disposto no artigo 2.019 do Código Civil.

O citado artigo 648 do Código de Processo Civil reforça, portanto, os princípios que segundo a lei devem nortear a partilha, estando em consonância com o que dispõe o Código Civil quanto à matéria, inclusive em relação aos bens insuscetíveis de divisão cômoda, sobre os quais resta determinada a venda judicial ou a licitação entre os interessados quando mais de um deles requerer a sua adjudicação com reposição em dinheiro ao monte, partilhando-se o valor apurado, salvo se houver acordo para que sejam adjudicados a todos (CPC, art. 649[128]; CC, art. 2.019).

---

[124] Código Civil, "Art. 2.016. Será sempre judicial a partilha, se os herdeiros divergirem, assim como se algum deles for incapaz."

[125] Sobre o procedimento de inventário quando há herdeiros incapazes, remete-se o leitor ao item 4 deste Capítulo.

[126] Clovis Bevilaqua, *Código Civil* vol. VI, cit., p. 268.

[127] Jorge Americano, *Comentários ao Código de Processo Civil do Brasil*, vol. 2 (arts. 291 a 674), São Paulo: Saraiva, 1941, p. 427.

[128] O artigo 1.117, I, do Código de Processo Civil de 1973, na mesma linha do disposto no artigo 639 do Código de Processo Civil de 2015, dispõe que serão alienados em leilão o imóvel que, na partilha, não couber no quinhão de um só herdeiro ou não admitir divisão cômoda, salvo se adjudicado a um ou mais herdeiros.

A interpretação do princípio da igualdade não enseja que cada herdeiro fique com uma parte de cada um dos bens, mas sim que a partilha procure ser equitativa quanto à distribuição dos bens pela sua natureza, pois, mais importante do que "a rigorosa igualdade na divisão em espécie dos bens componentes do acervo hereditário é a divisão que conceda maior comodidade aos herdeiros e, ao mesmo tempo, possa prevenir futuros litígios", ainda que seja utilizado o instituto da reposição[129]. Desse modo, "a igualdade quanto ao valor dos quinhões é absoluta", pois, esta não se pode atenuar por comodidade ou por qualquer outro motivo[130]. No entanto, "prefere-se dar a cada herdeiro os bens mais proveitosos a ele, em razão da idade, profissão ou residência"[131]. Por conseguinte, "O princípio da comodidade poderá ensejar que uma fazenda seja atribuída ao herdeiro fazendeiro, enquanto ao herdeiro menor cujo representante legal é um médico, sejam atribuídos bens de fácil administração. Já o herdeiro dentista, pelo mesmo princípio deverá receber o consultório de seu falecido pai, também dentista. O cônjuge meeiro, que nunca trabalhou, também deve receber bens de fácil administração, ficando as cotas da empresa do falecido e a administração do negócio para o herdeiro economista e que já administrava a empresa"[132]. Da mesma maneira, deve-se dar ao herdeiro "o prédio contíguo ao seu ou comum com este; se no imóvel há dois condôminos, aquinhoa-se no mesmo, de preferência, o dono da parte maior. Confere-se a determinado sucessor um prédio da herança, por ser ele proprietário de outro que tinha naquele, servidão de água, luz ou caminho, ou que melhorará muito se receber qualquer das servidões referidas"[133].

Princípio da igualdade

Princípio da comodidade

Observe-se que tal como ocorre com o artigo 2.019 do Código Civil, o Código de Processo Civil, em seu artigo 640, § 2º, optou pelo critério da licitação no caso de disputa entre os herdeiros por um bem da herança insuscetível de divisão cômoda. Esse processo consiste na adjudicação do bem ao herdeiro que oferecer e pagar mais por ele[134]. O Código Civil de 1916 não previa a licitação, deixando a solução para o caso de mais de um herdeiro requerer a adjudicação do bem não passível de divisão

Critério da licitação

---

[129]   Paulo Cezar Pinheiro Carneiro, *Comentários*, vol. IX, cit., pp. 183-184.
[130]   Pontes de Miranda, *Tratado de Direito Privado, Parte Especial*, t. LX, Rio de Janeiro: Borsoi, 1969, p. 247.
[131]   Carlos Maximiliano, *Direito das Sucessões*, vol. II, cit., p. 626.
[132]   Paulo Cezar Pinheiro Carneiro, *Comentários*, vol. IX, cit., p. 184. Nessa linha, o Tribunal de Justiça de São Paulo deu provimento à apelação de um dos herdeiros de um sócio cotista de sociedade que continha em seu estatuto determinação para a apuração de haveres das cotas em caso de falecimento de sócio, determinando o pagamento de seu quinhão em dinheiro: "Inventário – Partilha – Cotas de Sociedade – O herdeiro que não faz parte da sociedade a que pertencia o "de cujus" não está obrigado a receber em pagamento de seu quinhão, na partilha, as cotas deixadas pelo falecido." *Revista Forense*, 171/229.
[133]   Carlos Maximiliano, *Direito das Sucessões*, vol. II, cit., p. 626. Na jurisprudência, vale citar: "Partilha em inventário. A regra da igualdade na partilha não assenta em atribuir a todos os herdeiros uma parte ideal em todos os imóveis da herança, pois assim o juiz manteria o condomínio, fonte de discórdias e de pleitos A equidade não obsta, antes aconselha, a que se atribua um bem, tanto quanto possível, ao herdeiro que já o utiliza ou o detêm, ou nele fez benfeitorias ou é titular de uma parte dele". TJRS, 3ª C.C., Ap. Cív. nº 22374, Rel. Des. Athos Gusmão Carneiro, julg. 18.4.1974.
[134]   Zeno Veloso, *Comentários*, vol. 21, cit., p. 438.

cômoda a critério do juiz. Nestes casos, o juiz deveria decidir atendendo às circunstâncias particulares do caso, à situação do imóvel, à sua melhor exploração, às benfeitorias e à prioridade[135]. O Código de Processo Civil de 1939, em seu artigo 503, estabeleceu o procedimento de licitação e tal previsão contou com as críticas do autor acima citado, pois, segundo o mesmo, na definição da partilha, não se pode preferir o critério puramente monetário[136].

O Código de Processo Civil de 1973 omitiu a solução pelo critério da licitação, embora alguns autores o admitissem[137]. O Código Civil expressamente o restabeleceu para os casos de disputa entre herdeiros, cessionários e cônjuge sobrevivente e o Código de Processo Civil de 2015 reforça tal solução, apesar da advertência há muito suscitada em doutrina, no sentido de que "a licitação representa, no entanto, providência extrema, encarada com a maior prevenção, porque favorece o herdeiro abastado, que, no ato, disponha de maiores recursos"[138].

O Código Civil estabelece ainda o sorteio como critério para divisão dos bens, conforme previsto no artigo 817[139]. Diante da normativa, verifica-se que não há no Direito brasileiro atribuição preferencial a um herdeiro específico de bem integrante do acervo, consoante as particularidades do sucessor, tendo-se em conta especialmente a sua vinculação ao referido bem. Esta preocupação ocorre em legislações estrangeiras, como na França, em que é disciplinada a atribuição preferencial, que derroga as regras gerais da divisão hereditária, prevendo a prerrogativa de determinados herdeiros requererem que certo bem lhe seja atribuído em virtude de ligação específica que tenham com o aludido bem[140]. O sucessor que exercita a atribuição preferencial deverá repor em dinheiro ao monte a parte que exceder o seu quinhão.

---

[135] Clovis Bevilaqua, *Commentários ao Código Civil dos Estados Unidos do Brasil*, cit., p. 272.

[136] Clovis Bevilaqua, *Commentários ao Código Civil dos Estados Unidos do Brasil*, cit.,p. 271 (no Addendum).

[137] Segundo José da Silva Pacheco: "No caso de mais de um pedido de adjudicação, pode haver licitação. Aliás, consoante o disposto no art. 503 do anterior Código de Processo Civil, requerida a adjudicação por dois ou mais interessados, sem que fosse possível acordo entre eles, deveria o juiz marcar dia e hora, citando a todos, para a licitação. Dever-se-ia incluir os bens no quinhão de quem oferecesse maior lance. O atual Código de Processo Civil não tem dispositivo semelhante. Sendo, porém, permitida a adjudicação e sendo possível a pluralidade de pedidos, há de se solucionar o impasse, se não houver acordo, procedendo-se à licitação. Prefere-se o que oferecer maior lance" (José da Silva Pacheco, *Inventários e partilhas*, cit., pp. 574-575).

[138] Washington de Barros Monteiro, *Curso de Direito Civil*, vol. 6, São Paulo: Saraiva, 2000, 34ª ed., pp. 328-329.

[139] Como anota Silvio de Salvo Venosa "não havendo outra forma de dividir os bens, será o juiz forçado a recorrer ao sorteio, como forma de inibir litígio pela disputa da herança" (*Direito Civil*, vol. 07, cit., p. 390).

[140] De acordo com o artigo 831 do *Code Civil*, a atribuição preferencial será prerrogativa do cônjuge sobrevivente ou de qualquer herdeiro coproprietário na sucessão: i) de empresa agrícola, comercial, industrial, artesanal ou liberal de cuja exploração aquele participe ou tenha participado efetivamente; ii) do local que lhe serve efetivamente de habitação, se nele o beneficiário tem a sua residência à época da abertura da sucessão e dos móveis que o guarnecem; iii) do local que lhe serve efetivamente ao exercício profissional e dos móveis que o guarnecem e iv) do conjunto dos bens móveis necessários à exploração de um bem rural cultivado pelo autor da herança a título de arrendatário ou de rendeiro (este último aquele que se encarrega da cultura de um terreno com a condição de dar ao proprietário metade dos frutos), quando tal conjunto permanece no proveito do demandante ou quando um novo contrato é consentido em substituição ao antigo. Em caso de conflito entre

CAPÍTULO XIII | LIQUIDAÇÃO DA HERANÇA 281

Como base nos critérios da maior igualdade possível, da comodidade e da pre- *Críticas à neutralidade* venção de litígios futuros, aplicados em consonância com a principiologia constitucional, pode-se chegar a resultados semelhantes, ou seja, ao estabelecimento da partilha consoante a vinculação de determinados sucessores a específicos bens integrantes do acervo. Atende-se, assim, às particularidades dos sucessores, afastando-se inclusive a licitação, à luz da dignidade da pessoa humana, para que não se priorize o critério econômico em detrimento das necessidades existenciais dos sucessores em relação ao bem disputado. Entretanto, seria recomendável que a legislação sucessória efetivamente tivesse essa preocupação, afastando-se da neutralidade em favor da realização dos valores constitucionais na divisão hereditária.

O Código de Processo Civil traz expediente que permite fazer valer os vínculos *Critério dos vínculos dos herdeiros com certos bens da herança* dos herdeiros com determinados bens da herança, realizando, assim, a concretude desejada para a partilha, segundo a tábua axiológica da Constituição da República. Trata-se do disposto no parágrafo único do artigo 647 do Código de Processo Civil, que prevê a possibilidade de o juiz, em decisão fundamentada, deferir antecipadamente a qualquer dos herdeiros o exercício dos direitos de usar e de fruir de determinado bem, com a condição de que, ao término do inventário, tal bem integre a cota do respectivo herdeiro, cabendo ao mesmo, desde o deferimento, todos os ônus e bônus decorrentes do exercício daqueles direitos.

Embora a norma esteja prevista em artigo que trata dos pedidos de quinhão, formulados depois de ultimadas as declarações de bens, a avaliação judicial e o pagamento do imposto de transmissão *causa mortis*, bem como o pagamento das dívidas do autor da herança, ocasião em que o juiz deliberará a partilha, analisando a motivação do pleito de cada herdeiro para a atribuição ao seu quinhão de determinado bem, tal requerimento pode ser formulado a qualquer momento do processo de inventário[141]. Por ocasião do encontro do Fórum Permanente de Processualistas Civis realizado no Rio de Janeiro, foram aprovados os enunciados 181 e 182, que preveem a possibilidade de extensão da fruição antecipada do bem também para os legatários[142].

9. SOBREPARTILHA

Quando parte da herança consistir em bens remotos do lugar do inventário,[143] litigiosos, ou de liquidação morosa ou difícil, poderá proceder-se, no prazo legal, à partilha dos outros, reservando-se aqueles para uma ou mais sobrepartilhas, sob a

---

demandantes do direito de preferência, a autoridade judiciária deverá levar em conta as aptidões dos diferentes requerentes quanto à gestão e à manutenção dos bens disputados, e, quanto às empresas, em particular, o tempo de duração da participação pessoal daqueles na atividade que é explorada (*Code Civil*, art. 832-3).

[141] Luciano Vianna Araújo, In: Cassio Scarpinella Bueno (coord.), *Comentários ao novo Código de Processo Civil*, São Paulo: Saraiva, 2017, p. 253.

[142] Enunciado nº 181 – "A previsão do parágrafo único do art. 647 é aplicável aos legatários na hipótese do inciso I do art. 645, desde que reservado patrimônio que garanta o pagamento do espólio"; e Enunciado nº 182 – "Aplica-se aos legatários o disposto no parágrafo único do art. 647, quando ficar evidenciado que os pagamentos do espólio não irão reduzir os legados."

[143] Não se consideram bens remotos, aqueles situados no estrangeiro, pois nesse caso se aplica a pluralidade de inventário (CPC, art. 23, II).

guarda e a administração do mesmo ou diverso inventariante, e consentimento da maioria dos herdeiros (CC, art. 2.021)[144].

O artigo 611 do Código de Processo Civil prevê o prazo de 12 (doze) meses para se ultimar o inventário e partilha, podendo ser prorrogado de ofício ou mediante requerimento ao juiz. Embora as hipóteses previstas no artigo 2.021 do Código Civil constituam motivo razoável para o prolongamento do feito, faculta-se sua conclusão, com a reserva dos bens para uma ou mais sobrepartilhas. Sobrepartilha, nessa direção, "é uma nova partilha de bens que, por qualquer motivo, ficaram por descrever no inventário, ou por partilhar na partilha geral".[145] Ou seja, a sobrepartilha será feita no inventário do autor da herança, sob a guarda e administração do mesmo ou diverso inventariante e com o consentimento da maioria dos herdeiros. Não esclarece o legislador se a maioria é quantitativa ou qualitativa, mas deve-se entender por este último critério. Assim, por exemplo, havendo seis herdeiros, dois sucedendo por direito próprio e por cabeça e quatro, por direito de representação de ascendente comum e por estirpe, ainda que estes quatro não consintam, valerá o consentimento dos outros dois que têm maior participação na herança (CC, art. 1.325).

Também ficam sujeitos a sobrepartilha os bens sonegados e quaisquer outros bens da herança de que se tiver ciência após a partilha (CC, art. 2.022). Bens sonegados, como já evidenciado, são aqueles dolosamente ocultados na partilha que, por esse motivo, sujeitam-se a sobrepartilha. Do mesmo modo, se houver algum bem da herança cuja existência seja desconhecida, estará sujeito a sobrepartilha se dele tiver ciência após a partilha. A partilha é declaratória, apenas individualiza os quinhões. Assim, o tempo não retira dos herdeiros a condição de proprietários e a possibilidade de sobrepartilha, à exceção de se consumar a usucapião a favor do possuidor (CC, art. 1.238).

10. A GARANTIA DOS QUINHÕES HEREDITÁRIOS

A herança se defere aos herdeiros como um todo indivisível cuja indivisibilidade perdura até a partilha (CC, art. 2.023)[146]. O formal de partilha consiste no documento por meio do qual o herdeiro receberá os bens constitutivos do seu quinhão (CPC, art. 655)[147]. Embora o registro não seja translatício de domínio, os formais de

---

[144] Código Civil, "Art. 2.021. Quando parte da herança consistir em bens remotos do lugar do inventário, litigiosos, ou de liquidação morosa ou difícil, poderá proceder-se, no prazo legal, à partilha dos outros, reservando-se aqueles para uma ou mais sobrepartilhas, sob a guarda e a administração do mesmo ou diverso inventariante, e consentimento da maioria dos herdeiros."

[145] Itabaiana de Oliveira, *Tratado*, cit., p. 909.

[146] Código Civil, "Art. 2.023. Julgada a partilha, fica o direito de cada um dos herdeiros circunscrito aos bens do seu quinhão."

[147] Código de Processo Civil, "Art. 655. Transitada em julgado a sentença mencionada no art. 654, receberá o herdeiro os bens que lhe tocarem e um formal de partilha, do qual constarão as seguintes peças:

I – termo de inventariante e título de herdeiros;

II – avaliação dos bens que constituíram o quinhão do herdeiro;

III – pagamento do quinhão hereditário;

IV – quitação dos impostos;

V – sentença.

CAPÍTULO XIII | LIQUIDAÇÃO DA HERANÇA   283

partilha, bem como as cartas de adjudicação estão sujeitas a ele (L. 6.015/1973, art. 167, I, 25). Desse modo, a partilha judicial ou extrajudicial marca o fim da indivisão e define o direito de cada herdeiro. Consequentemente, após a partilha, não teria o herdeiro direito sobre os bens que integram o quinhão de outro herdeiro. Contudo, os herdeiros possuem garantia contra a evicção dos bens componentes do seu quinhão.

Direito dos herdeiros depois da partilha

A evicção consiste na perda judicial do direito sobre a coisa (CC, art. 447). Os coerdeiros são reciprocamente obrigados a indenizar-se no caso de evicção dos bens aquinhoados (CC, art. 2.024)[148]. Essa responsabilidade é consequência da redução do patrimônio do *de cujus* que gera desequilíbrio na distribuição dos quinhões hereditários se a evicção ocorre depois da partilha. Cabe ressaltar que a garantia beneficia herdeiros legítimos e testamentários, mas não protege os legatários. A indenização deve ser em dinheiro, no valor do bem ao tempo da partilha, pois a igualdade devia existir no exato momento da extinção da comunhão. A ação de garantia fundada na evicção deve ser proposta em dez anos (CC, art. 205), contados da evicção e não da partilha[149].

Evicção dos bens aquinhoados

A responsabilidade mútua pelos riscos da evicção estabelecida cessa por três razões: i) existindo convenção em contrário; ii) se a evicção ocorreu por culpa do evicto; iii) se a evicção decorreu de fato posterior à partilha (CC, art. 2.025). A convenção deve ter cláusula expressa, no próprio ato da partilha ou em separado[150]. Também não se responsabilizam os coerdeiros se a evicção ocorreu por culpa exclusiva do evicto, como exemplifica-se com os seguintes comportamentos: "1.º não interromper a prescrição contra si, ou não a alegar a seu favor; 2.º não esgotar os recursos contra a sentença; 3.º deixar correr à revelia a causa, ou entregá-la a advogado incontestavelmente inepto"[151]. A causa da evicção deve ser anterior à partilha, pois se ocorre depois o evicto já é o proprietário exclusivo do bem, respondendo sozinho pela perda. É o caso de usucapião completado após a partilha, na medida em que a perda do bem poderia ter sido evitada se o evicto tivesse interrompido a posse.

O evicto será indenizado pelos coerdeiros na proporção de suas quotas hereditárias (CC, art. 2.026)[152]. Na hipótese de um dos coerdeiros ficar insolvente, a sua quota será dividida proporcionalmente pelos demais, inclusive pelo evicto. O insolvente amplia a responsabilidade dos demais coerdeiros, entretanto, não se exonera do dever de indenizar, pois os que pagam conservam ação contra ele, podendo compeli-lo à satisfação do seu débito no rateio quando tornar-se solvente[153].

Indenização do evicto

Parágrafo único. O formal de partilha poderá ser substituído por certidão de pagamento do quinhão hereditário quando esse não exceder a 5 (cinco) vezes o salário-mínimo, caso em que se transcreverá nela a sentença de partilha transitada em julgado."

[148] Código Civil, "Art. 2.024. Os co-herdeiros são reciprocamente obrigados a indenizar-se no caso de evicção dos bens aquinhoados."

[149] Clovis Bevilaqua, *Código Civil*, vol. VI, cit., p. 310.

[150] Clovis Bevilaqua, *Código Civil*, vol. VI, cit., p. 311.

[151] Carlos Maximiliano, *Direito das Sucessões*, vol. II, cit., p. 774.

[152] Código Civil, "Art. 2.026. O evicto será indenizado pelos co-herdeiros na proporção de suas quotas hereditárias, mas, se algum deles se achar insolvente, responderão os demais na mesma proporção, pela parte desse, menos a quota que corresponderia ao indenizado."

[153] Carvalho Santos, *Código Civil*, vol. XXV, cit., p. 80.

11. EMENDA, INVALIDADE E RESCISÃO DA PARTILHA

A existência de erros de fato como falha na grafia do nome de um dos herdeiros, ou evidente erro material em certo bem, sem que comprometa a substância da partilha não atinge sua validade, mas permite-se a emenda (CPC, art. 656)[154]. Essa emenda pode ser feita de ofício ou a requerimento da parte e a qualquer tempo, mesmo após o trânsito em julgado da sentença, "pois a correção de erros de fato ou inexatidões materiais não afeta o conteúdo da partilha efetuada, e por isso não há que se falar que a coisa julgada afete a retificação desses equívocos"[155].

Ação anulatória

Dispõe o artigo 2.027 do Código Civil que a partilha é anulável pelos vícios e defeitos que invalidam, em geral, os negócios jurídicos. Refere-se à partilha realizada por meio de acordo entre os herdeiros, com feição negocial, mesmo homologada judicialmente. Precisa-se incluir na hipótese de incidência do dispositivo a partilha extrajudicial, que, por maior razão, está sujeita aos defeitos do negócio jurídico. Nessa direção, a lei processual prevê que a partilha amigável, lavrada em instrumento público, reduzida a termo nos autos do inventário ou constante de escrito particular homologado pelo juiz, pode ser anulada por dolo, coação, erro essencial ou intervenção de incapaz (CPC, art. 657)[156]. Assim, tem-se: i) partilha amigável com homologação; ii) partilha amigável extrajudicial e, ainda iii) partilha judicial com concordância dos herdeiros, cujo elemento negocial é incluso[157]. Em todas essas hipóteses a partilha resulta de acordo entre os coerdeiros, a atrair o controle negocial dos defeitos do negócio jurídico[158]. A ação anulatória é de competência do juízo do inventário, por ser acessória em relação ao inventário (CPC, art. 61)[159].

---

[154] Código de Processo Civil, "Art. 565. A partilha, mesmo depois de transitada em julgado a sentença, pode ser emendada nos mesmos autos do inventário, convindo todas as partes, quando tenha havido erro de fato na descrição dos bens, podendo o juiz, de ofício ou a requerimento da parte, a qualquer tempo, corrigir-lhe as inexatidões materiais".

[155] Conrado Paulino da Rosa e Marco Antônio Rodrigues, *Inventário e Partilha*, cit., p. 407.

[156] Código de Processo Civil, "Art. 966. (...) § 4º Os atos de disposição de direitos, praticados pelas partes ou por outros participantes do processo e homologados pelo juízo, bem como os atos homologatórios praticados no curso da execução, estão sujeitos à anulação, nos termos da lei".

[157] Pontes de Miranda, *Tratado de Direito Privado*, t. LX, cit., p. 348.

[158] A propósito, a 3ª Turma do STJ possui o entendimento de que a anulação de partilha que afeta imóvel de herdeiro casado em comunhão universal exige citação do cônjuge. Cumpre dizer, nas ações de anulação de partilha que puderem acarretar perda de imóvel já registrado em nome de herdeiro casado sob o regime de comunhão universal de bens, é indispensável a citação do cônjuge – tratando-se, portanto, de hipótese de litisconsórcio necessário. Segundo o Relator, o Ministro Villas Bôas Cueva, apesar da inexistência de previsão legal expressa no CPC, a citação dos cônjuges dos herdeiros é entendida como necessária, quando houver disposição de bens, a partir da interpretação de outras normas. Ele ressaltou que a herança é tida como bem imóvel enquanto não ocorrer a partilha (artigo 80, inciso II, do Código Civil); assim, a alienação e a renúncia estariam submetidas às vedações do artigo 1.647 do CC/2002, que trata dos atos que exigem a autorização do cônjuge (STJ, 3ª T., REsp 1706999, Rel. Min. Ricardo Villas Bôas Cueva, julg. 23.2.2021, DJ 1.3.2021).

[159] Código de Processo Civil, "Art. 61. A ação acessória será proposta no juízo competente para a ação principal".

Além de sujeita à anulação por vícios negociais, a partilha homologada por sentença também pode ser objeto de ação rescisória (CPC, art. 966)[160], pois a senten- Ação rescisória ça de homologação da partilha amigável deve receber o mesmo tratamento de qualquer sentença[161].

A partilha judicial, ordenada pela autoridade Judiciária, não está sujeita à anulação por defeitos do negócio jurídico e sim à ação rescisória. Prevê o artigo 658 do Código de Processo Civil[162] que é rescindível a partilha julgada por sentença também por coação, erro ou dolo, se feita com preterição de formalidades essenciais, se preteriu herdeiro ou incluiu quem não o seja. Se a causa *annullationis* for de direito processual, a exemplo da nulidade do processo ou da sentença, ofensa à disposição literal de lei ou à coisa julgada, também caberá ação rescisória, nos termos da legislação processual.

O direito de anular a partilha extingue em um ano (CC, art. 2.027, parágrafo Prazo único). De acordo com a norma processual, conta-se o prazo, no caso de coação e incapacidade do dia em que cessou; no de erro, ou dolo, do dia em que se realizou o ato (CPC, art. 657, parágrafo único). Entretanto, tem-se entendido que o prazo tem termo inicial no trânsito em julgado da sentença homologatória[163]. Se for hipótese de rescisória, o prazo aplicável é o de dois anos (CPC, 975).

Uma vez anulada a partilha, retorna-se ao estado de indivisão próprio da herança, procedendo-se nova partilha. Os herdeiros deverão repor os frutos e rendimentos que obtiveram desde a partilha até a sua anulação, com o escopo de serem inclusos na nova partilha. Recorde-se ainda a proteção do terceiro de boa-fé quando a ele foram alienados bens da herança. Nessa situação, preserva-se a alienação, revertendo-se ao monte o valor auferido com o negócio realizado.

No caso de herdeiro preterido, a hipótese é de invalidade total da partilha, seja essa judicial ou extrajudicial, que se resolve por meio da ação de petição de herança, a qual possui prazo de prescrição de dez anos, muito maior que o prazo para anular a partilha por vícios do consentimento[164]. O mesmo ocorre se o caso for de inclusão

---

[160] Registre-se importante síntese: "A anulatória será cabível em face de ato extrajudicial (instrumento público ou privado), ou em face de ato jurídico das partes celebrado nos autos do processo de inventário – a partilha amigável – que foi homologado pelo juízo. Portanto, descabido o uso da rescisória nesses casos, ainda que ainda que existente sentença homologatória da partilha, pois não se trata de atacar um julgamento do juízo quanto ao mérito, mas sua sentença apenas atestou a regularidade de um ato praticado pelas partes" (Conrado Paulino da Rosa e Marco Antônio Rodrigues, *Inventário e Partilha*, cit., p. 409).

[161] Pontes de Miranda, *Tratado de Direito Privado*, t. LX, cit., p. 332.

[162] Código de Processo Civil, "Art. 658. É rescindível a partilha julgada por sentença:
I – nos casos mencionados no art. 657;
II – se feita com preterição de formalidades legais;
III – se preteriu herdeiro ou incluiu quem não o seja".

[163] Nesse sentido: STJ, 3ª T., AgRg no AREsp 362130/ES, Rel. Min. Ricardo Vilas Boas Cuevas, julg. 21.3.2017, publ. DJe 24.3.2017. STJ, 3ª T., REsp. 103.368/RJ, Rel. Min. Waldemar Zveiter, julg. 20.5.1997, publ. DJ 12.8.1997; STJ, 4ª T., REsp. 83.642/SP, Rel. Min. Ruy Rosado de Aguiar, julg. 12.3.1996, publ. DJ 29.4.1996.

[164] Vale a transcrição: "A jurisprudência desta Corte é firme no sentido de que o prazo decadencial ânuo previsto no artigo 178, § 6º, inciso V, do Código Civil de 1916 [atual 2.02] é aplicável quando

indevida de herdeiro, a exemplo do cônjuge de herdeiro inserido erroneamente na partilha[165].

📝 PROBLEMAS PRÁTICOS

1. A existência de testamento inviabiliza o inventário extrajudicial?
2. Antônio fez a doação de um imóvel no valor de R$ 500.000,00 ao filho Bento no ano de 2005. Ao falecer em 2020, Bento ainda possui o referido imóvel, que vale R$ 1.000.000,00, em razão da valorização do mercado imobiliário. Bento lhe procura para saber qual valor deve ser colacionado.
3. Qual o critério aplicável para se apurar o valor das liberalidades recebidas por herdeiros necessários, para fins de colação, na hipótese em que o coerdeiro necessário, tendo recebido em doação um apartamento do autor da herança, alienou-o alguns anos antes da morte do doador?
4. Andrade recebeu uma doação de seu pai Bernardo, um carro para que pudesse levar o pai na hemodiálise que fazia duas vezes por semana, o que ocorreu por cinco anos, até o falecimento de Bernardo. No curso do inventário, os outros herdeiros, também filhos de Bernardo, acusam Andrade de sonegação, por não levar a doação do carro para a colação. Pergunta-se: a) considerando a motivação da doação, ela poderia ser excluída da colação? b) a ocultação da doação pode levar à condenação de sonegados no inventário?

 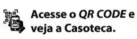 **Acesse o *QR CODE* e veja a Casoteca.**
> https://uqr.to/1pc9p

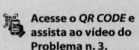 **Acesse o *QR CODE* e assista ao vídeo do Problema n. 3.**
> https://uqr.to/nxxk

---

os autores da ação anulatória não se enquadrarem na condição de herdeiros necessários excluídos da partilha" (STJ, 4ª T., REsp. 168.399/RS, Rel. Min. Aldir Passarinho Junior, julg. 3.5.2001, publ. DJ 13.8.2001).

[165] STJ, 4ª T., Ag.Int. no Ag. REsp. 226.991/SP, Rel. Min. Lázaro Guimarães, julg. 7.11.2017, publ. DJe 13.11.2017.

Capítulo XIV
PLANEJAMENTO SUCESSÓRIO

SUMÁRIO: 1. Planejamento sucessório: conceito e principais limites – 2. Instrumentos para o planejamento sucessório – 2.1. A eleição do regime de bens – 2.2. Testamento – 2.3. Partilha em vida – 2.4. Doações – 2.5. Estipulação em favor de terceiros – 2.6. O planejamento sucessório no Direito Empresarial – 2.7. Previsões para herdeiros menores e pessoas com deficiência – Problemas práticos.

1. PLANEJAMENTO SUCESSÓRIO: CONCEITO E PRINCIPAIS LIMITES

O planejamento sucessório consiste num conjunto de medidas empreendidas para organizar a sucessão hereditária de bens e direitos previamente ao falecimento de seu titular. Com o planejamento sucessório, objetiva-se evitar conflitos, assegurar que aspirações fundamentais da vida da pessoa sejam executadas após o seu falecimento, garantir a continuidade de empresas e negócios, permitir uma melhor distribuição da herança entre os sucessores, bem como buscar formas de gestão e de transmissão do patrimônio que tenham a menor carga tributária possível. Apesar de o aspecto fiscal ser de extrema relevância no planejamento sucessório, nesta sede, serão abordados os instrumentos de natureza civil que permitem organizar a transmissão sucessória de bens e direitos.

Planejar a sucessão hereditária

Há, no entanto, limites para planejar a sucessão hereditária, conforme seja maior ou menor a intervenção do Estado na liberdade de testar e de dispor da herança de uma pessoa. No Brasil, pode-se dizer que os principais obstáculos a uma maior amplitude do planejamento sucessório são a legítima dos herdeiros necessários, estabelecida em prol da proteção da família, e a vedação aos pactos sucessórios, instituída

Limites ao planejamento sucessório: legítima dos herdeiros necessários e pactos sucessórios

para proteger o herdeiro e o *de cujus* quanto às contratações em relação a bens futuros, bem como em virtude da moral, uma vez que, sendo a herança de pessoa viva objeto de contrato, estimular-se-ia o desejo pela morte de alguém.

Quanto à legítima dos herdeiros necessários, fixada em cinquenta por cento dos bens da herança em favor dos descendentes, ascendentes, cônjuge e companheiro, é evidente a necessidade de sua revisão, com maior flexibilização de sua disciplina, para atender à crescente emancipação da mulher na família, às famílias recompostas em virtude dos divórcios cada vez mais recorrentes, à maior longevidade presente na sociedade, bem como à maior atenção aos sucessores vulneráveis na família. No entanto, dita flexibilização só será possível *de lege ferenda*, não havendo espaço para interpretar a lei no sentido de uma mitigação da reserva dos herdeiros necessários, pelo seu caráter cogente.

Já em relação aos pactos sucessórios, embora estes tenham naturezas diversas, podendo ser renunciativos, quando se renuncia a uma sucessão ainda não aberta, designativos, quando são celebrados para regular a sucessão do próprio pactuante, e dispositivos, através dos quais se dispõe de um eventual direito à herança, todos estão proibidos no Brasil pelo artigo 426 do Código Civil. Não há qualquer exceção, como aos renunciativos, através dos quais seria possível que numa partilha em vida um dos herdeiros necessários renunciasse à sua legítima. Com efeito, os pactos sucessórios constituem importante instrumento para o planejamento sucessório, porque permitem o ajuste entre o titular do patrimônio e os herdeiros para a melhor distribuição dos bens integrantes da herança.

Como se percebe, verifica-se um anseio por uma maior liberdade para o planejamento sucessório em virtude de muitos fatores,[1] como aqueles já citados, da maior longevidade na sociedade, do fenômeno cada vez mais frequente das famílias recompostas e, assim, dos diversos interesses a compor no âmbito familiar e, também, em virtude da modificação da riqueza, que outrora se traduzia na propriedade imobiliária e, agora, está concentrada em valores mobiliários. Nessa direção, instrumentos que admitam o comprometimento entre todos os interessados – titular do patrimônio e seus herdeiros – seriam muito bem-vindos numa reforma legislativa em prol da ampliação do planejamento sucessório, em especial para a transmissão de determinados bens, como as empresas familiares.

---

[1] Nesse sentido: "não há dúvida de que o futuro do planejamento sucessório é bastante promissor, na medida em que as pessoas têm se apropriado da ideia de que ninguém melhor que elas próprias, que conhecem seus bens e sua família, podem determinar, nos limites da legalidade, o destino de seu patrimônio, de forma a: (i) evitar litígios desnecessários e que os bens pereçam nesse interregno, como respeito a quem construiu o acervo durante toda sua vida e (ii) potencializar ao máximo a utilização dos bens e a serventia aos herdeiros, suprindo suas necessidades e reconduzindo suas vulnerabilidades" (Ana Carolina Brochado Teixeira; Simone Tassinari Fleschmann. Futuros possíveis para o planejamento sucessório. In: *Revista Brasileira de Direito Civil – RBDCivil*, Belo Horizonte, vol. 29, jul.-set. 2021, pp. 101-120).

2. INSTRUMENTOS PARA O PLANEJAMENTO SUCESSÓRIO

Importante registrar a amplitude do planejamento sucessório e a variabilidade de instrumentos que o alcançam, a depender do objetivo daquele que pretende planejar a sua sucessão. Além disso, nem sempre o planejamento sucessório ocorre a partir de um conjunto de atos inter-relacionados, praticados em conjunto para aquele fim. De fato, por vezes, o planejamento ocorre de forma paulatina, através de diversos atos, sucessivos ou não, praticados ao longo de toda uma vida, sempre visando à programação do destino da herança. Por isso, é tarefa árdua analisar a temática em perspectiva sistemática, na medida em que esta está subordinada, em cada caso concreto, às peculiaridades do titular do patrimônio, de seus objetivos e da natureza dos seus bens. Isso significa dizer que ao profissional do direito cabe conhecer os institutos disponíveis e suas consequências, para que possa bem orientar aquele que tenha por objetivo planejar sua sucessão hereditária.

2.1. A eleição do regime de bens

A primeira forma de planejar a sucessão hereditária dá-se com a eleição do regime de bens do casamento ou da união estável. Na ausência de estipulação diversa, vigorará tanto para o casamento quanto para a união estável o regime da comunhão parcial de bens (CC, art. 1.640 e art. 1.725). Com efeito, a morte extingue a sociedade conjugal ou aquela decorrente da união estável e, conforme o regime de bens, haverá ou não partilha de patrimônio entre o casal, consoante sejam as regras escolhidas pelos consortes, sendo certo que, segundo o artigo 1.829, inciso I, do Código Civil, a concorrência do cônjuge e do companheiro com os descendentes depende do regime de bens.

> Regime de bens entre cônjuges e companheiros

Assim, ao se planejar a sucessão hereditária, considerando que o aspecto conjugal é de fundamental importância nessa análise, é de se atentar à escolha do regime de bens para a relação de casamento ou união estável. Não se olvide a possibilidade de alteração do regime patrimonial no curso do casamento, por meio de procedimento judicial, com efeitos *ex nunc* (CC, art. 1.639, § 2º e CPC, art. 734). No tocante à união estável, alguns autores defendem que a modificação de regime de comunhão para separação total só seria válida "quando não prejudicasse terceiros e quando não atentasse contra a ordem pública, tampouco prejudicasse o próprio convivente atingido pela súbita perda de sua meação"[2]. O Superior Tribunal de Justiça já se manifestou no sentido de que "no curso do período de convivência, não é lícito aos conviventes atribuírem por contrato efeitos retroativos à união estável elegendo o regime de bens para a sociedade de fato, pois, assim, se estar-se-ia conferindo mais benefícios à união estável que ao casamento"[3].

---

[2]   Rolf Madaleno, *Manual de Direito de Família*, Rio de Janeiro: Forense, 2017, p. 467.

[3]   STJ, 3ª T., REsp 1383624/MG, Rel. Min. Moura Ribeiro, julg. 2.6.2015, publ. DJe 12.6.2015. No mesmo sentido, STJ, 3ª T., REsp 1597675-SP, julg. 25.10.2016, publ. DJe 16.11.2016.

2.2. Testamento

Testamento

No Brasil, o instrumento por excelência para o planejamento sucessório é o testamento. Já se afirmou que o testamento pode conter disposições de natureza patrimonial ou pessoal do testador, servindo-lhe para diversos objetivos que tenham em comum a produção de efeitos *causa mortis*. Em relação ao planejamento sucessório, interessa referir as disposições de caráter patrimonial, através das quais o testador determinará o destino de seus bens para depois de sua morte, já analisadas no curso deste volume.

Partilha--testamento

Quanto às referidas disposições, merece destaque a previsão do art. 2.014 do Código Civil, que autoriza o testador indicar os bens e valores que devem compor os quinhões hereditários, deliberando ele próprio a partilha, que prevalecerá, salvo se o valor dos bens não corresponder às quotas estabelecidas. Dessa forma, tem o testador liberdade testamentária qualitativa para deliberar ele próprio a divisão dos bens. Esta deve observar os princípios que regem a partilha em relação aos herdeiros necessários. Almeja-se, no que toca à legítima, a maior igualdade possível conjugada com a comodidade funcional dos bens. Vale dizer, é de se admitir que a partilha leve em conta o vínculo dos herdeiros com os bens que compõem o monte hereditário, de modo a concretizar a função promocional do testamento. Também se mostra importante para o planejamento sucessório a disposição prevista no artigo 1.848, § 1º, do Código Civil, que proíbe que os bens da legítima sejam convertidos em outros de espécie diversa. Se assim o é, dita conversão é possível quanto aos bens que compõem a cota disponível. Dessa forma, conjugando dita norma com o já citado artigo 2.014 do Código Civil, permite-se ao testador estabelecer divisão patrimonial com posterior conversão dos bens da disponível em outros de espécie diversa, de forma a melhor assegurar uma distribuição dos bens entre os seus herdeiros para a continuidade de seus negócios, ou para evitar conflitos quanto a bens insuscetíveis de divisão cômoda em virtude de seu valor ou natureza. Embora haja controvérsias sobre o tema, a conversão deve se dar antes da partilha[4], para que essa considere os bens que deverão caber ao herdeiro.

Conversão dos bens da herança

A conversão dos bens da herança é pouco tratada e, mesmo quando era admitida em relação à legítima pelo artigo 1.723 do Código Civil de 1916, era pouco utilizada. Atualmente, por força da preconizada ampliação da liberdade para o planejamento sucessório, não se justifica a proibição da conversão da legítima em dinheiro. A conversão da legítima em quaisquer bens, de fato, poderia ferir o caráter protetivo da legítima, mas a admissão da conversão em pecúnia poderia aperfeiçoar a função da reserva hereditária, transformada em cota (não mais de bens, senão) de valor, consistente no direito de crédito do herdeiro necessário. Dessa

---

4   Arthur Vasco Itabaiana de Oliveira, *Tratado de Direito das Sucessões*, vol. II, São Paulo: Max Limonad, 1952, p. 643 defendia que a conversão deve ocorrer antes da partilha. Já Clovis Bevilaqua defendia o oposto Clovis Bevilaqua, *Codigo Civil dos Estados Unidos do Brasil Commentado*, vol. VI, Rio de Janeiro: Livraria Francisco Alves, 1944, p. 192.

forma, restaria simplificada a disciplina jurídica da legítima, estimulando a livre circulação dos bens hereditários[5].

2.3. Partilha em vida

Conforme dispõe o artigo 2.018 do Código Civil, é válida a partilha feita por ascendente, por ato entre vivos ou de última vontade, contanto que não prejudique a legítima dos herdeiros necessários. Dita partilha pode ser conjuntiva, quando abrange o patrimônio de mais de um ascendente. Trata-se de instrumento de grande valia para o planejamento sucessório, quando o titular do patrimônio tem certeza quanto à destinação a ser atribuída a seus bens. Como antes anotado, a partilha em vida deve respeitar a legítima dos herdeiros necessários, insuscetível de renúncia antes da abertura da sucessão, nos termos do artigo 426 do Código Civil. Se a partilha não respeitar a legítima de algum herdeiro forçado, controverte a doutrina se se trataria de nulidade[6] ou de hipótese de redução de suas disposições segundo a normativa prevista para a redução das disposições testamentárias atentatórias à legítima (CC, arts. 1.966 a 1.968)[7]. As divergências repercutem na jurisprudência, ora considerando nula a partilha em vida que prejudica a legítima dos herdeiros necessários, ora estabelecendo a redução segundo as regras da redução das disposições testamentárias, ora determinando a colação. Diante disso, em termos de planejamento sucessório, parece mais seguro que todos os descendentes participem da partilha em vida, dispensando-se consensualmente a colação nos termos do artigo 2.005 do Código Civil, sendo eventual excesso da legítima imputado na disponível do autor da herança.

> Partilha em vida entre ascendentes e seus descendentes. Controvérsias

A partilha em vida pressupõe a doação de todo o patrimônio do ascendente que deve, no entanto, restar com recursos suficientes para sua mantença (CC, art. 548). Não raro, o doador está preocupado com a continuidade da empresa familiar e dos negócios da família. Nesse caso, o sistema limita bastante tal desiderato, porque a partilha em vida, com todos os seus efeitos jurídicos, deve englobar todos os bens do titular e não apenas bens específicos, havendo, ainda, a exigência de rígido respeito à legítima dos herdeiros necessários e à impossibilidade de renúncia prévia à herança. Mais: considerada a partilha em vida uma exceção aos pactos sucessórios, argumenta-se que o artigo 2.018 deve ser interpretado restritivamente, não prevalecendo a divisão de bens efetuada em vida "por filho entre os pais, sobrinho entre os tios, avô entre os netos, tio entre sobrinhos, pai, ou mãe, entre filhos e estranhos ou entre filhos e descendente de filho não falecido"[8].

---

[5] Federico Magliulo, La Legitima quale atribuzione patrimoniale policausale. Contributo ad uma moderna teoria della successione necessária, *Rivista del Notariato*, 3/2010, pp. 536-537.

[6] STJ, 3ª T., REsp 1523552/PR, Rel. Ministro Marco Aurélio Bellizze, julg. 3.11.2015, publ. DJe 13.11.2015.

[7] Carlos Maximiliano, *Direito das Sucessões*, vol. 2, Rio de Janeiro: Freitas Bastos, 1937, p. 636 e Clovis Bevilaqua, *Código Civil dos Estados Unidos do Brasil Commentado*, vol. VI, cit., p. 270.

[8] Carlos Maximiliano, *Direito das Sucessões*, vol. 2, cit., p. 634.

Breve panorama da experiência comparada

Essa e outras dificuldades conduziram ao declínio da proibição dos pactos sucessórios, sendo certo que alguns países os admitem de forma expressa, como a Alemanha (BGB, § 1941) e a Suíça (Código Civil Suíço, art. 468). Também na Itália, em atenção à necessidade de evitar a fragmentação do patrimônio, bem como de destinar os bens hereditários conforme a aptidão dos herdeiros, foi promulgada a Lei 14 de fevereiro de 2006, n. 55, que introduziu no Código Civil Italiano o chamado pacto de família (Código Civil Italiano, art. 768 *bis* ss.), que regula a partilha em vida da empresa familiar entre aqueles que seriam herdeiros de seu titular por ocasião da celebração do pacto, atribuindo uma soma em dinheiro equivalente à respectiva cota legitimária àqueles não contemplados na divisão com os bens da empresa. O pacto de família derroga o princípio da unidade da sucessão, na medida em que apenas a empresa é objeto do contrato, bem como o princípio que preconiza que a legítima deve ser recebida *in natura*, já que alguns dos contraentes recebem em antecipação da herança uma soma em dinheiro ao invés do bem em si que pertencia ao titular do patrimônio. Derroga, ainda, os princípios da colação e da redução, uma vez que a lei italiana prevê de forma expressa que os bens recebidos a partir do referido instrumento não serão objeto de colação ou redução[9].

A recente codificação argentina manteve a vedação aos pactos sucessórios. No entanto, assegurou a validade de disposições que se refiram a futuros direitos hereditários em pactos que tenham por objeto a exploração produtiva ou participações societárias com vistas à conservação da unidade da gestão empresária ou a prevenção de solução de conflitos, estabelecendo compensações em favor de herdeiros a quem não sejam atribuídos ditos bens. Tais pactos consideram-se válidos ainda que sem a participação do autor da herança e seu cônjuge, desde que não violem a legítima hereditária, os direitos do cônjuge e nem o de terceiros (Código Civil Argentino, art. 1010).

Na mesma linha, a reforma na legislação francesa, em 2007, introduziu, a partir do artigo 929 do *Code Civil*, a possibilidade de um herdeiro necessário renunciar à herança de forma total ou parcial antes de sua abertura. Tal manifestação de vontade pode ser benfazeja em contratos antecipados de partilha, garantindo maior segurança e estabilidade às divisões alcançadas[10]. Para proteger o herdeiro renunciante, a lei francesa prevê que a renúncia antecipada é irrevogável, salvo se o *de cujus* não cumpriu suas obrigações alimentares perante o renunciante, se este provar que se encontra em estado de necessidade que desapareceria com o recebimento da herança ou, ainda, se

---

[9]   Elisa de Belvis, *La successione necessaria tra storia e riforme*, Napoli: ESI, 2013, pp. 489-490.

[10] Philippe Malaurie sugere o exemplo de uma pessoa que tenha três filhos e que deseja que sua empresa seja, após o seu falecimento, transmitida ao seu filho mais velho, que lhe parece o mais qualificado para geri-la, sem ter que compensar os demais; durante uma reunião familiar, na presença de dois notários, os demais filhos renunciam, antecipadamente, à ação de redução que eles poderiam exercer, mas apenas em relação ao referido legado da empresa identificada com precisão. A renúncia manifestada, aceita pelo titular do patrimônio, torna-se definitiva após sua morte. Philippe Malaurie, *Les Successions, Les Libéralités*, Paris: Defrénois, 2008, 3ª ed., p. 328.

aquele que se beneficiou com a aludida renúncia antecipada foi considerado culpado por um crime ou um delito contra o renunciante[11].

Esse superficial panorama da experiência comparada demonstra que a disciplina da partilha em vida há de se modernizar, tornando-se mais eficaz para a transmissão da propriedade. O ideal será garantir a segurança e efetividade às operações que incluam a possibilidade de planejamentos sucessórios conjuntivos, com a participação ativa dos sucessores, em virtude da frequente interligação de patrimônios entre pessoas, especialmente no âmbito de empresas e negócios familiares.

2.4. Doações

Outra forma de se planejar a sucessão hereditária é através da antecipação de bens para sucessores por meio de doações. O doador pode reservar para si o usufruto do bem doado e, assim, manter o uso e a fruição do bem, não se despojando do aproveitamento econômico do patrimônio. Poderá, ainda, determinar que dito bem reverta ao seu patrimônio se sobreviver ao donatário – vedada a estipulação de reversão ao patrimônio de terceiro (CC, art. 547) – ou que o donatário se sujeite ao cumprimento de encargo.

Antecipação de bens por meio das doações

A doação de ascendentes a descendentes, ou de um cônjuge a outro, bem como de um companheiro a outro, importa em adiantamento do que lhes cabe por herança, sujeitando-se, portanto, à colação, salvo se o donatário for expressamente dispensado de tal obrigação no ato da liberalidade ou em testamento posterior, imputando-se nesse caso a doação à cota disponível do doador, aferida ao tempo da liberalidade.

Merece especial menção as doações realizadas em contemplação de casamento futuro com certa e determinada pessoa, quer pelos nubentes entre si, quer por terceiro a um deles, a ambos, ou aos filhos que, de futuro, tiverem um do outro. Ditas doações, consoante dispõe o Código Civil, não podem ser impugnadas por falta de aceitação, e só ficarão sem efeito se o casamento não se realizar (CC, art. 546). Nos termos do disposto no artigo 551 do Código Civil, quando a doação é realizada a mais de uma pessoa sem restar determinado o percentual atribuído a cada donatário, entende-se que deve ser dividida por igual entre os beneficiados. Nesse caso, figurando como donatários marido e mulher, a morte de um ensejará para o outro o direito de acrescer, subsistindo a doação em sua totalidade para o cônjuge sobrevivo (CC, art. 551, p. único). Tais regras estendem-se por analogia à união estável, pois que fundamentadas na solidariedade familiar.

2.5. Estipulação em favor de terceiros

Muito utilizadas em planejamentos sucessórios são as estipulações em favor de terceiros, através das quais o estipulante (no caso aquele que pretende planejar a sua sucessão) contrata com o promitente benefício em favor de um terceiro. Tais estipu-

---

[11]   Philippe Malaurie, *Les Successions, Les Libéralités*, cit., p. 328.

Seguros e planos de previdência

lações usualmente são estabelecidas no caso de seguros de vida e de investimentos que integram o sistema de previdência privada (VGBL e PGBL)[12]. Os capitais gerados por conta de tais estipulações são pagos independentemente do inventário e, assim, franqueiam aos sucessores recursos financeiros necessários para pagar as despesas derivadas da morte do titular do patrimônio, como aquelas com o processo de inventário e com os impostos incidentes sobre os bens deixados. Em relação a tais capitais, surgem questionamentos no âmbito sucessório em virtude da desigualdade em relação à legítima dos herdeiros necessários, uma vez que através dos seguros de vida ou de acidentes pessoais, do VGBL ou PGBL, o pai pode destinar mais recursos a determinado filho em detrimento do outro[13], bem como em relação ao não pagamento do imposto de transmissão *causa mortis*.

Com efeito, o Código Civil assegura, em seu artigo 794,[14] que os seguros de vida ou de acidentes pessoais não são considerados herança e, por essa razão, uma vez

---

[12] VGBL (Vida Gerador de Benefícios Livres) e PGBL (Plano Gerador de Benefícios Livres) são planos por sobrevivência (de seguro de pessoas e de previdência complementar aberta, respectivamente) que, após um período de acumulação de recursos (período de diferimento), proporcionam aos investidores (segurados e participantes) uma renda mensal – que poderá ser vitalícia ou por período determinado – ou um pagamento único. O primeiro (VGBL) é classificado como seguro de pessoa, enquanto o segundo (PGBL) é um plano de previdência complementar.
A principal diferença entre os dois reside no tratamento tributário dispensado a um e outro. Em ambos os casos, o imposto de renda incide apenas no momento do resgate ou recebimento da renda. Entretanto, enquanto no VGBL o imposto de renda incide apenas sobre os rendimentos, no PGBL o imposto incide sobre o valor total a ser resgatado ou recebido sob a forma de renda.
No caso do PGBL, os participantes que utilizam o modelo completo de declaração de ajuste anual do I.R.P.F podem deduzir as contribuições do respectivo exercício, no limite máximo de 12% de sua renda bruta anual. Os prêmios/contribuições pagos a planos VGBL não podem ser deduzidos na declaração de ajuste anual do I.R.P.F e, portanto, este tipo de plano seria mais adequado aos consumidores que utilizam o modelo simplificado de declaração de ajuste anual do I.R.P.F ou aos que já ultrapassaram o limite de 12% da renda bruta anual para efeito de dedução dos prêmios e ainda desejam contratar um plano de acumulação para complementação de renda. Disponível em: http://www.susep.gov.br/setores-susep/seger/coate/perguntas-mais-frequentes-sobre-planos-por--sobrevivencia-pgbl-e-vgbl. Acesso em 12.11.2016.

[13] O TJMG determinou a inclusão de filha do contratante de plano de previdência no rol dos beneficiados, apesar de não ter sido contemplada com dito benefício por seu pai por ocasião da contratação do aludido plano. O fundamento da decisão do Tribunal de Justiça de Minas Gerais é que a CR assegura aos filhos, independentemente de serem ou não nascidos da relação conjugal, os mesmos direitos. "Apelação cível – Ação ordinária – Previdência privada – Pensão por morte – Filha fora do casamento – Inclusão como beneficiária – Possibilidade. Ainda que se admita que a real intenção do contratante do plano era não incluir a autora como sua dependente, não poderia assim agir, porquanto, após o advento da Constituição Federal de 1988, não há como se admitir qualquer discriminação resultante do fato de ter sido filho reconhecido por força de decisão judicial. Em outras palavras, não há que prevalecer qualquer diferença de direitos entre filhos que provenham de justas núpcias e aqueles havidos fora da constância do casamento". TJMG, Apelação Cível nº 1.0000.16.073790-4/006, 14ª Câmara Cível, Rel. Des. Marco Aurelio Ferenzini, julgado em 04.06.2020.

[14] Em 9 de dezembro de 2024 foi publicada a Lei nº 15.040, que alterou normas de seguro privado e revogou os arts. 757 a 802 do Código Civil. O art. 134 da referida lei previu o prazo de 1 (um) ano de *vacatio legis*, pelo que, até o dia 9 de dezembro de 2025, permanecem em vigor as regras constantes do Código Civil. Ainda assim, vale destacar que a lei de 2024 manteve a regra, aduzindo o seguinte: "Art. 116. O capital segurado devido em razão de morte não é considerado herança para

ocorrido o sinistro, o capital segurado é pago independentemente de inventário. Dessa forma, o valor do seguro não está sujeito à colação. No entanto, há quem defenda que o herdeiro contemplado com o seguro de vida deve colacionar as prestações pagas pelo ascendente para a contratação do seguro, uma vez que estas saíram efetivamente do patrimônio do *de cujus* ao contrário do capital segurado[15].

Já em relação ao VGBL e ao PGBL, há muitos debates sobre a dinâmica de tais investimentos na sucessão hereditária. De fato, tanto o VGBL quanto o PGBL possuem caráter securitário e são regulados pela SUSEP (Superintendência de Seguros Privados), o que justificaria, em tese, a sua exclusão do monte a ser inventariado e tributado. No entanto, a questão não é tão simples, porque tais investimentos, em especial o VGBL, são muitas vezes utilizados para fins não securitários, havendo, assim, desvio da sua finalidade. Atentos a essa realidade, alguns Estados buscam o pagamento do imposto de transmissão *causa mortis* sobre tais recursos, como ocorreu com o Estado do Rio de Janeiro, onde há lei estadual que expressamente instituiu a incidência do referido imposto (Lei Estadual do Rio de Janeiro, nº 7174/15, art. 23). Vale registrar que dita previsão legal foi declarada inconstitucional pelo Órgão Especial do Tribunal de Justiça do Estado do Rio de Janeiro no que tange à cobrança do imposto sobre valores oriundos de VGBL, mantendo o tributo sobre valores que advierem de PGBL (TJRJ, Ação Direta de Inconstitucionalidade 0008135-40.2016.8.19.0000, julg. 10.6.2019).

A Segunda Turma do Superior Tribunal de Justiça (STJ) já se manifestou sobre o tema, ao estabelecer que os valores a serem recebidos pelo beneficiário, em decorrência da morte do segurado contratante de plano VGBL, não integram a herança e, portanto, não se submetem à tributação pelo Imposto sobre Transmissão *Causa Mortis* e Doação (ITCMD). Com esse entendimento, o colegiado, de forma unânime, negou recurso especial[16] em que o Estado do Rio Grande do Sul defendia a exigibilidade do ITCMD sobre os valores aplicados em VGBL após a morte do contratante, por entender que com o falecimento do titular da aplicação, há transmissão dos investimentos acumulados aos herdeiros, caracterizando-se o fato gerador da tributação. Na sentença de primeiro grau, o espólio obteve o reconhecimento da ilegalidade da cobrança. A decisão foi mantida pelo Tribunal de Justiça do Rio Grande do Sul, sob o fundamento de que, embora o VGBL tenha a peculiaridade de ser pago em razão da sobrevida do contratante ao tempo pactuado, tal fato não tira a sua natureza de contrato de seguro de vida individual privado, sendo indevida a incidência de ITCMD, sendo este entendimento ao final confirmado pelo STJ. A questão foi pacificada na Segunda Turma do STJ[17], sendo certo que a incidência de ITCMD sobre os valores do VGBL foi reconhecida pelo Supremo Tribunal Federal como de repercussão

---

nenhum efeito. Parágrafo único. Para os fins deste artigo, equipara-se ao seguro de vida a garantia de risco de morte do participante nos planos de previdência complementar".

[15] Carlos Maximiliano, *Direito das Sucessões*, vol. 2, cit., p. 745.

[16] STJ, 2ª T., REsp 1.961.488/RS, Rel. Min. Assusete Magalhães, julg. 16.11.2021, publ. DJe 17.11.2021.

[17] STJ, 2ª T., AgTnt no AgInt no AREsp 1755009/RS, Rel. Min. Herman Benjamin, julg. 16.5.2023, publ. DJe 28.6.2023.

geral no âmbito do RE 1.363.013/RJ, Tema nº 1.214, julgado em dezembro de 2024. Na ocasião, o Tribunal, por unanimidade, fixou a seguinte tese: "É inconstitucional a incidência do imposto sobre transmissão *causa mortis* e doação (ITCMD) sobre o repasse aos beneficiários de valores e direitos relativos ao plano vida gerador de benefício livre (VGBL) ou ao plano gerador de benefício livre (PGBL) na hipótese de morte do titular do plano".[18]

Quanto à inclusão de ditos investimentos no monte a ser partilhado, em que pese o entendimento acima mencionado, da 2ª Turma do STJ, no sentido de que os recursos oriundos do VGBL não integram a herança, verifica-se tendência de boa parte da jurisprudência em incluí-los no monte, desde que comprovada a sua utilização para fins não securitários[19], constituindo-se em meras aplicações financeiras do *de cujus*[20].

2.6. O planejamento sucessório no Direito Empresarial

> Planejamento sucessório e as empresas familiares

Como exposto, é recorrente a preocupação com a continuidade de empresas no âmbito do planejamento sucessório. No caso de empresa familiar, procuram-se meios de sua perpetuação na família e, para tanto, é preciso planejar a transmissão *causa mortis* do negócio em si considerado, bem como a sua gestão futura. Não sendo a empresa familiar, em especial nas sociedades de pessoas, a preocupação é com a

---

[18] STF, RE 1.363.013/RJ, Rel. Min. Dias Toffoli, julg. 12.5.2022, publ. *DJe* 23.05.2022, julgado no Tema n. 1.214.

[19] "Inventário – Decisão que excluiu do acervo hereditário, valor depositado pelo falecido a título de VGBL – Recurso interposto pelos herdeiros – Acolhimento – Não obstante o entendimento desta Turma Julgadora, acerca da natureza securitária da aludida verba (art. 794 do Código Civil), no caso concreto, o VGBL deve ser considerado mero investimento, eis que realizado em detrimento de herdeiros necessários (favorecendo apenas a irmã do falecido) – Aplicação feita, no valor de R\$ 246.430,11, que supera, em muito, o monte-mor (composto de um único veículo, com valor sete vezes inferior ao do VGBL) – Inclusão no acervo hereditário – Medida que se impõe – Precedentes, inclusive desta Câmara – Decisão reformada – Recurso provido." (TJSP, 8ª C.C., A.I. 2196813-97.2022.8.26.0000, Rel. Des. Salles Rossi, julg. 26.10.2022, publ. 27.10.2022).

[20] O STJ entendeu que planos de previdência podem ser considerados investimentos financeiros e, portanto, devem ser partilhados em caso de divórcio de casal sob o regime da comunhão parcial de bens. O caso analisado dizia respeito a plano de previdência complementar aberto, cujas regras flexíveis permitiam aportes e resgates livremente, de maneira similar a outras aplicações financeiras. A decisão faz referência expressa tanto ao PGBL, como ao VGBL, deixando de fora da partilha apenas os planos de previdência fechado, que não permitem o resgate durante a fase de acumulação. (STJ, 3ª T. REsp 1.698.774/RS, Rel. Des. Nancy Andrighi, julg. 01.09.2020). Lê-se na Ementa que "4. São partilháveis os valores empregados no curso da relação em previdência privada em nome do recorrente, pois tais valores, a exemplo do que ocorre com aqueles recolhidos na conta vinculada do FGTS durante o relacionamento, são comunicáveis". Na mesma direção, STJ, 4ª T., REsp 2004210/SP, Rel. Min. João Otávio de Noronha, julg. 7.3.2023, publ. DJe 2.5.2023. Lê-se na ementa: "Hipótese excepcional em que ficar evidenciada a condição de investimento, os bens integram o patrimônio do *de cujus* e devem ser trazidos à colação no inventário, como herança, equiparando-se o VGBL a aplicações financeiras (Terceira Turma, REsp n. 1.26.577/SP)". Na mesma direção, vale citar o acórdão proferido no AgInt no REsp 2.107.365/SP, da 4ª T. do STJ, Rel. Min. Marco Buzzi, julgado em 29.04.2024, publicado em 02.05.2024, no qual restou consignado que "O Tribunal estadual julgou a lide em conformidade com o entendimento desta Corte no sentido de que o plano de previdência privada é caracterizado como investimento no momento da constituição de reservas, possuindo natureza de investimento, devendo ser partilhado os valores acumulados. Incidência da Súmula 83/STJ".

continuidade da sociedade diante do falecimento de um sócio em virtude da *affectio societatis*, sendo recorrentes nos contratos sociais mecanismos que impedem o ingresso dos herdeiros do sócio falecido na sociedade.

Nessa direção, as ferramentas e institutos do Direito Societário a serem utilizados no planejamento sucessório, dependerão do tipo de sociedade em questão e da posição que aquele que pretende planejar a sua sucessão ocupa no negócio empresarial. Em se tratando de sociedades limitadas, são usuais as cláusulas inseridas em contratos sociais quanto à continuidade da sociedade diante do falecimento de um sócio, prevendo que, nesse caso, serão apurados os seus haveres, a serem pagos aos seus herdeiros. Ao propósito, o Departamento de Registro Empresarial e Integração (DREI) admite a possibilidade de sociedades limitadas terem quotas preferenciais, que conferem aos seus titulares vantagens patrimoniais e/ou privilégios especiais não atribuídos às demais quotas, acompanhadas comumente de restrições ao direito de voto. De fato, as ações preferenciais eram típicas das sociedades anônimas e discutia-se a sua extensão para as sociedades limitadas. A possibilidade de haver ações preferenciais em sociedades limitadas poderá configurar eficiente mecanismo de se estruturar o ingresso de sucessores na empresa, ao lado da apuração dos haveres do sócio do falecido.

Em muitos casos, as sociedades anônimas fechadas estarão em situações semelhantes àquelas das sociedades limitadas, em virtude da *affectio societatis* que informa a relação entre os acionistas. Dessa forma, apesar da diversidade de tipo societário, diante do falecimento de um acionista, as soluções de continuidade da empresa podem se aproximar àquelas acima mencionadas em relação às sociedades limitadas. Vale registrar a extrema relevância de acordos de quotistas e de acionistas que prevejam regras claras de gestão que preservem a continuidade do negócio no caso de falecimento de sócio ou acionista, tanto nas sociedades limitadas, quanto nas sociedades anônimas[21].

Ainda no âmbito empresarial, é preciso referir sociedades criadas para administrar o patrimônio familiar, que se conjugam em regra pela vontade do titular do patrimônio e, também, pela vontade de determinados sucessores, que passam a integrar o quadro societário. Usualmente, para tal finalidade, constitui-se o que se denomina de *Holding Familiar*, sociedade que detém o patrimônio da família, quer este seja constituído por bens móveis ou imóveis individualmente considerados, quer seja constituído por participações em outras sociedades, que por sua vez também são detentoras do patrimônio da família. Dessa forma, transmitem-se para os sucessores

---

[21] Os acordos de acionistas estão previstos no artigo 118 da Lei 6.404/76, *in verbis*: "Art. 118. Os acordos de acionistas, sobre a compra e venda de suas ações, preferência para adquiri-las, exercício do direito a voto, ou do poder de controle deverão ser observados pela companhia quando arquivados na sua sede." Segundo Modesto Carvalhosa, "as três espécies de acordo de acionistas, exaustivamente nominadas no art. 118 da lei societária, não excluem, com efeito, a validade e a eficácia entre as partes de outras avenças incluídas no próprio acordo, que, não obstante são inoponíveis à companhia". Modesto Carvalhosa, *Acordo de Acionistas*, São Paulo: Saraiva, 2015, 2ª ed., p. 92. Sobre a repercussão dos acordos de acionistas no planejamento sucessório, v. por todos João Pedro Scalzilli e Luis Felipe Spinelli, Acordos parassociais em empresas familiares. In: Fábio Ulhoa Coelho; Marcelo Andrade Féres (coord.), *Empresa Familiar: estudos jurídicos*, São Paulo: Saraiva, 2014, pp. 405-406.

as quotas ou ações da *Holding* em caso de falecimento de sócio, havendo a transmissão dos bens familiares coletivamente considerados, representados pelas participações societárias transmitidas *causa mortis*.

A reunião dos familiares como sócios ou acionistas de empresas familiares tem a vantagem de manter o controle societário e já vincular os sucessores às normas de gestão da sociedade, através do contrato social e de demais instrumentos parassociais (acordos de quotistas e de acionistas), o que permite maior tranquilidade para o detentor do patrimônio que pretende planejar a sua sucessão e para sócios ou acionistas que não integram a família, uma vez que, a partir de tais ajustes, pode-se assegurar a continuidade do negócio.

2.7. Previsões para herdeiros menores e pessoas com deficiência

Proteção de herdeiros menores ou portadores de deficiência

A preocupação com o futuro de sucessores menores e pessoas com deficiência é recorrente no planejamento sucessório. Quando o autor da herança tem pessoas em quem realmente possa confiar tal cuidado, dispostas a assumir o encargo, podem ser alcançados bons resultados com instrumentos legais disponíveis. De fato, com a figura do protutor e com a tutela ou curatela conjunta ou compartilhada, aquele que pretende planejar a sucessão com o objetivo de proteger seus herdeiros incapazes encontra maior conforto, pela possibilidade de atuação conjunta e fiscalização entre os nomeados.

É possível prever, ainda, que determinados bens sejam deixados ou doados a donatário ou sucessor menor, sob a condição de não se subordinarem ao usufruto e à administração dos seus pais, bem como à administração do tutor. Um curador é especialmente nomeado para gerir o patrimônio assim doado ou herdado em prol do menor (CC, art. 1.693, III e art. 1.733, § 2o)[22]. O curador, portanto, terá poderes

---

[22] O Informativo de Jurisprudência n. 791 do STJ, publicado em 18.10.2023, destacou o REsp 2.069.181/SP, Rel. Min. Marco Buzzi, julg. 10.10.2023, publ. *DJe* 26.10.2023, julgado pela 4ª Turma. A controvérsia do caso centrava-se na validade de cláusula testamentária, que previa a instituição de filha maior como curadora especial de sua irmã, coerdeira incapaz relativamente, aos bens integrantes da parcela disponível da herança instituída pela genitora comum, conforme o § 2o do art. 1.733 do CC, que permite que quem institui menor herdeiro ou legatário nomeie curador especial para os bens deixados, mesmo que o beneficiário esteja sob poder familiar ou tutela. Nas instâncias ordinárias, declarou-se a ineficácia da disposição testamentária, com fundamento no fato de que a faculdade prevista no art. 1.733, § 2o, do Código Civil não se aplica aos casos em que os herdeiros necessários também são os únicos beneficiários da parte disponível, pois, assim, não haveria justa causa e operabilidade na restrição imposta. O STJ entendeu que o testamento expressa a autonomia privada, inclusive em termos de planejamento sucessório – ainda que limitada pelas regras afetas à sucessão legítima –, e tem por escopo justamente a preservação da vontade daquele que, em vida, concebeu o modo de disposição de seu patrimônio para momento posterior à sua morte, o que inclui a própria administração/gestão dos bens deixados. E que a instituição de curador para o patrimônio não exclui ou obsta o exercício do poder familiar pelo genitor sobrevivente ou a tutela, porquanto compete tão somente gerir os bens deixados sob a referida condição, em estrita observância à vontade do autor da herança, sem descurar dos interesses da criança ou adolescente beneficiário. A circunstância de a descendente, ainda criança, manter a posição de herdeira legítima e testamentária, simultaneamente, não conduz ao afastamento da disposição relacionada à instituição de curadora especial para administrar os bens integrantes da parcela disponível da testadora, expressamente prevista em lei, sem qualquer necessidade de aferir a inidoneidade do detentor do poder familiar ou tutor.

restritos de administração em relação a determinados bens, sobre os quais os pais ou o tutor não terão interferência, sendo certo, no entanto, que o curador referido deverá prestar contas de sua administração. A condição em comento não pode ser evidentemente aposta em relação aos bens integrantes da legítima, já que estes são insuscetíveis de restrições de quaisquer espécies, afora as cláusulas restritivas legalmente previstas (art. 1.848, CC).

No entanto, na ausência de pessoas em quem realmente confiar e que estejam dispostas a assumir o encargo de administrar bens de pessoas com deficiência, não se vislumbram instrumentos eficientes para o planejamento sucessório. Realmente, faltam no ordenamento jurídico brasileiro ferramentas idôneas à administração profissional de recursos em caso de morte de seu titular com a necessidade de proteger herdeiros menores e pessoas com deficiência, como se daria com o *trust*, típico em países que seguem o sistema da *common law*.. De fato, conforme definição presente no artigo 2º da Convenção de Haia sobre a lei aplicável aos *Trusts*, este consiste nas relações jurídicas criadas – *inter vivos* ou *causa mortis* – por uma pessoa, o *settlor*, por meio das quais ativos são colocados sob o controle de um *trustee* em proveito de um beneficiário ou para um propósito específico. O *trust*, assim, permite a promoção de um certo fim ou dos interesses de determinadas pessoas (os beneficiários), através da administração, pelo *trustee*, dos bens que titulariza, que lhe foram transmitidos pelo *settlor*[23].

📝 PROBLEMAS PRÁTICOS

1. Em que consiste o planejamento sucessório? Quais são os seus limites e os instrumentos jurídicos para realizá-lo?
2. Juliana, viúva, tinha dois filhos menores, Oto e Jorge. Juliana descobriu que estava com câncer e, diante disso, ficou muito preocupada em falecer, deixando seus filhos desamparados. Sua mãe sempre teve excelente relacionamento com os netos, participando ativamente de suas rotinas de educação e atividades extracurriculares. No entanto, quanto à administração de recursos financeiros, Juliana acredita que sua mãe não seria a melhor pessoa para tanto. Diante do caso, como você aconselharia Juliana a dispor em seu testamento, visando à proteção de Oto e Jorge?

 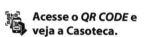 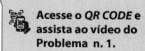

---

[23] Milena Donato Oliva, *Patrimônio Separado: Herança, Massa Falida, Securitização de Créditos Imobiliários, Incorporação Imobiliária, Fundos de Investimento Imobiliário, Trust*, Rio de Janeiro: Renovar, 2009, pp. 342-343. Ainda conforme a Autora citada, "não se afigura possível delimitar aprioristicamente uma função típica para o *trust*, vez consistir em mecanismo extremamente flexível, a possibilitar a tutela de interesses os mais diversos".

REFERÊNCIAS BIBLIOGRÁFICAS

Alessio Zaccaria, *Diritti extrapatrimoniali e successione: dall'unità al pluralismo nelle transmissioni per causa di morte*, Padova: CEDAM, 1998.

Álvaro Villaça Azevedo, *Teoria geral das obrigações e responsabilidade civil*, São Paulo: Atlas, 2011.

Ana Carla Harmatiuk Matos e Isabella Silveira de Castro, Repercussões da separação de fato no Direito Sucessório Brasileiro. In: Ana Carolina Brochado Teixeira e Ana Luiza Maia Nevares (coords.), *Direito das sucessões*: problemas e tendências, Indaiatuba: Editora Foco, 2022.

Ana Carla Harmatiuk Matos; Jacqueline Lopes Pereira, A sucessão dos colaterais e o direito das famílias contemporâneo. In: *Revista Brasileira de Direito Civil – RBDCivil*, Belo Horizonte, vol. 32, n. 4, out./dez. 2023.

Ana Carolina Brochado Teixeira; Simone Tassinari Fleschmann. Futuros possíveis para o planejamento sucessório. In: *Revista Brasileira de Direito Civil – RBDCivil*, Belo Horizonte, vol. 29, jul./set. 2021.

Ana Luiza Maia Nevares. A crise da legítima no direito brasileiro. In: Ana Carolina Brochado Teixeira; Renata de Lima Rodrigues (org.), *Contratos, família e sucessões: diálogos interdisciplinares*, Indaiatuba: Foco, 2019.

Ana Luiza Maia Nevares, *A função promocional do testamento*, Rio de Janeiro: Renovar, 2009.

Ana Luiza Maia Nevares, *A sucessão do cônjuge e do companheiro na perspectiva do direito civil constitucional*, São Paulo: Atlas, 2ª ed., 2014.

Ana Luiza Maia Nevares. Uma releitura do Direito Real de Habitação previsto no artigo 1.831 do Código Civil. In: Rodrigo da Cunha Pereira e Maria Berenice Dias (coord.), *Famílias e Sucessões: polêmicas, tendências e inovações*. Belo Horizonte, IBDFAM: 2018, pp. 155/171. Ana Luiza Maia Nevares. Sucessão legítima: visão geral sobre o artigo 1.829 do Código Civil e a declaração de inconstitucionalidade do artigo 1.790 do Código Civil pelo Supremo Tribunal Federal. In: Flávio Tartuce, Rodrigo da Cunha Pereira e Maria Berenice Dias (coord.), *Tratado de Direito das Sucessões*. Belo Horizonte, IBDFAM: 2023, p. 187-206.

Ana Luiza Maia Nevares. Os planos de previdência privada (VGBL e PGBL) na perspectiva familiar e sucessória: critérios para sua compatibilização com a herança e a meação. In: Ana Carolina Brochado Teixeira e Ana Luiza Maia Nevares (coord.), *Direito das Sucessões*: problemas e tendências, 2. ed., Indaiatuba: Foco, 2023, p. 161-176.

Ana Paula de Barcellos, *A eficácia jurídica dos princípios constitucionais*: o princípio da dignidade da pessoa humana, Rio de Janeiro: Renovar, 2008.

Annibale Marini, Trasformazioni sociale e successione del coniuge. *Inaugurazione anno accademico 1984-1985*, Macerata, 1985.

Antonino Mirone, *I diritti successori del coniuge*, Napoli: Jovene Editore, 1984.

Antonio Castán Pérez-Gómez, Divagaciones en torno al ejercicio del derecho moral *post mortem auctoris*. In: Carlos Rogel (coord.), *En torno a los derechos Morales de los creadores*, Madrid: Aisge, 2003.

Antônio do Passo Cabral; Ronaldo Cramer (coord.), *Comentários ao Código de Processo Civil*. Rio de Janeiro: Forense, 2015.

Antonio Liserre, Evoluzione estorica del diritto ereditario. *Jus*, 1979.

Antunes Varella, *Ineficácia do testamento e vontade conjectural do testador*, Coimbra: Coimbra Editora, 1950.

Arnaldo Rizzardo, *Direito das sucessões*, Rio de Janeiro: Forense, 2013, 7ª ed.

Arnoldo Wald, O regime jurídico do dolo omissivo acidental no direito civil e comercial. *Revista Trimestral de Direito Civil*, vol. 11, n. 42, Rio de Janeiro: Padma, 2010.

Arthur Vasco Itabaiana de Oliveira, *Tratado de direito das sucessões*, Rio de Janeiro: Freitas Bastos, 1987.

Arthur Vasco Itabaiana de Oliveira, *Tratado de direito das sucessões*, vol. 1, São Paulo: Max Limonad, 1952.

Arthur Vasco Itabaiana de Oliveira, *Tratado de direito das sucessões*, vol. 2, São Paulo: Max Limonad, 1952.

Caio Mário da Silva Pereira, *Instituições de direito civil*, vol. VI, Rio de Janeiro: Forense, 2011, 18ª ed.

Caio Mário da Silva Pereira, *Instituições de direito civil*, vol. I, Rio de Janeiro: Forense, 2016, 29ª ed., rev. e atualizada por Maria Celina Bodin de Moraes (1ª ed., 1961).

Caio Mário da Silva Pereira, *Instituições de direito civil*, vol. VI, Rio de Janeiro: Forense, 2019, 26ª ed.

Caio Mário da Silva Pereira, *Instituições de direito civil*, vol. I, Rio de Janeiro: Forense, 2004.

Caio Mário da Silva Pereira, *Instituições de direito civil*: Direito das Sucessões, vol. VI, Rio de Janeiro: Forense, 2016, 23ª ed., rev. e atualizado por Carlos Alberto Barbosa de Oliveira.

Caio Mário da Silva Pereira, *Reconhecimento de paternidade e seus efeitos*, Rio de Janeiro: Forense, 1996.

Carlos Alberto Bittar, *Direito de autor*, Rio de Janeiro: Forense, 2015.

Carlos Edison Monteiro Filho e Rafael Cândido da Silva, A proibição dos pactos sucessórios: releitura funcional de uma antiga regra. *Revista de Direito Privado*, São Paulo, vol. 72, n. 17, dez. 2016.

Carlos Maximiliano, *Direito das sucessões*, vol. 1, Rio de Janeiro: Freitas Bastos, 1937.

Carlos Maximiliano, *Direito das sucessões*, vol. 2, Rio de Janeiro: Freitas Bastos, 1937.

Carvalho Santos, *Código Civil Brasileiro interpretado*, vol. XXV, Rio de Janeiro: Freitas Bastos, 1962.

Carvalho Santos, *Código Civil Brasileiro interpretado*, vol. XXXV, Rio de Janeiro: Freitas Bastos, 1984.

Celso Ribeiro Bastos e Ives Gandra Martins, *Comentários à Constituição do Brasil*, vol. II, São Paulo: Saraiva, 1989.

Clóvis Beviláqua, *Código Civil dos Estados Unidos do Brasil comentado*, vol. VI, Rio de Janeiro: Livraria Francisco Alves, 1944, 5ª ed.

Conrado Paulino da Rosa e Marco Antônio Rodrigues, *Inventário e partilha*, Salvador: JusPodivm, 2019.

Cunha Gonçalves, *Tratado de direito civil*, vol. IX, t. II, n. 1.352, 2ª ed.

Daniel Bucar, Existe *droit de saisine* no sistema sucessório brasileiro. In: Heloisa Helena Barboza; Gustavo Tepedino; Carlos Edison do Rêgo Monteiro Filho (coords.), *Direito civil. O futuro do direito*, Rio de Janeiro: Processo, 2022.

Daniel de Bettencourt Rodrigues Silva Morais, *Viabilidade de uma unificação jus-sucessória a nível europeu. Unificação meramente conflitual ou unificação material?* Coimbra: Almedina, 2005.

Eduardo de Oliveira Leite, *Comentários ao novo Código Civil*, vol. XXI: do direito das sucessões, Rio de Janeiro: Forense, 2004.

Elisa de Belvis, *La successione necessaria tra storia e riforme*, Napoli: ESI, 2013.

Eros Roberto Grau, *A ordem econômica na Constituição de 1988*: interpretação e crítica, São Paulo: Malheiros, 2010, 14ª ed.

Eroulths Cortiano Júnior, Para além das coisas (breve ensaio sobre o direito, a pessoa e o patrimônio mínimo). Carmen Lucia Silveira Ramos et al. (org.), *Diálogos sobre direito civil*: construindo a racionalidade contemporânea, Rio de Janeiro: Renovar, 2002.

Fabrizio Panza, *L'autonomia testamentaria tra liberta e controllo*, Bari: Adriatica Editrice, 2005.

Federico Magliulo, La legitima quale atribuzione patrimoniale policausale. Contributo ad una moderna teoria della successione necessária. *Rivista del Notariato*, 3/2010.

Felipe Frank, Autonomia sucessória e pacto antenupcial: a validade da cláusula pré-nupcial de mútua exclusão da concorrência sucessória dos cônjuges. *Revista de Direito Civil Contemporâneo*, vol. 28, n. 8, jul./set. 2021.

Ferdinando Treggiari, Interpretazione del testamento e ricerca della volontà. *Rivista Trimestrale di Diritto e Procedura Civile*, vol. 55, n. 4.

Flávio Tartuce, Direito civil: *direito das sucessões*, vol. 6, Rio de Janeiro: Forense, 2021, 14ª ed.

Flávio Tartuce, *Direito civil*, vol. 6 – direito das sucessões, Rio de Janeiro: Forense, 2019.

REFERÊNCIAS BIBLIOGRÁFICAS

Francesco Messineo, *Manuale di diritto civile e commerciale*: diritto delle successioni per causa di morte, principi di diritto privato internazionale, vol. VI, Milano: Dott. A. Giuffrè, 1962.

Francisco José Cahali e Giselda Maria Fernandes Novaes Hironaka, *Curso avançado de direito civil* – Direito das sucessões, vol. 6, São Paulo: Ed. RT, 2003.

Francisco Cahali; Giselda Maria Fernandes Novaes Hironaka, *Direito das sucessões:* teoria geral da responsabilidade, 5. ed. São Paulo: Revista dos Tribunais, 2013.

Giovanni Criscuoli, *Il testamento:* norme e casi, Padova: Cedam, 1991.

Giselda Maria Fernandes Novaes Hironaka, *Comentários ao Código Civil:* do direito das sucessões, vol. 20, São Paulo: Saraiva, 2003.

Giselda Maria Fernandes Novaes Hironaka, Cônjuge e Companheiro são Herdeiros Necessários? In: Ana Carolina Brochado Teixeira e Ana Luiza Maia Nevares (coords.), *Direito das sucessões:* problemas e tendências, Indaiatuba: Editora Foco, 2022.

Giuseppe Panza, *La funzione sociale dell'acquisto mortis causa*, Bari: Adriatica Editrice, 1997.

Guilherme Calmon Nogueira da Gama, *Direito civil:* sucessões, São Paulo: Atlas, 2007, 2ª ed.

Gustavo Tepedino, A evolução interpretativa da codificação civil na legalidade constitucional. In: Gustavo Tepedino; Rodrigo da Guia Silva; João Quinelato (orgs). *20 anos de vigência do Código Civil na legalidade constitucional*, São Paulo: Foco, 2023.

Gustavo Tepedino, Controvérsias hermenêuticas sobre a colação. In: Ana Carolina Brochado Teixeira; Ana Luiza Maia Nevares (org.). *Direito das sucessões:* problemas e tendências. 2. ed. São Paulo: Foco, 2023.

Gustavo Tepedino, *Pacta corvina* em versão digital? Editorial. In: *Revista Brasileira de Direito Civil* – *RBDCivil*, vol. 28, abr./jun. 2021.

Gustavo Tepedino et al., *Código Civil comentado:* direito das obrigações, v. IV, São Paulo: Atlas, 2008.

Gustavo Tepedino, O papel da culpa na separação e no divórcio. *Temas de Direito Civil*, Rio de Janeiro: Renovar, 2008, 4ª ed.

Gustavo Tepedino, *O usufruto legal do cônjuge viúvo*, Rio de Janeiro, Rio de Janeiro: Forense, 1991, 2ª ed.

Gustavo Tepedino, Tutela da personalidade após a morte. *Revista Trimestral de Direito Civil* – *RTDC*, Editorial, vol. 46, Rio de Janeiro: Padma, abr.-jun./2011.

Gustavo Tepedino, Perspectivas para o futuro do Direito Civil. Editorial. In: *Revista Brasileira de Direito Civil* – *RBDCivil*, Belo Horizonte, vol. 32, n. 3, jul./set. 2023.

Gustavo Tepedino, Camila Helena Melchior, *Streaming* e herança digital. In: Ana Carolina Brochado Teixeira e Livia Teixeira Leal (coords.), *Herança Digital*: controvérsias e alternativas, São Paulo: Editora Foco, 2021.

Gustavo Tepedino, Heloisa Helena Barboza e Maria Celina Bodin de Moraes, *Código Civil interpretado conforme a Constituição da República*, vol. IV, Rio de Janeiro: Renovar, 2014.

Heloisa Helena Barboza, Aspectos controvertidos do direito das sucessões. Gustavo Tepedino (org.), *Direito Civil contemporâneo*: novos problemas à luz da legalidade constitucional, São Paulo: Atlas, 2008.

Heloisa Helena Barboza, Curatela do enfermo: instituto em renovação. In: Carlos Edison do Rêgo Monteiro Filho, Gisela Sampaio da Cruz Guedes e Rose Melo Vencelau Meireles (org.), *Direito civil*, Rio de Janeiro: Freitas Bastos, 2015.

Humberto Theodoro Júnior, O novo Código Civil e as regras heterotópicas de natureza processual. *Revista Síntese de Direito Civil e Processual Civil*. n. 32, vol. 6, 2004.

Ioanna Kondyli, *La protection de la famille par la réserve héréditaire en droits français et grec comparés*, Librairie Générale de Droit et Jurisprudence, 1997.

Itabaiana de Oliveira, *Tratado de direito das sucessões*, vol. 2, São Paulo: Max Limonad, 1952.

J. M. Carvalho Santos, *Código Civil brasileiro interpretado,* vol. XXXV, Rio de Janeiro: Freitas Bastos, 1984.

J. M. Carvalho Santos, *Código Civil interpretado*, vol. XXIII, Rio de Janeiro: Livraria Freitas Bastos, 1959, 6ª ed.

J. M. de Carvalho Santos, *Código Civil interpretado*, vol. III, Rio de Janeiro: Freitas Bastos, 1953, 5ª ed.

João Pedro Scalzilli e Luis Felipe Spinelli, Acordos parassociais em empresas familiares. In: Fábio Ulhoa Coelho; Marcelo Andrade Féres (coord.), *Empresa Familiar:* estudos jurídicos, São Paulo: Saraiva, 2014.

John Gilissen, *Introdução histórica ao direito*, Lisboa: Fundação Calouste Gulbenkian, 2001, 3ª ed.

Jorge Americano, *Comentários ao Código de Processo Civil do Brasil*, vol. 2 (arts. 291 a 674), São Paulo: Saraiva, 1941.

José Carlos Costa Netto, *Direito autoral no Brasil*, São Paulo: FTD, 1998.

José Carlos Zebulum, *O regime de participação final nos aquestos*, Rio de Janeiro: Renovar, 2010.

José da Silva Pacheco, *Inventários e partilhas na sucessão legítima e testamentária*, Rio de Janeiro: Forense, 2009, 19ª ed.

José da Silva Pacheco, *Inventários e partilhas na sucessão legítima e testamentária revista e atualizada*, Rio de Janeiro: Forense, 1996.

José de O. Ascensão, *Direito civil – Sucessões*, Coimbra: Editora Coimbra, 1989.

José Serpa de Santa Maria, *Curso de direito civil*, vol. IX, Rio de Janeiro: Freitas Bastos, 2001.

Jussara Meirelles, O ser e o ter na codificação civil brasileira: do sujeito virtual à clausura patrimonial. In: Luiz Edson Fachin (coord.), *Repensando os fundamentos do Direito Civil Brasileiro Contemporâneo*, Rio de Janeiro: Renovar, 1998.

Laura Schertel Ferreira Mendes e Karina Nunes Fritz, Case Report: Corte Alemã Reconhece a Transmissibilidade da Herança Digital. In: *RDU*, Porto Alegre, Volume 15, n. 85, 2019, jan.-fev. 2019.

Lívia Teixeira Leal, *Internet e morte do usuário*, Rio de Janeiro: GZ Editora, 2019.

Livia Teixeira Leal, Internet e morte do usuário: a necessária superação do paradigma da herança digital. In: *Revista Brasileira de Direito Civil – RBDCivil*, Belo Horizonte, vol. 16, abr./jun. 2018.

Luciana Dadalto, Testamento vital na prática jurídica brasileira. *Famílias e Sucessões:* polêmicas, tendências e inovações. Belo Horizonte: IBDFAM, 2018.

Luciana Pedroso Xavier e Marília Pedroso Xavier, O Planejamento Sucessório colocado em xeque: afinal, o companheiro é herdeiro necessário? In: Daniele Chaves Teixeira (coord.), *Arquitetura do planejamento sucessório*, Belo Horizonte: Fórum, 2019.

Luciano Vianna Araújo. In: Cassio Scarpinella Bueno (coord.), *Comentários ao novo Código de Processo Civil*. São Paulo: Saraiva, 2017.

Luigi Mengoni, *Trattato di diritto civile e commerciale – Successioni per causa di morte*, XLIII, t. 1, Milano: Giuffrè, 1999, 6ª ed.

Luís Renato Ferreira da Silva, *Revisão dos contratos*, Rio de Janeiro: Forense, 1999.

Luisa Mezzanotte, *La successione anomala del coniuge*, Napoli: Edizione Scientifiche Italiane, 1989.

Luiz Edson Fachin, *Elementos críticos do direito de família*. In: Ricardo César Pereira Lira (coord.), Rio de Janeiro: Renovar, 2003, 2ª ed.

Luiz Edson Fachin, *Estatuto jurídico do patrimônio mínimo*, Rio de Janeiro: Renovar, 2006, 2ª ed.

Luiz Paulo Vieira de Carvalho, *Direito das sucessões*, São Paulo: Atlas, 2015.

Luiz Paulo Vieira de Carvalho, *Direito das sucessões*, São Paulo: Atlas, 2017, 3ª ed.

Luiz Paulo Vieira de Carvalho, Sucessão dos descendentes, sucessão dos cônjuges e sucessão da união estável. In: *Coletânea de textos CEPAD – 09/2003*, Editora Espaço Jurídico.

Marcelo Truzzi Otero, *Justa causa testamentária:* inalienabilidade, impenhorabilidade e incomunicabilidade sobre a legítima do herdeiro necessário, Porto Alegre: Livraria do Advogado, 2012.

Marco Comporti, Successione, comunità familiare, patrimonio, Princípi generali europei ed istituzioni civili basche. *Rassegna di diritto civile*, 1991, n. 4.

Maria Berenice Dias, *Manual das sucessões*, São Paulo: Ed. RT, 2011, 2ª ed.

Maria Berenice Dias, *Ponto-e-vírgula*. Disponível em: www.mariaberenice.com.br. Acesso em: 8.4.2019.

Maria Celina Bodin de Moraes, Constituição e direito civil: tendências. In: Maria Celina Bodin de Moraes, *Na medida da pessoa humana*: estudos de direito civil, Rio de Janeiro: Renovar, 2010.

Maria de Nazareth Lobato Guimarães, Testamento e autonomia. *Revista de Direito e de Estudos Sociais*, 1971.

REFERÊNCIAS BIBLIOGRÁFICAS

Mario Delgado, *Direito fundamental de herança, sob a ótica do titular do patrimônio*, Indaiatuba: Editora Foco, 2023.

Mario Luiz Delgado, O cônjuge e o companheiros deveriam figurar como herdeiros necessários? *Revista IBDFAM* – Família e Sucessões, Belo Horizonte, n. 23, set./out. 2017.

Mário Luiz Delgado, Pacto Sucessório. Renúncia a Direito Concorrencial. Possibilidade. Inteligência do Art. 426 do Código Civil. (Parecer). *Revista Nacional de Direito de Família e Sucessões*, n. 43, jul./ago. 2021.

Mário Luiz Delgado, Razões pelas quais companheiro não se tornou herdeiro necessário. *Consultor Jurídico*, São Paulo, publ. 29.7.2018. Disponível em: https://www.conjur.com.br/2018-jul-29/processo-familiar-razoes-pelas-quais-companheiro-nao-tornou-herdeiro-necessario.

Mário Roberto Carvalho de Faria, *Direito das sucessões*: teoria e prática, Rio de Janeiro: Forense, 2003, 3ª ed.

Michele Giorgianni, O direito privado e suas atuais fronteiras. *Revista dos Tribunais*, vol. 747, São Paulo: RT, 1998.

Milena Donato Oliva, *Patrimônio separado:* herança, massa falida, securitização de créditos imobiliários, incorporação imobiliária, fundos de investimento imobiliário, trust, Rio de Janeiro: Renovar, 2009.

Modesto Carvalhosa, *Acordo de acionistas*, São Paulo: Saraiva, 2015, 2ª ed.

Norberto Bobbio, Sulla funzione promozionale del diritto. *Rivista Trimestrale di Diritto e Procedura Civile*, 1969.

Orlando Gomes, *Direito de família*, Rio de Janeiro: Forense, 2001, 14ª ed.

Orlando Gomes, *Introdução ao direito civil*, Rio de Janeiro: Forense, 2016, 21ª edição rev. e atualizada por Edvaldo Brito e Reginalda Paranhos de Brito (1ª ed., 1957).

Orlando Gomes, *Sucessões*, Rio de Janeiro: Forense, 1997.

Orlando Gomes, *Sucessões*, Rio de Janeiro: Forense, 2015, 16ª ed. rev. e atualizada por Mario Roberto Carvalho de Faria.

Orosimbo Nonato, *Estudos sôbre sucessão testamentária*, vol. I, Rio de Janeiro: Forense, 1957.

Orosimbo Nonato, *Estudos sôbre sucessão testamentária*, vol. III, Rio de Janeiro: Forense, 1957.

P. R. de Azevedo Freitas, O novo regime jurídico da união estável. A ab-rogação da Lei 8.971/94 pela Lei 9.278/96. *Revista dos Tribunais*, ano 86, v. 736, fev., 1997.

Paulo Cezar Pinheiro Carneiro, *Comentários ao Código de Processo Civil*, vol. IX, t. I, Rio de Janeiro: Forense, 2003.

Paulo Cezar Pinheiro Carneiro, *Comentários ao Código de Processo Civil*, vol. IX, t. I, Rio de Janeiro: Forense, 2006, 3ª ed.

Paulo Lôbo, *Direito civil:* sucessões, São Paulo: Saraiva, 2016.

Paulo Lobo, *Sucessões*, São Paulo: Saraiva, 2013.

Paulo Luiz Netto Lobo, Entidades familiares constitucionalizadas. *Anais do III Congresso Brasileiro de Direito de Família*, Belo Horizonte, 2002.

Paulo Luiz Netto Lôbo, *Teoria geral das obrigações*, São Paulo: Saraiva, 2005.

Paulo Nader, *Curso de direito civil*, vol. 6, Rio de Janeiro: Forense, 2008.

Philippe Malaurie, *Les successions, les liberalites*, Paris: Defrénois, 2006, 2ª ed.

Philippe Malaurie, *Les successions, les liberalites*, Paris: Defrénois, 2008, 3ª ed.

Pietro Perlingieri, *Il diritto civile nella legalità costituzionale*, Napoli: Edizioni Scientifiche Italiane, 2006, 3ª ed.

Pietro Perlingieri, Il fenomeno dell'estinzione nelle obbligazioni. *Lezioni raccolte da Pietro Perlingieri*, 2, Napoli: Edizione Scientifiche Italiane, 1972.

Pietro Perlingieri, *Manuale di diritto civile*, Napoli: Edizione Scientifiche Italiane, 2000, 2ª ed.

Pietro Perlingieri, *Perfis do direito civil*, Rio de Janeiro: Renovar, 2002.

Pietro Perlingieri, *Perfis do direito civil*: introdução ao direito civil constitucional, trad. Maria Cristina de Cicco, Rio de Janeiro: Renovar, 1997, 3ª ed.

Pontes de Miranda, *Tratado de direito privado*, Parte especial, t. LX, Rio de Janeiro: Borsoi, 1969.

Pontes de Miranda, *Tratado de direito privado*, Parte especial, tomo LVIII, Rio de Janeiro: Editor Borsoi, 1969.

Pontes de Miranda, *Tratado de direito privado*, t. LIX, São Paulo: Ed. RT, 2012.

Pontes de Miranda, *Tratado de direito privado*, t. LV, direito das sucessões, São Paulo: Ed. RT, 2012.

Pontes de Miranda, *Tratado de direito privado*, t. LV, Rio de Janeiro: Borsoi, 1957.

Rabindranath Valentino Aleixo Capelo de Souza, *O Direito geral de personalidade*, Coimbra: Coimbra Editora, 1995.

Rafael Cândido da Silva, *Pactos sucessórios*. Ensaio sobre a perspectiva funcional da autonomia privada na sucessão *causa mortis*, Salvador: JusPodivm, 2019.

Renata Raupp Gomes, Deserdação, indignidade e revogação de doação por ingratidão. *Famílias e Sucessões*: polêmicas, tendências e inovações, Belo Horizonte: IBDFAM, 2018.

Roberto de Ruggiero, *Instituições de direito civil*, trad. da 6ª ed. italiana pelo dr. Ary dos Santos, vol. III, 1973, 3ª ed.

Rolf Madaleno, *Manual de direito de família*, Rio de Janeiro: Forense, 2017.

Rose Melo Vencelau Meireles, *Autonomia privada e dignidade humana*, Rio de Janeiro: Renovar, 2009.

Rose Melo Vencelau Meireles, Desdobramentos do parentesco socioafetivo 20 anos após a vigência do Código Civil. In: Gustavo Tepedino; Rodrigo da Guia Silva; João Quinelato. *20 anos de vigência do Código Civil na legalidade constitucional*, Foco: Indaiatuba-SP, 2023.

Rose Melo Vencelau Meireles, Direito das sucessões. Direito civil, vol. 2. In: Milton Delgado (coord.), *Coleção Tópicos de Direito*. Rio de Janeiro: Lumem Juris, 2009.

Rose Melo Vencelau Meireles, *Direito de Filiação. Critério jurídico, biológico, socioafetivo*, Rio de Janeiro: Processo, 2023.

Rose Melo Vencelau, *O elo perdido da filiação*: entre a verdade jurídica, biológica e afetiva no estabelecimento do vínculo paterno-filial, Rio de Janeiro: Renovar, 2004.

Salvatore Pugliatti, La proprietà e le proprietà. *La proprietà nel nuovo diritto*, Milano: Dott. A. Giuffrè, 1954.

Sebastião Amorim e Euclides de Oliveira, *Inventários e partilhas*, São Paulo: Livraria e Editora Universitária de Direito, 2001.

Silmara Juny Chinelato, *Comentários ao Código Civil* – Parte especial: do direito de família, vol. 18, Antônio Junqueira de Azevedo (coord.), São Paulo: Saraiva, 2004.

Silmara Juny de Abreu Chinelato e Almeida, *Reprodução humana assistida*: aspectos civis e bioéticos, Tese (concurso de livre-docência do departamento de direito civil – USP), 2001.

Sílvio de Salvo Venosa, *Direito civil*, vol. I, São Paulo: Atlas, 2005.

Sílvio de Salvo Venosa, *Direito civil: direito das sucessões*, vol. 7, São Paulo: Atlas, 2006, 6ª ed.

Sílvio de Salvo Venosa, *Comentários ao Código Civil brasileiro*: do direito das sucessões, vol. XVI, Rio de Janeiro: Forense, 2004.

Silvio Rodrigues, *Direito civil*: direito das sucessões, vol. 7, São Paulo: Saraiva, 2002, 25ª ed.

Silvio Rodrigues, *Direito das sucessões*, vol. 7, São Paulo: Saraiva, 2003, 26ª ed.

Stefano Rodotà, *Il terrible diritto*, Bologna: Il Mulino, 1990.

Sylvio Capanema de Souza, *Da locação do imóvel urbano*: direito e processo, Rio de Janeiro: Forense, 1999.

Vincenzo Scalisi, Persona umana e successioni, itinerari di un confronto ancora aperto. In: *La civilistica Italiana dagli anni'50 ad oggi tra crisi dogmatica e riforme legislative*, Padova: Cedam, 1991.

Washington de Barros Monteiro, *Curso de direito civil*: direito das sucessões, vol. 6, São Paulo: Saraiva, 2003.

Washington de Barros Monteiro, *Curso de direito civil*: direito das obrigações – 1ª parte, v. IV, São Paulo: Saraiva, 2007.

Zeno Veloso, *Comentários ao Código Civil*: parte especial (do direito das sucessões), vol. 21, São Paulo: Saraiva, 2003.

Zeno Veloso, Do direito sucessório dos companheiros. In: Maria Berenice Dias e Rodrigo da Cunha Pereira (coord.), *Direito de Família e o novo Código Civil*, Belo Horizonte: Del Rey, 2001.

REFERÊNCIAS BIBLIOGRÁFICAS

Zeno Veloso, Separação, extinção de união estável, divórcio, inventário e partilha consensuais – de acordo com o novo CPC. *Boletim do Instituto de Registro Imobiliário do Brasil* – IRIB – em Revista, São Paulo, set./2016, 35ª ed. Disponível em: https://irib.org.br/app/webroot/publicacoes/bir/355/bir355/pdf.pdf. Acesso em: 16.10.2019.

Zeno Veloso, Separação, extinção de união estável, divórcio, inventário e partilha consensuais – de acordo com o novo CPC. *Boletim do Instituto de Registro Imobiliário do Brasil* – IRIB – em Revista, São Paulo, set., 2016, 35ª ed.

Zeno Veloso, *Testamentos*, Belém: CEJUP, 1993, 2ª ed.

Zeno Veloso. In: Antônio Junqueira de Azevedo (coord.), *Comentários ao Código Civil,* – Parte especial: do direito das sucessões (arts. 1.857 a 2.027), vol. 21, São Paulo: Saraiva, 2003.